特別支援学校学習指導要領解説

視覚障害者専門教科編（高等部）

平成31年2月

文部科学省

ま　え　が　き

文部科学省では，平成31年２月４日に学校教育法施行規則の一部改正と特別支援学校の高等部学習指導要領の改訂を行った。新特別支援学校学習指導要領等は，高等学校の新学習指導要領等の実施時期に合わせて，平成34年度から，年次進行で実施することとし，平成30年度から一部を移行措置として先行して実施することとしている。

今回の改訂は，平成28年12月の中央教育審議会答申を踏まえ，

① 教育基本法，学校教育法などを踏まえ，これまでの我が国の学校教育の実績や蓄積を生かし，子供たちが未来社会を切り拓くための資質・能力を一層確実に育成することを目指すこと。その際，子供たちに求められる資質・能力とは何かを社会と共有し，連携する「社会に開かれた教育課程」を重視すること。

② 知識及び技能の習得と思考力，判断力，表現力等の育成のバランスを重視する平成20年改訂の学習指導要領等の枠組みや教育内容を維持した上で，知識の理解の質を更に高め，確かな学力を育成すること。

③ 先行する特別教科化など道徳教育の充実や体験活動の重視，体育・健康に関する指導の充実により，豊かな心や健やかな体を育成すること。

を基本的なねらいとして行った。

本書は，大綱的な基準である学習指導要領等の記述の意味や解釈などの詳細について説明するために，文部科学省が作成するものであり，特別支援学校高等部学習指導要領の総則，各教科，自立活動等について，その改善の趣旨や内容を解説している。

各学校においては，本書を御活用いただき，学習指導要領等についての理解を深め，創意工夫を生かした特色ある教育課程を編成・実施されるようお願いしたい。

本書は，編集協力者の協力を得て編集した。本書の作成に御協力くださった各位に対し，心から感謝の意を表する次第である。

平成31年２月

文部科学省初等中等教育局長

永　山　賀　久

目　次（視覚障害者専門教科編）

全　体　目　次

第1編

総　説

第１章　改訂の経緯及び基本方針

第１節　改訂の経緯

今の子供たちやこれから誕生する子供たちが，成人して社会で活躍する頃には，我が国は厳しい挑戦の時代を迎えていると予想される。生産年齢人口の減少，グローバル化の進展や絶え間ない技術革新等により，社会構造や雇用環境は大きく，また急速に変化しており，予測が困難な時代となっている。また，急激な少子高齢化が進む中で成熟社会を迎えた我が国にあっては，一人一人が持続可能な社会の担い手として，その多様性を原動力とし，質的な豊かさを伴った個人と社会の成長につながる新たな価値を生み出していくことが期待される。

こうした変化の一つとして，進化した人工知能（AI）が様々な判断を行ったり，身近な物の働きがインターネット経由で最適化されたりするIoTが広がるなど，Society5.0とも呼ばれる新たな時代の到来が，社会や生活を大きく変えていくとの予測もなされている。また，情報化やグローバル化が進展する社会においては，多様な事象が複雑さを増し，変化の先行きを見通すことが一層難しくなってきている。そうした予測困難な時代を迎える中で，選挙権年齢が引き下げられ，さらに令和４年度からは成年年齢が18歳へと引き下げられることに伴い，高校生にとって政治や社会は一層身近なものとなるとともに，自ら考え，積極的に国家や社会の形成に参画する環境が整いつつある。

このような時代にあって，学校教育には，子供たちが様々な変化に積極的に向き合い，他者と協働して課題を解決していくことや，様々な情報を見極め，知識の概念的な理解を実現し，情報を再構成するなどして新たな価値につなげていくこと，複雑な状況変化の中で目的を再構築することができるようにすることが求められている。

このことは，本来我が国の学校教育が大切にしてきたことであるものの，教師の世代交代が進むと同時に，学校内における教師の世代間のバランスが変化し，教育に関わる様々な経験や知見をどのように継承していくかが課題となり，子供たちを取り巻く環境の変化により学校が抱える課題も複雑化・困難化する中で，これまでどおり学校の工夫だけにその実現を委ねることは困難になってきている。

また，障害のある子供たちをめぐる動向として，近年は特別支援学校だけではなく幼稚園や小学校，中学校及び高等学校等において発達障害を含めた障害のある子供が学んでおり，特別支援教育の対象となる子供の数は増加傾向にある。そのような中，我が国は，平成19年に「障害者の権利に関する条約（平成18年国連総会で採択)」に署名し，平成26年にこれを批准した。同条約では，人間の多様性の尊重等を強化し，障害のある者がその能力等を最大限に発達させ，社会に効果的に参加することを可能とするため，障害のある者と障害のない者とが共に学ぶ仕組みとしての「インクルーシブ教育システム」の理念が提唱された。こうした状況に鑑み，同条約の署名から批准に至る過程においては，平成23年の障害者基本法の改正，平成25年の就学先決定に関する学校教育法施行令の改正，平成25年の障害を理由とする差別の解消の推進に関する法律の制定（平成28年施行）など，教育分野を含め，同条約の趣旨を踏まえた様々な大きな制度改正がなされたところである。

特に，教育分野では，上述の学校教育法施行令の改正のほか，平成22年７月に中央教育審議会初等中等教育分科会の下に「特別支援教育の在り方に関する特別委員会」を設置し，同条約に示された教育の理念を実現するための特別支援教育の在り方について審議を行った。そして，平成24年７月に「共生社会の形成に向けたインクルーシブ教育システム構築のための特別支援教育の推進(報告)」が取りまとめられた。この報告では，インクルーシブ教育システムを構築するためには，最も本質的な視点として，「それぞれの子どもが，授業内容が分かり学習活動に参加している実感・達成感を持ちながら，充実した時間を過ごしつつ，生きる力を身に付けていけるかどうか」とした上で，障害のある者とない者とが同じ場で共に学ぶことを追求するとともに，個別の教育的ニーズのある子供に対し，自立と社会参加を見据え，その時々で教育的ニーズに最も的確に応える指導を提供できる，多様で柔軟な仕組みを整備することが重要であるとしている。その際，小・中学校等の通常の学級，通級による指導及び特別支援学級や，特別支援学校といった，子供たちの多様な教育的ニーズに対応できる連続性のある「多様な学びの場」において，子供一人一人の十分な学びを確保していくことが重要であると報告は指摘している。

このように，障害者の権利に関する条約に掲げられたインクルーシブ教育システムの構築を目指し，特別支援教育を更に推進していくために，大きな制度改正がなされたところである。

こうした状況の下で，平成26年11月には，文部科学大臣から新しい時代にふさわしい学習指導要領等の在り方について中央教育審議会に諮問を行った。中央教育審議会においては，２年１か月にわたる審議の末，平成28年12月21日に「幼稚園，小学校，中学校，高等学校及び特別支援学校の学習指導要領等の改善及び必要な方策等について（答申)」(以下「平成28年12月の中央教育審議会答申」という。）を示した。

平成28年12月の中央教育審議会答申においては，“よりよい学校教育を通じてよりよい社会を創る”という目標を学校と社会が共有し，連携・協働しながら，新しい時代に求められる資質・能力を子供たちに育む「社会に開かれた教育課程」の実現を目指し，学習指導要領等が，学校，家庭，地域の関係者が幅広く共有し活用できる「学びの地図」としての役割を果たすことができるよう，次の６点にわたってその枠組みを改善するとともに，各学校において教育課程を軸に学校教育の改善・充実の好循環を生み出す「カリキュラム・マネジメント」の実現を目指すことなどが求められた。

① 「何ができるようになるか」（育成を目指す資質・能力）
② 「何を学ぶか」（教科等を学ぶ意義と，教科等間・学校段階間のつながりを踏まえた教育課程の編成）
③ 「どのように学ぶか」（各教科等の指導計画の作成と実施，学習・指導の改善・充実）
④ 「子供一人一人の発達をどのように支援するか」（子供の発達を踏まえた指導）
⑤ 「何が身に付いたか」（学習評価の充実）
⑥ 「実施するために何が必要か」（学習指導要領等の理念を実現するために必要な方策）

これらに加えて，特別支援教育に関しては，

① インクルーシブ教育システム構築のための特別支援教育の推進
② 子供の障害の重度・重複化，多様化
③ 社会の急速な変化と卒業後を見据えた教育課程の在り方

などに対応し，障害のある子供一人一人の教育的ニーズに対応した適切な指導や必要な支援を通して，自立と社会参加に向けて育成を目指す資質・能力を身に付けていくことができるようにする観点から，教育課程の基準の改善を図ることが示されている。

これを踏まえ，文部科学省においては，平成29年３月31日に幼稚園教育要領，小学校学習指導要領及び中学校学習指導要領を，同年４月28日に特別支援学校幼稚部教育要領及び小学部・中学部学習指導要領を，平成30年３月30日に高等学校学習指導要領を公示した。

特別支援学校高等部については，平成31年２月４日に，特別支援学校高等部学習指導要領を公示するとともに，学校教育法施行規則の関係規定について改正を行ったところであり，今後，令和４年４月１日以降に高等部の第１学年に入学した生徒から年次進行により段階的に適用することとしている。また，それに先立って，新学習指導要領に円滑に移行するための措置（移行措置）を実施することとしている。

第2節　改訂の基本方針

今回の改訂は平成28年12月の中央教育審議会答申を踏まえ，次の基本方針に基づき行った。

1　次に示す①から⑤までの基本方針に基づき，高等学校の教育課程の基準の改善に準じた改善を図る。

①　今回の改訂の基本的な考え方

ア　教育基本法，学校教育法などを踏まえ，これまでの我が国の学校教育の実践や蓄積を生かし，子供たちが未来社会を切り拓(ひら)くための資質・能力を一層確実に育成することを目指す。その際，求められる資質・能力とは何かを社会と共有し，連携する「社会に開かれた教育課程」を重視すること。

イ　知識及び技能の習得と思考力，判断力，表現力等の育成とのバランスを重視する平成21年改訂の学習指導要領の枠組みや教育内容を維持した上で，知識の理解の質を更に高め，確かな学力を育成すること。

ウ　道徳教育の充実や体験活動の重視，体育・健康に関する指導の充実により，豊かな心や健やかな体を育成すること。

②　育成を目指す資質・能力の明確化

平成28年12月の中央教育審議会答申においては，予測困難な社会の変化に主体的に関わり，感性を豊かに働かせながら，どのような未来を創っていくのか，どのように社会や人生をよりよいものにしていくのかという目的を自ら考え，自らの可能性を発揮し，よりよい社会と幸福な人生の創り手となる力を身に付けられるようにすることが重要であること，こうした力は全く新しい力ということではなく学校教育が長年その育成を目指してきた「生きる力」であることを改めて捉え直し，学校教育がしっかりとその強みを発揮できるようにしていくことが必要とされた。また，汎用的な能力の育成を重視する世界的な潮流を踏まえつつ，知識及び技能と思考力，判断力，表現力等をバランスよく育成してきた我が国の学校教育の蓄積を生かしていくことが重要とされた。

このため「生きる力」をより具体化し，教育課程全体を通して育成を目指す資質・能力を，ア「何を理解しているか，何ができるか（生きて働く「知識・技能」の習得)」，イ「理解していること・できることをどう使うか（未知の状況にも対応できる「思考力・判断力・表現力等」の育成)」，ウ「どのように社会・世界と関わり，よりよい人生を送るか（学びを人生や社会に生かそうとする「学びに向かう力・人間性等」の涵(かん)養）」の三つの柱に整理するとともに，各教科等の目標や内容についても，この三つの柱に基づく再整理を図るよう提言がなされた。

今回の改訂では，知・徳・体にわたる「生きる力」を生徒に育むために「何のために学ぶのか」という各教科等を学ぶ意義を共有しながら，授業の創意工夫や教科書等の教材の改善を引き出していくことができるようにするため，全ての教科等の目標及び内容を「知識及び技能」，「思考力，判断力，表現力等」，「学びに向かう力，人間性等」の三つの柱で再整理した。

③ 「主体的・対話的で深い学び」の実現に向けた授業改善の推進

子供たちが，学習内容を人生や社会の在り方と結び付けて深く理解し，これからの時代に求められる資質・能力を身に付け，生涯にわたって能動的に学び続けることができるようにするためには，これまでの学校教育の蓄積も生かしながら，学習の質を一層高める授業改善の取組を活性化していくことが必要である。

特別支援学校における教育については，キャリア教育の視点で学校と社会の接続を目指す中で実施されるものである。改めて，特別支援学校学習指導要領の定めるところに従い，各学校において生徒が卒業までに身に付けるべきものとされる資質・能力を育成していくために，どのようにしてこれまでの授業の在り方を改善していくべきかを，各学校や教師が考える必要がある。

また，選挙権年齢及び成年年齢が18歳に引き下げられ，生徒にとって政治や社会が一層身近なものとなる高等部においては，社会で求められる資質・能力を育み，生涯にわたって探究を深める未来の創り手として送り出していくことが，これまで以上に重要となっている。「主体的・対話的で深い学び」の実現に向けた授業改善（アクティブ・ラーニングの視点に立った授業改善）とは，我が国の優れた教育実践に見られる普遍的な視点を学習指導要領に明確な形で規定したものである。

今回の改訂では「主体的・対話的で深い学び」の実現に向けた授業改善を進める際の指導上の配慮事項を総則に記載するとともに，各教科等の「３指導計画の作成と内容の取扱い」において，単元や題材など内容や時間のまとまりを見通して，その中で育む資質・能力の育成に向けて，「主体的・対話的で深い学び」の実現に向けた授業改善を進めることを示した。

その際，以下の点に留意して取り組むことが重要である。

ア　授業の方法や技術の改善のみを意図するものではなく，生徒に目指す資質・能力を育むために「主体的な学び」,「対話的な学び」,「深い学び」の視点で，授業改善を進めるものであること。

イ　各教科等において通常行われている学習活動（言語活動，観察・実験，問題解決的な学習など）の質を向上させることを主眼とするものであること。

ウ　１回１回の授業で全ての学びが実現されるものではなく，単元や題材など内容や時間のまとまりの中で，学習を見通し振り返る場面をどこに設定するか，グループなどで対話する場面をどこに設定するか，生徒が考える場面と教師が教える場面をどのように組み立てるかを考え，実現を図っていくものであること。

エ　深い学びの鍵として「見方・考え方」を働かせることが重要になること。各教科等の「見方・考え方」は,「どのような視点で物事を捉え，どのような考え方で思考していくのか」というその教科等ならではの物事を捉える視点や考え方である。各教科等を学ぶ本質的な意義の中核をなすものであり，教科等の学習と社会をつなぐものであることから，生徒が学習や人生において「見方・考え方」を自在に働かせることができるようにすることにこそ，教師の専門性が発揮されることが求められること。

オ　基礎的・基本的な知識及び技能の習得に課題がある場合には，それを身に付けさせるために，生徒の学びを深めたり主体性を引き出したりといった工夫を重ねながら，確実な習得を図ることを重視すること。

④　各学校におけるカリキュラム・マネジメントの推進

各学校においては，教科等の目標や内容を見通し，特に学習の基盤となる資質・能力（言語能力，情報活用能力（情報モラルを含む。以下同じ。)，問題発見・解決能力等）や現代的な諸課題に対応して求められる資質・能力の育成のために教科等横断的な学習を充実することや，主体的・対話的で深い学びの実現に向けた授業改善を単元や題材など内容や時間のまとまりを見通して行うことが求められる。これらの取組の実現のためには，学校全体として，生徒や学校，地域の実態を適切に把握し，教育内容や時間の配分，必要な人的・物的体制の確保，教育課程の実施状況に基づく改善などを通して，教育活動の質を向上させ，学習の効果の最大化を図るカリキュラム・マネジメントに努めることが求められる。

このため，総則において,「生徒や学校，地域の実態を適切に把握し，教育の目的や目標の実現に必要な教育の内容等を教科等横断的な視点で組み立てていくこと，教育課程の実施状況を評価してその改善を図っていくこと，教育課程の実施に必要な人的又は物的な体制を確保するとともにその改善を図っていくことなどを通して，教育課程に基づき組織的かつ計画的に各学校の教育活動の質の向上を図っていくこと（以下「カリキュラム・マネジメント」という。）に努める。その際，生徒に何が身に付いたかという学習の成果を的確に捉え，第2款の3の(5)のイに示す個別の指導計画の実施状況の評価と改善を，教育課程の評価と改善につなげていくよう工夫すること。」について新たに示した。

⑤　教育内容の主な改善事項

このほか，言語能力の確実な育成，理数教育の充実，伝統や文化に関する教育の充実，道徳教育の充実，外国語教育の充実，職業教育の充実などについて，総則，視覚障害者，聴覚障害者，肢体不自由者又は病弱者である生徒に対する教育を行う特別支援学校においては，各教科に属する科目（以下「各教科・科目」という。以下同じ。），総合的な探究の時間，特別活動及び自立活動（以下「各教科・科目等」という。以下同じ。），及び知的障害者である生徒に対する教育を行う特別支援学校においては，国語，社会，数学，理科，音楽，美術，保健体育，職業，家庭，外国語，情報，家政，農業，工業，流通・サービス及び福祉の各教科（以下「各教科」という。以下同じ。），特別の教科である道徳（以下「道徳科」という。以下同じ。），総合的な探究の時間，特別活動及び自立活動（以下「各教科等」という。以下同じ。）において，その特質に応じて内容やその取扱いの充実を図った。

2　インクルーシブ教育システムの推進により，障害のある子供たちの学びの場の柔軟な選択を踏まえ，小・中・高等学校の教育課程との連続性を重視

近年，時代の進展とともに特別支援教育は，障害のある子供の教育にとどまらず，障害の有無やその他の個々の違いを認め合いながら，誰もが生き生きと活躍できる社会を形成していく基礎となるものとして，我が国の現在及び将来の社会にとって重要な役割を担っていると言える。そうした特別支援教育の進展に伴い，例えば，近年は幼稚園，小・中・高等学校等において発達障害を含めた障害のある子供たちが多く学んでいる。また，特別支援学校においては，重複障害者である子供も多く在籍しており，多様な障害の種類や状態等に応じた指導や支援の必要性がより強く求められている。

このような状況の変化に適切に対応し，障害のある子供が自己のもつ能力や可能性を最大限に伸ばし，自立し社会参加するために必要な力を培うためには，一人一人の障害の状態等に応じたきめ細かな指導及び評価を一層充実することが重要である。

このため，以下のアからウの観点から，改善を図っている。

ア　学びの連続性を重視した対応

(ｱ)「第８款重複障害者等に関する教育課程の取扱い」について，生徒の学びの連続性を確保する視点から，基本的な考え方を明確にした。

(ｲ) 知的障害者である生徒のための高等部の各教科の目標や内容について，育成を目指す資質・能力の三つの柱に基づき整理した。その際，各学部や各段階，小・中学校の各教科及び高等学校の各教科・科目とのつながりに留意し，次の点を充実した。

- 高等部の各段階に目標を設定した。
- 高等部の２段階に示す各教科の内容を習得し目標を達成している者については，高等学校学習指導要領第２章に示す各教科・科目，中学校学習指導要領第２章に示す各教科又は小学校学習指導要領第２章に示す各教科及び第４章に示す外国語活動の目標及び内容の一部を取り入れることができること，また，主として専門学科において開設される各教科の内容を習得し目標を達成している者については，高等学校学習指導要領第３章に示す各教科・科目の目標及び内容の一部を取り入れることができるよう規定した。

(ｳ) 知的障害者である生徒に対する教育を行う特別支援学校において，道徳を道徳科とした。

イ　一人一人の障害の状態等に応じた指導の充実

(ｱ) 視覚障害者，聴覚障害者，肢体不自由者及び病弱者である生徒に対する教育を行う特別支援学校における各教科・科目の内容の取扱いについて，障害の特性等に応じた指導上の配慮事項を充実した。

(ｲ) 発達障害を含む多様な障害に応じた自立活動の指導を充実するため，その内容として，「障害の特性の理解と生活環境の調整に関すること。」を示すなどの改善を図るとともに，個別の指導計画の作成に当たっての配慮事項を充実した。

ウ　自立と社会参加に向けた教育の充実

(ｱ) 卒業までに育成を目指す資質・能力を育む観点からカリキュラム・マネジメントを計画的・組織的に行うことを規定した。

(ｲ) 幼稚部，小学部，中学部段階からのキャリア教育の充実を図ることを規定した。

(ｳ) 生涯を通して主体的に学んだり，スポーツや文化に親しんだりして，自らの人生をよりよくしていく態度を育成することを規定した。

(ｴ) 社会生活に必要な国語の特徴や使い方〔国語〕，数学の生活や学習への活用〔数学〕，社会参加ときまり，公共施設の役割と制度〔社会〕，勤労の意義〔職業〕，家庭生活での役割と地域との関わり，家庭生活における健康管理と余暇，消費者の基本的な権利と責任，環境に配慮した生活〔家庭〕など，各教科の目標及び内容について，育成を目指す資質・能力の視点から充実した。

第2章　改訂の要点

第1節　学校教育法施行規則改正の要点

高等部の教育課程を構成する各教科・科目又は各教科及び領域等の編成，卒業までに修得すべき単位数等については，学校教育法施行規則第8章に規定している。

今回の改正では，各学科に共通する教科として「理数」を新設したほか，別表第3に掲げられている各教科・科目の見直しを行った。また，総合的な学習の時間について，より探究的な活動を重視する視点から位置付けを明確にするため，総合的な学習の時間を「総合的な探究の時間」に改めた（学校教育法施行規則の一部を改正する省令（平成30年文部科学省令第13号））。

また，知的障害者である生徒に対する教育を行う特別支援学校において，従前から位置付けられている道徳を「特別の教科　道徳」と改めるため，学校教育法施行規則128条第2項を「前項の規定にかかわらず，知的障害者である生徒を教育する場合は，国語，社会，数学，理科，音楽，美術，保健体育，職業，家庭，外国語，情報，家政，農業，工業，流通・サービス及び福祉の各教科，第百二十九条に規定する特別支援学校高等部学習指導要領で定めるこれら以外の教科，特別の教科である道徳，総合的な探究の時間，特別活動並びに自立活動によつて教育課程を編成するものとする。」と規定した（学校教育法施行規則の一部を改正する省令（平成31年文部科学省令第3号）。

第２節　高等部学習指導要領改訂の要点

１　前文の趣旨及び要点

学習指導要領等については，時代の変化や子供たちの状況，社会の要請等を踏まえ，これまでおおよそ10年ごとに改訂を行ってきた。今回の改訂は，本解説第１編第１章第２節で述べた基本方針の下に行っているが，その理念を明確にし，社会で広く共有されるよう新たに前文を設け，次の事項を示した。

(1) 教育基本法に規定する教育の目的や目標とこれからの学校に求められること

学習指導要領は，教育基本法に定める教育の目的や目標の達成のため，学校教育法に基づき国が定める教育課程の基準であり，いわば学校教育の「不易」として，平成18年の教育基本法の改正により明確になった教育の目的及び目標を明記した。

また，これからの学校には，急速な社会の変化の中で，一人一人の生徒が自分のよさや可能性を認識できる自己肯定感を育むなど，持続可能な社会の創り手となることができるようにすることが求められることを明記した。

(2)「社会に開かれた教育課程」の実現を目指すこと

教育課程を通して，これからの時代に求められる教育を実現していくためには，よりよい学校教育を通してよりよい社会を創るという理念を学校と社会とが共有することが求められる。

そのため，それぞれの学校において，必要な学習内容をどのように学び，どのような資質・能力を身に付けられるようにするのかを教育課程において明確にしながら，社会との連携及び協働によりその実現を図っていく，「社会に開かれた教育課程」の実現が重要となることを示した。

(3) 学習指導要領を踏まえた創意工夫に基づく教育活動の充実

学習指導要領は，公の性質を有する学校における教育水準を全国的に確保することを目的に，教育課程の基準を大綱的に定めるものであり，それぞれの学校は，学習指導要領を踏まえ，各学校の特色を生かして創意工夫を重ね，長年にわたり積み重ねられてきた教育実践や学術研究の蓄積を生かしながら，生徒や地域の現状や課題を捉え，家庭や地域社会と協力して，教育活動の更なる充実を図っていくことが重要であることを示した。

2　総則改正の要点

総則については，今回の改訂の趣旨が教育課程の編成や実施に生かされるようにする観点から構成及び内容の改善を図っている。

(1) 総則改正の基本的な考え方

今回の改訂における総則の改善は，①資質・能力の育成を目指す主体的・対話的で深い学びの実現に向けた授業改善を進める，②カリキュラム・マネジメントの充実を図る，③生徒の調和的な発達の支援，家庭や地域との連携・協働等を重視するといった基本的な考え方に基づき行った。これらの考え方は今回の学習指導要領全体に通底するものであり，改訂の趣旨が教育課程の編成及び実施に生かされるようにする観点から，総則において特に重視しているものである。

①　資質・能力の育成を目指す主体的・対話的で深い学びの実現に向けた授業改善

- 学校教育を通して育成を目指す資質・能力を「知識及び技能」，「思考力，判断力，表現力等」，「学びに向かう力，人間性等」に再整理し，それらがバランスよく育まれるよう改善した。
- 言語能力，情報活用能力，問題発見・解決能力等の学習の基盤となる資質・能力や，現代的な諸課題に対応して求められる資質・能力が教科等横断的な視点に基づき育成されるよう改善した。
- 資質・能力の育成を目指し，主体的・対話的で深い学びの実現に向けた授業改善が推進されるよう改善した。
- 言語活動や体験活動，ICT等を活用した学習活動等を充実するよう改善した。

②　カリキュラム・マネジメントの充実

- カリキュラム・マネジメントの実践により，校内研修の充実等が図られるよう，章立てを改善した。
- 生徒の実態等を踏まえて教育の内容や時間を配分し，授業改善や必要な人的・物的資源の確保などの創意工夫を行い，組織的・計画的な教育の質的向上を図るカリキュラム・マネジメントを推進するよう改善した。

③ 生徒の調和的な発達の支援，家庭や地域との連携・協働

・　生徒一人一人の調和的な発達を支える視点から，ホームルーム経営や生徒指導，キャリア教育の充実について示した。

・　海外から帰国した生徒，日本語の習得に困難のある生徒への指導と教育課程の関係について示した。

・　教育課程外の学校教育活動である部活動について，教育課程との関連が図られるようにするとともに，持続可能な運営体制が整えられるようにすることを示した。

・　教育課程の実施に当たり，家庭や地域と連携・協働していくことを示した。

④ 重複障害者等に関する教育課程の取扱い

・　カリキュラム・マネジメントの視点から，本規定を適用する際の基本的な考え方を整理して示した。

(2) 構成の大幅な見直しと内容の主な改善事項

今回の改訂においては，カリキュラム・マネジメントの実現に資するよう，総則の構成を大幅に見直した。すなわち，各学校における教育課程の編成や実施等に関する流れを踏まえて総則の項目立てを改善することで，校内研修等を通じて各学校がカリキュラム・マネジメントを円滑に進めていくことができるようにしている。

上記の観点から，総則は以下のとおりの構成としている。

第１節　教育目標
第２節　教育課程の編成
　第１款　高等部における教育の基本と教育課程の役割
　第２款　教育課程の編成
　第３款　教育課程の実施と学習評価
　第４款　単位の修得及び卒業の認定
　第５款　生徒の調和的な発達の支援
　第６款　学校運営上の留意事項
　第７款　道徳教育に関する配慮事項
　第８款　重複障害者等に関する教育課程の取扱い
　第９款　専攻科

それぞれの款の内容及び主な改善事項を以下に示す。

ア　教育目標（第１章第１節）

特別支援学校については，学校教育法第72条を踏まえ，学習指導要領において教育目標を示している。学校教育法第51条に規定する高等学校教育の目標とともに，生徒の障害による学習上又は生活上の困難を改善・克服し自立を図るために必要な知識，技能，態度及び習慣を養うという目標の達成に努めることを示している。

イ　高等部における教育の基本と教育課程の役割（第１章第２節第１款）

従前，「一般方針」として規定していた内容を再整理し，教育課程編成の原則（第１章第２節第１款の１）を示すとともに，生徒に生きる力を育む各学校の特色ある教育活動の展開（確かな学力，豊かな心，健やかな体，自立活動）（第１章第２節第１款の２），育成を目指す資質・能力（第１章第２節第１款の３），就業やボランティアに関わる体験的な学習の指導（第１章第２節第１款の４），カリキュラム・マネジメントの充実（第１章第２節第１款の５）について示している。

今回の改訂における主な改善事項としては，育成を目指す資質・能力を，①知識及び技能，②思考力，判断力，表現力等，③学びに向かう力，人間性等の三つの柱で整理したこと，各学校が教育課程に基づき組織的かつ計画的に各学校の教育活動の質の向上を図るカリキュラム・マネジメントの充実について明記したことが挙げられる。これは，今回の改訂全体の理念とも深く関わるものである。

なお，就業やボランティアに関わる体験的な学習の指導については，従前同様適切に行うこととし，それらを通じて，「勤労の尊さ」，「創造することの喜び」の体得，「望ましい勤労観，職業観」の育成，「社会奉仕の精神」の涵(かん)養を図ることとしている。

ウ　教育課程の編成（第１章第２節第２款）

各学校の教育目標と教育課程の編成（第１章第２節第２款の１），教科等横断的な視点に立った資質・能力の育成（第１章第２節第２款の２），教育課程の編成における共通的事項（第１章第２節第２款の３），学部段階間及び学校段階等間の接続（第１章第２節第２款の４）について示している。

主な改善事項を以下に示す。

(ｱ) 各学校の教育目標と教育課程の編成（第１章第２節第２款の１）

本項は，今回新たに加えたものである。各学校における教育課程の編成に当たって重要となる各学校の教育目標を明確に設定すること，教育課程の編成についての基本的な方針を家庭や地域と共有すべきこと，各学校の教育目標を設定する際に総合的な探究の時間について各学校の定める目標との関連を図ることについて規定している。

(イ) 教科等横断的な視点に立った資質・能力の育成（第１章第２節第２款の２）

本項も，今回新たに加えたものである。生徒に「生きる力」を育むことを目指して教育活動の充実を図るに当たっては，言語能力，情報活用能力，問題発見・解決能力等の学習の基盤となる資質・能力や，現代的な諸課題に対応して求められる資質・能力を教科等横断的に育成することが重要であることを示している。

(ウ) 教育課程の編成における共通的事項（第１章第２節第２款の３）

(1) 視覚障害者，聴覚障害者，肢体不自由者又は病弱者である生徒に対する教育を行う特別支援学校における各教科・科目等の履修，(2) 知的障害者である生徒に対する教育を行う特別支援学校における各教科等の履修等，(3) 選択履修の趣旨を生かした適切な教育課程の編成，(4) 各教科・科目等又は各教科等の内容等の取扱い，(5) 指導計画の作成に当たっての配慮すべき事項，(6) キャリア教育及び職業教育に関して配慮すべき事項の６項目で再整理して示すなど構成の改善を図っている。

また，高等学校に準じ「共通性の確保」と「多様性への対応」を軸に，視覚障害者，聴覚障害者，肢体不自由者又は病弱者である生徒に対する教育を行う特別支援学校の高等部において育成を目指す資質・能力を踏まえて教科・科目等の構成の見直しを図っている。一方で，標準単位数の範囲内で合計が最も少なくなるように履修した際の必履修教科・科目の単位数の合計（35単位）や専門学科（専門教育を主とする学科をいう。以下同じ。）において全ての生徒に履修させる専門教科・科目（第１章第２款の３の(1)のアの(ウ)に掲げる各教科・科目，同表に掲げる教科に属する学校設定科目及び専門教育に関する学校設定教科に関する科目をいう。以下同じ。）の単位数の下限（25単位）については従前と変更しておらず，高等部において共通に履修しておくべき内容は，引き続き担保しているところである。

(エ) 学部段階間及び学校段階等間の接続（第１章第２節第２款の４）

本項は，今回新たに加えたものである。初等中等教育全体を見通しながら，教育課程に基づく教育活動を展開する中で，生徒に求められる資質・能力がバランスよく育まれるよう，卒業後の進路を含めた学部段階間及び学校段階等の接続について明記したものである。

エ　教育課程の実施と学習評価（第１章第２節第３款）

各学校におけるカリキュラム・マネジメントの充実のためには，教育課程の編成のみならず，実施，評価，改善の過程を通じて教育活動を充実していくことが重要である。

今回の改訂においては，カリキュラム・マネジメントに資する観点から，教育課程の実施及び学習評価について独立して項目立てを行い，主体的・対話的で深い学びの実現に向けた授業改善（第１章第２節第３款の１）及び学習評価の充実（第１章第２節第３款の３）について規定している。

主な改善事項を以下に示す。

(ｱ) 主体的・対話的で深い学びの実現に向けた授業改善（第１章第２節第３款の１）

今回の改訂では，育成を目指す資質・能力を確実に育むため，単元や題材な内容や時間のまとまりを見通しながら，生徒の主体的・対話的で深い学びの実現に向けた授業改善を行うことを明記した。加えて，言語環境の整備と言語活動の充実，コンピュータ等や教材・教具の活用，見通しを立てたり振り返ったりする学習活動，体験活動，学校図書館，地域の公共施設の利活用について，各教科・科目等又は各教科等の指導に当たっての配慮事項として整理して示している。

(ｲ) 学習評価の充実（第１章第２第３款の３）

学習評価は，学校における教育活動に関し，生徒の学習状況を評価するものである。生徒の学習の成果を的確に捉え，教師が指導の改善を図るとともに，生徒自身が自らの学習を振り返って次の学習に向かうことができるためにも，学習評価の在り方は重要であり，教育課程や学習・指導方法の改善と一貫性のある取組を進めることが求められる。今回の改訂においては，こうした点を踏まえ，学習評価に関する記載を充実している。

また，カリキュラム・マネジメントを推進する観点から，個別の指導計画に基づいて行われた学習状況や結果を適切に評価し，指導目標や指導内容，指導方法の改善に努め，より効果的な指導ができるようにすることについて新たに示している。

オ　単位の修得及び卒業の認定（第１章第２節第４款）

本項については，視覚障害者，聴覚障害者，肢体不自由者又は病弱者である生徒に対する教育を行う特別支援学校及び知的障害者である生徒に対する教育を行う特別支援学校それぞれに整理して示している。

なお，学校教育法施行規則等においては，学校外における学修等について単位認定を可能とする制度が設けられており，それらの制度についても適切な運用がなされるよう，本解説第２編第２部第１章第５節に説明を加えている。

カ　生徒の調和的な発達の支援（第１章第２節第５款）

今回の改訂においては，生徒の調和的な発達の支援の観点から，従前の規定を再整理して独立して項目立てを行うとともに，記載の充実を図っている。具体的には，生徒の発達を支える指導の充実，特別な配慮を必要とする生徒への指導及び個別の教育支援計画などについて規定しているところである。

主な改善事項を以下に示す。

(ｱ) 生徒の調和的な発達を支える指導の充実（第１章第２節第５款の１）

生徒一人一人の調和的な発達を支える視点から，ホームルーム経営や生徒指導，キャリア教育の充実と教育課程との関係について明記するとともに，個に応じた指導の充実に関する記載を充実した。

(ｲ) 特別な配慮を必要とする生徒への指導（第１章第２節第５款の２）

海外から帰国した生徒などの学校生活への適応や，日本語の習得に困難のある生徒に対する日本語指導など，特別な配慮を必要とする生徒への対応について明記した。

キ　学校運営上の留意事項（第１章第２節第６款）

各学校におけるカリキュラム・マネジメントの充実に資するよう，「教育課程を実施するに当たって何が必要か」という観点から，教育課程の改善と学校評価等，教育課程外の活動との連携等（第１章第２節第６款の１），家庭や地域社会との連携及び協働と学校間の連携（第１章第２節第６款の２）について記載を充実している。

具体的には，教育課程の編成及び実施に当たっての各分野における学校の全体計画等との関連，教育課程外の学校教育活動（特に部活動）と教育課程の関連，教育課程の実施に当たっての家庭や地域との連携・協働について記載を充実している。

ク　道徳教育に関する配慮事項（第１章第２節第７款）

小・中学部学習指導要領総則と同様に，道徳教育の充実の観点から，高等部における道徳教育推進上の配慮事項を第７款としてまとめて示すこととした。

詳細は，次節に記載している。

ケ　重複障害者等に関する教育課程の取扱い（第１章第２節第８款）

カリキュラム・マネジメントの視点から，本規定を適用する際の基本的な考え方を整理して示した。

(3) 各教科・科目及び各教科

① 視覚障害者，聴覚障害者，肢体不自由者及び病弱者である生徒に対する教育を行う特別支援学校

・ 各教科・科目等の目標及び内容等について，高等学校に準ずることは従前と同様であるが，生徒の障害の種類と程度に応じた指導の一層の充実を図るため，各障害種別に示されている指導上の配慮事項について改善及び充実を図った。

② 知的障害者である生徒に対する教育を行う特別支援学校

・ 各教科の目標及び内容について，育成を目指す資質・能力の三つの柱に基づき整理した。その際，各段階，小学校，中学校及び高等学校とのつながりに留意し，各教科の目標及び内容等の見直しを行った。
・ 各段階に目標を設定した。
・ 段階ごとの内容を充実するとともに，教科ごとの指導計画の作成と内容の取扱いを新たに示した。

(4) 道徳科

知的障害者である生徒に対する教育を行う特別支援学校における，従前までの道徳を「特別の教科　道徳」と改めた。

指導計画の作成に当たって，各教科等との関連を密にしながら，経験の拡充を図り，豊かな道徳的心情を育て，将来の生活を見据え，広い視野に立って道徳的判断や行動ができるようにすることを新たに示した。

(5) 総合的な探究の時間

従前までの総合的な学習の時間を総合的な探究の時間と改めた。

総合的な探究の時間の目標及び内容等については，高等学校に準ずることは従前と同様であるが，知的障害者である生徒に対する配慮事項を新たに示した。

(6) 自立活動

① 内容

今回の改訂では，六つの区分は従前と同様であるが，発達障害や重複障害を含めた障害のある生徒の多様な障害の種類や状態等に応じた指導を一層充実するため，「１健康の保持」の区分に「(4) 障害の特性の理解と生活環境の調整に関すること。」の項目を新たに示した。

また，自己の理解を深め，主体的に学ぶ意欲を一層伸長するなど，発達の段階を踏まえた指導を充実するため，「４環境の把握」の区分の下に設

けられていた「(2) 感覚や認知の特性への対応に関すること。」の項目を「(2) 感覚や認知の特性についての理解と対応に関すること。」と改めた。

さらに,「(4) 感覚を総合的に活用した周囲の状況の把握に関すること。」の項目を「(4) 感覚を総合的に活用した周囲の状況についての把握と状況に応じた行動に関すること。」と改めた。

② 個別の指導計画の作成と内容の取扱い

今回の改訂では,個別の指導計画の作成について更に理解を促すため,実態把握から指導目標や具体的な指導内容の設定までの手続きの中に「指導すべき課題」を明確にすることを加え,手続きの各過程を整理する際の配慮事項をそれぞれ示した。

また,生徒自身が活動しやすいように環境や状況に対する判断や調整をする力を育むことが重要であることから,「個々の生徒に対し,自己選択・自己決定する機会を設けることによって,思考・判断・表現する力を高めることができるような指導内容を取り上げること。」を新たに示した。

さらに,生徒自らが,自立活動の学習の意味を将来の自立と社会参加に必要な資質・能力との関係において理解したり,自立活動を通して,学習上又は生活上の困難をどのように改善・克服できたか自己評価につなげたりしていくことが重要であることから,「個々の生徒が,自立活動における学習の意味を将来の自立や社会参加に必要な資質・能力との関係において理解し,取り組めるような指導内容を取り上げること。」を新たに示した。

第３節　道徳教育の充実

1　高等部における道徳教育に係る改訂の基本方針と要点

(1) 改訂の基本方針

今回の改訂は，平成28年12月の中央教育審議会の答申を踏まえ，次のような方針の下で行った。

視覚障害者，聴覚障害者，肢体不自由者又は病弱者である生徒に対する教育を行う特別支援学校の高等部における道徳教育は，人間としての在り方生き方に関する教育として，学校の教育活動全体を通じて行うというこれまでの基本的な考え方は今後も引き継ぐとともに，各学校や生徒の実態に応じて重点化した道徳教育を行うために，校長の方針の下，高等部において道徳教育推進を主に担当する教師（以下「道徳教育推進教師」という。）を新たに位置付けた。

また，高等部の道徳教育の目標等については，先に行われた小学部・中学部学習指導要領の改訂を踏まえつつ，学校の教育活動全体を通じて，答えが一つではない課題に誠実に向き合い，それらを自分のこととして捉え，他者と協働しながら自分の答えを見いだしていく思考力，判断力，表現力等や，これらの基になる主体性を持って多様な人々と協働して学ぶ態度の育成が求められていることに対応し，公民科に新たに設けられた「公共」及び「倫理」並びに特別活動を，人間としての在り方生き方に関する教育を通して行う高等部の道徳教育の中核的な指導の場面として関連付けるなど改善を行う。

知的障害者である生徒に対する教育を行う特別支援学校における道徳教育においては，これまでの「道徳の時間」を要（かなめ）として学校の教育活動全体を通じて行うという道徳教育の基本的な考え方を，今後も引き継ぐとともに，道徳の時間を「特別の教科である道徳」として新たに位置付けた。

それに伴い，目標を明確で理解しやすいものにするとともに，道徳教育の目標は，最終的には「道徳性」を養うことであることを前提としつつ，各々の役割と関連性を明確にした。

(2) 改訂の要点

今回の特別支援学校高等部学習指導要領においては，総則の中で，道徳教育に関連して以下のとおり改善を図っている。

ア　高等部における教育の基本と教育課程の役割

道徳教育の目標について，「人間としての在り方生き方を考え，主体的な判断の下に行動し，自立した人間として他者と共によりよく生きるための基盤となる道徳性を養うこと」と簡潔に示した。また，道徳教育を進めるに当たっての留意事項として，道徳教育の目標を達成するための諸条件を示しながら「主体性のある日本人の育成に資することとなるよう特に留意すること」とした。また，第１章第２節第７款を新たに設け，小・中学部と同様に，道徳教育推進上の配慮事項を示した。

イ　道徳教育に関する配慮事項

学校における道徳教育は，学校の教育活動全体を通じて行うものであることから，その配慮事項を以下のように付け加えた。

(ア) 道徳教育は，学校の教育活動全体で行うことから，全体計画の作成においては，校長の方針の下に，道徳教育推進教師を中心に，全教師が協力して道徳教育を行うこと。その際，視覚障害者，聴覚障害者，肢体不自由者又は病弱者である生徒に対する教育を行う特別支援学校においては，公民科の「公共」及び「倫理」並びに特別活動が，人間としての在り方生き方に関する中核的な指導の場面であることを示した。

(イ) 知的障害者である生徒に対する教育を行う特別支援学校における道徳教育は，道徳科の指導方針及び道徳科に示す内容との関連を踏まえた各教科，総合的な探究の時間，特別活動及び自立活動における指導の内容及び時期並びに家庭や地域社会との連携の方法を示すことを示した。

(ウ) 各学校において指導の重点化を図るために，高等部において道徳教育を進めるに当たっての配慮事項を示した。

(エ) 就業体験活動やボランティア活動，自然体験活動，地域の行事への参加などの豊かな体験の充実とともに，道徳教育がいじめの防止や安全の確保等に資するよう留意することを示した。

(オ) 学校の道徳教育の全体計画や道徳教育に関する諸活動などの情報を積極的に公表すること，家庭や地域社会との共通理解を深め，相互の連携を図ることを示した。

第2編

高等部学習指導要領解説

第２部　高等部学習指導要領総則等の解説

第２章　視覚障害者，聴覚障害者，肢体不自由者又は病弱者である生徒に対する教育を行う特別支援学校の各教科

※視覚障害者である生徒に対する教育部分抜粋

第1　各教科の目標及び各科目の目標と内容等(第２章第１節第１款及び第２款)

第２章　各　教　科

第１節　視覚障害者，聴覚障害者，肢体不自由者又は
病弱者である生徒に対する教育を行う特別支援学校

第１款　各教科の目標及び各科目の目標と内容

各教科の目標及び各科目の目標と内容については，当該各教科及び各科目に対応する高等学校学習指導要領第２章及び第３章に示す各教科の目標及び各科目の目標と内容に準ずるほか，視覚障害者である生徒に対する教育を行う特別支援学校については第３款から第５款まで，聴覚障害者である生徒に対する教育を行う特別支援学校については第６款から第９款までに示すところによるものとする。

第２款　各科目に関する指導計画の作成と内容の取扱い

各科目に関する指導計画の作成と内容の取扱いについては，高等学校学習指導要領第２章及び第３章に示すものに準ずるほか，視覚障害者である生徒に対する教育を行う特別支援学校については第３款から第５款まで，聴覚障害者である生徒に対する教育を行う特別支援学校については第６款から第９款までに示すところによるものとするが，生徒の障害の状態や特性及び心身の発達の段階等を十分考慮するとともに，特に次の事項に配慮するものとする。

視覚障害者，聴覚障害者，肢体不自由者又は病弱者である生徒に対する教育を行う特別支援学校の高等部の各教科の目標及び各科目の目標及び内容並びに各科目に関する指導計画の作成と内容の取扱いについては，従前より，高等学校学習指導要領第２章及び第３章に示されているものに準ずることとしている。ここで

いう「準ずる」とは，原則として同一ということを意味している。しかしながら，指導計画の作成と内容の取扱いについては，高等学校学習指導要領に準ずるのみならず，生徒の障害の状態や特性及び心身の発達の段階等を十分考慮しなければならない。

このようなことから，各教科の指導に当たっては，高等学校学習指導要領解説のそれぞれの教科の説明に加え，本章に示す視覚障害者，聴覚障害者，肢体不自由者又は病弱者である生徒に対する教育を行う特別支援学校ごとに必要とされる指導上の配慮事項についての説明も十分に踏まえた上で，適切に指導する必要がある。

今回の改訂では，視覚障害者，聴覚障害者，肢体不自由者又は病弱者である生徒に対する教育を行う特別支援学校ごとに必要とされる指導上の配慮事項について，それぞれの学校に在籍する生徒の実態を考慮して見直しを行った。これらは，視覚障害者，聴覚障害者，肢体不自由者又は病弱者である生徒に対する教育を行う特別支援学校の各教科・科目全般にわたって特色があり，しかも基本的な配慮事項であるが，これらがそれぞれの学校における配慮事項の全てではないことに留意する必要がある。

第２　視覚障害者である生徒に対する教育を行う特別支援学校

１　点字又は普通の文字等に関する配慮（第２章第１節第２款の１の(1)）

> １　視覚障害者である生徒に対する教育を行う特別支援学校
>
> (1) 生徒の視覚障害の状態等に応じて，点字又は普通の文字等による的確な理解と豊かな表現力を一層養うこと。なお，点字を常用して学習する生徒に対しても，漢字・漢語の意味や構成等についての理解を一層促すため，適切な指導が行われるようにすること。

点字又は普通の文字についての指導を継続して受けてきた生徒は，中学部までの指導で基礎は身に付けている。高等部では，これまでの基礎の上に，文字や図等を速く的確に読み取る力などを一層向上させるとともに，豊かに表現できる力を高めるように指導する必要がある。

特に点字では，古文・漢文の表現，数学や理科の記号と式の表現，英語点字などについて，各教科・科目の内容に即して理解を深めることになる。

また，六点漢字や漢点字のような点字による漢字表記の工夫があるように，漢字の理解は，日本語を正しく理解・表現するために重要である。例えば，「握手」という熟語では二文字目が一文字目の目的語であるように，漢語を構成する漢字相互の関係を知るなど，点字を常用して学習する生徒が，小学部及び中学部における学習の基礎の上に，漢字・漢語に対する理解を深めることが大切である。さらに，普通の文字の装飾や文書のレイアウト等の表現の工夫を理解しておくことも，コンピュータ等の情報機器を活用して普通の文字を表現する上で重要である。

なお，中途で視覚障害が進行するなどした生徒については，現在の視力や視野等の状態，眼疾患の状態，読速度など学習の効率性，本人の希望や意欲等を考慮して，学習や読書等に際して常用する文字を点字にするか，普通の文字にするかを決定しなければならない。その上で，コンピュータ等の情報機器を活用したデジタルデータの読み上げが情報の理解に有効な場面があるので，生徒の状態に応じて活用できるようにする必要がある。

このように，文字の読み書きの力を高めることは，文字を用いて自分の考えをまとめたり，情報を他者に正確に伝えたりするために重要な役割を果たす。さらには，主題を明確にして，取材メモなどを活用して書きたい事柄を充実させ，的確な用語を選択して文を組み立て，必要に応じて推敲を加えるなどにより，文字による豊かな表現の力を高めることができる。

そこで，今回の改訂では，「点字又は普通の文字等による的確な理解と豊かな表現力を一層養うこと」とした。

２　視覚的なイメージを伴う事柄の指導（第２章第１節第２款の１の(2)）

> (2) 視覚的なイメージを伴わないと理解が困難な事象や習得が難しい技能については，既習の内容や経験と関連付けながら，具体例を示すなど指導方法を工夫して，理解を深め習得を促すようにすること。

高等部では，各教科・科目の内容が多岐にわたり，多様な事象について理解を深めることが求められる。しかし，視覚に障害のある生徒は，視覚による情報収集の困難があることから，視覚的なイメージを伴い，他の感覚で実態を捉えることが難しい事象などでは，理解が曖昧だったり，一面的だったりすることがある。そのような場合に，これまでの経験や知識と関連付けて具体的に説明を加えることで，事象の理解を深めることができる。例えば，「鮮やかな新緑」という事象を理解するために，「鮮やか」という言葉について，「際立ってはっきりしている」というイメージを捉えられるように指導する場合を考えてみる。これまでの生徒の経験を生かして，触地図の中でも際立ってはっきりしている線など，鮮やかさを感じる例を挙げることで，新緑も「周りから際立ってはっきりしている色あい」であることを説明できる。同様に，見事な技や動きは，きわだって目立つ（多くの人の目を引く）ことから，「鮮やかな包丁さばき」のように，技が巧みで見事な様子を表現する際にも「鮮やか」という言葉が使われることを説明して理解を広げると，イメージは更に確かになる。その際，文中の表現であれば，前後の内容を手掛かりにしたり，他の題材から分かりやすい用例を挙げたりしながらイメージを具体的にしていくことが必要である。

同様に，運動・動作をイメージ化して技能の習得につなげることもある。例えば，水泳のスタートを，「壁を蹴った後に身体を細くする」といったように，できる動作を基に動きを理解させたり，ダンスで両手を上下に交互に動かす動作を，「たいこを叩く」といったように，既習の動作に置き換えて確かなイメージをもたせたりするような例である。その際，運動の流れを連続的，総合的に理解させる工夫と，十分に経験できる機会が必要である。

このように視覚的なイメージを伴う事象や技能については，既習の内容や経験と関連付けながら理解を促すとともに，自分から調べたり，様々な学習場面で用いてみたりするなど積極的な態度を養うことが大切である。

そこで，今回の改訂では，「理解が困難な事象や習得が難しい技能については，既習の内容や経験と関連付けながら，具体例を示すなど指導方法を工夫して，理解を深め習得を促す」と示した。

3　指導内容の精選等（第２章第１節第２款の１の(3)）

(3) 生徒の視覚障害の状態等に応じて，指導内容を適切に精選し，基礎的・基本的な事項を確実に習得するとともに，考えを深めていくことができるよう指導すること。

高等部においては，生徒の視覚障害の状態等に応じて，各教科・科目の目標を達成できるよう，一人一人の生徒に応じて指導内容を適切に精選することが必要である。その一つとして，模型を用いた観察やモデル実験等により，基礎的・基本的な事柄から具体的に指導し，帰納的に規則性，関係性，特徴などを見いだせるようにすることがある。また，法則などの視点を基に，演繹的に予想を立て，それを実験等で確かめるようにすることも大切である。

例えば，理科では，自由落下が等加速度直線運動であることを学習する。等加速度直線運動について具体的に理解するために，１本のひもに間隔をあけて四つのナットをしばり付けたものの上端を持って静かに落とし，それぞれのナットが落ちた音の間隔の違いにより，落下時間と落下距離の関係を確認する実験を行うことが考えられる。ナットを等間隔にしばり付けたひもと，最初のナットを基準として，ナットの間隔が１の２乗，２の２乗と，２乗の比になるようにしばり付けたひもを落とした時の様子を比較すると，前者の四つの音は次第に速くなるリズムで聞こえるが，後者の音の連なりは等間隔に聞こえる。この事実から，一本のひもにしばり付けられた四つのナットは落ちる速さが加速しており，２乗の比ずつ移動距離が増していることに考えが整理できる。すると，重力による加速度が働くことを具体的に理解した上で，落下距離は，落下にかかった時間の２乗に比例するという自由落下の式の理解につなげることができる。さらに，この着目点を，投げ下ろした場合や投げ上げた場合の加速度にも関連付けることができる。

今回の改訂では，各教科・科目の内容の基礎的・基本的な事項を確実に習得することと，関連付けてより深く理解したり，考えを形成したりできるように指導することについて，「基礎的・基本的な事項を確実に習得するとともに，考えを深めていくことができるよう指導する」と示した。

なお，考えを深めるために観察や実験など直接体験の機会を設ける場合，指導の順序や観察・実験等の内容や方法を工夫することや，必要に応じて教師が事象について説明を補うなどの配慮をすることで，効率的・効果的に学習できるようにすることが大切である。

一方，指導の工夫や配慮により履修が可能であるにもかかわらず，見えないことなどを理由に各教科・科目の内容を安易に取り扱わなかったり，省略したりすることは，指導内容の精選にはあたらないことに留意が必要である。

４　主体的に学習を進めるための教材等の活用（第２章第１節第２款の１の(4)）

> (4) 視覚補助具やコンピュータ等の情報機器，触覚教材，拡大教材及び音声教材等各種教材の活用を通して，生徒が効率的に多様な情報を収集・整理し，主体的な学習ができるようにするなど，生徒の視覚障害の状態等を考慮した指導方法を工夫すること。

高等部では，中学部に比べて教科・科目の内容が大幅に増え，難しくなり，授業展開も速くなる。生徒は，視覚障害による情報の制約を補うことにとどまらず，多様な情報を素早く読み取り，主体的に学習できる能力と態度を養うことが必要である。そのためには，触覚教材や拡大教材，音声教材等の教材・教具を効果的に組み合わせて活用するだけではなく，様々な視覚補助具や情報機器等を活用して，効率的に情報を収集できる力を育成することが重要である。

その際，生徒の視覚障害の状態や視覚補助具等の活用能力は多様であることを踏まえる必要がある。例えば，視覚活用の有無は当然のこと，同じ視力値であっても，視野や色覚の状態，眼振や羞明の有無など，視機能の状態は異なる。さらに，弱視レンズ，拡大読書器等の視覚補助具や情報機器の活用についての習熟度にも違いがあることなどである。

その上で，点字や点図，必要な箇所を拡大した教材，白黒反転の教材，最適な文字サイズなどの選択を生徒自身で判断できるようにするとともに，視覚補助具や，デジタルデータの活用を適切に組み合わせられるように指導することが大切である。

コンピュータ等の情報機器は，視覚障害者が情報を収集・発信することを容易にする。近年は情報端末が様々な機能をもつようになっているので，有効に活用できるようにしたい。同時に，情報モラルについても十分な指導が必要である。

なお，授業で使う教材等や様々な方法で得た情報を分かりやすく整理しておくことも重要である。例えば，情報の記録と管理のために，教科ごとのファイルを作った上で通し番号を付けたり，必要な情報をすぐに取り出せるようにインデックスを付けたりすることがある。また，よく使う資料は取り出しやすい場所に置いておくなどして活用を容易にすることも重要である。同様に，電子データについても適切に整理できるようにしておくことが必要である。

そこで，今回の改訂においては，生徒が主体的な学習をできるようにするために視覚補助具やコンピュータ等の情報機器，各種教材がいずれも重要であること，それらを活用して，効率的に情報を収集・整理することが大切であることから，「視覚補助具やコンピュータ等の情報機器，触覚教材，拡大教材及び音声教材等各種教材の効果的な活用を通して，生徒が効率的に多様な情報の収集・整理し，主体的な学習ができるようにするなど」とした。

5　見通しをもった学習活動の展開（第２章第１節第２款の１の(5)）

> (5) 生徒が空間や時間の概念を活用して場の状況や活動の過程等を的確に把握できるよう配慮し，見通しをもって積極的な学習活動を展開できるようにすること。

生徒が実験，実技，実習等での活動を通して各教科・科目の内容の理解を深めるためには，授業が行われている教室等の場の状況や自分の位置関係を十分に把握できていることが必要である。また，時間の経過に伴い状況等が変化する場合，変化の全体像と現在の状況についての理解も重要である。しかし，障害により視覚からの情報が不足することで，状況の把握と判断に困難を来すことがある。そこで，視覚障害の状態等に応じて，人や物がどのような位置にありどう動いているのか，また，その中での自分の位置や動き，時間の経過による変化など，空間的な位置関係や役割分担，さらには，時間的経過による変化などが理解できるよう地図や各種資料を効果的に活用しながら，指導方法等を工夫することが大切である。

例えば，保健体育科でネット型の球技としてフロアバレーボールを取り扱う際に，前衛選手であれば，ネットに対して自分がどのように位置しており，ボールの動きに伴ってどのようにポジションを取る必要があるかを，ボールの音や後衛選手の声などを手掛かりに判断できるように指導する必要がある。さらに，ボールが打たれた音や転がってくる音から，ボールのスピードやコースを判断しつつ，ブロックするなど守備に関わる動きや，前衛が受けたボールをアタックするなどボール操作に関わる動きができるよう指導することになる。これらのことを，これまでに培ってきた空間や時間の概念を活用して段階を追って指導することで，生徒は主体的にゲームに参加することができる。

同様に，取り組んでいる活動が活動全体のどのあたりに位置付いているかを生徒が理解できるようにすることも重要である。例えば，家庭科で被服制作に取り組む際に，あらかじめ型紙などを組み合わせて完成作品をシミュレーションしたり，手順書で完成までの工程を確認したりできるようにしておくとよい。そのことで，どの段階でどの部分の作業を進めているかが把握できるようになる。このように，制作過程を見通して全体が理解できることで，主体的に制作を進めることにつながる。

学習活動に見通しを持てるように配慮や工夫をすることは，「意欲的な学び」を更に進め，見通しをもって粘り強く取り組み，自己の学習活動を振り返って次につなげる「主体的な学び」の実現につながる。

６　高等学校等を卒業後，社会経験を経て高等部に入学した生徒への対応（第２章第１節第２款の１の(6)）

> (6) 高等学校等を卒業した者が，社会経験を経るなどした後に，専門学科又は専攻科に入学した場合においては，その社会経験等を踏まえた指導内容となるよう工夫すること。

視覚障害者である生徒に対する教育を行う特別支援学校では，高等学校等を卒業して一定期間を経て，視覚障害の進行等をきっかけに理療科等の専門教育を主とする学科に入学する生徒がいることから，今回の改訂で新たに本項を設けた。

このような生徒は，社会経験や実務経験等により，一定の資質・能力が養われていることがある。例えば，理療や保健理療に含まれる内容を大学等で学んだ経験があったり，実務経験を通じて身に付けた見方や考え方を学習に生かすことができたりする生徒である。一方，高等学校等を卒業した後に社会生活の期間が長くなっていることなどから，各教科・科目の基本的な内容について振り返りを要する場合もあることから，入学した者の年齢，入学するまでの経験又は勤労状況その他の実情を踏まえ，各教科・科目の目標を達成できるように十分配慮することが必要である。例えば，各教科・科目の発展的な内容を加えて指導したり，基礎的・基本的な事項から指導したりするなどである。その際，各教科・科目の目標や内容の趣旨を逸脱したり，生徒の負担が過重となったりすることのないように配慮しながら，個別学習やグループ別学習など学習集団を工夫したり，繰り返し学習，課題学習，補充的な学習や発展的な学習などの学習活動を取り入れたりするとともに，教師間の連携を図るなどの工夫により，個に応じた指導と体験を重視した指導の充実を図ることが必要である。

また，視力の著しい低下により，読字や書字の困難がある生徒も多い。コンピュータ等情報端末を活用してデータの拡大や読み上げにより情報を収集したり，フェルトペンを使って書いたりするなど，個に応じて視覚障害を補う効果的な学習方法を身に付けられるようにする必要がある。さらに，個別の指導計画で自立活動の目標設定を適切に行い，自立活動の指導の成果を各教科・科目の指導に生かすことも重要である。特に，障害の心理的な受容，点字の書字や触読など個々の生徒の実態により対応が異なることに留意し，各教科・科目の指導での困難を改善・克服できるようにすることが必要である。

第3章　視覚障害者である生徒に対する教育を行う特別支援学校の専門教科・科目

第1節　保健理療科

第1　保健理療科改訂の要点

今回の改訂においては，平成29年3月31日に，国民の信頼と期待に応える質の高いあん摩マッサージ指圧師，はり師及びきゅう師を養成するため，「あん摩マッサージ指圧師，はり師及びきゆう師に係る学校養成施設認定規則（昭和26年文部省・厚生省令第2号）」（以下「認定規則」という。）が一部改正されたこと，また平成28年12月の中央教育審議会答申で示された学習指導要領改訂の基本的な方向性並びに各教科等における改訂の具体的な方向性を踏まえて，保健理療科の改訂を行った。

1　目標の改善

教科及び科目の目標については，産業界で必要とされる資質・能力を見据えて三つの柱に沿って整理し，育成を目指す資質・能力のうち，(1)には「知識及び技術」を，(2)には「思考力，判断力，表現力等」を，(3)には「学びに向かう力，人間性等」を示した。

今回の改訂では，「見方・考え方」を働かせた学習活動を通して，目標に示す資質・能力の育成を目指すこととした。これは平成28年12月の中央教育審議会答申において，「見方・考え方」は各教科等の学習の中で働き，鍛えられていくものであり，各教科等の特質に応じた物事を捉える視点や考え方として整理されたことを踏まえたものである。

2　内容の改善

(1)〔指導項目〕について

今回の改訂では，教科に属する全ての科目の「2内容」においては〔指導項目〕として「(1)，(2)」などの大項目，「ア，イ」などの小項目を，柱書においては「1に示す資質・能力を身に付けることができるよう，次の〔指導項目〕を指導する」と示した。これは，〔指導項目〕として示す学習内容の指導を通じて，目標において三つの柱に整理した資質・能力を身に付けることを明確にしたものである。

なお，項目の記述については，従前どおり事項のみを大綱的に示した。

(2) 科目構成について

「保健理療情報活用」については，保健理療の実践に必要な情報と情報技術に関する資質・能力の育成について内容を充実し，名称を「保健理療情報」に変更した。

保健理療に属する科目の構成については，「医療と社会」，「人体の構造と機能」，「疾病の成り立ちと予防」，「生活と疾病」，「基礎保健理療」，「臨床保健理療」，「地域保健理療と保健理療経営」，「保健理療基礎実習」，「保健理療臨床実習」，「保健理療情報」，「課題研究」の11科目を設けており，科目数は従前同様である。

新旧科目対照表

改　　訂	改　訂　前	備　考
医療と社会	医療と社会	
人体の構造と機能	人体の構造と機能	
疾病の成り立ちと予防	疾病の成り立ちと予防	
生活と疾病	生活と疾病	
基礎保健理療	基礎保健理療	
臨床保健理療	臨床保健理療	
地域保健理療と保健理療経営	地域保健理療と保健理療経営	
保健理療基礎実習	保健理療基礎実習	
保健理療臨床実習	保健理療臨床実習	
保健理療情報	保健理療情報活用	名称変更
課題研究	課題研究	

3　各科目にわたる指導計画の作成と内容の取扱いについての改善

新たに，単元など内容や時間のまとまりを見通して，その中で育む資質・能力の育成に向けて，生徒の主体的・対話的で深い学びの実現を図るよう示した。

第2　保健理療科の設置と教育課程の編成

昭和63年5月に行われた「あん摩マッサージ指圧師，はり師，きゆう師等に関する法律」（以下「あん摩等法」という。）の改正によって，あん摩マッサージ指圧師の養成を行う保健理療科の入学資格は，大学に入学できる者と改められたが，著しい視覚障害者の場合は，特例措置として，当分の間，高等学校に入学できる者も認められることとなった。その結果，視覚障害者である生徒に対する教育を行う特別支援学校においては，いわゆる本科にも，あるいは専攻科にも保健理療科を設置することができるようになった。

1　本科に設置される保健理療科における教育課程の編成

本科に設置される保健理療科（以下「本科保健理療科」という。）については，特別支援学校高等部卒業の資格とあん摩マッサージ指圧師国家試験の受験資格の両方を取得できるように教育課程を編成する必要がある。したがって，本科保健理療科の教育課程の編成に当たっては，高等部学習指導要領の規定に十分留意するとともに，あん摩等法を受けて制定されている認定規則の規定をも踏まえる必要がある。

高等部学習指導要領については，第１章から第６章までに示されている各規定（知的障害者である生徒に対する教育を行う特別支援学校についての規定を除く）を踏まえて教育課程を編成することとなるが，特に，各教科・科目及び単位数等，各教科・科目の履修等，各教科・科目等の授業時数等，単位の修得及び卒業の認定などの規定に留意する必要がある。これらの詳細については，特別支援学校学習指導要領解説総則等編（高等部）を参照されたい。

認定規則は，前述のとおり，平成29年３月31日にその一部が改正され，平成30年４月１日から一部が施行されている。

認定規則における教育課程に関わる主な内容は，次のとおりである。

(1) 教育の内容

教育の内容について，学校が独自に授業科目を設定できるようにするため，科目名で規定せずに，教育内容で示してある。

① 教育内容は，「基礎分野」，「専門基礎分野」，「専門分野」である。

② 基礎分野は，専門基礎分野及び専門分野の基礎となる科目を設定するものであり，「科学的思考の基盤」，「人間と生活」である。なお，認定規則の別表第一備考に示される，「コミュニケーション」については，基礎分野の中で取り扱うものとする。

③ 専門基礎分野は，「人体の構造と機能」，「疾病の成り立ち，予防及び回復の促進」，「保健医療福祉とあん摩マッサージ指圧，はり及びきゅうの理念」である。

④ 専門分野は，「基礎あん摩マッサージ指圧学」，「基礎はり学」，「基礎きゅう学」，「臨床あん摩マッサージ指圧学」，「臨床はり学」，「臨床きゅう学」，「社会あん摩マッサージ指圧学」，「社会はり学」，「社会きゅう学」，「実習」，「臨床実習」及び「総合領域」である。

⑤「総合領域」は，あん摩マッサージ指圧学，はり学，きゅう学，医学及び

人間教育等の学習が総合され，各学校がそれぞれの特色を発揮した教育を展開することによって，広く社会の期待にこたえることができる資質を養うことを目標として専門分野に位置付けられている。ただし，本科保健理療科については，「総合領域」を基礎分野，専門基礎分野又は専門分野において取り扱うことができる。なお，認定規則の別表第一備考に示される，「あん摩マッサージ指圧，はり及びきゆうの歴史」については，総合領域で取り扱うこととされているが，他の教育内容においても取り扱うことができるものとする。

本科保健理療科の場合，教育の内容のうち，はりやきゅうに関わる教育内容については，取り扱わない。

(2) 単位制の導入

教育内容について，単位数による規定とし，単位の計算方法については，大学設置基準（昭和31年文部省令第28号）の例によることとなっている。ただし，本科保健理療科の単位の取扱いについては，第1章第2節第2款の3の(1)の規定によることになる。

(3) 教育内容の弾力化

学校の創意工夫を生かし，その理念・目的に基づいた特色ある教育課程を編成することが可能である。複数の教育内容を併せて指導することが適切と認められ，所定の単位数以上を指導する場合には，個別の教育内容ごとの単位数によらないことができる。

(4) 既修科目の免除

過去に在学した大学等において既に履修した科目については，免除することができる。ただし，本科保健理療科の場合は，この規定は適用されない。

高等部学習指導要領においては，本科保健理療科に属する科目として11科目を示した。これらの科目のうち「保健理療情報」と「課題研究」を除く9科目と認定規則における教育内容との対応関係は，次頁の表のとおりである。ただし，本科保健理療科の場合，教育の内容のうち，はりやきゅうに関わる内容については取り扱わないので，この点に留意する必要がある。

認定規則の教育内容と学習指導要領の科目との対応関係

<table>
<tr><td></td><td>認定規則</td><td>学習指導要領</td></tr>
<tr><td></td><td>教育内容</td><td>科目</td></tr>
<tr><td rowspan="4">専門基礎分野</td><td>人体の構造と機能</td><td>人体の構造と機能</td></tr>
<tr><td rowspan="2">疾病の成り立ち，予防及び回復の促進</td><td>疾病の成り立ちと予防</td></tr>
<tr><td>生活と疾病</td></tr>
<tr><td>保健医療福祉とあん摩マツサージ指圧，はり及びきゆうの理念</td><td>医療と社会</td></tr>
<tr><td rowspan="5">専門分野</td><td>基礎あん摩マツサージ指圧学
基礎はり学
基礎きゆう学</td><td>基礎保健理療</td></tr>
<tr><td>臨床あん摩マツサージ指圧学
臨床はり学
臨床きゆう学</td><td>臨床保健理療</td></tr>
<tr><td>社会あん摩マツサージ指圧学
社会はり学
社会きゆう学</td><td>地域保健理療と保健理療経営</td></tr>
<tr><td>実習</td><td rowspan="2">保健理療基礎実習
保健理療臨床実習</td></tr>
<tr><td>臨床実習</td></tr>
</table>

「総合領域」については，前述のとおり，本科保健理療科の場合は，基礎分野，専門基礎分野又は専門分野において取り扱うことができることになっている。したがって，必履修教科・科目などの各学科に共通する各教科・科目に関する科目，保健理療科に属する科目，あるいは学校設定科目などの中から，各学校の判断によって必要な科目を「総合領域」に位置付けて教育課程を編成することとなる。

また，認定規則は単位制を導入しているが，本科保健理療科の場合は，１単位について第１章第２節第２款の３の(1)のアの(ｱ)において「単位については，１単位時間を50分とし，35単位時間の授業を１単位として計算することを標準とする。」と規定されている。したがって，本科保健理療科における教育課程の編成に当たっては，大学設置基準の例によって計算した単位数を，この規定に基づいた単位数に換算する必要がある。

2　専攻科に設置される保健理療科における教育課程の編成

専攻科に設置される保健理療科（以下「専攻科保健理療科」という。）の教育課程は，学校教育法及び高等部学習指導要領の専攻科に関する規定等を踏まえて編成することとなる。

また，あん摩マッサージ指圧師試験の受験資格取得の関係から，併せてあん摩等法に係る一連の法令に基づくこととなるが，特に認定規則に留意する必要がある。この認定規則については，1に述べたとおりである。また，高等部学習指導要領において，専攻科保健理療科に属する科目として示した11科目のうち「保健理療情報」と「課題研究」を除く9科目と認定規則における教育内容との対応関係は，前頁の表のとおりである。なお，専攻科保健理療科の場合，教育の内容のうち，はりやきゅうに関わる内容については取り扱わない。

「総合領域」については，専攻科保健理療科の場合は，専門分野に位置付けられている。したがって，認定規則の専門分野に対応する保健理療科に属する科目，「保健理療情報」及び「課題研究」の中から，各学校の判断によって必要な科目を「総合領域」に位置付け，教育課程を編成することになる。また，各学校において，必要がある場合に，高等部学習指導要領に示した専攻科保健理療科に属する科目以外の科目を専門分野の科目として設け，「総合領域」に位置付けて教育課程を編成することもできる。

第3　教科の目標

保健理療科の目標は，次のとおりである。

> 第1　目　標
>
> 保健理療の見方・考え方を働かせ，実践的・体験的な学習活動を行うことなどを通して，あん摩・マッサージ・指圧を通じ，地域や社会の保健・医療・福祉を支え，人々の健康の保持増進及び疾病の治療に寄与する職業人として必要な資質・能力を次のとおり育成することを目指す。
>
> (1) あん摩・マッサージ・指圧について体系的・系統的に理解するとともに，関連する技術を身に付けるようにする。
>
> (2) あん摩・マッサージ・指圧に関する課題を発見し，職業人に求められる倫理観を踏まえ合理的かつ創造的に解決する力を養う。
>
> (3) 職業人として必要な豊かな人間性を育み，よりよい社会の構築を目指して自ら学び，人々の健康の保持増進及び疾病の治療に主体的かつ協働的に寄与する態度を養う。

今回の改訂においては，情報社会の進展，保健理療を巡る状況等の動向などを踏まえ，保健理療における専門性に関わる資質・能力を「知識及び技術」，「思考力，判断力，表現力等」，「学びに向かう力，人間性等」という三つの柱に基づいて示した。

1 「保健理療の見方・考え方を働かせ，実践的・体験的な学習活動を行うことなどを通して，あん摩・マッサージ・指圧を通じ，地域や社会の保健・医療・福祉を支え，人々の健康の保持増進及び疾病の治療に寄与する職業人として必要な資質・能力を次のとおり育成する」について

保健理療の見方・考え方とは，健康に関する事象を，当事者の考えや状況，健康の保持増進への取組や疾病とその治療等が生活に与える影響に着目して捉え，当事者による自己管理を目指して，適切かつ効果的な保健理療と関連付けることを意味している。

実践的・体験的な学習活動を行うことなどとは，保健理療に関する具体的な課題の発見・解決の過程で，調査，研究，実習を行うなどの実践的な活動，病院や施術所等における実習などの体験的な活動を行うことが重要であることを意味している。

あん摩・マッサージ・指圧を通じ，地域や社会の保健・医療・福祉を支え，人々の健康の保持増進及び疾病の治療に寄与する職業人として必要な資質・能力とは，あん摩・マッサージ・指圧に関する基礎的・基本的な知識と技術の習得，人々の生活におけるあん摩・マッサージ・指圧の意義や役割の理解及び諸課題の解決などに関わる学習は，最終的にはあん摩・マッサージ・指圧を通じ，地域や社会の保健・医療・福祉を支え，健康の保持増進及び疾病の治療に寄与する職業人として必要な資質・能力の育成につながるものであることを意味している。

2 「(1) あん摩・マッサージ・指圧について体系的・系統的に理解するとともに，関連する技術を身に付けるようにする。」について

あん摩・マッサージ・指圧についての実践的・体験的な学習活動を通して，基礎的・基本的な知識及び専門的な知識を確実に身に付け，それらを関連付け，統合化を図るとともに，関連する技術についても同様に身に付け，適切な施術に活用できるようにすることを意味している。

3 「(2) あん摩・マッサージ・指圧に関する課題を発見し，職業人に求められる倫理観を踏まえ合理的かつ創造的に解決する力を養う。」について

あん摩・マッサージ・指圧に関する課題とは，その対象に応じた個別の課題やあん摩・マッサージ・指圧の施術における組織的な課題等を指し，それらの課題を発見する力を養うとともに，課題の解決に当たっては，(3) で養う職業人としての態度をもって，倫理原則，科学的根拠，優先順位，社会資源の活用，多様な価値観の尊重及び意思決定支援等の視点を踏まえた解決方法について創造的に思考，判断，表現する力を養うことを意味している。

職業人に求められる倫理観を踏まえ合理的かつ創造的に解決する力を養うとは，情報化などが進展する社会において，変化の先行きを見通すことが難しい予測困難な時代を迎える中で，単にあん摩・マッサージ・指圧に関する技術のみを高めることを優先するだけではなく，職業人に求められる倫理観等を踏まえ，あん摩・マッサージ・指圧が健康に及ぼす影響に責任をもち，あん摩・マッサージ・指圧の進展に対応するなどして解決策を考え，科学的な根拠に基づき結果を検証し改善することができるといった，あん摩・マッサージ・指圧に関する確かな知識や技術等に裏付けられた思考力，判断力，表現力等を養うことを意味している。

4 「(3) 職業人として必要な豊かな人間性を育み，よりよい社会の構築を目指して自ら学び，人々の健康の保持増進と疾病の治療に主体的かつ協働的に取り組む態度を養う。」について

あん摩マッサージ指圧師として生命の尊重，人権の擁護を基盤とした望ましい職業観及び倫理観を養い，常に自覚と責任をもって行動する態度を育成するとともに，多様な人々と信頼関係を構築し，施術を行うあん摩マッサージ指圧師には豊かな人間性の育成が重要であることを示している。また，この豊かな人間性をもとに医療に携わる職業人として，人々の健康の保持増進や疾病の治療，よりよい社会の構築のために主体的かつ協働的に役割を果たす態度を養うことを意味している。

第４　保健理療科の各科目

１　医療と社会

この科目は，医学や保健理療の歴史的背景を概観した上で，現代の医療における保健理療の法制上の位置付けを明らかにするとともに，施術者として遵守すべき法令や倫理規範に関する基本的な知識を理解させ，保健理療業務が適切かつ効

率的に実施できる能力が身に付くようにすることを目指している。

特に，現代社会における保健理療の役割，課題等を発見し，地域における医療と介護との関わり方や今後の在り方を主体的に考える態度を養うためには，その基礎となる社会保障制度に関する知識を理解させることが大切である。また，あん摩マッサージ指圧師が遵守すべき法規と倫理規範を理解させることにより，臨床実習や卒業後の業務が適切かつ効率的に実施できる能力を養うことが大切である。

そこで，今回の改訂では，超高齢社会における社会保障の仕組みを体系的・系統的に理解させる観点から，従前の「医療制度の現状と課題」を「(2) 社会保障制度の概要」に改めた上で，認定規則の改訂の趣旨を踏まえ，主に次の２つの指導項目の充実・改善を行った。

まず，「(1) 医学，医療及び保健理療の歴史」では，保健理療に係る近現代史を含めて扱うこととした。また，「(2) 社会保障制度の概要」では，施術に受領委任払い制度が導入されるようになったことを踏まえ，療養費の取扱いに関する指導を充実させるとともに，障害者基本法等の障害者関係法令の改正を踏まえ，「エ障害者福祉・精神保健医療福祉制度の概要」を追記するなど，情勢の変化と社会の要請に応える内容となるよう改めた。

なお，従前の「医療制度の現状と課題」で扱っていた「医療と社会」と「医療行政」の内容は，「(2) 社会保障制度の概要」の「イ社会保障の概念」と「ウ社会保険制度の概要」で扱うこととした。同様に，「医療従事者」と「医療機関」の内容は「(3) 保健理療の現状と課題」の「イ医療提供体制と地域包括ケアシステム」に移動した。また，「(6) あん摩マッサージ指圧師の倫理」では法律に基づいた内容が含まれることから，学習の系統性を考慮し，指導項目の並び順を法規関係の次に位置付けた。

(1) 目標

1　目　標

保健理療の見方・考え方を働かせ，医療と社会の関わりに関する実践的・体験的な学習活動を通して，施術を行うために必要な資質・能力を次のとおり育成することを目指す。

(1) 施術を行うために必要な医療と社会の関わりについて体系的・系統的に理解するようにする。

(2) 医療と社会の関わりに関する課題を発見し，あん摩マッサージ指圧師としての職業倫理を踏まえて合理的かつ創造的に解決する力を養う。

(3) 医療と社会の関わりについて，地域や社会を支えるあん摩マッサージ指圧師を目指して自ら学び，適切かつ合理的な施術に主体的かつ協働的に取り組む態度を養う。

この科目においては，歴史観に立って保健理療の本質を理解した上で，あん摩マッサージ指圧師が地域や産業における保健・医療・福祉を支える職業人として，保健理療に関する業務を円滑に行うための基礎的な知識を習得することを目指している。

目標の(1)は，歴史的な背景を踏まえ，あん摩マッサージ指圧師の現代社会における位置付けと医療との関わりを理解するとともに，体系的・系統的な学習を通して，保健理療の発展的な在り方を主体的に考えるための基礎的な知識が身に付くようにすることを意味している。

目標の(2)は，あん摩マッサージ指圧師としての倫理観を踏まえ，保健理療が直面している課題について，合理的かつ創造的に解決する力を養うことを意味している。

目標の(3)は，地域における保健・医療・福祉を支える職業人としての自覚を育み，自ら主体的に多職種と協働して保健理療施術に主体的かつ協働的に取り組む態度を養うことを意味している。

(2) 内容とその取扱い

① 内容の構成及び取扱い

この科目は，目標に示す資質・能力を身に付けることができるよう，(1)医学，医療及び保健理療の歴史，(2)社会保障制度の概要，(3)保健理療の現状と課題，(4)あん摩マツサージ指圧師，はり師，きゆう師等に関する法律，(5)関係法規の概要，(6)あん摩マッサージ指圧師の倫理の六つの指導項目で，3単位（大学設置基準（昭和31年文部省令第28号）による。以下同じ。）以上履修されることを想定して内容を構成している。また，内容を取り扱う際の配慮事項は次のように示されている。

（内容を取り扱う際の配慮事項）

3　内容の取扱い

(1) 内容を取り扱う際には，次の事項に配慮するものとする。

ア　指導に当たっては，保健理療の医療における位置付けについて，十分理解を促すよう，保健理療以外の他の医学の歴史や現状，諸外国における保健理療の現状などを踏まえて取り扱うこと。

医学の歴史を体系的・系統的に理解することができるよう，西洋，中国，韓国等における医学，医療の歴史を学習した後，これらの影響を受けて成立した日本の医学の歴史について扱う。

日本における医学，医療の歴史について扱う際には，今の保健理療教育や業に係る諸制度の礎となった先達の足跡に学ぶとともに，歴史観に立った思考力が身に付くよう，近現代史を含めて扱うことが重要である。

イ 〔指導項目〕の(2)，(3)及び(6)については，「地域保健理療と保健理療経営」との関連を考慮して指導すること。

〔指導項目〕の(2)については，「地域保健理療と保健理療経営」の〔指導項目〕の(1)及び(3)と，〔指導項目〕の(3)については，「地域保健理療と保健理療経営」の〔指導項目〕の(3)と，〔指導項目〕の(6)については，「地域保健理療と保健理療経営」の〔指導項目〕の(4)とそれぞれ関連付けながら，社会保障や社会保険制度の概要と保健理療の現状と課題について扱うとともに，施術者としての基本的な心構え，コミュニケーション能力，法令を遵守する態度等の倫理規範が身に付くよう指導することが重要である。

② 内容

2 内 容

1に示す資質・能力を身に付けることができるよう，次の〔指導項目〕を指導する。

〔指導項目〕

(1) 医学，医療及び保健理療の歴史
ア 西洋，中国，韓国等における医学，医療の歴史
イ 日本における医学，医療及び保健理療の歴史

（内容の範囲や程度）

(2) 内容の範囲や程度については，次の事項に配慮するものとする。
ア 〔指導項目〕の(1)のイについては，保健理療の近現代史に重点を置くこと。

(1) 医学，医療及び保健理療の歴史

ここでは，科目の目標を踏まえ，西洋，中国，韓国等における医学，医療の歴史を概観するとともに，日本における保健理療の歴史については，近現代史を含めて理解できるようにすることをねらいとしている。

このねらいを実現するため，次の①から③までの事項を身に付けることができるよう，〔指導項目〕を指導する。

① 医学・医療及び保健理療の歴史について，その概要を理解すること。

② 医学・医療及び保健理療の歴史の意義を，業・教育の現状と関連付けて見いだすこと。

③ 医学・医療及び保健理療の歴史について自ら学び，歴史観に立って，保健理療の課題や展望を考える学習に主体的かつ協働的に取り組むこと。

ア 西洋，中国，韓国等における医学，医療の歴史

近・現代医学発展の歴史を，ギリシャ医学を起点に，各時代の特徴と医学に関する主な発見等の事項について，日本の医学に大きな影響を与えた中国，韓国等の歴史を中心に，インドのアーユルベーダ医学の概要を含めて扱う。

イ 日本における医学，医療及び保健理療の歴史

我が国の東洋医学の発展を，大宝律令の医疾令から各時代の特徴と主な事項を中心に扱う。また，西洋医学の伝来，明治の医学改革，視覚障害者に対する鍼按(しんあん)教育の成立，あん摩マッサージ指圧師，はり師及びきゆう師等に関する法律の制定と展開，療術問題と指圧の包含など，保健理療に係る近現代史を含めて扱う。さらに，保健理療教育の成立から特別支援教育に至るまでの保健理療及び保健理療教育の発展，1970年代以降の鍼(はり)への関心の高まりや鍼(はり)のグローバル化，我が国における鍼灸(しんきゅう)関係の高等教育機関の成立，世界の補完代替医療，統合医療への関心の高まりなどについても触れる。

〔指導項目〕

(2) 社会保障制度の概要
- ア 医学の分野
- イ 社会保障の概念
- ウ 社会保険制度の概要
- エ 障害者福祉・精神保健医療福祉制度の概要
- オ 医療行政

（内容の範囲や程度）

イ 〔指導項目〕の(2)のイについては，少子高齢化が進む我が国の社会の課題や展望について取り扱うこと。ウについては，医療保険（療養費を含む。），介護保険及び主な公費負担医療を中心に制度の概要を取り扱うこと。

(2) 社会保障制度の概要

ここでは，科目の目標を踏まえ，「地域保健理療と保健理療経営」の〔指導項目〕の(1)及び(3)と関連付けながら，社会保障制度の概要と少子高齢化が進む我が国の地域社会の現状，課題及び改革の動向が理解できるようにすることをねらいとしている。

このねらいを実現するため，次の①から③までの事項を身に付けることができるよう，〔指導項目〕を指導する。

① 社会保障制度の概要について理解すること。

② 社会保障制度の概要についての基本的な課題を発見し，保健理療と関連付け，倫理観を踏まえて合理的かつ創造的に解決策を見いだすこと。

③ 社会保障制度の概要について自ら学び，医療従事者としての責務を自覚できるよう主体的かつ協働的に取り組むこと。

ア 医学の分野

医学における保健理療の位置付けを明らかにするとともに，社会保障制度を学ぶ基盤として，基礎医学，臨床医学及び社会医学の各医学分野を系統的に扱う。

イ 社会保障の概念

社会保障の基本的な考え方について，日本国憲法第25条の理念と関連付けながら扱うとともに，少子高齢社会の現状と課題，社会保障制度の現状と課題及び医療・介護問題と制度改革の動向について扱う。

ウ 社会保険制度の概要

保険の一般原理，社会保険の基本的な考え方と種類について扱うとともに，医療保険，療養費，公費負担医療及び介護保険の制度の概要について扱う。

エ 障害者福祉・精神保健医療福祉制度の概要

共生社会の概念の理解に資するため，障害者の権利に関する条約や障害者の日常生活及び社会生活を総合的に支援するための法律（平成17年法律第123号）等の障害者施策に関する法令の概要及び障害者の日常生活や社会生活を総合的に支援するための制度や精神保健福祉に関する主な制度の概要について扱う。

オ 医療行政

ウで学習した内容を基礎に，各社会保険制度に基づいた行政サービスの概要について，国や自治体の衛生行政を含め，身近な事例を踏まえて具体的に扱う。

〔指導項目〕

(3) 保健理療の現状と課題
　ア　保健理療の概念
　イ　医療提供体制と地域包括ケアシステム
　ウ　保健理療業務の現状と課題
　エ　諸外国の保健理療

（内容の範囲や程度）

ウ　〔指導項目〕の(3)のアについては，地域医療や労働衛生におけるプライマリ・ケアの重要性と関連付けながら，現代社会における保健理療の役割と意義を取り扱うこと。イについては，医療機関の種類並びに医療従事者の資格，免許及び業務範囲を取り扱うとともに，地域包括ケアシステムにおける多職種間連携の意義を取り扱うこと。ウについては，保健理療業務の現状と課題について，関連する統計や資料を踏まえながら，療養費を適切に扱うための基礎的な知識が身に付くよう指導すること。

(3) 保健理療の現状と課題

ここでは，科目の目標を踏まえ，「地域保健理療と保健理療経営」の〔指導項目〕の(2)及び(3)と関連付けながら，現代社会における保健理療の意義と役割，地域における多職種間との連携の大切さを理解するとともに，保健理療を取り巻く環境や課題への認識を深め，発展的な業の在り方を自ら考察できる基本的な能力が養われるようにすることをねらいとしている。

このねらいを実現するため，次の①から③までの事項を身に付けることができるよう，〔指導項目〕を指導する。

① 保健理療の現状と課題について理解すること。

② 保健理療の現状と課題について，各種の統計や地域包括ケアシステムの考え方と関連付け，倫理観を踏まえて合理的かつ創造的に解決策を見いだすこと。

③ 保健理療の現状と課題について自ら学び，保健理療が直面している課題に対する解決策や発展的な業の在り方を考察できるよう主体的かつ協働的に取り組むこと。

ア　保健理療の概念

高齢化が一層進む地域社会において，保健理療の医療・介護資源としての有用性を理解させるとともに，自信と誇りをもって業に臨むことができるよう，地域や企業社会の健康課題と関連付けながら，保健理療業務の特質と現状，あん摩マッサージ指圧師に係る免許の特質と教育制度を中心に扱う。

イ　医療提供体制と地域包括ケアシステム

地域における保健・医療・福祉・介護の分野間及び行政を含む多職種間の連携の必要性が理解できるよう，次に示す職種の専門性，業務の範囲及び医療・介護施設の機能・役割について扱うとともに，地域包括ケアシステムの理念と意義について扱う。

医師及び歯科医師，看護師，助産師及び保健師，あん摩マッサージ指圧師，はり師及びきゅう師，柔道整復師，理学療法士，作業療法士及び言語聴覚士，介護福祉士及び介護支援専門員，その他の医療及び介護の従事者。

ウ　保健業務の現状と課題

理療業務を提供する施術所の数と就業者数及び経営の実態，病院及び診療所と介護保険施設に従事する施術者数等の現状を最新の統計や資料に基づいて扱うとともに，各職場における保健理療業務の課題と背景についても扱う。

エ　諸外国の保健理療

アジア域内の国・地域における視覚障害者の保健理療業務の現状を中心に，欧米や中国等における鍼灸(しんきゅう)・手技療法の現状についても扱う。

〔指導項目〕

(4) あん摩マツサージ指圧師，はり師，きゆう師等に関する法律
　ア　法令の沿革
　イ　法令の主な内容

(4) あん摩マツサージ指圧師，はり師，きゆう師等に関する法律

ここでは，科目の目標を踏まえ，あん摩マッサージ指圧師として必要な「あん摩マツサージ指圧師，はり師，きゆう師等に関する法律」の沿革の概要と保健理療に係る業，教育及び医業類似行為等を規定している法令の基本的事項が理解できるようにすることをねらいとしている。

このねらいを実現するため，次の①から③までの事項を身に付けることができるよう，〔指導項目〕を指導する。

① あん摩マツサージ指圧師，はり師，きゆう師等に関する法律について，その沿革と内容の概要を理解すること。

② あん摩マッサージ指圧師，はり師，きゆう師等に関する法律についての基本的な課題を発見し，保健理療と関連付け，倫理観を踏まえて合理的かつ創造的に解決策を見いだすこと。

③ あん摩マッサージ指圧師，はり師，きゆう師等に関する法律について自ら学び，法律を踏まえた保健理療業務を行えるよう主体的かつ協働的に取り組むこと。

ア 法令の沿革

法令の沿革については，保健理療に係る業・教育制度の発展の足跡が理解できるよう，明治期に制定された按摩術理業取締規則及び鍼術灸術営業取締規則（内務省令）からの法制の変遷を，時代背景と関連付けながら，重要な改正点を中心に扱う。

イ 法令の主な内容

施術者の身分について，十分な法的理解の上に立って業務を適切に行うことができるよう，免許，業務，教育，医業類似行為及び罰則の各規定を中心に扱う。

〔指導項目〕

(5) 関係法規の概要
　ア 医事関係法規
　イ その他の関係法規

（内容の範囲や程度）

エ 〔指導項目〕の(5)のアについては，医療法，医師法等の概要を取り扱うこと。イについては，高齢者の医療の確保に関する法律，介護保険法等の概要を取り扱うこと。

(5) 関係法規の概要

ここでは，科目の目標を踏まえ，〔指導項目〕の(2)と関連付けながら，保健理療業務と関わりの深い医事，薬事及び福祉等関係法規の体系の概要が理解できるようにすることをねらいとしている。

このねらいを実現するため，次の①から③までの事項を身に付けることができるよう，〔指導項目〕を指導する。

① 保健理療業務と関わりの深い関係法規について理解すること。

② 保健理療業務と関わりの深い関係法規についての基本的な課題を発見し，保健理療と関連付け，倫理観を踏まえて合理的かつ創造的に解決策を見いだ

すこと。

③　保健理療業務と関わりの深い関係法規について自ら学び，その意義が理解できるよう，主体的かつ協働的に取り組むこと。

ア　医事関係法規

医療法，医師法，理学療法士及び作業療法士法，柔道整復師法について，保健理療業務との関係性や具体的な場面と関連付けながら，それぞれの法の概要について扱う。

イ　その他の関係法規

保健理療業務と関わりの深い薬事法規，一般衛生法規について，その概要について扱うとともに，〔指導項目〕の(2)のウと関連付けながら，介護保険法及び高齢者の医療の確保に関する法律の概要について扱う。

〔指導項目〕

(6)　あん摩マッサージ指圧師の倫理
　ア　医療従事者の倫理
　イ　保健理療業務と倫理

(内容の範囲や程度)

オ　〔指導項目〕の(6)については，あん摩マッサージ指圧師としての心構えや倫理観，患者の権利，法令遵守，コミュニケーション能力等について，十分な理解を促すよう具体的に指導すること。

(6)　あん摩マッサージ指圧師の倫理

ここでは，科目の目標を踏まえ，「地域保健理療と保健理療経営」の〔指導項目〕の(4)と関連付けながら，患者と施術者との良好な信頼関係を築くために必要なコミュニケーション能力，保健理療従事者の基本的な心構え及び法令遵守の重要性等について理解できるようにすることをねらいとしている。

このねらいを実現するため，次の①から③までの事項を身に付けることができるよう，〔指導項目〕を指導する。

①　あん摩マッサージ指圧師の倫理について理解すること。

②　あん摩マッサージ指圧師倫理についての基本的な課題を発見し，保健理療と関連付け，倫理観を踏まえて合理的かつ創造的に解決策を見いだすこと。

③　あん摩マッサージ指圧師の倫理について自ら学び，多様な機会を通じて自ら研鑽できるよう，主体的かつ協働的に取り組むこと。

ア　医療従事者の倫理

医療技術や生命科学の進歩・発展とともに変遷してきた倫理的問題を概観しながら，医の倫理（ヒポクラテスの誓い，ヘルシンキ宣言など）を理解させるとともに，脳死と臓器移植，終末期医療，高度先進医療，生殖医療などの現状と課題の概要について扱う。

イ　保健理療業務と倫理

患者と施術者との良好な信頼関係を築くために必要なコミュニケーション能力，保健理療従事者の基本的な心構えや患者への思いやり，施術情報の管理や守秘義務等の法令遵守の重要性，インフォームド・コンセント，インフォームド・ディシジョンなど施術者の説明責任や患者の意思決定モデルを中心に扱う。指導に当たっては，身近な事例や臨床実習で学習する内容と関連させながら，具体的に指導する。

2　人体の構造と機能

この科目は，人体諸器官の形態と構造及び機能の基本的な事項を相互に関連付けて，人体を対象とする保健理療にとって必要な基礎的・基本的な知識を習得し，保健理療の施術に応用する能力と態度を育てることを目指している。

今回の改訂では，人体の構造と機能とを関連付けながら，指導内容を効率的に理解することができるよう，解剖学と生理学に分けて扱っていた指導項目をまとめた。具体的には，従前の「解剖学の基礎」と「生理学の基礎」を「解剖生理学の基礎」とし，「人体の系統別構造及び生体の観察」と「人体の機能」を「系統別構造と機能」にそれぞれ整理・統合した。これに伴い，「生体観察」の内容は，「解剖生理学の基礎」に「人体の体表区分」を設けて扱うこととした。

また，保健理療施術で対応することの多い運動器疾患に対する臨床力を高める観点から，運動器の構造と機能を体系的・系統的に理解することができるよう，「生活と疾病」で扱っていた「運動学の基礎」を本科目に移動し，「運動学」に改めた上で内容の改善・充実を図った。なお，従前の「主な部位の局所解剖」については，保健理療施術との関連の深い頸部，胸部及び背腰部を中心に，系統別解剖ごとに体表解剖及び生体観察と合わせて指導することとし，削除した。

(1) 目標

1　目　標

保健理療の見方・考え方を働かせ，人体の構造と機能に関する実践的・体験的な学習活動を通して，施術を行うために必要な資質・能力を次のとおり育成することを目指す。

(1) 施術を行うために必要な人体の構造と機能について体系的・系統的に理解するとともに，関連する技術を身に付けるようにする。
(2) 人体の構造と機能に関する課題を発見し，あん摩マッサージ指圧師としての職業倫理を踏まえて合理的かつ創造的に解決する力を養う。
(3) 人体の構造と機能について，地域や社会を支えるあん摩マッサージ指圧師を目指して自ら学び，適切かつ合理的な施術に主体的かつ協働的に取り組む態度を養う。

この科目においては，人体の構造と機能について，解剖学と生理学で扱う内容を総合して理解することができるよう配慮するとともに，指導に当たっては，保健理療施術との関連を考慮しつつ，具体的な事例を通して取り扱うようにすることが大切である。

目標の(1)については，解剖学と生理学の基本的な知識が体系的・系統的に身に付けられるようにするとともに，触察を中心とした生体観察など，理療臨床と関連の深い技術についても重点を置いて扱うことを意味している。

目標の(2)については，人体の構造と機能とを関連付けながら学ぶことの意義を発見し，施術者としての職業倫理に立って，合理的かつ創造的に病態推論や施術計画を立案できるようにするための基礎的な資質と能力を養うことを意味している。

目標の(3)については，人体の構造と機能に関する知識と技術を踏まえた適切かつ合理的な保健理療の施術に主体的かつ協働的に取り組む態度を養うことを意味している。

(2) 内容とその取扱い

① 内容の構成及び取扱い

この科目は，目標に示す資質・能力を身に付けることができるよう，(1)解剖生理学の基礎，(2)系統別構造と機能，(3)生体機能の協調，(4)運動学の四つの指導項目で，12以上単位履修されることを想定して内容を構成している。また，内容を取り扱う際の配慮事項は次のように示されている。

（内容を取り扱う際の配慮事項）

3　内容の取扱い
(1) 内容を取り扱う際には，次の事項に配慮するものとする。
ア　指導に当たっては，人体の構造と機能についての理解が知識に偏ることがないよう，実験・実習を取り入れるようにすること。

内容を取り扱う際には，解剖学と生理学とを関連付けて把握できるようにするとともに，学習内容が知識の習得に偏ることがないよう，生体観察，解剖実習，脈拍・体温の計測，血圧の測定，肺活量の測定等及び実験・実習を取り入れて指導することが大切である。

イ 〔指導項目〕の(2)については，標本，模型などを有効に活用して，指導の効果を高めるように配慮すること。

〔指導項目〕の(2)については，標本，模型などを活用し，諸器官の構造の理解を深めることが大切である。特に，「ア運動器系」の指導に当たっては，「(4)運動学」で扱う内容との関連に留意しながら指導すること。

ウ 〔指導項目〕の(3)については，「疾病の成り立ちと予防」との関連を考慮して指導すること。

〔指導項目〕の(3)については，免疫現象の基礎を説明するにとどめ，免疫反応の詳細は，「疾病の成り立ちと予防」の〔指導項目〕の(11)で扱うこと。

② 内容

2 内 容

1に示す資質・能力を身に付けることができるよう，次の〔指導項目〕を指導する。

〔指導項目〕

(1) 解剖生理学の基礎
- ア 解剖生理学の意義
- イ 人体の体表区分
- ウ 細胞
- エ 人体の発生
- オ 組織
- カ 器官と器官系

(1) 解剖生理学の基礎

ここでは，科目の目標を踏まえ，人体の構造と機能の基礎を体系的・系統的に理解し，関連する技術を身に付けるようにすることをねらいとしている。

このねらいを実現するため，次の①から③までの事項を身に付けることができるよう，〔指導項目〕を指導する。

① 解剖生理学の基礎について理解し，関連する技術を身に付けること。

② 解剖生理学の基礎についての基本的な課題を発見し，保健理療と関連付け，倫理観を踏まえて合理的かつ創造的に解決策を見いだすこと。

③ 解剖生理学の基礎について自ら学び，生体観察，標本学習，実験・実習などの学習に主体的かつ協働的に取り組むこと。

ア 解剖生理学の意義

諸器官の形態・構造の知識がなければ正常な生理機能を理解することができないことを理解できるよう，身近な生命現象と関連付けながら扱う。

具体的には，次の事項を中心に扱う。

解剖学の意義，生理学の意義，形態・構造と生理機能との関係性，解剖学用語，生理学用語

イ 人体の体表区分

保健理療施術が体表からの触察で得られる情報を重視する医療行為であることを踏まえ，触察に係る体表に関する知識と技術を身に付ける観点から，骨性指標，体表の筋，内臓の体表投影などの生体観察を中心に，各系統解剖と関連付けて扱う。

具体的には，次の事項を中心に扱う。

身体の区分と解剖学的表現，頭頸部の体表解剖，体幹の体表解剖，上肢の体表解剖，下肢の体表解剖

ウ 細胞

生体の構造上・機能上の最小単位である細胞の構成物質，同化・異化などの物質代謝・エネルギー代謝の基礎となる事項について扱う。

具体的には，次の事項を中心に扱う。

細胞の構造と機能，細胞膜と物質の移動，静止電位と活動電位，刺激と興奮，興奮の伝導・伝達，物質代謝とエネルギー代謝

エ 人体の発生

受精から出産に至るまでの人体形成の発生過程について，細胞を基本単位として，形態学的及び分子生物学的にその概要について扱う。

具体的には，次の事項を中心に扱う。

生殖の一般，配偶子（生殖細胞）の形成（減数分裂，精子・卵子の形成），受精と着床，初期発生（卵割，胚葉形成），器官形成，性の分化

オ 組織

組織の概念を扱った上で，人体を構成する組織の種類と構造，それぞれの機能

について扱う。なお，ここでは人体の構成原則を理解させるために，主として上皮組織と結合組織について扱い，筋組織，神経組織，骨・軟骨組織の詳細については，それぞれ該当する器官系で扱う。

具体的には，次の事項を中心に扱う。

組織の概念，上皮組織，結合組織，筋組織，神経組織，骨・軟骨組織

カ　器官と器官系

人体の全体的な構成を把握できるように，器官と器官系の概念を扱った上で，各器官・器官系について最小限必要な内容の概要について扱う。また，細胞から組織を経て器官・器官系というように，より高い次元の構造がつくられる仕組みについて扱う。

〔指導項目〕

(2) 系統別構造と機能 ア　運動器系 イ　消化器系 ウ　呼吸器系 エ　泌尿・生殖器系 オ　内分泌系と代謝 カ　循環器系 キ　神経系 ク　感覚器系

(内容の範囲や程度)

(2) 内容の範囲や程度については，次の事項に配慮するものとする。 ア〔指導項目〕の(2)については，施術と関連の深いア及びキに重点を置いて指導すること。

(2) 系統別構造と機能

ここでは，科目の目標を踏まえ，人体における諸器官の構造と機能を，体表解剖や生体観察を含め，体系的・系統的に理解し，関連する技術を身に付けることができるようにすることをねらいとしている。

このねらいを実現するため，次の①から③までの事項を身に付けることができるよう，〔指導項目〕を指導する。

①　系統別構造と機能について理解すること。

② 系統別構造と機能についての基本的な課題を発見し，保健理療と関連付け，倫理観を踏まえて合理的かつ創造的に解決策を見いだすこと。

③ 系統別構造と機能について自ら学び，生体観察，標本学習，実験・実習などの体験的学習に主体的かつ協働的に取り組むこと。

指導に当たっては，基本的事項に重点を置くとともに，標本，模型などを有効に活用することで，その概要を指導することを原則とする。全体を通して細部にわたって扱うのではなく，保健理療施術に関連の深い運動器系及び神経系を中心に扱い，保健理療施術に必要な知識を習得させることが重要である。

ア　運動器系

骨及び筋の構造と生理学的な機能の一般を扱った上で，人体を構成する骨と筋について関節運動との関連を重視しながら系統的に扱う。また，骨の突出部，隆起部，陥凹部，体表から触れることのできる筋・腱など体表解剖の知識と関連付けながら，生体の観察について扱う。

具体的には，次の事項を中心に扱う。

骨の構造と機能，骨の連結，筋の構造と機能（筋の興奮，筋の収縮），体幹の骨と筋，頭頸部の骨と筋，上肢の骨と筋，下肢の骨と筋

イ　消化器系

消化器ならびに消化腺の各形態，構造，体内の位置及びそれぞれの機能を，消化・吸収の機序と消化管の運動を含めて系統的に扱うとともに，体表から触察が可能な器官については生体の観察を取り入れる。

具体的には，次の事項を中心に扱う。

口腔の構造と機能，咽頭の構造と機能，食道の構造と機能，胃の構造と機能，小腸の構造と機能，大腸の構造と機能，肝臓の構造と機能，胆嚢の構造と機能，膵臓の構造と機能

ウ　呼吸器系

呼吸器の各形態，構造，体内の位置及びそれぞれの機能を，換気とガス交換，呼吸の運動と調節を含めて系統的に扱うとともに，甲状軟骨など触察が可能な器官については生体の観察を取り入る。

具体的には，次の事項を中心に扱う。

外鼻の構造と機能，鼻腔の構造と機能，咽頭の構造と機能，喉頭の構造と機能，気管と気管支の構造と機能，肺の構造と機能

エ　泌尿・生殖器系

各泌尿・生殖器の形態，構造，体内の位置及びそれぞれの機能について，体液の量や組成が一定に保たれる仕組み，生殖器の生理，妊娠と出産，成長と老化の過程における生理機能の変化を含めて扱う。

具体的には，次の事項を中心に扱う。

腎臓の構造と機能，尿管の構造と機能，膀胱の構造と機能，尿道の構造と機能，男性生殖器の構造と機能，女性生殖器の構造と機能

オ　内分泌系と代謝

各内分泌腺の形態，構造，体内の位置及びそれぞれの機能について，ホルモンの作用機序と分泌の調節，代謝の調整，体熱の産生と体温調節の仕組みを含めて系統的に扱うとともに，甲状腺など触察が可能な器官については，生体の観察を取り入れる。

具体的には，次の事項を中心に扱う。

下垂体の構造と機能，松果体の構造と機能，甲状腺の構造と機能，上皮小体の構造と機能，副腎の構造と機能，膵臓（ランゲルハンス島）の構造と機能，精巣・卵巣の構造と機能

カ　循環器系

各循環器の形態，構造，体内の位置及びそれぞれの機能について，血液の組成と働き，血液凝固，循環の調節を含めて系統的に扱うとともに，皮静脈，リンパ節など体表から触れることのできる器官や拍動部位については，生体の観察を取り入れる。

具体的には，次の事項を中心に扱う。

循環器系の一般，心臓の構造と機能，動脈系の構造と機能，静脈系の構造と機能，胎児の循環系の構造と機能，リンパ系（脾臓，胸腺を含む）の構造と機能

キ　神経系

神経組織の構造と，中枢神経系と末梢神経系の構成及びそれぞれの機能について，反射運動，身体運動の調節を含めて系統的に扱うとともに，腕神経叢，末梢神経幹など触察が可能な神経については，生体の観察を取り入れる。

具体的には，次の事項を中心に扱う。

神経細胞の構造（細胞体，軸索，樹状突起，神経膠細胞，シナプス），神経細胞の機能（活動電位，興奮と伝導），中枢神経系の構成と機能（脳，脊髄，脳脊髄液，反射機能と統合），末梢神経系の構成の機能（体性神経，自律神経），体性神経系の構成と機能（運動神経，感覚神経），自律神経系の構成と機能（交感神経系，副交感神経系，自律神経系による調節機構）

ク　感覚器系

感覚器の形態と構造及び体内の位置について理解させ，外耳，舌及び眼球など体表からの触察が可能な部位においては，生体の観察を取り入れる。

具体的には，次の事項を中心に扱う。

感覚の一般（感覚とその分類，感覚の性質，受容器と興奮伝達），体性感覚（皮膚感覚，深部感覚，受容器と伝導路），内臓感覚，臓器感覚，特殊感覚（味覚と嗅覚，平衡感覚，聴覚，視覚）

〔指導項目〕

(3) 生体機能の協調
　ア　全身的協調
　イ　生体の防御機構

(3) 生体機能の協調

ここでは，科目の目標を踏まえ，生体の環境の変化に対する調節機序と防御機構の基礎について理解し，関連する技術を身に付けることができるようにすることをねらいとしている。

このねらいを実現するため，次の①から③までの事項を身に付けることができるよう，〔指導項目〕を指導する。

① 生体機能の協調について理解し，関連する技術を身に付けること。
② 生体機能の協調についての基本的な課題を発見し，保健理療と関連付け，倫理観を踏まえて合理的かつ創造的に解決策を見いだすこと。
③ 生体機能の協調について自ら学び，実験・実習などの体験的学習に主体的かつ協働的に取り組むこと。

ア　全身的協調

生体の生活環境の変化への対応，順化などに見られる全身機能の調節機構について，自律神経系と内分泌系との相互作用とも関連付けながら指導する。

具体的には，次の事項を中心に扱う。

恒常性維持機能，バイオリズム

イ　生体の防御機構

生体の防御機構について具体的に理解させた上で，免疫に関する基礎的事項を指導する。

具体的には，次の事項を中心に扱う。

非特異的生体防御システム（皮膚，粘膜，貪食細胞，補体），特異的生体防御システム（液性免疫，細胞性免疫）

〔指導項目〕

(4) 運動学
　ア　運動学の基礎
　イ　各関節の構造と機能

（内容の範囲や程度）

イ　〔指導項目〕の(4)のイについては，肩関節，肘関節，手関節，股関節，膝(ひざ)関節，足関節の各構造と機能を中心に取り扱うこと。

内容の範囲や程度については，指導項目の(2)のアと関連付けながら，保健理療臨床で多く扱う整形外科疾患や脳血管疾患に対する運動療法に必要な運動学に関する基礎的な事項を指導すること。

(4)　運動学

ここでは，科目の目標を踏まえ，運動学の基礎及び四肢と体幹の構造と機能を体系的・系統的に理解し，関連する技術を身に付けることができるようにすることをねらいとしている。

このねらいを実現するため，次の①から③までの事項を身に付けることができるよう，〔指導項目〕を指導する。

① 運動学について理解し，関連する技術を身に付けること。

② 運動学についての基本的な課題を発見し，保健理療と関連付け，倫理観を踏まえて合理的かつ創造的に解決策を見いだすこと。

③ 運動学について自ら学び，運動療法への応用に主体的かつ協働的に取り組むこと。

ア　運動学の基礎

整形外科疾患や脳血管疾患の運動療法を実践する際に必要となる運動学の基礎的な事項を体験的に指導する。

具体的には，次の事項を中心に扱う。

骨運動学と関節運動学の一般，力学の基礎，正常歩行と病的歩行，姿勢と反射，運動発達

イ　各関節の構造と機能

〔指導項目〕の(2)のア及び「保健理療基礎実習」における〔指導項目〕の(3)のウと関連付けながら，四肢と体幹の関節の構造と動きを体験的に指導する。

具体的には，次の事項を中心に扱う。

肩関節の構造と機能，肘関節の構造と機能，手関節の構造と機能，股関節の構造と機能，膝(ひざ)関節の構造と機能，足関節の構造と機能

3　疾病の成り立ちと予防

この科目は，健康と疾病の概念，健康と疾病間の連続性，疾病の機序と予防などに関する基本的な知識を習得し，健康の保持増進，疾病の予防及び治療に関する一連の医療活動における保健理療施術の意義を理解できるようにすることを目

指している。

今回の改訂では，疫学と衛生統計が，いずれも，それぞれの知見を健康関連の諸問題に対する有効な対策や保健衛生の向上に役立てることを目的としている学問領域である点を考慮し，従来，個別に設定されていた「疫学」と「衛生統計」を「(7) 疫学と衛生統計」に統合した上で，指導事項の一部を改めた。また，指導内容を順序立てて系統的に理解することができるよう，「(2) 健康の保持増進と生活」と密接に関連する「(5) 生活習慣病」の指導項目を (5) から (3) に移動した他，従前の「健康の保持増進と生活」で扱っていた「食生活と健康」及び「生活環境と公害」で扱っていた「衣服と住居」については，高等学校段階までの教科で学習する内容であることを踏まえ，削除した。

(1) 目標

> 1　目　標
>
> 保健理療の見方・考え方を働かせ，疾病の成り立ちと予防に関する実践的・体験的な学習活動を通して，施術を行うために必要な資質・能力を次のとおり育成することを目指す。
>
> (1) 施術を行うために必要な疾病の成り立ちと予防について体系的・系統的に理解するようにする。
>
> (2) 疾病の成り立ちと予防に関する課題を発見し，あん摩マッサージ指圧師としての職業倫理を踏まえて合理的かつ創造的に解決する力を養う。
>
> (3) 疾病の成り立ちと予防について，地域や社会を支えるあん摩マッサージ指圧師を目指して自ら学び，適切かつ合理的な施術に主体的かつ協働的に取り組む態度を養う。

この科目においては，疾病の成り立ちと予防について，衛生学・公衆衛生学と病理学で扱う内容を総合して理解することができるようにすることを目指している。指導に当たっては，保健理療施術との関連を考慮しつつ，具体的な事例を通して取り扱うようにすることが大切である。

目標の (1) は，衛生学・公衆衛生学と病理学の知識を基礎として，保健理療臨床と関わりの深い疾病や愁訴の成り立ちと予防に関する基本的知識が体系的・系統的に身に付けられるようにすることを意味している。

目標の (2) は，高齢者や労働者のメンタルヘルスを含む多様な健康課題と予防医学としての保健理療の意義を発見し，施術者としての職業倫理に立って，合理的かつ創造的に地域医療に貢献できる資質と能力を養うことを意味している。

目標の(3)は，地域包括ケアシステムの中で，疾病の成り立ちと予防に関する知識を踏まえた保健理療施術に，主体的かつ協働的に取り組む態度を養うことを意味している。

(2) 内容とその取扱い

① 内容の構成及び取扱い

この科目は，目標に示す資質・能力を身に付けることができるよう，(1)衛生学・公衆衛生学の概要，(2)健康の保持増進と生活，(3)生活習慣病，(4)生活環境と公害，(5)感染症，(6)消毒，(7)疫学と衛生統計，(8)産業衛生，精神衛生及び母子衛生，(9)疾病の一般，(10)疾病の原因，(11)各病変の大要の11の指導項目で，「生活と疾病」と合わせて12単位以上履修されることを想定して内容を構成している。また，内容を取り扱う際の配慮事項は次のように示されている。

（内容を取り扱う際の配慮事項）

> 3　内容の取扱い
> (1) 内容を取り扱う際には，次の事項に配慮するものとする。
> ア〔指導項目〕の(6)については，「保健理療基礎実習」及び「保健理療臨床実習」との関連を図りながら，実践的に取り扱うこと。

〔指導項目〕の(6)のについては，感染を防止・予防するための消毒が，あん摩マッサージ指圧師としての基本的な態度・習慣として重要であることから，その意義や基本的な知識を体験的に，かつ確実に身に付けることができるよう，「保健理療基礎実習」の〔指導項目〕の(1)，「保健理療臨床実習」の〔指導項目〕の(1)のイと関連付けながら扱うこと。

> イ〔指導項目〕の(9)から(11)までについては，疾患や愁訴に対する病態機序の理解と，施術の適応の判断に関する基礎的な能力が身に付くよう指導すること。

〔指導項目〕の(9)については，東洋医学の未病の考え方を取り入れながら，健康と疾病の概念が理解できるよう具体的な事例を扱うこと。

〔指導項目〕の(10)については，〔指導項目〕の(3)から(5)で学習する内容と関連付けながら，病因と疾病の関係が理解できるよう扱うこと。

〔指導項目〕の(11)については，疾病の成り立ちや病態機序の基礎が具体的な事例を通して理解できるよう扱うこと。

② 内容

> 2　内　容
> 　1に示す資質・能力を身に付けることができるよう，次の〔指導項目〕を指導する。

〔指導項目〕

> (1) 衛生学・公衆衛生学の概要
> 　ア　衛生学・公衆衛生学の意義
> 　イ　衛生学・公衆衛生学の歴史

(1) 衛生学・公衆衛生学の概要

ここでは，科目の目標を踏まえ，衛生学・公衆衛生学が予防医学として発展してきた歴史とともに，個人の健康と公衆の衛生とが相互に関連し合っていることの仕組みと意義を理解できるようにすることをねらいとしている。

このねらいを実現するため，次の①から③までの事項を身に付けることができるよう，〔指導項目〕を指導する。

① 衛生学・公衆衛生学について理解すること。

② 衛生学・公衆衛生学基本的な課題を発見し，保健理療と関連付け，倫理観を踏まえて合理的かつ創造的に解決策を見いだすこと。

③ 衛生学・公衆衛生学について自ら学び，各種の保健活動や衛生思想の実践に主体的かつ協働的に取り組むこと。

ア　衛生学・公衆衛生学の意義

衛生学の目的と役割，公衆衛生学の目的と役割，衛生学及び公衆衛生学の体系と意義を中心に扱う。

イ　衛生学・公衆衛生学の歴史

衛生学・公衆衛生学が発展してきた歴史について，その概要について扱う。

〔指導項目〕

> (2) 健康の保持増進と生活
> 　ア　健康の概念
> 　イ　生活習慣と健康
> 　ウ　ストレスと健康

（内容の範囲や程度）

(2) 内容の範囲や程度については，次の事項に配慮するものとする。
ア 〔指導項目〕の(2)については，特に生活習慣病と関連付けて取り扱うこと。ウについては，産業衛生と関連付けて取り扱うこと。

(2) 健康の保持増進と生活

ここでは，科目の目標を踏まえ，健康の保持増進が良好な生活，労働習慣を獲得することによって達成できることを自覚するとともに，そのための自助努力の重要性を理解できるようにすることをねらいとしている。

このねらいを実現するため，次の①から③までの事項を身に付けることができるよう，〔指導項目〕を指導する。

① 健康の保持増進と生活との関係性について理解すること。
② 健康の保持増進と生活との関係性についての基本的な課題を発見し，保健理療と関連付け，倫理観を踏まえて合理的かつ創造的に解決策を見いだすこと。
③ 健康の保持増進と生活との関係性について自ら学び，生涯にわたって自らの健康状態を自覚するための保健衛生活動に主体的かつ協働的に取り組む。

ア 健康の概念

健康の定義，主観的健康と客観的健康，正常と異常，健康と疾病を中心に扱う。

イ 生活習慣と健康

健康教育，健康管理とプライマリ・ケア，健康診断と検査結果の正常値を中心に扱う。

ウ ストレスと健康

ストレスと現代社会，ストレスと心の健康，ストレスと体の健康を中心に扱う。

〔指導項目〕

(3) 生活習慣病
ア 生活習慣病の概念
イ 生活習慣病の発生要因
ウ 生活習慣病の予防対策

(3) 生活習慣病

ここでは，科目の目標を踏まえ，疾病構造の変遷を概観し，生活習慣病の概念，発生要因などについて扱うとともに，生活習慣病が急増している現状とその背景，課題，予防対策について東洋医学の未病の概念と関連付けながら，理解できるようにすることをねらいとしている。

このねらいを実現するため，次の①から③までの事項を身に付けることができるよう，〔指導項目〕を指導する。

① 生活習慣病について理解すること。

② 生活習慣病についての基本的な課題を発見し，保健理療と関連付け，倫理観を踏まえて合理的かつ創造的に解決策を見いだすこと。

③ 生活習慣病について自ら学び，身近な保健衛生に関する活動に主体的かつ協働的に取り組むこと。

ア 生活習慣病の概念

疾病構造の変遷，生活習慣病の概念について扱う。

イ 生活習慣病の発生要因

生活様式や生活・労働習慣の変化など，生活習慣病の背景にある諸要因について，心身のストレスを含めて扱う。

ウ 生活習慣病の予防対策

生活習慣病発生の特質を踏まえ，日常生活における適度な運動と睡眠，バランスの取れた食生活及び禁煙など，身近な生活習慣の獲得を含めた予防対策について扱う。

〔指導項目〕

(4) 生活環境と公害
　ア 環境と健康
　イ 地域の環境衛生
　ウ 公害

(4) 生活環境と公害

ここでは，科目の目標を踏まえ，環境衛生の意義とともに，事業活動その他の人の活動に伴って生ずる大気汚染，水質汚濁，土壌汚染等の公害が生活環境の悪化や人の健康に影響を及ぼすことを，具体的な過去の事例や原発事故を含む現状を通して理解できるようにすることをねらいとしている。

このねらいを実現するため，次の①から③までの事項を身に付けることができるよう，〔指導項目〕を指導する。

① 生活環境と公害との関係性について理解すること。

② 生活環境と公害との関係性についての基本的な課題を発見し，保健理療と関連付け，倫理観を踏まえて合理的かつ創造的に解決策を見いだすこと。

③ 生活環境と公害について自ら学び，環境保全や公害対策に主体的かつ協働的に取り組むこと。

ア 環境と健康

環境衛生の意義，環境因子の分類（物理的因子，化学的因子，生物学的因子，社会的因子），環境因子と健康障害を中心に扱う。

イ 地域の環境衛生

上水道，下水道，廃棄物の処理を中心に扱う。

ウ 公害

公害の定義と特徴，環境保全，主な公害の現状と対策を中心に扱う。

〔指導項目〕

(5) 感染症
　ア 感染症の概念
　イ 感染症の発生要因
　ウ 感染症の予防対策

（内容の範囲や程度）

イ 〔指導項目〕の(5)については，最新の情報に配慮しながら，代表的な疾患を取り上げ，発生因子の回避に重点を置いて取り扱うこと。ウについては，免疫学についても取り扱うこと。

(5) 感染症

ここでは，科目の目標を踏まえ，感染症対策の一般，インフルエンザ，肝炎，後天性免疫不全症候群（AIDS），薬剤耐性感染症など保健理療施術と関わりの深い代表的な感染症に関する正しい知識とワクチンを含めた予防対策に関する最新の知識が，人権を尊重する態度とともに身に付けられるようにすることをねらいとしている。

このねらいを実現するため，次の①から③までの事項を身に付けることができるよう，〔指導項目〕を指導する。

① 感染症について理解すること。

② 感染症についての基本的な課題を発見し，保健理療と関連付け，倫理観を

踏まえて合理的かつ創造的に解決策を見いだすこと。

③　感染症について自ら学び，感染予防に関する公衆衛生に主体的かつ協働的に取り組むこと。

ア　感染症の概念

感染症の概念と分類について扱う。

イ　感染症の発生要因

感染源，感染経路，感受性体を中心に扱う。

ウ　感染症の予防対策

感染症の予防対策，防疫の意義と種類，免疫の意義と種類を中心に扱う。

〔指導項目〕

(6) 消毒
ア　消毒法の一般
イ　消毒の種類と方法
ウ　消毒法の応用

(6) 消毒

ここでは，科目の目標を踏まえ，消毒の重要性とその具体的方法を，保健理療施術と関連付けて理解できるようにすることをねらいとしている。

このねらいを実現するため，次の①から③までの事項を身に付けることができるよう，〔指導項目〕を指導する。

①　消毒について理解すること。

②　消毒についての基本的な課題を発見し，保健理療と関連付け，倫理観を踏まえて合理的かつ創造的に解決策を見いだすこと。

③　消毒について自ら学び，病原性微生物を除去したり無害化したりする方法や応用の実際について，主体的かつ協働的に取り組むこと。

ア　消毒法の一般

消毒及び滅菌の定義，消毒及び滅菌の作用機転，消毒及び滅菌実施上の注意，医療廃棄物とその処理ついて中心に扱う。

イ　消毒の種類と方法

物理的方法とその実施法，化学的方法とその実施法を中心に扱う。

ウ　消毒法の応用

保健理療臨床における消毒の意義と方法，感染に関わる動物の駆除を中心に扱う。

〔指導項目〕

(7) 疫学と衛生統計
　ア　疫学の基礎
　イ　衛生統計の基礎
　ウ　主な衛生統計

（内容の範囲や程度）

ウ　〔指導項目〕の(7)のウについては，保健理療業務と関係の深い統計等について取り扱うこと。

(7) 疫学と衛生統計

ここでは，科目の目標を踏まえ，疫学調査や衛生統計の意義と方法に関する基本的な知識を身に付けることをねらいとしている。指導に当たっては，健康関連事象の観察や衛生状態の分析を通して，国民の健康に関する諸問題に対する有効な対策を公衆衛生の観点から考えられるようにすることが大切である。

このねらいを実現するため，次の①から③までの事項を身に付けることができるよう，〔指導項目〕を指導する。

① 疫学と衛生統計について理解すること。

② 疫学と衛生統計についての基本的な課題を発見し，保健理療と関連付け，倫理観を踏まえて合理的かつ創造的に解決策を見いだすこと。

③ 疫学と衛生統計について自ら学び，最新の関連統計の学習と情報収集に主体的かつ協働的に取り組むこと。

ア　疫学の基礎

疫学の意義，疫学の対象，疫学の特徴，治療の効果とリスクの判定，疫学調査の方法，疫学の現状を中心に扱う。

イ　衛生統計の基礎

衛生統計の意義，衛生統計の種類を中心に扱う。

ウ　主な衛生統計

人口統計，生命表，疾患統計，医療統計を中心に扱う。

〔指導項目〕

(8) 産業衛生，精神衛生及び母子衛生
　ア　産業衛生

イ　精神衛生
ウ　母子衛生

(8) 産業衛生，精神衛生及び母子衛生

ここでは，科目の目標を踏まえ，それぞれの衛生分野における健康課題について扱うとともに，東洋医学の未病の概念を取り入れ，施術者として貢献できる課題領域を自覚し，理解できるようにすることをねらいとしている。

このねらいを実現するため，次の①から③までの事項を身に付けることができるよう，〔指導項目〕を指導する。

① 産業衛生，精神衛生及び母子衛生について理解すること。

② 産業衛生，精神衛生及び母子衛生についての基本的な課題を発見し，保健理療と関連付け，倫理観を踏まえて合理的かつ創造的に解決策を見いだすこと。

③ 産業衛生，精神衛生及び母子衛生について自ら学び，関連する衛生統計の学習に主体的かつ協働的に取り組むこと。

ア　産業衛生

産業衛生の意義，労働衛生行政，労働疲労とその対策，労働災害とその対策，職業病を中心に扱う。

イ　精神衛生

精神衛生の意義，欲求不満，適応障害，非行と犯罪，精神障害者の現状と対策を中心に扱う。

ウ　母子衛生

母子衛生の意義，母体の健康，乳幼児の健康，母子衛生対策を中心に扱う。

〔指導項目〕

(9) 疾病の一般
ア　疾病の概念
イ　疾病の分類
ウ　疾病と症状
エ　疾病の経過，予後及び転帰

(内容の範囲や程度)

エ 〔指導項目〕の (9) については，半健康状態及び東洋医学の未病の概念を取り入れながら指導すること。

健康と疾病とは切り離された別のものではなく，その間に連続性があることを理解させる。

(9) 疾病の一般

ここでは，科目の目標を踏まえ，疾病論，病因論，病変論など病理学で学ぶ内容と関連付けて，世界保健機関が定めた健康の定義や東洋医学の未病の概念を取り入れ，疾病の一般的概念を総括的かつ系統的に理解できるようにすることをねらいとしている。

このねらいを実現するため，次の①から③までの事項を身に付けることができるよう，〔指導項目〕を指導する。

① 疾病の一般について理解すること。

② 疾病の一般についての基本的な課題を発見し，保健理療と関連付け，倫理観を踏まえて合理的かつ創造的に解決策を見いだすこと。

③ 疾病の一般について自ら学び，疾病の症状，経過，予後及び転機に関する知識を系統的に身に付ける学習に主体的かつ協働的に取り組むこと。

ア 疾病の概念

健康と疾病，疾病と病的状態を中心に扱う。

イ 疾病の分類

先天性疾患と後天性疾患，局所性疾患と全身性疾患，器質的疾患と機能的疾患，急性疾患と慢性疾患，原発性疾患と続発性疾患，合併症，小児疾患と老人性疾患，伝染性疾患，特発性疾患を中心に扱う。

ウ 疾病と症状

病変の意義と種類，症状の意義，自覚症状と他覚症状，直接症状と間接症状，指定症状を中心に扱う。

エ 疾病の経過，予後及び転帰

急性熱性疾患の経過，予後の種類，転帰の種類を中心に扱う。

〔指導項目〕

(10) 疾病の原因
　ア　病因の意義
　イ　病因の分類
　ウ　加齢と老化

(10) 疾病の原因

ここでは，科目の目標を踏まえ，病因と疾病との関係について，保健理療施術の適否を考慮しつつ，加齢に伴う心身の活力の低下した状態（フレイル）を含めて，病因論の概要が系統的に理解できるようにすることをねらいとしている。

このねらいを実現するため，次の①から③までの事項を身に付けることができるよう，〔指導項目〕を指導する。

① 疾病の原因について理解すること。

② 疾病の原因についての基本的な課題を発見し，保健理療と関連付け，倫理観を踏まえて合理的かつ創造的に解決策を見いだすこと。

③ 疾病の原因について自ら学び，保健理療臨床における適否の判断を適切に行う能力の基盤が身に付くよう，加齢を含めた病因論に関する学習に主体的かつ協働的に取り組むこと。

ア 病因の意義

病因の意義，病因の種類を中心に扱う。

イ 病因の分類

内因（素因と体質，遺伝と染色体異常，内分泌異常，免疫とアレルギー及び心因性疾患），外因（栄養障害，物理的病因作用，化学的病因作用，生物学的病因作用）を中心に扱う。

ウ 加齢と老化

老化の機序，加齢に伴う臓器・組織の変化を中心に扱う。

〔指導項目〕

(11) 各病変の大要
ア 循環障害
イ 退行性病変
ウ 進行性病変
エ 炎症
オ 腫瘍（しゅよう）
カ 免疫の異常とアレルギー

(11) 各病変の大要

ここでは，科目の目標を踏まえ，病変と疾病との関係について，保健理療施術の適否を考慮しつつ，炎症，腫瘍（しゅよう），アレルギーを含めた病変論の大要が系統的に理解できるようにすることをねらいとしている。

このねらいを実現するため，次の①から③までの事項を身に付けることができるよう，〔指導項目〕を指導する。

① 各病変の大要について理解すること。

② 各病変の大要についての基本的な課題を発見し，保健理療と関連付け，倫理観を踏まえて合理的かつ創造的に解決策を見いだすこと。

③ 各病変の大要について自ら学び，保健理療臨床における適否の判断を適切に行う能力の基盤が身に付くよう，炎症，腫瘍，アレルギーを含めた病変論に関する学習に主体的かつ協働的に取り組むこと。

ア　循環障害

充血とうっ血，貧血と虚血，出血，血栓症と塞栓症，梗塞，側副循環，水症を中心に扱う。

イ　退行性病変

萎縮，変性，壊死・死を中心に扱う。

ウ　進行性病変

肥大と増殖，再生，化生，移植，創傷の治癒，組織内異物の処理を中心に扱う。

エ　炎症

炎症の概念，催炎体とその種類，炎症の経過，炎症性病変を中心に扱う。

オ　腫瘍

腫瘍の概念，腫瘍の形態と構造，腫瘍の発育と進展，腫瘍の発生原因，腫瘍の分類を中心に扱う。

カ　免疫の異常とアレルギー

免疫グロブリン，免疫担当臓器と細胞，アレルギー反応の種類と調節機序，自己免疫異常，免疫不全を中心に扱う。

4　生活と疾病

この科目は，「臨床保健理療」，「保健理療基礎実習」及び「理療臨床実習」の基盤として，現代医学の知識と技術を学び，臨床の対象者について，適応の判断や病態把握が適切にできる能力の育成を目指している。

今回の改訂では，内容の症状名や疾患名を現状に合わせて見直したこと，「(7) 主な疾患のリハビリテーション」の内容について，診療報酬等との関連を踏まえて改善したこと，あん摩マッサージ指圧師，はり師及びきゅう師が介護現場で働く場合に重視する内容として，「(8) 機能訓練の概要」を新設するなど改善を図った。また，従前「リハビリテーションの一般」に位置付けていた「運動学の基礎」を「人体の構造と機能」に移動した。

(1) 目標

> 1　目　標
>
> 保健理療の見方・考え方を働かせ，疾病と日常生活の関わりに関する実践的・体験的な学習活動を通して，施術を行うために必要な資質・能力を次のとおり育成することを目指す。
>
> (1) 施術を行うために必要な疾病と日常生活の関わりについて体系的・系統的に理解するとともに，関連する技術を身に付けるようにする。
>
> (2) 疾病と日常生活の関わりに関する課題を発見し，あん摩マッサージ指圧師としての職業倫理を踏まえて合理的かつ創造的に解決する力を養う。
>
> (3) 疾病と日常生活の関わりについて，地域や社会を支えるあん摩マッサージ指圧師を目指して自ら学び，適切かつ合理的な施術に主体的かつ協働的に取り組む態度を養う。

この科目においては，現代医学の診察法や治療法の概要を理解するとともに，現代医学の立場から，各疾患や症状についての診察法，検査法及び治療法を指導し，東洋医学の知識と総合して保健理療施術を適切に行う能力と態度を育てることを目指している。さらに，臨床医学としてのリハビリテーション医学の基本的な知識と技術を身に付け，現代の医療体制の中であん摩マッサージ指圧師が担うべき役割を明確にすることを目指している。

目標の(1)は，施術を行うために必要な疾病と日常生活との関わりについて体系的・系統的に理解するとともに，関連する現代医学の技能を身に付け，臨床の対象者について病態やその重症度を踏まえ，保健理療施術について適応及び相対的禁忌・絶対禁忌の判断が適切にできる能力を養うことを意味している。

目標の(2)は，疾病と日常生活との関わりに関する課題を発見し，合理的かつ創造的に解決する力を養うことを意味している。

目標の(3)は，疾病と日常生活との関わりについて主体的に学び，現代医学の知識と技能を生かして保健理療の施術に主体的かつ協働的に取り組む態度を養うことを意味している。

(2) 内容とその取扱い

①　内容の構成及び取扱い

この科目は，目標に示す資質・能力を身に付けることができるよう，(1) 診察法，(2) 主な症状の診察法，(3) 治療法，(4) 臨床心理，(5) 系統別疾患の概要，(6) リハビリテーションの一般，(7) 主な疾患のリハビリテーション，(8) 機能訓練の概要の八つの指導項目で,「疾病の成り立ちと予防」と合わせて12単位以上履修されることを想定して内容を構成している。

指導項目の各事項については,現代医学の立場から取り扱い,時間配当を工夫して,この科目の内容を正確に理解できるよう配慮する。なお,この分野の指導は,「臨床保健理療」や「保健理療基礎実習」との関連に留意して行うようにする。また,内容を取り扱う際の配慮事項は次のように示されている。

(内容を取り扱う際の配慮事項)

3　内容の取扱い

(1) 内容を取り扱う際には,次の事項に配慮するものとする。

ア　指導に当たっては,予防医学,治療医学及びリハビリテーション医学という現代医学の体系に配慮すること。

主な症状や疾患を病態生理学的に理解させ,診断の手順や各指標の意味,治療の概要についての知識を指導するとともに,東洋医学の知識と総合して保健理療施術を,より適切に行うことができるように配慮することが大切である。

②　内容

2　内　容

1に示す資質・能力を身に付けることができるよう,次の〔指導項目〕を指導する。

〔指導項目〕

(1) 診察法

ア　診察の意義

イ　診察法の種類

ウ　臨床検査の概要

(内容の範囲や程度)

(2) 内容の範囲や程度については,次の事項に配慮するものとする。

ア 〔指導項目〕の(1)については,保健理療と直接関わりの深い事項に重点を置き,実習及び「臨床保健理療」との関連を考慮して指導すること。ウについては,医学的な知識として,検査方法やデータの意味等を取り扱うこと。

保健理療施術との関連を十分に考慮することが大切である。特に，ウについては，生徒相互で実習を行うなどして，その計測値を記録させるとともに，検査結果の意味を理解できるようにする必要がある。また，知覚検査や徒手筋力検査が，脊髄や脊柱の疾患，末梢（しょう）神経疾患などの診察に重要であることを理解できるようにする。

(1) 診察法

ここでは，科目の目標を踏まえ，現代医学の立場から，主な症状や疾患を病態生理学的に理解した上で，正確な診断や診察法，検査法についての知識を習得し，東洋医学の知識と総合して保健理療施術を適切に行うことができるようにすることをねらいとしている。

このねらいを実現するため，次の①から③までの事項を身に付けることができるよう，〔指導項目〕を指導する。

① 診察法について理解するとともに，関連する技術を身に付けること。

② 診察法についての基本的な課題を発見し，保健理療と関連付け，倫理観を踏まえて合理的かつ創造的に解決策を見いだすこと。

③ 診察法について自ら学び，患者にとって望ましい医療に関する学習に主体的かつ協働的に取り組むこと。

指導に当たっては，正確な診察所見が得られるよう，診察用具の使用法等を工夫し，視覚障害に配慮して指導すること。また，診察手技の指導法について「臨床保健理療」や「保健理療基礎実習」を担当する教師と連携を図ることが大切である。

ア　診察の意義

診断学の意義などについて扱う。指導に当たっては，保健理療施術の対象者を心身両面から正確に把握することが，適切な施術の決定に重要であることを理解できるようにする。

イ　診察法の種類

診察の意義と種類，評価と記録，問診法，視診法，聴診法，打診法，触診法などについて扱う。指導に当たっては，病歴の詳細な聴取が重要であること，理学的検査，臨床検査を行った上で治療方針が決定されることなどを理解できるようにする。また，病歴の記録には，POS（Problem Oriented System）を取り入れ，SOAP（Subjective Objective Assessment Plan）での経過記録を行うことを指導する。

ウ　臨床検査の概要

理学的検査と臨床検査について扱う。指導に当たっては，身体の一般的計測法については実習を行い，測定値の臨床的意味を考えられるようにするとともに，神経学的検査法が，脊髄や脊柱の疾患，末梢（しょう）神経疾患などの診察に重要であることを理解できるようにする。臨床検査法については，一般的な医学的知識として検査の意味，検査データの正常と異常などについて扱う。

〔指導項目〕

(2) 主な症状の診察法
ア　頭痛
イ　肩こり
ウ　肩関節痛
エ　頸（けい）肩腕痛
オ　腰痛
カ　腰下肢痛
キ　膝（ひざ）痛
ク　高血圧と低血圧
ケ　心身の疲労
コ　その他の症状

（内容の範囲や程度）

イ 〔指導項目〕の(2)については，各症状の病態生理と鑑別診断を取り扱い，施術の適応の判断に生かせるよう指導すること。

日常の施術において対象になりやすい疼痛について重点的に指導する。

(2) 主な症状の診察法

ここでは，科目の目標を踏まえ，それぞれの症状の病態生理，必要な検査法，推定される疾患と鑑別診断の要点を理解し，臨床において適応と禁忌の判断，リスク管理に生かすことができるようにすることをねらいとしている。

このねらいを実現するため，次の①から③までの事項を身に付けることができるよう，〔指導項目〕を指導する。

① 主な症状の診察法について理解するとともに，関連する技術を身に付けること。

② 主な症状の診察法についての基本的な課題を発見し，保健理療と関連付け，倫理観を踏まえて合理的かつ創造的に解決策を見いだすこと。

③ 主な症状の診察法について自ら学び，現代医学の立場から適応の判断がで

きる能力の習得を目指して主体的かつ協働的に取り組むこと。

指導に当たっては，保健理療施術の適応の判断に生かせるよう，保存療法の限界と手術療法の適応の時期を明確にする。

ア　頭痛

片頭痛型血管性頭痛，緊張型頭痛について病態と治療法の概要について扱う。また，二次性頭痛の特徴と鑑別の要点について扱う。

イ　肩こり

肩こりの病態生理，日常生活指導及び他の治療法の概要について扱う。

ウ　肩関節痛

主な肩関節痛の病態と特徴を踏まえ，肩関節周囲炎を中心に扱う。

エ　頸(けい)肩腕痛

頸(けい)椎症を中心に扱う。

オ　腰痛

腰痛を訴える重篤な疾患・症状（危険な徴候がみられる疾患）に留意し，非特異的腰痛を中心に扱う。

カ　腰下肢痛

特異的腰痛，特に，腰椎椎間板ヘルニア及び脊柱管狭窄(さく)症を中心に扱う。

キ　膝(ひざ)痛

主な膝(ひざ)痛の病態と特徴を踏まえ，変形性膝(ひざ)関節症を中心に扱う。

ク　高血圧と低血圧

高血圧と低血圧の病態生理，分類，必要な検査について扱う。また，管理目標を併せて扱う。

ケ　心身の疲労

従前は「筋疲労」と示していたが，現代社会における疾病構造の変化や臨床の対象者の実態を踏まえて「心身の疲労」に改めた。具体的には，心療内科の疾患の特徴を踏まえ，単純性疲労を中心に扱う。

コ　その他の症状

発熱，呼吸困難，悪心と嘔(おう)吐，便秘と下痢，食欲不振，咳(せき)と痰(たん)，浮腫(しゅ)，排尿異常，月経異常，胸痛，腹痛，発疹，めまい，耳鳴と難聴，不眠，疲労と倦(けん)怠，動悸(き)と息切れ及び肥満と痩せについて，その病態生理や鑑別診断などの要点を「臨床保健理療」と関連付けて扱う。

〔指導項目〕

(3) 治療法 ア　治療法の基礎

イ　治療法の実際

（内容の範囲や程度）

ウ 〔指導項目〕の(3)のイについては，代表的な治療法と適応疾患を中心に取り扱うこと。

各治療法の概要について理解させる。また，自然治癒だけでなく，合理的医療を加えることの重要性を理解できるようにする，対症療法に属する保健理療施術の位置付けを明確にする。さらに，手術療法及び放射線療法の対象となる疾患や保健理療施術の適応症，禁忌症についても扱う。

(3) 治療法

ここでは，科目の目標を踏まえ，現代医学の治療の意義や治療法の種類について扱うとともに，各治療法についてはその概要，適応疾患について理解し，東洋医学の知識と統合して保健理療施術を適切に行うことができるようにすることをねらいとしている。

このねらいを実現するため，次の①から③までの事項を身に付けることができるよう，〔指導項目〕を指導する。

① 治療法についてその概要を理解し，関連する技術を身に付けること。

② 治療法についての基本的な課題を発見し，保健理療と関連付け，倫理観を踏まえて合理的かつ創造的に解決策を見いだすこと。

③ 治療法について自ら学び，患者にとって望ましい医療に関する学習に主体的かつ協働的に取り組むこと。

指導に当たっては，治療効果について有効性と有用性の観点に留意して指導するとともに，病気の治癒に関して，自然治癒についても理解させる。また，合理的医療を加えることの重要性を理解させるとともに，保健理療施術の位置付けを明確にする。さらに，手術療法及び放射線療法の対象となる疾患について，現代医学の治療と保健理療施術との関係を含めて指導する。

ア　治療法の基礎

治療の意義と分類，治療法の種類を中心に扱う。

イ　治療法の実際

薬物療法，食事療法，理学療法，手術療法，放射線療法，集中治療などの概要について扱う。指導に当たっては，それらの療法でどのような改善が期待されるのかを理解できるようにする。

〔指導項目〕

(4) 臨床心理 　ア　臨床心理の一般 　イ　心理療法の概要

(4) 臨床心理

ここでは，科目の目標を踏まえ，患者の心理を理解し，臨床において適切な対応ができるようにすることをねらいとしている。

このねらいを実現するため，次の①から③までの事項を身に付けることができるよう，〔指導項目〕を指導する。

① 心理療法について理解するとともに，関連する技術を身に付けること。

② 心理療法についての基本的な課題を発見し，保健理療と関連付け，倫理観を踏まえて合理的かつ創造的に解決策を見いだすこと。

③ 心理療法について自ら学び，臨床における患者理解と適切な対応を目指して主体的かつ協働的に取り組むこと。

ア　臨床心理の一般

臨床心理の意義，患者の心理及び，CMI（Cornell Medical Index）やSDS（Self-rating Depression Scale）などの心理学的検査と評価方法などを中心に扱う。

イ　心理療法の概要

認知行動療法，カウンセリングの概要を中心に扱う。

〔指導項目〕

(5) 系統別疾患の概要 　ア　運動器系疾患 　イ　神経系疾患 　ウ　呼吸器系疾患 　エ　血液・循環器系疾患 　オ　消化器系疾患 　カ　泌尿・生殖器系疾患 　キ　内分泌系・代謝疾患及びビタミン欠乏症 　ク　感染症 　ケ　その他の疾患

(内容の範囲や程度)

エ 〔指導項目〕の(5)については，現代医学の立場から各疾患の原因，症状及び治療法を中心に指導すること。なお，各症状に対する治療については，施術の有効性との関連を考慮し，保健理療と直接関わりの深い事項に重点を置くとともに，「臨床保健理療」と関連付けて取り扱うこと。

〔指導項目〕の(1)から(4)までとの関連に留意し，各疾患の原因，主要症状，検査法，治療法などについての基礎的な知識を扱い，疾患名のみを列挙することは避けるようにする。

(5) 系統別疾患の概要

ここでは，科目の目標を踏まえ，保健理療施術との関連性に留意しながら現代医学の立場からそれぞれの疾患の原因，主要症状，診断の概要及びその治療法について理解し，保健理療の適応の判断に生かすことができるようにすることをねらいとしている。

このねらいを実現するため，次の①から③までの事項を身に付けることができるよう，〔指導項目〕を指導する。

① 系統別疾患の概要について理解すること。

② 系統別疾患についての基本的な課題を発見し，保健理療と関連付け，倫理観を踏まえて合理的かつ創造的に解決策を見いだすこと。

③ 系統別疾患について自ら学び，適応の判断に必要な知識と技術の習得を目指して主体的かつ協働的に取り組むこと。

指導に当たっては，主要兆候，概要，原因，症状，検査法，治療法についての基礎的な知識を中心に扱い，疾患名のみを列挙することは避けるようにする。

ア 運動器系疾患

整形外科的診察法とともに扱う。指導に当たっては，それに基づき保健理療施術の有用性を理解できるようにする。

代表的疾患は，関節炎，骨折，腱鞘(けんしょう)炎，発育性股関節形成不全，筋原性疾患(重症筋無力症及び筋ジストロフィー)等である。スポーツ外傷及びスポーツ障害については，「臨床保健理療」で扱う。

イ 神経系疾患

代表的疾患は，脳出血，脳梗塞，髄膜炎，脳腫瘍(しゅよう)，脊髄腫瘍(しゅよう)，パーキンソン病，認知症，筋萎縮性側索硬化症，ニューロパチー，末梢(しょう)神経麻痺(ひ)，神経痛等である。

ウ 呼吸器系疾患

代表的疾患は，上気道炎，肺炎，肺結核，慢性閉塞性呼吸器疾患(COPD)，肺線維症，気胸，肺腫瘍等である。

エ　血液・循環器系疾患

代表的疾患は，心不全，心弁膜疾患，狭心症，心筋梗塞，貧血，白血病，悪性リンパ腫，紫斑病，血友病，ショック等である。

オ　消化器系疾患

代表的疾患は，口腔粘膜及び顎の炎症，胃食道逆流症（GERD），食道腫瘍，胃炎，胃十二指腸潰瘍，機能性ディスペプシア（FD），胃腫瘍，腸炎，過敏性腸症候群，慢性炎症性腸疾患（潰瘍性大腸炎，クローン病），虫垂炎，イレウス，大腸腫瘍，肝炎，肝硬変，肝腫瘍，胆石症，膵炎，膵腫瘍等である。

カ　泌尿・生殖器系疾患

腎機能検査の一般的な知識についても扱う。

代表的疾患は，糸球体腎炎，ネフローゼ症候群，腎不全，腎盂腎炎，腎腫瘍，膀胱炎，腎尿路結石症，膀胱腫瘍，前立腺肥大症，前立腺癌，男性不妊である。

キ　内分泌系・代謝疾患及びビタミン欠乏症

病態生理も扱う。

代表的疾患は，下垂体疾患（先端巨大症，中枢性尿崩症），甲状腺疾患（甲状腺機能低下症，バセドウ病，橋本病，甲状腺腫瘍），副腎疾患（原発性アルドステロン症，クッシング症候群，褐色細胞腫アジソン病），蛋白代謝疾患，糖代謝疾患（Ⅱ型糖尿病，脂質異常症，メタボリックシンドローム），ビタミン代謝疾患等である。

ク　感染症

あん摩・マッサージ・指圧と関連の深い感染症，集団感染の高い疾患を中心に，治療法の概要について扱う。

代表的疾患は，インフルエンザ，麻疹，風疹，流行性耳下腺炎，B型肝炎，C型肝炎，後天性免疫不全症候群（AIDS）等である。

感染源，感染経路，宿主については「衛生学，公衆衛生学」で，指定症状については「生活と疾病」で，院内感染・日和見感染については「疾病の成り立ちと予防」で学習する。

ケ　その他の疾患

代表的疾患は，膠原病（全身性エリテマトーデス，全身性皮膚硬化症，多発性筋炎，関節リウマチ，ベーチェット病），婦人科疾患（月経前緊張症，子宮筋腫，子宮癌，子宮内膜症，卵巣嚢腫，女性不妊，更年期障害），眼科疾患（結膜炎，白内障，緑内障），耳鼻科疾患（メニエール病，突発性難聴，中耳炎），心療内科疾患（心身症，神経症性障害），麻酔科・ペインクリニック（神経ブロック療法の種類と適応）である。

〔指導項目〕

> (6) リハビリテーションの一般
> 　ア　リハビリテーションの概念と歴史
> 　イ　医学的リハビリテーションとリハビリテーション医学
> 　ウ　診察，評価，治療計画と記録

(6) リハビリテーションの一般

ここでは，科目の目標を踏まえ，リハビリテーションの位置付けと役割，リハビリテーションの過程などについて，症例紹介やリハビリテーション施設の見学等を交えて理解し，関連する技術を身に付けることができるようにすることをねらいとしている。なお，なお，「運動学の基礎」については，「人体の構造と機能」の〔指導項目〕の(4)で学習する。

このねらいを実現するため，次の①から③までの事項を身に付けることができるよう，〔指導項目〕を指導する。

① リハビリテーションの一般について理解するとともに，関連する技術を身に付けること。

② リハビリテーションの一般についての基本的な課題を発見し，保健理療と関連付け，倫理観を踏まえて合理的かつ創造的に解決策を見いだすこと。

③ リハビリテーションの一般について自ら学び，リハビリテーションチームにおける施術者の役割に主体的かつ協働的に取り組むこと。

ア　リハビリテーションの概念と歴史

リハビリテーションの定義，歴史，分類及びリハビリテーションチームを中心に扱う。

イ　医学的リハビリテーションとリハビリテーション医学

医学的リハビリテーションとリハビリテーション医学との違いに配慮しながら，その内容について扱うとともに，障害の概念，リハビリテーション医学の対象についても扱う。

ウ　診察，評価，治療計画と記録

診察・評価の意義，障害の評価，診察・評価の実際，治療計画，記録の意義，記録方法を中心に扱う。

〔指導項目〕

> (7) 主な疾患のリハビリテーション
> 　ア　運動器系疾患

イ　神経系疾患
ウ　呼吸器系疾患
エ　血液・循環器系疾患

(内容の範囲や程度)

カ　〔指導項目〕の(7)については，地域医療や在宅ケアの実情を考慮し，保健理療と直接関わりの深いアからウまでを中心に取り扱うこと。

リハビリテーション分野の地域医療や在宅ケアで扱うことの多い保健理療と関わりの深い整形外科疾患や片麻痺(ひ)のリハビリテーションについて重点的に扱う。

(7) 主な疾患のリハビリテーション

ここでは，科目の目標を踏まえ，主要疾患ごとにリハビリテーション医学の立場で，障害発生から社会復帰までの全過程の概要を理解し，関連する技術を身に付けることができるようにすることをねらいとしている。その際，保健理療の意義と役割を踏まえて指導することが大切である。

今回の改訂では，診療報酬点数表に示されている運動器リハビリテーション，脳血管リハビリテーション及び呼吸器リハビリテーションを中心に疾患を取り扱う頻度が高いと考えられる順に並べ替え，関連する科目で並行して指導を進めることができるよう改めた。

このねらいを実現するため，次の①から③までの事項を身に付けることができるよう，〔指導項目〕を指導する。

①　主な疾患のリハビリテーションについて理解するとともに，関連する技術を身に付けること。
②　主な疾患のリハビリテーションについての基本的な課題を発見し，保健理療と関連付け，倫理観を踏まえて合理的かつ創造的に解決策を見いだすこと。
③　主な疾患のリハビリテーションについて自ら学び，技術の習熟を目指して主体的かつ協働的に取り組むこと。

指導に当たっては，診療報酬点数表で示されている疾患を中心に，「保健理療基礎実習」の内容と関連させながら，機能訓練の基本的な技術についても扱い，医学的管理とリスク管理，理学療法及びリハビリテーションに関与する理学療法士や看護師等の他のスタッフによるケア，アフター・ケアについて理解できるようにする。

ア　運動器系疾患

整形外科的疾患（肩関節周囲炎，腰痛症，変形性膝(ひざ)関節症及び関節リウマチ）

及び廃用症候群を中心に扱う。指導に当たっては，廃用症候群については，フレイル，サルコペニア及びロコモティブシンドロームの概念を踏まえるようにする。

イ　神経系疾患

脳血管障害（片麻痺），パーキンソン病を中心に扱い，脊髄損傷，脳性まひについてはその概要について扱う。

ウ　呼吸器系疾患

慢性閉塞性呼吸器疾患（COPD）に対する呼吸器リハビリテーションを中心に扱う。

エ　血液・循環器系疾患

心大血管疾患リハビリテーションの概要を中心に扱う。

〔指導項目〕

(8) 機能訓練の概要
　ア　関節可動域訓練
　イ　筋力強化訓練
　ウ　日常生活動作訓練

（内容の範囲や程度）

キ 〔指導項目〕の(8)については，介護保険施設で行われる介護技術を含めて取り扱うこと。

基本訓練の方法を学習するとともに，各機能の評価に基づき，関節拘縮，筋力低下，麻痺の状況，精神状態など利用者の状況を踏まえて実践するために必要な応用についても扱うとともに，車いす・ベッド間の移乗動作，褥瘡予防のためのシーティング，ベッド上での体位変換も扱う。指導に当たっては，リスク管理を含めて，視覚障害者である生徒が工夫をして，安全かつ適切に訓練等が行えるよう留意する。

(8) 機能訓練の概要

ここでは，科目の目標を踏まえ，介護保険施設利用者に対する機能訓練の知識と技術を身に付けることができるようにすることをねらいとしている。移乗動作等，介護技術も併せて指導するとともに，個別機能訓練計画書の作成に向けて，各機能の評価を踏まえた訓練計画が立てられるよう配慮して指導することが大切である。

このねらいを実現するため，次の①から③までの事項を身に付けることができるよう，〔指導項目〕を指導する。

① 機能訓練の概要について理解するとともに，関連する技術を身に付けること。

② 機能訓練の概要についての基本的な課題を発見し，保健理療と関連付け，倫理観を踏まえて合理的かつ創造的に解決策を見いだすこと。

③ 機能訓練の概要について自ら学び，多職種と連携して利用者の機能の維持・向上に主体的かつ協働的に取り組むこと。

ア 関節可動域訓練

肩関節，肘関節，手関節，股関節，膝(ひざ)関節，足関節を中心に扱う。

イ 筋力強化訓練

等尺性訓練，等張性訓練を中心に扱う。

ウ 日常生活動作訓練

IADL（Instrumental Activities of Daily Living）尺度やバーセル・インデックス等を用いて日常生活動作の評価について扱う。指導に当たっては，その評価結果に基づいて訓練計画を作成できるようにする。また，生活自立に結び付く日常生活動作の機能を獲得することを目標に，訓練を計画して実践する能力が身に付くよう配慮して指導すること。

5 基礎保健理療

この科目は，「臨床保健理療」，「保健理療基礎実習」及び「保健理療臨床実習」の基盤となるものである。東洋医学の基礎的な知識と現代医学に基づく科学的治効理論を学び，それらを統合して効果的な臨床を行う能力の育成を目指している。

今回の改訂では，〔指導項目〕の(3)に「十四経脈の経穴」を加えるなどの改善を行った。

(1) 目標

1 目 標

保健理療の見方・考え方を働かせ，基礎保健理療に関する実践的・体験的な学習活動を通して，施術を行うために必要な資質・能力を次のとおり育成することを目指す。

(1) 基礎保健理療について体系的・系統的に理解するとともに，関連する技術を身に付けるようにする。

(2) 基礎保健理療に関する課題を発見し，あん摩マッサージ指圧師としての職業倫理を踏まえて合理的かつ創造的に解決する力を養う。
(3) 基礎保健理療について，地域や社会を支えるあん摩マッサージ指圧師を目指して自ら学び，適切かつ合理的な施術に主体的かつ協働的に取り組む態度を養う。

この科目においては，保健理療施術の基盤となっている長い伝統と経験から成り立っている東洋医学の概念を理解させるとともに，保健理療施術の基礎となる科学的治効理論を明らかにして，保健理療施術のもつ意義の重要性を理解させ，施術を効果的に行うことができるようにすることを目指している。

目標の(1)は，保健理療施術を行うために必要な東洋医学の知識を体系的・系統的に理解するとともに，関連する東洋医学の技術を身に付け，臨床の対象者に対して効果的な保健理療施術を適切に行うことができる能力を育成することを意味している。

目標の(2)は，現代社会における東洋医学の課題を発見し，合理的かつ創造的に解決する力を養うことを意味している。

目標の(3)は，東洋医学について主体的に学び，東洋医学の知識と技能を生かして適切に保健理療施術に取り組む態度を養うことを意味している。

(2) 内容とその取扱い

① 内容の構成及び取扱い

この科目は，目標に示す資質・能力を身に付けることができるよう，(1)東洋医学の基礎，(2)東洋医学の診断と治療，(3)経絡と経穴，(4)経絡，経穴と現代医学，(5)保健理療施術の概要，(6)保健理療施術の治効理論と関連学説の六つの指導項目で，7単位以上履修されることを想定して内容を構成している。また，内容を取り扱う際の配慮事項は次のように示されている。

(内容を取り扱う際の配慮事項)

3　内容の取扱い
(1) 内容を取り扱う際には，次の事項に配慮するものとする。
ア　指導に当たっては，保健理療に関する研究の成果を踏まえて取り扱い，保健理療に対する研究的な態度が培われるよう配慮すること。

保健理療に関する具体的な研究成果を取り上げることによって，保健理療に対する興味・関心をもたせ，研究的な態度を培うように指導することが大切である。内容を取り扱う際には，近年の研究成果についても取り入れるなど研究の動向に留意して指導すること。

イ〔指導項目〕の(1)から(4)までについては，保健理療施術との関連を重視して指導すること。

保健理療施術との関連を重視し，長い生活体験から生み出された自然観の重要性を踏まえ，科学的に解明されていないこと（未科学）と科学的でないこと（非科学）との違いを理解できるようにすることが大切である。内容を取り扱う際には，東洋医学について興味・関心を喚起できるよう体験的に指導する。

ウ〔指導項目〕の(6)については，「人体の構造と機能」の関連を考慮して取り扱うこと。また，(4)や研究の成果を総合し，保健理療臨床の観点から指導すること。

「人体の構造と機能」で学習した内容や経絡，経穴に関する現代医学的な研究の成果などを基に，保健理療施術の臨床効果を科学的に理解できるように指導する。内容を取り扱う際には，あん摩・マッサージ・指圧の臨床研究の状況に留意して指導する。また，保健理療施術の治効理論が科学的に解明されていない部分については，研究の現状を踏まえその解明の必要性に重点を置いて指導する。

② 内容

2 内　容

1に示す資質・能力を身に付けることができるよう，次の〔指導項目〕を指導する。

〔指導項目〕

(1) 東洋医学の基礎
- ア　東洋医学の意義と特色
- イ　陰陽五行論
- ウ　臓腑（ふ）経絡論
- エ　気血，営衛，津液
- オ　病因
- カ　証（しょう）

(1) 東洋医学の基礎

ここでは，科目の目標を踏まえ，東洋医学の基礎概念，生理観と疾病観及び東洋医学の診察法と診断法について知識と技術を身に付けることができるようにすることをねらいとしている。

このねらいを実現するため，次の①から③までの事項を身に付けることができるよう，〔指導項目〕を指導する。

① 東洋医学の基礎について理解するとともに，関連する技術を身に付けること。

② 東洋医学の基礎についての基本的な課題を発見し，現代医学と関連付け，倫理観を踏まえて合理的かつ創造的に解決策を見いだすこと。

③ 東洋医学の基礎について自ら学び，臨床で応用できる能力を目指して主体的かつ協働的に取り組むこと。

指導に当たっては，長い伝統と経験から成り立っている東洋医学は，現代科学的及び西洋医学的思考だけでは理解が難しい面もあることから，できるだけ生活に密着した事例を取り上げるなどして具体的に指導することが大切である。

ア 東洋医学の意義と特色

東洋医学が，人間は自然の一部であり，自然と同じ法則の下に生活を営み，肉体の諸組織・器官は有機的な関係をもって統一体として機能し，心身一如であるという自然観，身体観に基づいて成り立っており，病人を全体的に捉え，調和のとれた健康体へ戻そうとする考え方であることについて扱う。

イ 陰陽五行論

古代中国の人たちが，日常生活の中から生み出した考え方である陰陽五行論について扱う。ここでは，陰陽論の基本概念，陰陽論の人体への応用，五行論の基本概念，五行論の医学的応用などについて扱う。

ウ 臓腑経絡論

臓腑論の概要，六臓六腑，特に脾や腎のように現代医学における同名の内臓とはかなり異なった扱いをしている臓，または心包や三焦のように現代医学では存在していない臓腑について重点を置いて扱う。また，経絡論では，経絡論の概要，経絡の概念，十二経脈及び奇経八脈の名称などについて扱う。指導に当たっては，経脈が臓腑に属し，あるいは絡する関係にあり，臓腑と経脈が密接な関係にあることを理解できるようにする。

エ 気血，営衛，津液

気と血の概念，気血と営衛の捉え方の違い，津液又は湿痰の概念，津液と血の関係についての概要を中心に扱う。

オ 病因

現代医学の病因論との違いを考慮しつつ，内因，外因，不内外因を中心に扱う。

カ　証

病名と証の違いを考慮しつつ，証の概念，証の分類としての八綱弁証，陰陽虚実証，経病証，臓腑病証を中心に扱う。

〔指導項目〕

> (2)　東洋医学の診断と治療
> 　ア　日本の伝統医学的診断と治療
> 　イ　現代の中医学的診断と治療

診断と治療の概念の理解にとどまらず，臨床で実践できる能力と態度の育成を目指している。指導に当たっては，日本の東洋医学と中医学について対比させながらそれぞれの特徴が理解できるよう留意する。

（内容の範囲や程度）

> (2)　内容の範囲や程度については，次の事項に配慮するものとする。
> 　ア　〔指導項目〕の(2)のアについては，問診と切診に重点を置き，実習を取り入れて指導すること。イについては，臓腑の生理と病理を踏まえた治療原則と治法を中心に取り扱うこと。

問診と切診に重点を置いて指導するが，切診のうち，腹診や切経では，身体各部の解剖学的構造の違いで触診時の感覚が異なることや，経絡や経穴反応を触診で確認する重要性を指導する。また，脈診の実習を通して，人により脈が変わることを実感できるようにする。なお，内容の範囲や程度については，科目内での重複を避け，一貫性をもたせて指導する。

(2)　東洋医学の診断と治療

ここでは，科目の目標を踏まえ，東洋医学の診断法と治療法について理解するとともに，その技術を身に付け，臨床に応用できる能力を育成することをねらいとしている。

このねらいを実現するため，次の①から③までの事項を身に付けることができるよう，〔指導項目〕を指導する。

①　東洋医学の診断法と治療法について理解するとともに，関連する技術を身に付けること。

②　東洋医学の診断法と治療法についての基本的な課題を発見し，現代医療と関連付け，倫理観を踏まえて合理的かつ創造的に解決策を見いだすこと。

③　東洋医学の診断法と治療法について自ら学び，臨床で応用することができる能力を目指して主体的かつ協働的に取り組むこと。

ア　日本の伝統医学的診断と治療

日本の診断法の特徴，四診法の概要，望診，聞診，問診，切診，証（しょう）の立て方など，また，本治法と標治法，補瀉（しゃ）法，鍼灸（しんきゅう）治療，手技による治療，湯液治療の概要などの治療法を中心に扱う。

イ　現代の中医学的診断と治療

中医学の診断法と治療法の概要を中心に扱う。

〔指導項目〕

(3)　経絡と経穴
　ア　臓腑（ふ）経絡とその流注
　イ　十四経脈の経穴
　ウ　その他の特定穴

(3)　経絡と経穴

ここでは，科目の目標を踏まえ，長年集積されてきた経験医術としての東洋医学の根幹をなす経絡と経穴について，基礎的な知識と取穴の技術を身に付けるとともに，その他の反応点の示す現象を正確に捉える能力を育成することをねらいとしている。

このねらいを実現するため，次の①から③までの事項を身に付けることができるよう，〔指導項目〕を指導する。

①　経絡と経穴について理解するとともに，関連する技術を身に付けること。

②　経絡と経穴についての基本的な課題を発見し，取穴法と関連付け，倫理観を踏まえて合理的かつ創造的に解決策を見いだすこと。

③　経絡と経穴について自ら学び，臨床に応用できる能力を目指して主体的かつ協働的に取り組むこと。

ア　臓腑（ふ）経絡とその流注

経絡の走行，連結，分布，経絡の表裏関係，流注の順序，臓腑（ふ）と経絡の関係を中心に扱う。

イ　十四経脈の経穴

骨度法，同身寸法，十四経脈所属の主要な経穴の名称と取穴部位，要穴，五行穴の内，輸穴と合穴を中心に扱う。

ウ　その他の特定穴

主な奇穴，阿是穴を中心に扱う。

〔指導項目〕

(4) 経絡，経穴と現代医学 ア 経絡，経穴の現代医学的研究 イ 関連する反応点，反応帯

(4) 経絡，経穴と現代医学

ここでは，科目の目標を踏まえ，現代医学的な視点で経絡と経穴を捉え，経絡と経穴の臨床的意義や特徴を理解し，臨床に応用できる能力を育成することをねらいとしている。

このねらいを実現するため，次の①から③までの事項を身に付けることができるよう，〔指導項目〕を指導する。

① 経絡，経穴と現代医学について理解するとともに，関連する技術を身に付けること。

② 経絡，経穴と現代医学についての基本的な課題を発見し，倫理観を踏まえて合理的かつ創造的に解決策を見いだすこと。

③ 経絡，経穴と現代医学について自ら学び，臨床に応用できる能力を目指して主体的かつ協働的に取り組むこと。

ア 経絡と経穴の現代医学的研究

経絡と経穴に関する現代医学的研究の成果を中心に扱う。

イ 関連する反応点，反応帯

電気特性，知覚異常などの反応点の現象と出現メカニズムやその意義，皮膚及び皮下組織に見られる諸反応帯を中心に扱う。

〔指導項目〕

(5) 保健理療施術の概要 ア あん摩 イ マッサージ ウ 指圧 エ 保健理療の臨床応用

〔指導項目〕の(5)については，あん摩・マッサージ・指圧による施術の定義とそれぞれの違いや特徴などを指導する。

（内容の範囲や程度）

イ 〔指導項目〕の(5)については，基本手技を取り上げ，その特徴を理解させるとともに，臨床における施術の適応の判断についても指導すること。アからウまでについては，諸外国における徒手による主な施術法についても取り扱うこと。エについては，病態を踏まえながら，アからウまでを適切に組み合わせた総合的な施術法を取り扱うこと。

あん摩・マッサージ・指圧による施術の定義とそれぞれの違いを指導するとともに，アからウについては，適応と応用を中心に指導し，エについては，実践力に結び付くよう「保健理療基礎実習」の〔指導項目〕の(3)及び(4)との関連を考慮して指導することが大切である。

(5) 保健理療施術の概要

ここでは，科目の目標を踏まえ，各手技の特徴とその応用について理解し，臨床に応用できる能力を育成することをねらいとしている。

このねらいを実現するため，次の①から③までの事項を身に付けることができるよう，〔指導項目〕を指導する。

① 保健理療施術の概要について理解するとともに，関連する技術を身に付けること。

② 保健理療施術の概要についての基本的な課題を発見し，臨床の実践と関連付け，倫理観を踏まえて合理的かつ創造的に解決策を見いだすこと。

③ 保健理療施術の概要について自ら学び，臨床で実践できる能力を目指して主体的かつ協働的に取り組むこと。

ア あん摩

基本手技とその応用を扱い，古法あん摩にも触れる。

イ マッサージ

基本手技とその応用を扱い，結合織マッサージなどにも触れる。

ウ 指圧

指圧の三原則や基本手技とその応用を扱い，カイロプラクティックなど，その他の手技による療法にも触れる。

エ 保健理療の臨床応用

効果的な保健理療施術を行うための施術の組合せ方，それぞれの施術の適応，不適応，禁忌，刺激量と感受性，過誤と副作用の危険性，消毒を中心に扱う。

〔指導項目〕

(6) 保健理療施術の治効理論と関連学説 ア　刺激の伝達 イ　身体組織・器官への影響 ウ　生体反応と治効メカニズム エ　関連学説

(内容の範囲や程度)

ウ　〔指導項目〕の(6)のアからウまでについては，特に，運動器系疾患や内臓器系疾患に対する刺激の作用や生体反応の医学的意味と臨床への応用という観点で取り扱うこと。

「人体の構造と機能」との関連を考慮して，具体的に理解できるようするとともに，近年の研究成果の動向に留意して指導する。

(6)　保健理療施術の治効理論と関連学説

ここでは，科目の目標を踏まえ，保健理療施術の治効理論を科学的視点で学び，臨床に応用できる能力を育成することをねらいとしている。

このねらいを実現するため，次の①から③までの事項を身に付けることができるよう，〔指導項目〕を指導する。

①　保健理療施術の治効理論と関連学説について理解し，関連する技術を身に付けること。

②　保健理療施術の治効理論と関連学説についての基本的な課題を発見し，近年の研究成果と関連付け，倫理観を踏まえて合理的かつ創造的に解決策を見いだすこと。

③　保健理療施術の治効理論について自ら学び，保健理療施術の効果を科学的に説明できる能力を目指して主体的かつ協働的に取り組むこと。

ア　刺激の伝達

あん摩・マッサージ・指圧の刺激との関連で，皮膚感覚の受容器と神経線維，骨格筋の受容器と神経線維，神経伝達経路・反射を中心に扱う。

イ　身体組織・器官への影響

組織，器官，自律神経，体液，免疫機構などへの影響を中心に扱う。

ウ　生体反応と治効メカニズム

刺激の定義，刺激の種類，生体反応としての調整作用，鎮痛，興奮，鎮静，防御を中心に扱う。

エ　関連学説

ホメオスタシス，ストレス学説，圧自律神経反射，鎮痛学説の概要を中心に扱う。

6　臨床保健理療

この科目は，「保健理療基礎実習」及び「保健理療臨床実習」の基盤となるものであり，「疾病の成り立ちと予防」，「生活と疾病」及び「基礎保健理療」と関連付けながら，保健理療施術で取り扱う機会が多い症状・疾患・病態について適応の判断と治療計画・治療法の考え方を中心に学び，臨床で応用する能力を身に付けることを目指している。

今回の改訂では，患者理解を促進する観点から「(1) 臨床保健理療の基礎」のイにインフォームド・チョイス及びインフォームド・ディシジョンを加えた。また，認定規則を踏まえ，「(3) 生体観察の基礎」を新設するとともに，「(2) 東洋医学における診断，治療の原則」に，「適応の判断」や「施術計画」を位置付けた。さらに，〔指導項目〕の (5) から (7) の項目において，病態生理と適応の判断を強調するなどを示した。

(1) 目標

> 1　目　標
>
> 保健理療の見方・考え方を働かせ，臨床保健理療に関する実践的・体験的な学習活動を通して，施術を行うために必要な資質・能力を次のとおり育成することを目指す。
>
> (1) 臨床保健理療について体系的・系統的に理解するとともに，関連する技術を身に付けるようにする。
>
> (2) 臨床保健理療に関する課題を発見し，あん摩マッサージ指圧師としての職業倫理を踏まえて合理的かつ創造的に解決する力を養う。
>
> (3) 臨床保健理療について，地域や社会を支えるあん摩マッサージ指圧師を目指して自ら学び，適切かつ合理的な施術に主体的かつ協働的に取り組む態度を養う。

この科目においては，東洋医学と現代医学の立場から内容を有機的に関連させ，保健理療施術の対象となる主な症状についての患者への対応，診察法や治療法，患者の生活管理などを具体的に理解させ，適切な施術を行うことができるようにすることを目指している。また，保健理療施術の効果を客観的なデータで評価したり，適否を判断したりして，適切な処置を講ずることができるようにすることも目指している。

目標の(1)は，施術を行うために必要な臨床保健理療の知識を体系的・系統的に理解するとともに，関連する現代医学と東洋医学に関する技術を身に付け，臨床の対象者に対して効果的な保健理療施術を適切に行うことができる力を養うことを意味している。

目標の(2)は，現代社会における臨床保健理療の課題を発見し，適応の判断や治療の有効性・有用性と関連付けながら合理的かつ創造的に解決する能力を育てることを意味している。

目標の(3)は，臨床保健理療について主体的に学び，現代医学と東洋医学の知識と技能を生かして適切に施術に取り組む態度を養うことを意味している。

(2) 内容とその取扱い

① 内容の構成及び取扱い

この科目は，目標に示す資質・能力を身に付けることができるよう，(1)臨床保健理療の基礎，(2)東洋医学における診断，治療の原則，(3)生体観察の基礎，(4)健康と保健理療施術，(5)主な症状の保健理療施術，(6)主な疾患の保健理療施術，(7)高齢者に対する保健理療施術，(8)スポーツ領域における保健理療施術，(9)産業衛生における保健理療施術の九つの指導項目で，11単位以上履修されることを想定して内容を構成している。また，内容を取り扱う際の配慮事項は次のように示されている。

（内容を取り扱う際の配慮事項）

> 3　内容の取扱い
> (1) 内容を取り扱う際には，次の事項に配慮するものとする。
> ア　東洋医学と現代医学の知識と技術を総合した臨床概念が養われるよう内容相互の関連に留意して指導すること。

「人体の構造と機能」，「疾病の成り立ちと予防」，「生活と疾病」，「基礎保健理療」及び「保健理療基礎実習」等で学んだ知識を総合し，生体の機能異常を的確に診察し，適切な治療を行い，必要な対策を講ずることのできる知識を体系的に指導する。内容を取り扱う際には，保健理療は，診察，治療の両面にわたり東洋医学の経験的知恵と現代医学の科学的知識を有機的に総合したものであり，生体が本来もっている調節力を主体としていることが大きな特色であることを理解できるように配慮して指導する。

イ　指導に当たっては，「保健理療基礎実習」における実技実習との関連を考慮すること。

本科目での学習が，「保健理療基礎実習」の〔指導項目〕の(4)における実習場面で実践され，「保健理療臨床実習」の基盤となることを踏まえ，指導の一貫性を高めることが大切である。内容は，「生活と疾病」，「基礎保健理療」などとの関連を図りながら，診察から治療に至るまでの過程を理解できるように構成してある。したがって，各科目の指導の実態をよく把握して授業の構成を組み立てる必要がある。現代医学と東洋医学の知識を生かし，生徒が興味・関心を高めることができるように，指導内容・方法を工夫することが大切である。

内容を取り扱う際には，実技実習の内容との関連性を十分に考慮し，指導者間の連携を密にしたり，ティーム・ティーチングを取り入れたり，時間割上の指導時間の設定を工夫したりすることなどが必要である。

②　内容

2　内　容

１に示す資質・能力を身に付けることができるよう，次の〔指導項目〕を指導する。

〔指導項目〕

(1)　臨床保健理療の基礎
　ア　臨床保健理療の意義と役割
　イ　施術対象者の心理と施術者の対応

保健理療臨床における施術者としての基本的な考え方，在り方を理解できるようにする。

（内容の範囲や程度）

(2)　内容の範囲や程度については，次の事項に配慮するものとする。
　ア　〔指導項目〕の(1)のイについては，施術対象者との信頼関係を確立する上で必要な臨床心理の基礎及び面接技法の基本を理解できるよう取り扱うこと。

「生活と疾病」の〔指導項目〕の(4)の学習を基礎とし，また，「医療と社会」

の〔指導項目〕の(3)及び(6)との関連に留意しながら，あん摩マッサージ指圧師として子どもから高齢者まで幅広い年齢層にわたって信頼されるような態度，行動及び言葉遣いなどを身に付けるように指導する。

(1) 臨床保健理療の基礎

ここでは，科目の目標を踏まえ，現代社会における保健理療の役割を理解した上で，施術者としての基本的な態度や患者接遇・医療面接の技法を具体的に身に付けることをねらいとしている。

このねらいを実現するため，次の①から③までの事項を身に付けることができるよう，〔指導項目〕を指導する。

① 臨床保健理療の基礎について理解するとともに，関連する技術を身に付けること。

② 臨床保健理療の基礎についての基本的な課題を発見し，現代社会における保健理療と役割と関連付け，倫理観を踏まえて合理的かつ創造的に解決策を見いだすこと。

③ 臨床保健理療の基礎について自ら学び，施術者として相応しい態度の確立とコミュニケーションスキルの向上を目指して主体的かつ協働的に取り組むこと。

ア 臨床保健理療の意義と役割

次の事項を中心に扱う。

(ア) 経験医術の特徴と社会からの期待，特に，自然との共生ということが根底にあること。

(イ) 治未病の現代社会における役割，特に，生活習慣病の予防への意義，近代医学との併用の意義と役割，施術対象，施術法の種類等。

特徴として以下を取り上げ，これが，視覚に障害のある人が，その触圧覚を生かして適切な施術を行うことができる背景となっていること。

㋐ 痛くないこと

㋑ 触圧覚を十分に活用することができること

㋒ 軽微な刺激による治療であること

㋓ 生体の調節力を意図的，積極的に調節する治療であること

㋔ 未病の徴に対する治療であること

イ 施術対象者の心理と施術者の対応

施術対象者の心理，施術者として必要な条件，インフォームド・コンセント，インフォームド・チョイス，インフォームド・ディシジョンを中心に扱う。

〔指導項目〕

(2) 東洋医学における診断，治療の原則 ア　診察 イ　適応の判断 ウ　施術計画 エ　施術原則 オ　記録

(2) 東洋医学における診断，治療の原則

ここでは，科目の目標を踏まえ，東洋医学における診断，治療の原則を理解し，施術を行うことができるよう，体性系症状に対する施術や，生体の調節力に対する施術，未病の徴に対する施術などを身に付けること，また，「基礎保健理療」で学習した内容を発展させ，西洋医学の診察結果と併せて東洋医学の診察を行い，適応の判断から施術計画，記録までの流れを具体的に理解できるようにすることをねらいとしている。

このねらいを実現するため，次の①から③までの事項を身に付けることができるよう，〔指導項目〕を指導する。

① 東洋医学の診断，治療の原則について理解するとともに，関連する技術を身に付けること。

② 東洋医学の診断，治療の原則についての基本的な課題を発見し，西洋医学の診察結果と関連付け，倫理観を踏まえて合理的かつ創造的に解決策を見いだすこと。

③ 東洋医学の診断，治療の原則について自ら学び，適切な施術を行う能力を目指してその実践に主体的かつ協働的に取り組むこと。

ア　診察

基本的には現代医学の体系によって診察を行い，そこに生体の微妙な変化を把握しようとする東洋医学の四診法の特色が生かせるように，次の事項を扱う。

(ｱ) 切診については，保健理療施術で最も特徴的な診察法であること。十分に活用できるよう具体的に扱う。

(ｲ) 脈診については祖脈。

(ｳ) 東洋医学の診断である病証（しょう）については，臓腑（ふ）経絡系の立場から臓腑（ふ）病証（しょう），経絡病証（しょう）の基本。

(ｴ) 施術の適否と限界，予後の判定，リスク管理など。

イ　適応の判断

治療計画の立て方，治療法の組立て方，治療効果の判定，他の治療法及び健康法との関連，禁忌の場合の対応，施術計画を中心に扱う。

ウ　施術計画

治療が生体の調節力（自然治癒力）に対する施術，症状に対する施術，そして自覚されていないけれども不調の状態にある未病の徴に対する施術からなることを明確に理解させた上で，次の事項を中心に扱う。

(ｱ) 刺激による生体反応の起こり方（局所反応，遠隔部反応及び全身反応）

(ｲ) 治療手順

a　生体の調節力を高める治療を最初に行うことで，続いて行われる治療の効果が高くなること。

b　調節力を高める治療を最後に行うことにより，それまでに行われた治療の反応を好ましい方向に整え，自然治癒力の高まった状態をつくれること。

エ　施術原則

基本的な施術原則について次の事項を中心に扱う。

(ｱ) 生体の調節力を高めるための施術原則

(ｲ) 未病を治するための施術原則

(ｳ) 症状に対する施術原則

オ　記録

POS（Problem Oriented System），カルテ記載の仕方，各種検査記録，各種評価表，紹介状の書き方，記録の保存とカルテ管理を中心に扱う。

〔指導項目〕

(3) 生体観察の基礎 ア　骨の触察 イ　筋の触察 ウ　関節の触察 エ　神経，血管の触察

(3) 生体観察の基礎

ここでは，科目の目標を踏まえ，診察・取穴・施術実技の基本となる生体観察に関する知識を身に付け，目的に合わせて正確に行えるようにすることをねらいとしている。

このねらいを実現するため，次の①から③までの事項を身に付けることができるよう，〔指導項目〕を指導する。

①　生体観察の基礎について理解するとともに，関連する技術を身に付けるこ

と。

② 生体観察の基礎についての基本的な課題を発見し，視覚障害に配慮した技術と関連付け，倫理観を踏まえて合理的かつ創造的に解決策を見いだすこと。

③ 生体観察の基礎について自ら学び，適切な施術を行う能力を目指してその実践に主体的かつ協働的に取り組むこと。

ア　骨の触察

触察・取穴，診察などの基準となる骨の隆起や骨溝を中心に扱う。

イ　筋の触察

体表から触察可能な筋を中心に扱う。指導に当たっては，起始・停止・走行，筋緊張・筋萎縮・硬結などが体験的に理解できるようにする。

ウ　関節の触察

頸部，肩関節，肘関節，手関節，手指，腰部，股関節，膝関節，足関節を中心に扱う。指導に当たっては，関節の変形，炎症所見，運動時のクリックや痛みの状態及びアライメントの異常などが理解できるようにする。

エ　神経，血管の触察

三叉神経，後頭神経，顔面神経，腕神経叢，橈骨神経，正中神経，尺骨神経，腰神経叢，坐骨神経，外側大腿皮神経，大腿神経，伏在神経について，神経の走行，体表から観察できる部位及び絞扼されやすい部位を中心に扱う。血管については，体表から観察できる動脈拍動部及び皮静脈の走行を中心に扱う。指導に当たっては，筋や骨との関係を明確にして具体的に理解できるようにする。

〔指導項目〕

(4) 健康と保健理療施術
　ア　健康観と疾病観
　イ　健康の保持増進のための保健理療施術
　ウ　生活習慣病予防のための保健理療施術
　エ　その他の健康療法

(内容の範囲や程度)

イ 〔指導項目〕の (4) については，東洋医学における未病の考え方を踏まえて取り扱うこと。
ウ 〔指導項目〕の (4) から (7) までについては，疾患ごとにその症状の機序や経過について，病態生理学と関連付けながら扱うとともに，施術の適応の判断ができるよう指導すること。

イについては，他の治療学には見られない特色のあるところであるから，十分にその意味を理解し，具体的に実践できるよう指導する。ウについては，保健理療臨床で扱う疾患や症状について，「病態生理学」と関連付けながら，適応の判断が適切にできる能力を養うとともに，健康増進や生活習慣病の予防を含め，あん摩・マッサージ・指圧が適応する主な症状や疾患に対して適切に保健理療施術を行うことのできる知識と技術が身に付くよう指導する。

(4) 健康と保健理療施術

ここでは，科目の目標を踏まえ，健康増進や生活習慣病予防のための保健理療施術の意義と役割を理解し，保健理療施術が適切に行える能力の育成をねらいとしている。

このねらいを実現するため，次の①から③までの事項を身に付けることができるよう，〔指導項目〕を指導する。

① 健康と保健理療施術について理解するとともに，関連する技術を身に付けること。

② 健康と保健理療施術についての基本的な課題を発見し，現代社会における疾病構造や健康観と関連付け，倫理観を踏まえて合理的かつ創造的に解決策を見いだすこと。

③ 健康と保健理療施術について自ら学び，国民の健康保持・増進に主体的かつ協働的に取り組むこと。

ア 健康観と疾病観

健康の成立条件，社会構造の変化と健康概念，未病の概念を中心に扱う。

イ 健康の保持増進のための保健理療施術

日本人の健康状態，鍛錬療法と調整療法，未病の徴，未病を治する保健理療施術を中心に扱う。

ウ 生活習慣病予防のための保健理療施術

本態性高血圧症，糖尿病，心臓疾患，呼吸器疾患などの代表的な生活習慣病を取り上げ，予防の観点を重視し，生体の調節力を高める治療及び未病を治する治療を中心に扱う。

エ その他の健康療法

健康の保持増進を促す観点から，運動法，食事法，酒など嗜(し)好品の好ましい用い方を中心に扱う。

〔指導項目〕

(5) 主な症状の保健理療施術
　ア　頭痛
　イ　肩こり
　ウ　肩関節痛
　エ　頸肩腕痛
　オ　腰痛
　カ　腰下肢痛
　キ　膝痛
　ク　高血圧と低血圧
　ケ　心身の疲労
　コ　その他の症状

（内容の範囲や程度）

ウ 〔指導項目〕の(4)から(7)までについては，疾患ごとにその症状の機序や経過について，病態生理学と関連付けながら扱うとともに，施術の適応の判断ができるよう指導すること。
エ 〔指導項目〕の(5)及び(6)については，「生活と疾病」で取り上げる症状や疾患と関連付けて指導するとともに，健康指導，生活指導及び応急処置の方法も含めて指導すること。

ウについては，保健理療臨床で扱う疾患や症状について，「病態生理学」と関連付けながら，適応の判断が適切にできる能力を養うとともに，健康増進や生活習慣病の予防を含め，あん摩・マッサージ・指圧が適応する主な症状や疾患に対して適切に保健理療施術を行うことのできる知識と技術が身に付くよう指導する。エについては，「生活と疾病」における指導との関連を十分に考慮し，本科目では主な症状や疾患に対して適切な保健理療施術を行うという観点から扱い，一貫した指導を行うようにする。また，健康指導，生活指導及び応急処置の方法等についても「生活と疾病」との関連を踏まえて指導すること。ここで取り上げる症状及び疾患は，臨床上扱うことが多いので，十分な指導が必要である。

(5) 主な症状の保健理療施術

ここでは，科目の目標を踏まえ，各症状について保健理療施術の適応の判断及び適応症状に対して保健理療施術が適切に行える知識と技術を身に付けることねらいとしている。

このねらいを実現するため，次の①から③までの事項を身に付けることができるよう，〔指導項目〕を指導する。

① 主な症状の保健理療施術について理解するともに，関連する技術を身に付けること。

② 主な症状の保健理療施術についての基本的な課題を発見し，適応の判断と関連付け，倫理観を踏まえて合理的かつ創造的に解決策を見いだすこと。

③ 主な症状の保健理療施術について自ら学び，適切な施術を行う能力を目指してその実践に主体的かつ協働的に取り組むこと。

ア 頭痛

イ 肩こり

ウ 肩関節痛

エ 頸（けい）肩腕痛

オ 腰痛

カ 腰下肢痛

キ 膝（ひざ）痛

ク 高血圧と低血圧

ケ 心身の疲労

コ その他の症状

アからケについては，「生活と疾病」の〔指導項目〕の(2)で扱った症状を中心に扱い，コについては，保健理療施術による有効性が高いものを中心に扱う。

指導に当たっては，次の事項を順序立てて，生体観察を取り入れて具体的に扱う。

(ア) 診察（圧痛点の部位，筋緊張の部位及び症状部位と経絡等）

(イ) 治療法，適応と不適応，治療の限界及び治療計画等

(ウ) リスク管理及び専門医への紹介等

〔指導項目〕

(6) 主な疾患の保健理療施術
 ア 運動器系疾患
 イ 神経系疾患
 ウ 呼吸器系疾患
 エ 血液・循環器系疾患
 オ 消化器系疾患
 カ 泌尿・生殖器系疾患
 キ 内分泌系・代謝疾患

ク　感染症
ケ　その他の疾患

（内容の範囲や程度）

ウ　〔指導項目〕の(4)から(7)までについては，疾患ごとにその症状の機序や経過について，病態生理学と関連付けながら扱うとともに，施術の適応の判断ができるよう指導すること。
エ　〔指導項目〕の(5)及び(6)については，「生活と疾病」で取り上げる症状や疾患と関連付けて指導するとともに，健康指導，生活指導及び応急処置の方法も含めて指導すること。

ウについては，保健理療臨床で扱う疾患や症状について，「病態生理学」と関連付けながら，適応の判断が適切にできる能力を養うとともに，健康増進や生活習慣病の予防を含め，あん摩・マッサージ・指圧が適応する主な症状や疾患に対して適切に理療施術を行うことのできる知識と技術が身に付くよう指導する。エについては，「生活と疾病」における指導との関連を十分に考慮し，本科目では主な症状や疾患に対して適切な保健理療施術を行うという観点から扱い，一貫した指導を行うようにする。また，健康指導，生活指導及び応急処置の方法等についても「生活と疾病」との関連を踏まえて指導する。ここで取り上げる症状及び疾患は，臨床上扱うことが多いので，十分な指導が必要である。

(6)　主な疾患の保健理療施術

ここでは，科目の目標を踏まえ，主な疾患について適応の判断及び適応疾患に対する保健理療施術が適切に行える知識と技術を身に付けることをねらいとしている。

このねらいを実現するため，次の①から③までの事項を身に付けることができるよう，〔指導項目〕を指導する。

①　主な疾患の保健理療施術について理解するとともに，関連する技術を身に付けること。
②　主な疾患の保健理療施術について基本的な課題を発見し，適応の判断と関連付け，倫理観を踏まえて合理的かつ創造的に解決策を見いだすこと。
③　主な疾患の保健理療施術について自ら学び，適切な施術を行う能力を目指してその実践に主体的かつ協働的に取り組むこと。

指導に当たっては，「生活と疾病」での学習を基礎として，治療法選択の重要な判断材料となる各疾患及びその症状の病態生理，軽快因子及び増悪因子をまとめて取り上げる。

今回の改訂では，疾患を取り扱う頻度が高いと考えられる順に並べ替え，関連する科目で並行して指導を進めることができるよう改めた。

ア　運動器系疾患

イ　神経系疾患

ウ　呼吸器系疾患

エ　血液・循環器系疾患

オ　消化器系疾患

カ　泌尿・生殖器系疾患

キ　内分泌系・代謝疾患

ク　感染症

ケ　その他の疾患

アからケについては，「生活と疾病」の〔指導項目〕の(5)で取り上げた疾患を中心に扱う。

ケについては，保健理療施術による有効性が高いものを中心に扱う。

指導に当たっては，次の事項を順序立てて，生体観察を取り入れて具体的に扱う。

(ア) 診察（圧痛点の部位，筋緊張の部位，疾患及び症状部位と経絡等）

(イ) 治療法，適応と不適応及び治療計画

(ウ) リスク管理及び専門医への紹介等

なお，アにおいて脱臼及び骨折については，患部への施術が法的な制限行為であることを考慮し，これらの後遺症に対する施術方法を中心に扱う。

〔指導項目〕

(7) 高齢者に対する保健理療施術
　ア　高齢者の心身機能の特徴
　イ　高齢者の主な症状に対する保健理療施術
　ウ　要支援・要介護高齢者に対する保健理療施術

（内容の範囲や程度）

ウ 〔指導項目〕の (4) から (7) までについては，疾患ごとにその症状の機序や経過について，病態生理学と関連付けながら扱うとともに，施術の適応の判断ができるよう指導すること。

オ 〔指導項目〕の (7) のウについては，特に，脳卒中モデル及び廃用症候群モデルのケアについて取り扱うこと。

ウについては，保健理療臨床で扱う疾患や症状について，「病態生理学」と関連付けながら，適応の判断が適切にできる能力を養うとともに，健康増進や生活習慣病の予防を含め，あん摩・マッサージ・指圧が適応する主な症状や疾患に対して適切に理療施術を行うことのできる知識と技術が身に付くよう指導する。オについては，人口の急激な高齢化，在宅介護の必要性などから施術対象となるケースが多くなることが考えられ，重度な医療的対処が必要な患者よりも，軽症，未病の段階においてこそ理療の力を発揮する場合がある。脳卒中モデル及び廃用症候群モデルのケアも踏まえて，片麻痺(ひ)患者等のリハビリテーションについて理解を深めることが大切である。

(7) 高齢者に対する保健理療施術

ここでは，科目の目標を踏まえ，健康な高齢者及び要支援・要介護高齢者の保健理療施術について，適応の判断及び適応症状に対して保健理療施術が適切に行える知識と技術を身に付けることをねらいとしている。

このねらいを実現するため，次の①から③までの事項を身に付けることができるよう，〔指導項目〕を指導する。

① 高齢者の保健理療施術について理解するとともに，関連する技術を身に付けること。

② 高齢者の保健理療施術についての基本的な課題を発見し，高齢者の心身特性や適応の判断と関連付け，倫理観を踏まえて合理的かつ創造的に解決策を見いだすこと。

③ 高齢者の保健理療施術について自ら学び，適切な施術を行う能力を目指してその実践に主体的かつ協働的に取り組むこと。

指導に当たっては，高齢者にとって，快適な日常生活を維持し，QOL（Quality of life）の向上を図る上で体調の調整維持療法としての保健理療施術の果たす役割が大きいこと，介護を必要としない健康高齢者の体調の維持が重要であることなど，社会の要請を十分に理解して対応できるよう指導する。今回の改訂では，介護保険の対象に要支援者も含まれることから，従前の「要介護高齢者」を「要支援・要介護高齢者」に改めた。

ア　高齢者の心身機能の特徴

老化の機序，高齢者の身体的特徴，高齢者の心理的特徴を中心に扱う。

イ　高齢者の主な症状に対する保健理療施術

認知症，排尿・排便障害及び咳(せき)・痰(たん)，動悸(き)・息切れなどを中心に，各症状の病態，軽快因子及び増悪因子が，治療法選択の重要な判断材料となることから，これらをまとめて扱うとともに，次の事項を順序立てて，具体的に扱う。

(ア) 診察（圧痛点の部位，筋緊張の部位及び症状部位と経絡等）

(ｲ) 治療法，適応と不適応及び治療計画等

(ｳ) リスク管理及び専門医への紹介等

ウ　要支援・要介護高齢者に対する保健理療施術

イを基本として，要支援・要介護者の運動機能，長期臥床者の褥瘡予防，各器官の機能維持を配慮した診察と治療を中心に扱う。

なお，地域の実態により，保健理療施術者が担当する対象も変わる可能性があることから，各学校で生徒の卒業後の状況を踏まえ，指導内容を検討する必要がある。

〔指導項目〕

(8) スポーツ領域における保健理療施術 ア　スポーツ障害・外傷の一般 イ　スポーツ障害・外傷の予防と管理 ウ　主なスポーツ障害・外傷の保健理療施術

この〔指導項目〕は，健康な心身を保持増進するために注目される分野である。市民スポーツが広がりを見せている一方，アマチュア，プロフェッショナルを含めてレベルの高い競技スポーツも盛んになっている。そのなか保健理療施術が，スポーツを行う人の体調を整える上で有効であることから，スポーツ領域における理療施術の新たな発展が期待されるところである。

(内容の範囲や程度)

カ〔指導項目〕の(8)のウについては，応急処置及びテーピングの基本について取り扱うこと。

スポーツ障害・外傷への対応の一つとしてテーピングの基本的事項に指導の重点を置くとともに，スポーツ障害・外傷の予防と管理では，オーバーユース症候群，捻挫，肉離れに対する予防・管理の基本を指導する。また，生徒の進路希望に応じて，更に学習できるよう配慮することが大切である。

(8) スポーツ領域における保健理療施術

ここでは，科目の目標を踏まえ，スポーツ領域における保健理療施術について，適応の判断及びスポーツ障害・外傷の予防並びに適応症状に対する保健理療施術が適切に行える知識と技術を身に付けることをねらいとしている。

このねらいを実現するため，次の①から③までの事項を身に付けることができるよう，〔指導項目〕を指導する。

① スポーツ領域における保健理療施術について理解するとともに，関連する技術を身に付けること。

② スポーツ領域における保健理療施術についての基本的な課題を発見し，適応の判断と関連付け，倫理観を踏まえて合理的かつ創造的に解決策を見いだすこと。

③ スポーツ領域における保健理療施術について自ら学び，適切な施術を行う能力を目指してその実践に主体的かつ協働的に取り組むこと。

ア　スポーツ障害・外傷の一般

スポーツ医学の役割，スポーツ障害・外傷の定義，スポーツ障害・外傷の分類，部位別のスポーツ障害・外傷（野球，テニス，中・長距離走等のスポーツ活動によるオーバーユース症候群），スポーツ障害・外傷に対する応急手当を中心に扱う。

イ　スポーツ障害・外傷の予防と管理

保健理療が，自律神経機能の調節作用を高めることにより，スポーツ選手のコンディションづくりに力を発揮する施術であることを理解させる観点から，筋疲労と筋肉痛の除去，筋緊張の緩解と筋柔軟性の獲得，筋力の増強，心身の調整，スポーツ前後の処置を中心に扱う。

ウ　主なスポーツ障害・外傷の保健理療施術

保健理療施術を行う場合，単に症状に対する治療のみでなく，生体の調節力を高める治療，未病に対する治療を総合して行うことが健康度を高める上で重要であることを理解させる。また，「生活と疾病」の〔指導項目〕(5)のアで取り扱う障害・外傷を中心に，スポーツ障害・外傷に対する治療，適応と不適応，治療の限界，他の医療分野との関連，応急処置について扱う。

〔指導項目〕

(9) 産業衛生における保健理療施術
　ア　仕事と健康
　イ　事業所におけるあん摩マッサージ指圧師の業務と役割
　ウ　主な職業起因性症状の保健理療施術

(9) 産業衛生における保健理療施術

ここでは，科目の目標を踏まえ，産業衛生における保健理療施術について対象者の健康管理と職業起因性症状に対する保健理療施術が適切に行える知識と技術を身に付けることをねらいとしている。

このねらいを実現するため，次の①から③までの事項を身に付けることができ

るよう，〔指導項目〕を指導する。

① 産業衛生における保健理療施術について理解するとともに，関連する技術を身に付けること。

② 産業衛生における保健理療施術についての基本的な課題を発見し，対象者の実態と関連付け，倫理観を踏まえて合理的かつ創造的に解決策を見いだすこと。

③ 産業衛生における保健理療施術について自ら学び，適切な施術を行う能力を目指しその実践に主体的かつ協働的に取り組むこと。

指導に当たっては，不特定多数を対象とするのではなく，企業等の特定された対象集団において健康管理を適切に行うことができるようにすることが必要である。この場合，企業内等において健康管理を行ういわゆるヘルスキーパー（企業内理療師）として信頼されるためには，施術に関する優れた知識や技術とともに，社会性や豊かな人間性などが求められるので，これらの点について扱う。

ア 仕事と健康

「疾病の成り立ちと予防」の〔指導項目〕の(2)，(4)及び(8)の学習を基礎に，職場とストレス，仕事と疲労を中心に扱う。

イ 事業所におけるあん摩マッサージ指圧師の業務と役割

ヘルスキーパー（企業内理療師）の業務と役割を理解させる観点から，職場のストレス病，物的環境要因と身体的疲労の一般的な対策，職場における身体的疲労の一般的な予防策を中心に扱う。

ウ 主な職業起因性症状の保健理療施術

ヘルスキーパー（企業内理療師）が扱うことの多い主な職業起因性症状として頭痛，肩こり，肩の痛み，不眠，イライラ，目の疲れ，胃腸の不調，腰痛，膝（ひざ）痛，冷えなどを扱い取り上げ，それぞれについて，発症メカニズムの分析法，発症メカニズムによる保健理療施術の用い方，自己管理法（セルフケア）の概要について扱う。

7 地域保健理療と保健理療経営

この科目は，超高齢化を伴いながら人口減少が進む日本社会の課題と社会保障制度の動向について理解を深め，地域における多職種との連携・協働やチーム医療の大切さを学ぶとともに，地域包括ケアシステムにおける保健理療業務の意義と役割を自覚し，併せて，施術所の現代的経営の在り方を考える能力を養うことを目指している。

今回の改訂では，少子高齢社会の現状と課題及び医療・介護を中心とする社会保障制度改革の動向を踏まえた上で，地域における保健理療業務の意義や在り方を系統的かつ効率的に扱うことができるよう改善するとともに，地域医療の沿革と地域保健理療の概念を追加した。また，認定規則を踏まえ，療養費の受領委任払い制度を中心とする健康保険制度と保健理療業務との関連性を充実させるなど，指導項目の改善を行った。一方，従前の「保健理療と社会」で扱われていた「諸外国における鍼灸（しんきゅう），徒手による施術」については，「医療と社会」の〔指導項目〕の(1)及び(3)と重複することから削除した。

(1) 目標

> 1　目　標
>
> 保健理療の見方・考え方を働かせ，地域保健理療及び保健理療経営に関する実践的・体験的な学習活動を通して，施術を行うために必要な資質・能力を次のとおり育成することを目指す。
>
> (1) 地域保健理療及び保健理療経営について体系的・系統的に理解するとともに，関連する技術を身に付けるようにする。
>
> (2) 地域保健理療及び保健理療経営に関する課題を発見し，あん摩マッサージ指圧師としての職業倫理を踏まえて合理的かつ創造的に解決する力を養う。
>
> (3) 地域保健理療及び保健理療経営について，地域や社会を支えるあん摩マッサージ指圧師を目指して自ら学び，適切かつ合理的な施術に主体的かつ協働的に取り組む態度を養う。

この科目においては，地域保健理療及び保健理療経営に関する実践的・体験的な学習活動を通して，あん摩マッサージ指圧師が地域保健・医療・福祉の構成員として業務を円滑に行うための基礎的な知識を習得するとともに，その知識を適切に活用できるようにすることをねらいとしている。

目標の(1)は，地域保健理療と保健理療経営の本質を理解するとともに，施術所の開設準備から経営の実際に至る過程で求められる基礎的な知識や経営スキルが身に付くようにすることを意味している。

目標の(2)は，あん摩マッサージ指圧師が従事する医療及び介護領域における制度上の課題を発見し，合理的かつ創造的に解決する力を養うことを意味している。

目標の(3)は，超高齢社会を迎えた地域における保健理療の意義と役割を自覚し，医療及び介護領域の関係機関や多職種と連携・協働して保健理療経営を実践する態度を養うことを意味している。

(2) 内容とその取扱い

① 内容の構成及び取扱い

この科目は，目標に示す資質・能力を身に付けることができるよう，(1) 少子高齢社会と社会保障，(2) 地域社会と保健理療，(3) 地域保健理療の業務と社会保険，(4) 保健理療と経営の四つ指導項目で構成し，2単位以上履修されることを想定している。また，内容を取り扱う際の配慮事項は次のように示されている。

（内容を取り扱う際の配慮事項）

> 3　内容の取扱い
> (1) 内容を取り扱う際には，次の事項に配慮するものとする。
> ア　指導に当たっては，「医療と社会」との関連に留意するとともに，地域社会における保健理療の役割と意義を理解できるようにすること。

内容を取り扱う際には，「医療と社会」の〔指導項目〕の (2) のイ及びウで扱う社会保障の概念や社会保険制度の概要の内容と関連付けながら指導するとともに，地域包括ケアシステムにおける保健理療の意義と役割を理解できるようにすることが重要である。

> イ 〔指導項目〕の (3) については，制度に関する基本的な考え方や法令遵守についても指導すること。

〔指導項目〕の (3) については，医療及び介護を中心とする社会保険制度に関する基本的な知識が身に付くよう扱うとともに，「医療と社会」の (6) のア及びイの内容と関連付けながら指導することが重要である。

② 内容

> 2　内　容
> 1に示す資質・能力を身に付けることができるよう，次の〔指導項目〕を指導する。

〔指導項目〕

(1) 少子高齢社会と社会保障 　ア　少子高齢化の現状と動向 　イ　医療保障と介護保障の現状と課題

(内容の範囲や程度)

(2) 内容の範囲や程度については，次の事項に配慮するものとする。 　ア 〔指導項目〕の(1)のアについては，最新の統計や資料を踏まえて取り扱うこと。

指導に当たっては，関係機関等が発表する統計や資料を用意できるようにすることが大切である。

(1) 少子高齢社会と社会保障

ここでは，科目の目標を踏まえ，少子高齢社会の現状と課題及び医療・介護を中心とする社会保障制度に関する基本的な知識を理解し，地域保健理療と保健理療経営に活用できるようにすることをねらいとしている。

このねらいを実現するため，次の①から③までの事項を身に付けることができるよう，〔指導項目〕を指導する。

① 少子高齢社会の現状と社会保障の概要について理解し，関連する技術を身に付けること。

② 少子高齢社会と社会保障制度についての基本的な課題を発見し，日常の生活と関連付け，倫理観を踏まえて合理的かつ創造的に解決策を見いだすこと。

③ 少子高齢社会における社会保障制度について自ら学び，その解決策を考える学習に主体的かつ協働的に取り組むこと。

ア　少子高齢化の現状と動向

人口構造と高齢化の特徴，少子高齢化の要因，少子高齢社会と介護問題，少子高齢社会と社会保障を中心に扱う。指導に当たっては，人口，医療及び介護に関する最新の政府統計を踏まえる。

イ　医療保障と介護保障の現状と課題

社会保障制度の理念と枠組み，社会保険の一般，医療保険制度の概要，介護保険制度の概要を中心に扱う。

〔指導項目〕

(2) 地域社会と保健理療 　ア　地域医療の沿革 　イ　地域保健理療の概念 　ウ　地域社会の医療と介護

(2) 地域社会と保健理療

ここでは，科目の目標を踏まえ，地域医療の沿革と地域保健理療の概念を指導するとともに，地域社会における医療及び介護の現状と保健理療の意義・役割について理解し，地域保健理療と保健理療経営に活用できるようにすることをねらいとしている。

このねらいを実現するため，次の①から③までの事項を身に付けることができるよう，〔指導項目〕を指導する。

① 地域社会における保健理療の意義と役割について理解し，関連する技術を身に付けること。

② 地域社会における保健理療についての基本的な課題を発見し，保健理療の実践事例と関連付け，倫理観を踏まえて合理的かつ創造的に解決策を見いだすこと。

③ 地域における保健理療について自ら学び，その発展的な在り方や改善策に関する学習に主体的かつ協働的に取り組むこと。

ア　地域医療の沿革

地域保健・医療の概念，地域保健・医療の背景と動向を中心に扱う。

イ　地域保健理療の概念

地域保健理療の考え方，地域保健理療の意義と役割を中心に扱う。

ウ　地域社会の医療と介護

社会保障制度の課題，医療保険制度改革の動向，介護保険制度改革の動向，地域包括ケアシステムの概念を中心に扱う。

〔指導項目〕

(3) 地域保健理療の業務と社会保険 　ア　保健理療業務と療養費 　イ　保健理療業務と診療報酬 　ウ　保健理療業務と介護報酬

(3) 地域保健理療の業務と社会保険

ここでは，科目の目標を踏まえ，施術所，医療機関，介護保険事業所で展開される保健理療業務と社会保険との関係性を理解し，地域保健理療と保健理療経営に活用できるようにすることをねらいとしている。

このねらいを実現するため，次の①から③までの事項を身に付けることができるよう，〔指導項目〕を指導する。

① 地域保健理療の業務と社会保険との関連性について理解するとともに，関連する技術を身に付けること。

② 地域保健理療の業務と社会保険との関連性についての基本的な課題を発見し，施術所，医療機関及び介護保険事業所における各業務と関連付け，倫理観を踏まえて合理的かつ創造的に解決策を見いだすこと。

③ 地域における保健理療業務と社会保険の仕組みや課題について自ら学び，その課題や発展的な在り方に関する学習に主体的かつ協働的に取り組むこと。

ア　保健理療業務と療養費

保健理療施術と健康保険，療養費の支給基準，受領委任払い制度を中心に扱う。

イ　保健理療業務と診療報酬

診療報酬制度，マッサージ療法の診療報酬，あん摩マッサージ指圧師とリハビリテーション料，混合診療の禁止を中心に扱う。

ウ　保健理療業務と介護報酬

機能訓練指導員とその業務，機能訓練指導員と介護報酬を中心に扱う。

〔指導項目〕

(4) 保健理療と経営
　ア　経営の一般
　イ　施術所の開設準備
　ウ　障害者雇用と助成金制度
　エ　経営の管理と運営
　オ　経営の展開と実際

(内容の範囲や程度)

イ 〔指導項目〕の (4) については，経営の実際の基本的な事項を取り扱うこと。

経営学一般の基本的事項を踏まえた上で，地域保健理療を実践する観点を重視し，施術所経営の企画から業務管理に至る具体的な過程を，「保健理療臨床実習」の〔指導項目〕の(2)のウとの関連を図りながら，体験的な学習を取り入れるとともに，生徒にも自ら考えさせるようにすることが大切である。また，地域医療や地域福祉と施術所経営との関連についても扱うようにする。

(4) 保健理療と経営

ここでは，科目の目標を踏まえ，施術所経営に必要な経営学一般の基本的事項とともに，施術所開設の企画から業務管理・運営に至る一連の過程を，関係法規等で学習した内容と関連付けながら具体的に理解し，地域保健理療と保健理療経営に活用できるようにすることをねらいとしている。

このねらいを実現するため，次の①から③までの事項を身に付けることができるよう，〔指導項目〕を指導する。

① 保健理療経営について理解するとともに，関連する技術を身に付けること。

② 保健理療経営についての基本的な課題を発見し，保健理療経営の事例と関連付け，倫理観を踏まえて合理的かつ創造的に解決策を見いだすこと。

③ 保健理療経営について自ら学び，模擬的な経営学習に主体的かつ協働的に取り組むこと。

ア 経営の一般

経営学の基本概念，施術所経営の特性を中心に扱う。

イ 施術所の開設準備

経営理念と運営方針の検討，開業地選定と需要分析，事業計画と資金計画，資金調達計画と融資制度，施術所の構造と施設・設備，健康保険の取扱い，従業員の雇用と待遇，施術所の開設届と保健所検査，開院と広告・宣伝，介護保険制度下における施術所経営を中心に扱う。

ウ 障害者雇用と助成金制度

障害者雇用率と障害者雇用納付金制度，障害者雇用のための助成金を中心に扱う。

エ 経営の管理と運営

施術記録の管理，リスク管理と事故賠償保険，労務管理と従業員教育，総合管理と営業分析を中心に扱う。

オ 経営の展開と実際

医療機関や保健医療福祉機関との連携，あん摩・マッサージ・指圧，業務と税金，施術所経営の展開，訪問マッサージ業務の展開，機能訓練特化型デイサービスの展開を中心に扱う。

8　保健理療基礎実習

この科目は，臨床の基礎としてあん摩・マッサージ・指圧の基礎的な技術を身に付けるとともに，「疾病の成り立ちと予防」，「生活と疾病」，「基礎保健理療」及び「臨床保健理療」で学習した知識，技術と関連付け，臨床を想定して医療面接，身体診察及び応用・総合施術等の統合化を図り，臨床の基礎を体験的・実践的に学習することを目指している。

今回の改訂では，衛生・安全管理を重視するとともに，「保健理療臨床実習」の〔指導項目〕の(1)から「医療面接実習」を移動させ，臨床をより意識した実習となるよう改善を行った。また，認定規則を踏まえ，臨床実習前施術実技評価を具体的に行うことを求めている。

(1) 目標

> 1　目　標
>
> 保健理療の見方・考え方を働かせ，臨床の基礎に関する実践的・体験的な学習活動を通して，施術を行うために必要な資質・能力を次のとおり育成することを目指す。
>
> (1) 臨床の基礎について体系的・系統的に理解するとともに，関連する基礎的な技術を身に付けるようにする。
>
> (2) 臨床の基礎に関する課題を発見し，あん摩マッサージ指圧師としての職業倫理を踏まえて合理的かつ創造的に解決する力を養う。
>
> (3) 臨床の基礎について，地域や社会を支えるあん摩マッサージ指圧師を目指して自ら学び，適切かつ効果的な施術に主体的かつ協働的に取り組む態度を養う。

この科目においては，あん摩・マッサージ・指圧の基礎的な技術と「疾病の成り立ちと予防」，「生活と疾病」，「基礎保健理療」及び「臨床保健理療」で育成した資質・能力を統合して活用することにより，保健理療の理論と技術とを結び付け，安全で適切な臨床の基礎を身に付けることを目指している。

目標の(1)は，保健理療施術の導入として，施術者としての基本的な態度・習慣を身に付けるとともに，あん摩・マッサージ・指圧の実技の基本を確実に身に付けることを意味している。

目標の(2)は，臨床実習への導入の段階として，代表的な症状や疾患に対する施術を，評価と理論に基づいて，併用する療法とともに，実践的かつ適切に行うことにより，保健理療の基礎実技について課題を発見し，合理的かつ創造的に解決する力を養うことを意味している。

目標の(3)は，応用実習や総合実習を通してあん摩・マッサージ・指圧の基礎的な技術の習熟を図るとともに，保健理療業務の役割やその広がりについて学び，適切かつ効果的な施術に主体的かつ協働的に取り組む態度を養うことを意味している。

(2) 内容とその取扱い

① 内容の構成及び取扱い

この科目は，目標に示す資質・能力を身に付けることができるよう，(1) 施術に必要な衛生と安全管理，(2) あん摩・マッサージ・指圧基礎実技実習，(3) 保健理療応用実技実習，(4) 保健理療総合実技実習の四つの指導項目で，「保健理療臨床実習」と合わせて14単位以上履修されることを想定して内容を構成している。

内容の構成は，あん摩マッサージ指圧師の臨床領域で扱われる施術の基本が系統的かつ総合的に学習できるよう配慮してある。取扱いに当たっては，理論と実技を統合し，総合的な施術の考え方が身に付くよう，「疾病の成り立ちと予防」，「生活と疾病」，「基礎保健理療」，「臨床保健理療」との関連に十分留意することが大切である。

また，この科目の基礎段階は，基本実技を反復練習する内容であるので，生徒が，常に技術習得への意欲をもって学習に取り組むことができるよう指導方法を工夫することが必要である。例えば，体表観察や刺鍼(しん)と施灸(きゅう)を織り交ぜるなどして授業の展開に変化をもたせたり，基礎的な実技の評価基準を創意工夫し，学習の到達度を客観的に示したりすることなどが考えられる。

(内容を取り扱う際の配慮事項)

> 3　内容の取扱い
> (1) 内容を取り扱う際には，次の事項に配慮するものとする。
> ア〔指導項目〕の(1)については，この科目全体を通して習慣化されるよう取り扱うこと。ウについては，施術の過誤を予防するための適切な安全管理ができるように取り扱うこと。

〔指導項目〕の(1)については，施術者として必要な資質が習慣化されるように，指導と評価を繰り返し，その定着を図ること。ウについては，この科目において指導を徹底することはもとより，学校生活の全般を通じて，指導に当たることが大切である。

イ 〔指導項目〕の(2)については，他の科目と関連付けながら，基礎的な施術ができるよう指導すること。

〔指導項目〕の(2)については，特に，「生活と疾病」の〔指導項目〕の(1)，(2)，(4)，(7)及び(8)，「基礎保健理療」の〔指導項目〕の(2)及び(3)，「臨床保健理療」の〔指導項目〕の(3)から(9)との関連に留意して指導すること。

ウ 〔指導項目〕の(3)及び(4)については，現代医学と東洋医学の両面から，病状を総合的に把握して，実際的な施術ができるよう指導すること。また，(3)のアについては，患者の立場に立ち，安全な施術を行うための心構えや実践的な能力が身に付くよう配慮すること。(4)のイについては，臨床実習前施術実技に関する評価を行うこと。

〔指導項目〕の(3)及び(4)については，模擬患者を設定し，医療面接をはじめ・診察・施術の実習が実践的に行えるよう計画すること。〔指導項目〕の(4)のイについては，施術者としての態度・習慣及び基礎的な実技の習熟の程度について形成的評価及び到達度評価を行うこと。

② 内容

2 内 容

1に示す資質・能力を身に付けることができるよう，次の〔指導項目〕を指導する。

〔指導項目〕

(1) 施術に必要な衛生と安全管理
　ア 施術室の管理
　イ 施術者の衛生保持
　ウ リスク管理

(内容の範囲や程度)

(2) 内容の範囲や程度については，次の事項に配慮するものとする。
　ア 〔指導項目〕の(1)については，消毒法や滅菌法の実際に重点を置いて取り扱うこと。

皮膚感染に関する具体的な事例を取り上げながら消毒の重要性を理解させた上で，特に，施術前後における手指消毒を習慣化できるようにする。

(1) 施術に必要な衛生と安全管理

ここでは，科目の目標を踏まえ，保健理療施術を行う上で基本となる施術室の管理と清潔保持の態度・習慣及び施術上注意すべき事項について理解し，保健理療施術が適切に行える能力の育成をねらいとしている。その際，施術者としての心構え，患者等に対する接し方の基本についても指導することが大切である。

このねらいを実現するため，次の①から③までの事項を身に付けることができるよう，〔指導項目〕を指導する。

① 施術に必要な衛生と安全管理について理解し，関連する技術を身に付けること。

② 施術に必要な衛生と安全管理についての多様な課題を発見し，他の科目で学習した内容と関連付け，倫理観を踏まえて合理的かつ創造的に解決策を見いだすこと。

③ 施術に必要な衛生と安全管理について自ら学び，臨床で求められる基礎的な技術の習熟を目指して主体的かつ協働的に取り組むこと。

ア 施術室の管理

施設・設備の管理の実際，施術室等の環境整備を中心に扱う。施設・設備の管理の実際の指導に当たっては，安全な動線を意識して施設・設備を整備するとともに，配置している機器の点検を含めて安全な環境が保持できるよう具体的に扱う。また，施術室等の環境整備の指導に当たっては，照明，清掃，ベッドメイク，施術道具の消毒・滅菌等の管理について具体的に扱い，施術室全体が衛生的な環境に保持できるようにする。

イ 施術者の衛生保持

衛生的手洗い，施術前後の手指消毒，施術者の消毒を中心に扱う。指導に当たっては，施術者から患者，患者から施術者，施術者を介して患者から患者への感染を予防できるよう，適切な手洗い・手指消毒の方法を具体的に指導するとともに，習慣化できるようにする。

ウ リスク管理

施術に必要なリスク管理の実際と施術過誤の実態を中心に扱う。指導に当たっては，施術過誤の実態を踏まえて，安全な施術が行えるよう具体的に指導する。

〔指導項目〕

(2) あん摩・マッサージ・指圧基礎実技実習 ア　あん摩の基本手技と身体各部の施術 イ　マッサージの基本手技と身体各部の施術 ウ　指圧の基本手技と身体各部の施術

（内容の範囲や程度）

イ　〔指導項目〕の(2)については，運動法の基本等についても取り扱うこと。

各学校の指導体制や生徒の状況等を考慮し，関節モビライゼーション，カイロプラクティックなどその他の徒手による療法，テーピングの実際についても扱うよう配慮する。また，短時間で行うあん摩・マッサージ・指圧への需要が増大していることを踏まえ，マッサージ用の専用いすを使ったあん摩・マッサージ・指圧施術についても扱うことが大切である。

(2) あん摩・マッサージ・指圧基礎実技実習

ここでは，科目の目標を踏まえ，あん摩・マッサージ・指圧の各基本手技及び運動法の基本について理解し，保健理療施術が適切に行える能力の育成をねらいとしている。

このねらいを実現するため，次の①から③までの事項を身に付けることができるよう，〔指導項目〕を指導する。

① あん摩・マッサージ・指圧の基本的な実技について理解するとともに，関連する技術を身に付けること。

② あん摩・マッサージ・指圧の基本的な実技についての多様な課題を発見し，臨床で求められる技術の習熟度と関連付け，倫理観を踏まえて合理的かつ創造的に解決策を見いだすこと。

③ あん摩・マッサージ・指圧の基本的な実技について自ら学び，臨床で求められる基礎実技の習熟を目指して主体的かつ協働的に取り組むこと。

指導に当たっては，基本手技と運動法について扱うとともに，手技療法の応用範囲に合わせて局所施術や全身施術ができるよう，時間的なまとまりに配慮すること。

ア　あん摩の基本手技と身体各部の施術

次の事項を中心に扱う。

(ｱ) 基本手技（按撫(あんぶ)法，揉捏(じゅうねつ)法，圧迫法，振戦法，叩打法，曲手，運動法）

(ｲ) 座位のあん摩（頸部，肩上部，肩甲部，背部，上肢部，頭部，顔面部）

(ｳ) 側臥位のあん摩（頸部，肩上部，肩甲部，背腰部，仙骨部，殿部，上肢・手部，下肢・足部，頭部，顔面部）

(ｴ) 腹臥位のあん摩（背腰部，仙骨部，殿部，下肢部，足底部）

(ｵ) 背臥位のあん摩（前胸部，腹部，下肢部，顔面部）

イ　マッサージの基本手技と身体各部の施術

パウダーマッサージとオイルマッサージについて扱うとともに，具体的には，次の事項を中心に扱う。

(ｱ) 基本手技（軽擦法，揉捏法，圧迫法，振戦法，強擦法，按捏法，叩打法）

(ｲ) 上肢のマッサージ（手指，手部，手関節，前腕，肘関節，上腕，肩関節）

(ｳ) 下肢のマッサージ（足指，足部，足関節，下腿，膝関節，大腿，殿部，股関節）

(ｴ) 背腰部のマッサージ（腰部，背部，肩甲部）

(ｵ) 頸肩部のマッサージ（肩甲帯，肩上部，頸部）

(ｶ) 胸腹部のマッサージ（前胸部，肋間部，乳房部，腹壁，腹部内臓），顔面部のマッサージ（表情筋，咀嚼筋，顎関節）

(ｷ) 結合織マッサージの基本手技（反射帯の検査法，擦過軽擦，カギ型軽擦）

(ｸ) 運動法の基本（他動運動，自動介助運動，自動運動，抵抗運動，伸張運動）

ウ　指圧の基本手技と身体各部の施術

次の事項を中心に扱う。

(ｱ) 基本手技（押圧の三原則，押圧の強弱段階，通常圧法，緩圧法，持続圧法，吸引圧法，衝圧法，振動圧法，運動操作）

(ｲ) 伏臥指圧法（背腰部，仙骨部，殿部，下肢部）

(ｳ) 仰臥指圧法（胸部，腹部，上肢部，下肢部，頭部，顔面部）

(ｴ) 正座指圧法（頸部，肩上部，上肢部）

〔指導項目〕

(3) 保健理療応用実技実習

ア　医療面接実習

イ　評価と理学的検査の実際

ウ　運動療法の応用

エ　物理療法の応用

(3) 保健理療応用実技実習

ここでは，科目の目標を踏まえ，代表的な症状や疾患の評価・測定の方法及び理学的検査法の実際を扱い，保健理療施術に応用する運動療法及び物理療法の実際を理解し，保健理療施術が適切に行える能力の育成をねらいとしている。

このねらいを実現するため，次の①から③までの事項を身に付けることができるよう，〔指導項目〕を指導する。

① 保健理療応用実技について理解するとともに，関連する技術を身に付けること。

② 保健理療応用実技について多様な課題を発見し，臨床で求められる応用的な能力と関連付け，倫理観を踏まえて合理的かつ創造的に解決策を見いだすこと。

③ 保健理療応用実技について自ら学び，臨床で求められる技術の習熟を目指して主体的かつ協働的に取り組むこと。

ア 医療面接実習

医療面接と問診の違い，患者理解のための情報収集，ラポールの確立と患者の感情への対応，患者教育と動機付け，言語的コミュニケーションと非言語的コミュニケーション，傾聴の態度とその技法，共感の態度とその技法，支持的態度とその技法，質問法（開かれた質問と閉ざされた質問），医療面接の実際を中心に扱う。

指導に当たっては，医療面接の技法とともに，施術者として適切な態度・習慣・身だしなみについても扱う。

イ 評価と理学的検査の実際

バイタルサインの測定の実際，関節可動域検査の実際，徒手筋力検査の実際，肢長・周径測定の実際，反射検査の実際，片麻痺機能評価の実際，腰の痛みに対する理学的検査の実際，主な関節の痛みに対する理学的検査の実際，下肢の痛みに対する理学的検査の実際，頸肩腕痛に対する理学的検査の実際を中心に扱う。指導に当たっては，安全で適切な評価ができるよう，診察手技や測定方法について視覚障害のある施術者に配慮した工夫が必要である。

ウ 運動療法の応用

関節可動域訓練の実際，筋力増強訓練の実際，筋弛緩訓練と筋ストレッチングの実際，片麻痺の機能回復訓練の実際，腰の痛みに対する運動療法の応用，主な関節の痛みに対する運動療法の応用，下肢の痛みに対する運動療法の応用，頸肩腕痛に対する運動療法の応用を中心に扱う。また，各学校の状況に応じ，関節モビライゼーション，PNF（Proprioceptive Neuromuscular Facilitation）等の実際についても扱うよう配慮する。また，手を当てる位置や把持の方法など，基礎・基本を中心に扱うとともに，臨床の場で患者に指導できるよう，模擬患者を想定して実習する。

エ　物理療法の応用

温熱・水治療法の実際，光線療法の実際，電気療法の実際，牽引療法の実際を中心に扱う。指導に当たっては，併用する物理療法について，安全な危機の操作方法，施術過誤を含める。

〔指導項目〕

(4) 保健理療総合実技実習
　ア　総合実技の基礎
　イ　主要症状・疾患に対する総合実技実習

(内容の範囲や程度)

ウ 〔指導項目〕の(4)のイについては，臨床実習への導入として位置付け，「臨床保健理療」の〔指導項目〕の(5)及び(6)で取り上げる症状や疾患に対する施術の実際を取り扱うこと。

(4) 保健理療総合実技実習

ここでは，科目の目標を踏まえ，臨床実習の前段階として，保健理療施術への多様なニーズに適切に対応できる実践力を養う観点から，理論と実技を総合する態度の定着を図るとともに，あん摩・マッサージ・指圧実技と応用実技とを総合した施術が実践できるようにすることをねらいとしている。

地域の施術所で受療した体験，模擬臨床実習の実施，校内臨床室での実習見学など，体験的に学習できる機会の確保に努め，施術の実践感覚を身に付けるとともに，代表的な症状・疾患に対する施術への理解を図るようにすることが大切である。

このねらいを実現するため，次の①から③までの事項を身に付けることができるよう，〔指導項目〕を指導する。

① 保健理療の総合実技について理解するともに，総合的な技術を身に付けること。

② 保健理療の総合実技についての多様な課題を発見し，臨床で求められる応用的な能力と関連付け，倫理観を踏まえて合理的かつ創造的に解決策を見いだすこと。

③ 保健理療の総合実技について自ら学び，保健理療施術の実践力の定着を目指して主体的かつ協働的に取り組むこと。

また,「臨床保健理療」と関連させながら，模擬患者を想定して体験的に扱う。

ア　総合実技の基礎

総合施術の基本原則（有熱時に対する施術原則，局所炎症に対する施術原則，関節拘縮に対する施術原則，体性神経症状に対する施術原則，自律神経症状に対する施術原則，虚・実と補・瀉），医療面接の実際，現代医学的な診察と施術の構成，東洋医学的な診察と施術の構成，リスク管理の実際を中心に扱う。

イ　主要症状・疾患に対する総合実技実習

健康の保持増進のための総合施術，主な症状（頭痛，肩こり，腰痛，膝痛など）に対する総合施術，主な疾患（片麻痺，腱鞘炎，捻挫の後遺症など）に対する総合施術，要介護高齢者に対する総合施術，スポーツ領域における総合施術，産業衛生における総合施術を中心に扱う。

9　保健理療臨床実習

この科目は，保健理療科に属する各科目で育成した資質・能力を臨床実習で活用することにより，基本的な臨床に関わる実践力を身に付けるとともに，保健理療科に属する全ての科目を関連付け，統合化を図り保健理療業務の意義と役割を体験的に理解させることにより，プライマリ・ケアの一翼を担う職業人としての基本的な態度を確立することを目指している。

今回の改訂では，国民の期待に応えられる臨床力の向上を目指した認定規則の改正を踏まえ，臨床実習の一層の充実を目指して学習内容を整理するなどの改善を行った。

(1) 目標

1　目　標

保健理療の見方・考え方を働かせ，臨床に関する実践的・体験的な学習活動を通して，施術を行うために必要な資質・能力を次のとおり育成することを目指す。

(1) 臨床について体系的・系統的に理解するとともに，関連する技術を身に付けるようにする。

(2) 臨床に関する課題を発見し，あん摩マッサージ指圧師としての職業倫理を踏まえて合理的かつ創造的に解決する力を養う。

(3) 臨床について，地域や社会を支えるあん摩マッサージ指圧師を目指して自ら学び，適切かつ合理的な施術に主体的かつ協働的に取り組む態度を養う。

この科目においては，保健理療に属する各科目で育成した資質・能力を統合して活用することにより，保健理療の理論と技術を結び付け，適切で効果的な臨床の実践力を身に付けることをねらいとしている。

目標の(1)は，臨床における実践的・体験的な学習活動を通して，施術対象者，臨床施設・設備，社会資源を理解し，保健理療に属する各科目で習得した知識と技術の統合を図るとともに，施術を実践する際のリスクマネジメントを踏まえた知識と技術も身に付けられるようにすることを意味している。

目標の(2)は，臨床における保健理療施術の対象者が抱えている様々な健康課題について，対象の理解を基盤とした上で必要な施術を探求し，職業倫理の原則，施術の科学的根拠，現代医療との関わり，社会資源の活用，対象の多様な価値観の尊重と意思決定の支援などを踏まえて解決する力を養うことを意味している。

目標の(3)は，多様な健康課題の解決に当たっては，臨床における実践的・体験的な学習活動を通して，あん摩マッサージ指圧師の職業倫理，生命倫理，人権尊重などに基づく望ましい施術者観を醸成し，あん摩マッサージ指圧師の果たすべき役割を踏まえ，保健医療福祉に関わる他職種と連携・協働し，主体的に臨床の実践に取り組む態度を養うことを意味している。

(2) 内容とその取扱い

① 内容の構成及び取扱い

この科目は，目標に示す資質・能力を身に付けることができるよう，(1)校内実習，(2)校外実習の二つの指導項目で，4単位以上履修されることを想定して内容を構成している。また，内容を取り扱う際の配慮事項は次のように示されている。

(内容を取り扱う際の配慮事項)

> 3　内容の取扱い
>
> (1) 内容を取り扱う際には，次の事項に配慮するものとする。
>
> ア　指導に当たっては，治療技術的な側面のみならず，インフォームド・コンセントや患者の秘密保持，カルテ等の適切な管理方法など，あん摩マッサージ指圧師としての倫理観や職業観を培うことに配慮すること。

内容を取り扱う際には，保健理療業務への多様なニーズに対応できる基礎的な技能が体験的に習得できるように留意する。

アについては，「医療と社会」の〔指導項目〕の(4)及び(6)と関連させ，インフォームド・コンセント，インフォームド・チョイス，インフォームド・ディシジョンを重視し，常に，情報提供に努め，患者や利用者の選択と決定を尊重して施術を行う態度を習慣化させるとともに，患者の秘密保持，カルテ等の適切な管理方法などについて，校内実習と校外実習の全過程にわたって指導を徹底することが大切である。また，患者の立場に立った実習の心構えや実践的な能力が身に付くよう配慮することが重要である。

他の科目との関連のうち，〔指導項目〕の (2) では，「地域保健理療と保健理療経営」で扱う内容を実際的に体験できるよう配慮することが重要である。

> イ　地域の保健・医療・福祉機関との連携を図りながら，実際的に理解できるように指導すること。

各学校に付置されている臨床実習室を，地域医療の一機関として機能させ，関連施設との間で，具体的なケースについて双方向の情報交換を行うなどの連携を図る体制を整えるよう努力することが大切である。なお，臨床実習施設について「施術所としての届出」を行う必要がある。

> ウ　校内実習と校外実習の履修学年や授業時数の配当については，生徒の実態や実習・見学施設の状況等により弾力的に取り扱うこと。

教育課程の編成に当たっては，学校ごとの教育方針や生徒及び地域の実態等を考慮しながら，校内実習と校外実習の履修学年や授業時数の配当を弾力的に行うことが大切である。

> エ　〔指導項目〕の (2) については，保健理療の実践に適した施設等を選定し，当該施設等との十分な連絡調整を図ること。

保健理療業務や生徒個々の進路希望との関連を考慮し，適切な施設を選定するとともに，当該施設に対し，実際に体験できる機会が多く得られるよう理解と協力を求めながら，計画的に進めることが重要である。なお，当該施設との連携・調整を図るために担当者を位置付けることが大切である。

②　内容

> ２　内　容
>
> 　１に示す資質・能力を身に付けることができるよう，次の〔指導項目〕

を指導する。

〔指導項目〕

(1) 校内実習
ア 施術者と施術対象
イ 施術の実際
ウ カルテの記載と管理
エ 症例検討

(内容の範囲や程度)

(2) 内容の範囲や程度については，次の事項に配慮するものとする。
ア 〔指導項目〕の(1)については，生徒の臨床実習の習熟の程度に応じて適切な症例を選択するとともに，きめ細かな指導を行うことができるよう指導体制等に配慮すること。エについては，病態の把握，適応の判断，施術法や施術効果の検討，リスクの検討などを取り扱うこと。

〔指導項目〕の(1)の範囲や程度については，「臨床保健理療」の〔指導項目〕の(5)に掲げた症状を有する症例を中心に取り扱うとともに，脳卒中モデル及び廃用症候群モデルのケアも踏まえて，片麻痺(ひ)患者等のリハビリテーションについても具体的に指導する必要がある。また，臨床実習の習熟度に応じた全体の年間指導計画を作成するとともに，生徒の多様な臨床能力の実態に対応できるようきめ細かな指導を徹底して行う体制を整備することが大切である。エについては，臨床で具体的に施術している症例を取り上げ，病態把握の考え方，適応の判断の視点，施術計画の作成，施術法や施術効果の検討，個々の症例に応じたリスクマネジメントを実践的に扱うようにする。

(1) 校内実習

ここでは，科目の目標を踏まえ，「生活と疾病」，「基礎保健理療」，「臨床保健理療」及び「保健理療基礎実習」で学習した知識と技術を統合し，患者を対象にして医療面接，身体診察，施術，カルテの記入等を実践的・体験的に学習すること通じて，適切で効果的な臨床の実践力を身に付けることをねらいとしている。

また，患者の権利の擁護と意思決定を支援するとともに，施術の臨床に関する技術の習熟を図り，対象者の疾病の予防と治療，健康の保持増進を目指す保健理療施術の課題を発見し，あん摩マッサージ指圧師の職業倫理と保健理療施術の役割を踏まえて自ら学び，施術の臨床に主体的かつ協働的に取り組むことができるようにすることをねらいとしている。

このねらいを実現するため，次の①から③までの事項を身に付けることができるよう，〔指導項目〕を指導する。

① 校内実習における保健理療の施術について理解するとともに，関連する技術を身に付けること。

② 校内実習における保健理療の施術についての多様な課題を発見し，他の医療資源と関連付け，倫理観を踏まえて合理的かつ創造的に解決策を見いだすこと。

③ 校内実習における保健理療の施術について自ら学び，人々の健康の保持増進及び疾病の治療を目指して，主体的かつ協働的に取り組むこと。

指導に当たっては，施術者としての基本的な態度を実践的・具体的に指導するとともに，施術を希望している対象者について，初診の面接から施術終了までが完結できる技能を，体験的かつ段階的に指導する。今回の改訂では，「模擬患者との医療面接実習」について「保健理療基礎実習」に移動し，この科目では，初診の医療面接，経過の医療面接を実践的に学ぶこととした。

ア 施術者と施術対象

医療面接及び身体診察を通して対象者の理解が深まるようにすること。

医療面説の指導に当たっては，実践を通してその技法の習熟を図り，受療の動悸(き)や病態・症状に対する患者の解釈モデル等を明らかにし，良好な患者・施術者関係を築き患者理解が深められるようにする。身体診察の指導に当たっては，医療面接の結果を踏まえて身体診察の範囲を判断し，安全で正確な診察所見が得られるようにする。

また，医療面接と身体診察の結果を踏まえて病態を推定し，適応の判断を明確にしてインフォームド・コンセント，インフォームド・チョイス，インフォームド・ディシジョンの理念を踏まえて施術計画を患者に説明できるようにする。

具体的には，施術者としての態度と心構え，施術対象者（患者，健康の保持増進を目的とする施術対象者，子ども，高齢者など）の取扱い，主な症状（頭痛，肩こり，肩関節痛，頸(けい)肩腕痛，腰痛，腰下肢痛，膝(ひざ)痛，高血圧，低血圧，心身の疲労等），主な疾患（片麻痺(ひ)，狭心症，糖尿病，慢性関節リウマチ，気管支喘息，アレルギー疾患，末梢(しょう)神経麻痺(ひ)，筋膜炎，腱鞘(けんしょう)炎，捻挫の後遺症等）を中心に扱う。

イ 施術の実際

指導に当たっては，施術計画に基づき施術を実践し，その効果について，直後効果，持続効果，累積効果の観点から検討する。施術効果の評価には，VAS（Visual Analogue Scale）や各種の評価方法を活用し，客観的な評価ができるよう指導する。評価の結果，効果がみられない場合には病態把握，適応の判断，施

第1節
保健理療科

術間隔，患者の生活上の課題，施術者の技術的課題等の観点で施術計画を再検討することが必要である。また漫然と効果が少ない施術を継続したり，頻回・過剰な施術になったりしないよう留意すること。

具体的には，施設・設備の点検，衛生保持，清潔の保持と消毒・滅菌の実施，医療面接の実施，診察・評価の実施と施術計画の立案，施術計画に基づいた施術の実施，経過の観察と再評価の実施を中心に扱う。

なお，視覚障害があっても安全で衛生的な環境整備，衛生的手洗い，速乾性消毒剤の適正な使用方法が身に付くよう指導方法を工夫し，その定着を図ることが大切である。

ウ　カルテの記載と管理

過誤・事故が発生し，訴訟に至ったときに，客観的な証拠として役に立つようなカルテの記載が求められていることから，正確な記録をつける習慣が身に付くようにする。具体的には，施術に関するカルテ記録の記入法，カルテ記録の保管と管理の方法を中心に扱う。

エ　症例検討

臨床で具体的に施術している症例を取り上げ，病態把握の考え方，適応の判断の視点，施術計画の作成，施術法や施術効果の検討，個々の症例に応じたリスクマネジメントを実践的に扱う。また，「生活と疾病」では取り上げられていない難治性疼痛やフレイル，ロコモティブ症候群についても，患者の受療動向や社会の変化を踏まえて扱うことが考えられる。

〔指導項目〕

(2)　校外実習
　ア　校外実習の意義
　イ　校外実習の実際
　ウ　経営実習の実際

（内容の範囲や程度）

イ　〔指導項目〕の(2)のイについては，多様な保健理療関連業務を理解するための施設見学や生徒の進路希望に対応した実習ができるように計画すること。ウについては，施術所経営に関する実際的な基礎的な知識が養われるように，臨床経験の豊富な者の話や施術所見学，模擬経営実習などを通して，保険の取扱いの実際を含めて具体的に指導すること。

〔指導項目〕の(2)のイについては，保健理療関連業務を幅広く理解するために，ホームルームや学年単位による施設見学と進路希望に応じた個別の見学・実習に分け，履修時期を考慮して計画することが大切である。特に後者は，多様な価値観や経験をもつ人たちと触れ合う環境の中で自己を磨く貴重な機会であるから，十分な時間を確保するように配慮する。ウについては，臨床経験の豊富な人の講演会を開いたり，施術所見学や模擬経営実習を行ったりするなどして，保険の取扱いを含めた施術所経営に関する具体的な知識を養うとともに，実習先と連携して生徒個々の進路希望に応じた実際的な技術指導も行うこと。

(2) 校外実習

ここでは，科目の目標を踏まえ，多様な保健理療業務について，体験を通して理解し，自己の進路について具体的に考えることができるようにすることをねらいとしている。

このねらいを実現するため，次の①から③までの事項を身に付けることができるよう，〔指導項目〕を指導する。

① 校外実習における保健理療の施術について理解し，関連する技術を身に付けること。

② 校外実習における保健理療の施術についての多様な課題を発見し，倫理観を踏まえて合理的かつ創造的に解決策を見いだすこと。

③ 校外実習における総合的な保健理療の施術について自ら学び，人々の健康の保持増進及び疾病の治療を目指して，主体的かつ協働的に取り組むこと。

校外実習の意義と目的を十分理解させた上で，保健，医療，福祉，産業衛生などの領域における多様な保健理療業務の見学・実習を行うとともに，施術所経営に関する基礎的な知識や生徒個々の進路希望に応じた技術指導についても扱う。

ア 校外実習の意義

校外実習の意義，保健理療業務への理解の深化，保健理療従事者として求められる人間性，社会性の育成，進路選択の動機付けを中心に扱う。

指導に当たっては，臨床実習の習熟度に応じた全体の年間指導計画を作成する中で，生徒の多様な臨床能力の実態に対応できるようきめ細かな指導を徹底して行う体制を整備し，実習先と連携して指導することが大切である。

イ 校外実習の実際

事前オリエンテーションの実施，施術所の見学・実習，病院・診療所の見学・実習，高齢者保健・福祉施設の見学・実習，ヘルスキーパー（企業内理療師）業務の見学・実習，体験発表会の開催，個々の生徒の進路希望に応じた技術指導を中心に扱う。

ウ 経営実習の実際

施術所の見学・実習，模擬経営実習を中心に扱う。

10 保健理療情報

この科目は，保健理療の実践に必要な情報と情報技術を理解して適切に活用し，保健理療における課題の解決を効果的に行う資質・能力を育成するものであり，保健理療科に属する各科目と関連付けて学習することが重要である。

今回の改訂では，社会の変化への対応として，保健理療科における情報の活用と管理，保健理療における課題解決を位置付けるとともに，学習内容を整理するなどの改善を行った。

(1) 目標

> 1 目 標
>
> 保健理療の見方・考え方を働かせ，保健理療情報に関する実践的・体験的な学習活動を行うことなどを通して，施術を行うために必要な資質・能力を次のとおり育成することを目指す。
>
> (1) 保健理療情報について体系的・系統的に理解するとともに，関連する技術を身に付けるようにする。
>
> (2) 保健理療情報に関する基本的な課題を発見し，あん摩マッサージ指圧師としての職業倫理を踏まえて合理的かつ創造的に解決する力を養う。
>
> (3) 保健理療情報について，地域や社会を支えるあん摩マッサージ指圧師を目指して自ら学び，人々の健康の保持増進及び疾病の治療に関する課題解決に主体的かつ協働的に取り組む態度を養う。

この科目においては，情報社会の進展に応じた情報と情報技術に関する知識と技術を習得し，保健理療の実践に適切に活用できるようにすることを目指している。

目標の(1)は，保健理療の実践に必要な保健医療福祉に関わる情報と個人情報及び，それらを実際の保健理療で活用するための知識と技術を身に付けるようにすることを意味している。

目標の(2)は，保健理療の実践に必要な多職種で共有する情報と情報活用に関する課題について，医療情報に関する法・制度，情報セキュリティ，職業倫理を踏まえて解決する力を養うことを意味している。

目標の(3)は，保健理療の実践に当たっては，情報と情報技術の適切な活用に努めて多職種との連携・協働の円滑化を図るとともに，情報の管理や取扱いに責任をもち保健理療における健康の保持増進と疾病の治療の課題解決に主体的かつ協働的に取り組む態度を養うことを意味している。

(2) 内容とその取扱い

① 内容の構成及び取扱い

この科目は，目標に示す資質・能力を身に付けることができるよう，(1) 情報社会の倫理と責任，(2) 保健理療における情報の活用と管理，(3) 保健理療における課題解決の三つの指導項目で構成し，履修単位数については，各学校で適切に定める。また，内容を取り扱う際の配慮事項は次のように示されている。

（内容を取り扱う際の配慮事項）

> 3　内容の取扱い
>
> (1) 内容を取り扱う際には，次の事項に配慮するものとする。
>
> ア　多様な題材やデータを取り上げ，情報技術の進展に応じた演習などを通して，生徒が情報及び情報ネットワークを適切に活用できるよう，情報の信頼性を判断する能力及び情報モラルを育成すること。

この科目の指導に当たっては，情報社会における倫理と個人の責任に基づき，保健医療福祉分野の情報を適切に取り扱う（情報収集・分析・管理）とともに，保健理療科に属する各科目の学習と関連付けて課題解決を図る学習を通して，保健理療臨床実習における実際の情報を責任をもって取り扱う能力を育てるように指導することが大切である。

② 内容

> 2　内　容
>
> 1に示す資質・能力を身に付けることができるよう，次の〔指導項目〕を指導する。

〔指導項目〕

> (1) 情報社会の倫理と責任
>
> ア　情報社会の特徴
>
> イ　情報社会の倫理
>
> ウ　情報を扱う個人の責任

（内容の範囲や程度）

> (2) 内容の範囲や程度については，次の事項に配慮するものとする。
> ア 〔指導項目〕の(1)については，個人のプライバシーや著作権を含む知的財産の保護，個人における情報の管理や発信に関する責任について，法令と関連付けて取り扱うこと。

(1) 情報社会の倫理と責任

ここでは，情報社会の進展に応じた情報と情報技術の理解を基に，個人情報や著作権などの取扱いについて関係法規を遵守するとともに望ましい倫理観を身に付け，日常生活において情報と情報技術を適切に活用できるようにすることをねらいとしている。

このねらいを実現するため，次の①から③までの事項を身に付けることができるよう，〔指導項目〕を指導する。

① 情報社会の倫理と責任について理解するとともに，関連する技術を身に付けること。

② 情報社会の倫理と責任についての基本的な課題を発見し，あん摩マッサージ指圧師としての倫理観を踏まえて合理的かつ創造的に解決策を見いだすこと。

③ 情報社会の倫理と責任について自ら学び，適切な情報の取扱いに主体的かつ協働的に取り組むこと。

ア 情報社会の特徴

情報技術の発展によって変化を続ける情報社会の現状と課題について扱う。日常生活の便利さとともに個人情報の漏えいや著作権の侵害などの事例を取り上げ，考察する学習活動を取り入れる。

イ 情報社会の倫理

情報社会で求められる倫理観や関連する法・制度について扱う。情報通信ネットワークによる多様なコミュニケーション手段の特徴を踏まえて適切に活用することや，個人と世界が直接つながる情報社会における倫理観の醸成の重要性について，身近な事例を取り上げ，考察する学習を取り入れる。

ウ 情報を扱う個人の責任

個人による不適切な情報発信や情報管理の影響が拡大し，情報を扱う個人に大きな責任が生じている現状について扱う。情報の発信や漏えいなどによって，他の人を傷つけたり，経済的な損失を与えたりした場合は，刑事罰や民事罰及び賠償の対象ともなることを関係法規とともに扱う。

〔指導項目〕

(2) 保健理療における情報の活用と管理
　ア　保健医療福祉分野の情報
　イ　情報システムの特徴
　ウ　情報の活用
　エ　情報の管理

（内容の範囲や程度）

イ　〔指導項目〕の(2)については，保健医療福祉関係者で共有する情報通信ネットワークの特徴と活用について，地域の実例などを取り扱うこと。また，業務における情報セキュリティの重要性について法令と関連付けて取り扱うこと。

(2) 保健理療における情報の活用と管理

ここでは，保健医療福祉分野では様々な個人情報を扱うとともに，多職種との情報共有が重要であることを踏まえ，情報の活用と管理について関係法規を遵守し，倫理観を踏まえて適切に行えるようにすることをねらいとしている。

このねらいを実現するため，次の①から③までの事項を身に付けることができるよう，〔指導項目〕を指導する。

① 保健理療における情報の活用と管理について理解するとともに，関連する技術を身に付けること。
② 保健理療における情報の活用と管理についての基本的な課題を発見し，あん摩マッサージ指圧師としての倫理観を踏まえて合理的かつ創造的に解決策を見いだすこと。
③ 保健理療における情報の活用と管理について自ら学び，保健理療に主体的かつ協働的に取り組むこと。

ア　保健医療福祉分野の情報

保健医療福祉分野における情報の特徴として，保健理療の対象の様々な個人情報を連携・協働する多職種と共有する現状について扱うとともに，保健理療の質の向上に資する統計資料や研究データ，論文などについて扱う。

イ　情報システムの特徴

保健医療福祉分野における情報システムとして，保健理療の対象の個人情報をはじめ，様々な情報を多職種と共有し，健康支援に適切かつ効果的に活用している現状について，保健理療臨床実習などの事例を取り上げて扱う。また，療養の場の多様性に応じたシステムの特徴，業務における情報セキュリティと関係法規についても取り上げる。

ウ　情報の活用

保健理療における健康問題の発見から解決の過程において，多職種が発信する情報を互いに適切かつ効果的に活用することによって，問題解決の円滑化につながることを取り上げる。また，保健理療の対象への情報提供の現状についても取り上げる。

エ　情報の管理

保健理療の業務として個人情報を扱う場合は，あん摩マッサージ指圧師，はり師，きゆう師等に関する法律第７条の２に基づく守秘義務及び個人情報保護法を遵守しなければならないこと及び使用する情報システムは現状に応じたセキュリティ対策を講じなければならないことを取り上げる。

〔指導項目〕

(3)　保健理療における課題解決 ア　課題に応じた情報収集 イ　情報分析と解決方法 ウ　情報の発信方法

（内容の範囲や程度）

ウ　〔指導項目〕の(3)については，生徒が主体的に課題を設定して，情報を集め分析し，課題の解決に向けてモデル化，シミュレーション，プログラミングなどを行い，情報デザインなどを踏まえた発信方法を考え，協議する演習などを行うこと。

(3)　保健理療における課題解決

ここでは，保健理療に関わる課題の発見から解決の過程において，進展する情報及び情報技術を適切かつ効果的に活用できるようにすることをねらいとしている。

このねらいを実現するため，次の①から③までの事項を身に付けることができるよう，〔指導項目〕を指導する。

①　保健理療における課題の発見から解決の過程について理解するとともに，関連する技術を身に付けること。

②　保健理療における基本的な課題を発見し，倫理観を踏まえ情報及び情報技

術を適切かつ効果的に活用して解決策を見いだすこと。

③ 保健理療における課題の発見から解決の過程について自ら学び，情報及び情報技術の適切かつ効果的な活用に主体的かつ協働的に取り組むこと。

ア 課題に応じた情報収集

保健理療における課題に応じた情報収集の視点（信頼性，標準性，公平性，国際性など）と収集の方法（文献検索，統計資料など）について扱う。

イ 情報分析と解決方法

保健理療における課題に応じた情報の分析と解決方法として，統計処理の手法やモデル化，シミュレーションなどを取り上げる。また，必要に応じて思考過程をアルゴリズムで整理する学習活動を行う。

ウ 情報の発信方法

保健理療における課題に応じた情報の発信方法として，対象や内容に応じた情報デザインやプレゼンテーションを考察し，互いに発表するなどの学習活動を取り入れる。

11 課題研究

この科目は，生徒の多様な実態に応じて個々の生徒の特性や進路希望などに即した教育活動を一層適切に進めるとともに，保健理療で学んだ知識及び技術などを基に，健康の保持増進と疾病の治療に関する課題を発見し，解決策を探究して創造的に解決するなど，保健理療を通じ，地域や社会の保健・医療・福祉を支え，人々の健康の保持増進を担う職業人として必要な資質・能力を一層高めることを主眼としたものである。

今回の改訂では，職業資格の取得については，職業資格への理解を深める視点から，職業資格を取得する意義，職業との関係などに関して探究する学習活動を取り入れるようにするなど改善を図った。

(1) 目標

> 1 目 標
>
> 保健理療の見方・考え方を働かせ，実践的・体験的な学習活動を行うことなどを通して，地域や社会の保健医療福祉を支え，人々の健康の保持増進を担う職業人として必要な資質・能力を次のとおり育成することを目指す。
>
> (1) 保健理療について体系的・系統的に理解するとともに，相互に関連付けられた技術を身に付けるようにする。
>
> (2) 保健理療に関する課題を発見し，あん摩マッサージ指圧師として解

決策を探究し，科学的な根拠に基づいて創造的に解決する力を養う。
(3) 課題を解決する力の向上を目指して自ら学び，適切かつ合理的な施術に主体的かつ協働的に取り組む態度を養う。

この科目においては，保健理療を適切に行い保健医療福祉における社会的責任を果たす視点をもち，保健理療に関する基礎的・基本的な学習の上に立って，保健理療に関する課題を生徒が自ら設定し，主体的かつ協働的にその課題を探究し，課題の解決を図る実践的・体験的な学習活動などを通して，地域や社会の保健医療福祉を支え人々の健康の保持増進を担うため，保健理療について，組織の一員としての役割を果たすことができるようにすることをねらいとしている。

目標の(1)は，保健理療の学習で身に付けた知識と技術について，保健理療に即して深化・総合化を図り，課題の解決に生かすことができる知識と技術を身に付けるようにすることを意味している。

目標の(2)は，唯一絶対の答えがない保健理療にあって，深化・総合化された知識，技術などを活用し，保健理療に関する課題を発見するとともに，保健理療が社会に及ぼす影響を踏まえ，保健医療福祉の動向，保健理療に関する理論，データ，成功事例や改善を要する事例など科学的な根拠に基づいて工夫してよりよく解決する力を養うことを意味している。

目標の(3)は，保健理療で学んだ専門的な知識，技術などの深化・総合化など課題を解決する力の向上を目指して自ら学ぶ態度，組織の一員として自己の役割を認識し，当事者としての意識をもち，他者と信頼関係を構築して積極的に関わって課題の解決を図り，保健理療に責任をもって取り組む態度を養うことを意味している。

(2) 内容とその取扱い

① 内容の構成及び取扱い

この科目は，目標に示す資質・能力を身に付けることができるよう，(1) 調査，研究，実験，(2) 職業資格の取得の二つの指導項目で，履修単位数については，各学校で適切に定める。また，内容を取り扱う際の配慮事項は次のように示されている。

（内容を取り扱う際の配慮事項）

3　内容の取扱い
(1) 内容を取り扱う際には，次の事項に配慮するものとする。
ア　生徒の興味・関心，進路希望等に応じて，〔指導項目〕の(1)及び(2)から，個人又はグループで保健理療に関する適切な課題を設定し，主体的かつ協働的に取り組む学習活動を通して，専門的な知識，技術などの深化・総合化を図り，保健理療に関する課題の解決に取り組むことができるようにすること。なお，課題については，(1) 及び (2) にまたがるものを設定することができること。

イ　課題研究の成果について発表する機会を設けるようにすること。

アについては，保健理療に関する課題の解決に取り組むことができるようにすることとしている。

そのため，生徒の興味・関心，進路希望等に応じて，〔指導項目〕の (1) 及び (2) の項目や，(1) 及び (2) にまたがる項目から，個人又はグループで保健理療に関する適切な課題を生徒自らが設定し，課題の解決策を探究し，評価・改善を図る学習活動などを取り入れることが大切である。

探究の過程においては，自己のキャリア形成の方向性と関連付けて取り組むようにすることが大切である。

また，保健理療における成功事例や改善を要する事例などを踏まえるとともに，保健理療に関する情報を入手し，ポジショニング・マップ，SWOT（Strengths Weaknesses Opportunities Threats）分析，PPM（Product Portfolio Management）分析などの技法を用いて分析し，保健理療をはじめとした様々な知識，技術などとともに活用するなどして探究の質の向上を図り，保健理療に関する専門的な知識，技術などについて，実践に即して深化・総合化を図ることができるようにすることが大切である。

イについては，課題研究の成果について発表する機会を設けるようにすることとしている。

そのため，課題研究発表会の機会を設けるようにすることが大切である。なお，成果の発表に際しては，学習の成果についての分かりやすい報告書を生徒自ら作成するとともに，地域や医療の関係者などを招いて交流を深め，教育活動に対する理解が深まるよう配慮することが大切である。

②　内容

2　内　容

1に示す資質・能力を身に付けることができるよう，次の〔指導項目〕を指導する。

ここでは，科目の目標を踏まえ，保健理療を通じ，地域や社会の保健医療福祉を支え人々の健康の保持増進について，組織の一員としての役割を果たすことができるようにすることをねらいとしている。

このねらいを実現するため，次の①から③までの事項を身に付けることができるよう，〔指導項目〕を指導する。

① 保健理療について実践に即して体系的・系統的に理解するとともに，相互に関連付けられた技術を身に付けること。

② 保健理療に関する課題を発見し，あん摩マッサージ指圧師として解決策を探究し，科学的な根拠に基づいて創造的に解決すること。

③ 課題を解決する力の向上を目指して自ら学び，保健理療を通じた人々の健康の保持増進及び疾病の治療に主体的かつ協働的に取り組むこと。

〔指導項目〕

(1) 調査，研究，実験
(2) 職業資格の取得

(1) 調査，研究，実験

ここでは，①から③までの事項を身に付けることができるよう，保健理療科に属する科目で学んだ内容に関連した調査，研究，実験を取り入れる。専門基礎分野については，医療と社会，人体の構造と機能，疾病の成り立ちと予防，生活と疾病に関する内容を主とした調査，研究，実験，専門分野については，基礎保健理療，臨床保健理療，地域保健理療と保健理療経営，保健理療基礎実習，保健理療臨床実習に関する内容を主とした調査や研究，などの例が考えられる。

(2) 職業資格の取得

ここでは，①から③までの事項を身に付けることができるよう，あん摩マッサージ指圧師の資格について，資格を取得する意義，資格を国家資格化している目的などを探究するとともに，その一環としてあん摩マッサージ指圧師の資格に関連する知識，技術などについて深化・総合化を図る学習活動，あん摩マッサージ指圧師に関連する課題の解決策を考案する学習活動などを取り入れる。生徒が自らの進路希望などに応じて適切な職業資格に関する課題を設定し，将来の職業を見通して更に専門的な学習を続けることにつながる学習活動を通して，専門性の高い職業人になることを目指した継続的な学習態度を養うことが大切である。

第５　各科目にわたる指導計画の作成と内容の取扱い

> 第３　各科目にわたる指導計画の作成と内容の取扱い
> １　指導計画の作成に当たっては，次の事項に配慮するものとする。
> (1) 各科目の指導に当たっては，できるだけ実験・実習を通して，実際的，具体的に理解させるようにすること。

保健理療科は，あん摩・マッサージ・指圧の知識と技術を生徒に習得させ，卒業後，保健理療に係る施術者として人々の健康の保持増進及び疾病の治療に寄与することを目指している。したがって，講義のみの授業は避け，触覚や保有する視覚を活用して生体を観察させたり，視覚に障害のある生徒が使いやすいように工夫した器具・機械を用いたりして，実験・実習を行うことにより，実際的，具体的に理解させるように工夫することが大切である。また，各種の模型，標本，点図，あるいは視聴覚教材を活用するとともに，平素から教材・教具の製作や指導方法を工夫するように努めることが大切である。なお，実習については，校内における実習のみならず，病院や施術所，福祉施設などの臨床現場における見学実習や臨床実習を通して指導することが必要である。

> (2) 実技や実習を伴う科目の指導に当たっては，臨床に応用する力を育むため，生徒が常に達成感と新たな技術の習得への意欲をもって学習できるように，指導内容の構成や指導方法の工夫に留意すること。

保健理療における実習は，「保健理療基礎実習」と「保健理療臨床実習」とで構成されている。また，「臨床保健理療」など実技を伴う科目もある。これらの実技や実習は，将来，生徒があん摩マッサージ指圧師として，施術を適切に行うことができる知識や技術を習得するための基礎となるものである。したがって，実技や実習の指導に当たっては，保健理療臨床で扱うことの多い症状や疾患に対する知識や技術を確実に身に付けることができるよう，生徒が常に達成感や新たな技術習得への意欲をもって学習に取り組めるようにする必要がある。そのためには，指導のねらいを明確にしたり，指導内容に変化をもたせたり，学習の成果を自己評価できるようにしたりするなど，指導内容の構成や指導方法を工夫することが大切である。

また，種々の施設等における見学や実習，症例検討会などを行うなど，問題解決的な学習，体験的な学習を取り入れるなどの工夫も大切である。

(3) 各科目の指導に当たっては，施術の対象となる代表的な疾患や愁訴に対する施術の適応を判断し確実に施術ができるようにするため，個々の生徒の実態に応じた指導計画の作成に配慮すること。

個々の生徒の学習の習熟度や希望進路等の実態を十分に考慮し，保健理療施術の対象となる代表的な症状や疾患を中心に，施術の適否を判断する能力や確実に施術することができる能力を育む内容となるよう指導に当たる必要がある。そのためには，個々の生徒の実態に応じた年間指導計画の下に，学期ごとや単元ごとの指導計画を作成するなど，個別の指導計画の作成と活用が重要である。

2 内容の取扱いに当たっては，次の事項に配慮するものとする。

(1) 単元などの内容や時間のまとまりを見通して，その中で育む資質・能力の育成に向けて，生徒の主体的・対話的で深い学びの実現を図るようにすること。その際，保健理療の見方・考え方を働かせ，健康に関する事象を，当事者の考えや状況，保健理療が生活に与える影響に着目して捉え，当事者による自己管理を目指して，適切かつ効果的な保健理療を関連付ける実践的・体験的な学習活動の充実を図ること。

この事項は，保健理療科の指導計画の作成に当たり，生徒の主体的・対話的で深い学びの実現を目指した授業改善を進めることとし，保健理療科の特質に応じて，効果的な学習が展開できるように配慮すべき内容を示したものである。

選挙権年齢や成年年齢の引き下げなど，高等部の生徒にとって政治や社会が一層身近なものとなる中，学習内容を人生や社会の在り方と結び付けて深く理解し，これからの時代に求められる資質・能力を身に付け，生涯にわたって能動的に学び続けることができるようにするためには，これまでの優れた教育実践の蓄積も生かしながら，学習の質を一層高める授業改善の取組を推進していくことが求められている。

指導に当たっては，(1)「知識及び技術」が習得されること，(2)「思考力，判断力，表現力等」を育成すること，(3)「学びに向かう力，人間性等」を涵（かん）養することが偏りなく実現されるよう，単元など内容や時間のまとまりを見通しながら，生徒の主体的・対話的で深い学びの実現に向けた授業改善を行うことが重要である。

主体的・対話的で深い学びは，必ずしも１単位時間の授業の中で全てが実現されるものではない。単元など内容や時間のまとまりの中で，例えば，主体的に学習に取り組めるよう学習の見通しを立てたり学習したことを振り返ったりして自身の学びや変容を自覚できる場面をどこに設定するか，対話によって自分の考えなどを広げたり深めたりする場面をどこに設定するか，学びの深まりをつくりだすために，生徒が考える場面と教師が教える場面をどのように組み立てるか，といった観点で授業改善を進めることが求められる。また，生徒や学校の実態に応じ，多様な学習活動を組み合わせて授業を組み立てていくことが重要であり，単元など内容や時間のまとまりを見通した学習を行うに当たり基礎となる「知識及び技術」の習得に課題が見られる場合には，それを身に付けるために，生徒の主体性を引き出すなどの工夫を重ね，確実な習得を図ることが必要である。

主体的・対話的で深い学びの実現に向けた授業改善を進めるに当たり，特に「深い学び」の視点に関して，各教科等の学びの深まりの鍵となるのが「見方・考え方」である。各教科等の特質に応じた物事を捉える視点や考え方である「見方・考え方」を，習得・活用・探究という学びの過程の中で働かせることを通じて，より質の高い深い学びにつなげることが重要である。

保健理療科においては，「保健理療の見方・考え方」を働かせ，情報収集・分析，問題の明確化，援助方法の立案，実施，結果の評価について科学的根拠を基に探究する学習活動を通して，全体を振り返り「主体的・対話的で深い学び」の実現を図るようにすることが重要である。

「主体的な学び」は，例えば，保健理療に関する課題を発見し，その課題の背景や原因を整理して仮説を立て，仮説の妥当性を科学的な根拠に基づき検討したり，全体を振り返って改善策を考えたりしているか，得られた知識及び技術を基に次の課題を発見したり，新たな視点でよりよい保健理療を考えたりしているかなど，学習活動の充実を図ることが考えられる。

「対話的な学び」については，例えば保健理療に関する課題について調査・検証するときに，保健理療科に属する他の科目で学んだ知識と技術を活用して考察したことを，生徒同士が科学的な根拠に基づく議論・対話する場面を通して，自分の考えの質をより高めるなど，学習活動の充実を図ることが考えられる。

「深い学び」については，例えば，「保健理療の見方・考え方」を働かせながら探究の過程を通して学ぶことにより，保健理療科で育成を目指す資質・能力を獲得するようになっているか，保健理療科に属する各科目の知識と技術を関連付け，科学的な概念を形成しているか，そして新たな理療の創造や発展に向けて活用されているかなど，学習活動の充実を図ることが考えられる。

以上のような授業改善の視点を踏まえ，理療科で育成を目指す資質・能力及びその評価の観点との関係も十分に考慮し，指導計画等を作成することが必要である。

(2)「保健理療基礎実習」及び「保健理療臨床実習」については，対象となる者の人格を尊重する態度を育てるとともに，実習における安全と規律に留意すること。

国民医療の一翼を担う者として，人間尊重を第一とすることは当然であり，実習を通して，これを体得させることが大切である。実習における安全とは，施術過誤を起こさないようにすることに加え，感染を防止することであり，平素の実習から，これらの点についての配慮を怠らないよう指導する必要がある。また，規律とは，実習生としての基本的な心得や態度にとどまらず，就職・就業後の職場において求められる社会人としての規範を含めた概念である点に留意が必要である。

(3) 各科目の指導に当たっては，コンピュータや情報通信ネットワーク等の活用を図り，学習の効果を高めるようにすること。

医療分野及び社会生活における情報化の一層の進展に伴い，コンピュータや情報通信ネットワークなどの活用が従前にも増して必要になっている。したがって，学校においては，「保健理療情報」をはじめ，各科目の指導に当たっては，コンピュータや情報通信ネットワークなどの積極的な活用を図り，生徒の情報活用能力の育成に努めるとともに，指導の工夫を行い，学習の効果を高めるよう配慮することが必要である。

(4) 地域や保健理療に関する施術所，医療機関，介護保険施設等との連携・交流を通じた実践的な学習活動や就業体験活動を積極的に取り入れるとともに，社会人講師を積極的に活用するなどの工夫に努めること。

生徒が地域の住民に対する市民講座に関わったり，地域のあん摩マッサージ指圧師を対象とした公開講座における学術交流を企画したりすることなどを通じて，生徒の実践的な学習活動を取り入れたり，病院や施術所，福祉施設などにおける就業体験活動の機会を確保したりするなど，地域との連携・交流を積極的に深めることが大切である。

また，各科目の内容の取扱いに当たっては，施術所経営者，機能訓練指導員，ヘルスキーパー（企業内理療師）など臨床経験豊富な臨床家を社会人講師として招聘するなど，積極的に活用するように工夫することが必要である。

3 実験・実習を行うに当たっては，関連する法規等に従い，施設・設備や薬品等の安全管理に配慮し，学習環境を整えるとともに，事故防止の指導を徹底し，安全と衛生に十分留意するものとする。

実験・実習を行うに当たっては，まず，施設や設備の安全点検を行い，学習を行うための安全で最適な環境を整えるよう配慮することが大切である。また，生徒の視覚障害の状態などを考慮して，事故防止の指導を徹底し，実験・実習が効率よく，安全に行われるよう十分な配慮が必要である。特に，不注意な施術によって骨折や脱臼，折鍼（しん）などの事故を起こさないようにするための留意点について，具体的に指導することが重要である。さらに，衛生面においても，日ごろから清潔に留意するような指導を徹底して行うことが大切である。

第2節　理療科

第1　理療科改訂の要点

今回の改訂においては，平成29年3月31日に，国民の信頼と期待に応える質の高いあん摩マッサージ指圧師，はり師及びきゅう師を養成するため，「あん摩マツサージ指圧師，はり師及びきゆう師に係る学校養成施設認定規則（昭和26年文部省・厚生省令第2号）」（以下「認定規則」という。）が一部改正されたこと，また平成28年12月の中央教育審議会答申で示された学習指導要領改訂の基本的な方向性並びに各教科等における改訂の具体的な方向性を踏まえて，理療科の改訂を行った。

1　目標の改善

教科及び科目の目標については，産業界で必要とされる資質・能力を見据えて三つの柱に沿って整理し，育成を目指す資質・能力のうち，(1)には「知識及び技術」を，(2)には「思考力，判断力，表現力等」を，(3)には「学びに向かう力，人間性等」を示した。

今回の改訂では，「見方・考え方」を働かせた学習活動を通して，目標に示す資質・能力の育成を目指すこととした。これは平成28年12月の中央教育審議会答申において，「見方・考え方」は各教科等の学習の中で働き，鍛えられていくものであり，各教科等の特質に応じた物事を捉える視点や考え方として整理されたことを踏まえたものである。

2　内容の改善

(1)〔指導項目〕について

今回の改訂では，教科に属する全ての科目の「2内容」においては〔指導項目〕として「(1)，(2)」などの大項目，「ア，イ」などの小項目を，柱書においては「1に示す資質・能力を身に付けることができるよう，次の〔指導項目〕を指導する」と示した。これは，〔指導項目〕として示す学習内容の指導を通じて，目標において三つの柱に整理した資質・能力を身に付けることを明確にしたものである。

なお，項目の記述については，従前どおり事項のみを大綱的に示した。

(2) 科目構成について

「理療情報活用」については，理療の実践に必要な情報と情報技術に関する資質・能力の育成について内容を充実し，名称を「理療情報」に変更した。

理療科に属する科目の構成については，「医療と社会」，「人体の構造と機能」，「疾病の成り立ちと予防」，「生活と疾病」，「基礎理療学」，「臨床理療学」，「地域理療と理療経営」，「理療基礎実習」，「理療臨床実習」，「理療情報」，「課題研究」の11科目を設けており，科目数は従前同様である。

新旧科目対照表

改　　訂	改　訂　前	備　考
医療と社会	医療と社会	
人体の構造と機能	人体の構造と機能	
疾病の成り立ちと予防	疾病の成り立ちと予防	
生活と疾病	生活と疾病	
基礎理療学	基礎理療学	
臨床理療学	臨床理療学	
地域理療と理療経営	地域理療と理療経営	
理療基礎実習	理療基礎実習	
理療臨床実習	理療臨床実習	
理療情報	理療情報活用	名称変更
課題研究	課題研究	

3　各科目にわたる指導計画の作成と内容の取扱いについての改善

新たに，単元など内容や時間のまとまりを見通して，その中で育む資質・能力の育成に向けて，生徒の主体的・対話的で深い学びの実現を図るよう示した。

第2　理療科の教育課程の編成

理療科は，視覚障害者である生徒に対する教育を行う特別支援学校高等部の専攻科に設置されるものである。したがって，理療科の教育課程は，学校教育法及び高等部学習指導要領の専攻科に関する規定等を踏まえて編成することとなる。

また，あん摩マッサージ指圧師，はり師及びきゅう師国家試験の受験資格取得の関係から，併せて「あん摩マツサージ指圧師，はり師，きゆう師等に関する法律（昭和22年法律第217号）」に係る一連の法令に基づくこととなるが，特に認定規則に留意する必要がある。

認定規則は，前述のとおり，平成29年3月31日にその一部が改正され，平成

30年4月1日から一部が施行されている。

認定規則における教育課程に関わる主な内容は，次のとおりである。

1 教育内容

教育内容について，学校が独自に授業科目を設定できるようにするため，科目名で規定せずに，教育内容で示してある。

(1) 教育内容は，「基礎分野」，「専門基礎分野」，「専門分野」である。

(2) 基礎分野は，専門基礎分野及び専門分野の基礎となる科目を設定するものであり，「科学的思考の基盤」，「人間と生活」である。なお，認定規則の別表第一備考に示される，「コミュニケーション」については，基礎分野の中で取り扱うものとする。

(3) 専門基礎分野は，「人体の構造と機能」，「疾病の成り立ち，予防及び回復の促進」，「保健医療福祉とあん摩マッサージ指圧，はり及びきゆうの理念」である。

(4) 専門分野は，「基礎あん摩マッサージ指圧学」，「基礎はり学」，「基礎きゆう学」，「臨床あん摩マッサージ指圧学」，「臨床はり学」，「臨床きゆう学」，「社会あん摩マッサージ指圧学」，「社会はり学」，「社会きゆう学」，「実習」，「臨床実習」及び「総合領域」である。

(5)「総合領域」は，あん摩マッサージ指圧学，はり学，きゆう学，医学及び人間教育等の学習が総合され，各学校がそれぞれの特色を発揮した教育を展開することによって，広く社会の期待にこたえることができる資質を養うことを目標として専門分野に位置付けられている。

2 単位制の導入

教育内容について，単位数による規定とし，単位の計算方法については，大学設置基準（昭和31年文部省令第28号）の例によることとなっている。

3 教育内容の弾力化

学校の創意工夫を生かし，その理念・目的に基づいた特色ある教育課程を編成することが可能である。複数の教育内容を併せて指導することが適切と認められ，所定の単位数以上を指導する場合には，個別の教育内容ごとの単位数によらないことができる。

4 既修科目の免除

過去に在学した大学等において既に履修した科目については，免除することができる。

高等部学習指導要領においては，理療科に属する科目として11科目を示した。これらの科目のうち「理療情報」と「課題研究」を除く９科目と認定規則における教育内容との対応関係を示すと下表のとおりである。

認定規則の教育内容と学習指導要領の科目との対応関係

<table>
<tr><td></td><td>認定規則</td><td>学習指導要領</td></tr>
<tr><td></td><td>教育内容</td><td>科目</td></tr>
<tr><td rowspan="4">専門基礎分野</td><td>人体の構造と機能</td><td>人体の構造と機能</td></tr>
<tr><td rowspan="2">疾病の成り立ち，予防及び回復の促進</td><td>疾病の成り立ちと予防</td></tr>
<tr><td>生活と疾病</td></tr>
<tr><td>保健医療福祉とあん摩マッサージ指圧，はり及びきゅうの理念</td><td>医療と社会</td></tr>
<tr><td rowspan="5">専門分野</td><td>基礎あん摩マッサージ指圧学
基礎はり学
基礎きゅう学</td><td>基礎理療学</td></tr>
<tr><td>臨床あん摩マッサージ指圧学
臨床はり学
臨床きゅう学</td><td>臨床理療学</td></tr>
<tr><td>社会あん摩マッサージ指圧学
社会はり学
社会きゅう学</td><td>地域理療と理療経営</td></tr>
<tr><td>実習</td><td rowspan="2">理療基礎実習
理療臨床実習</td></tr>
<tr><td>臨床実習</td></tr>
</table>

「総合領域」については，理療科の場合は，専門分野で取り扱うこととなる。したがって，認定規則の専門分野に対応する理療科に属する科目，「理療情報」及び「課題研究」の中から，各学校の判断によって必要な科目を「総合領域」に位置付け，教育課程を編成することとなる。この際，各学校において，必要がある場合に，高等部学習指導要領に示した理療科に属する科目以外の科目を専門分野の科目として設け，「総合領域」に位置付けて教育課程を編成することもできる。

第3　教科の目標

理療科の目標は，次のとおりである。

> 第1　目　標
>
> 理療の見方・考え方を働かせ，実践的・体験的な学習活動を行うことなどを通して，あん摩・マッサージ・指圧，はり及びきゅうを通じ，地域や社会の保健・医療・福祉を支え，人々の健康の保持増進及び疾病の治療に寄与する職業人として必要な資質・能力を次のとおり育成することを目指す。
>
> (1) あん摩・マッサージ・指圧，はり及びきゅうについて体系的・系統的に理解するとともに，関連する技術を身に付けるようにする。
>
> (2) あん摩・マッサージ・指圧，はり及びきゅうに関する課題を発見し，職業人に求められる倫理観を踏まえ合理的かつ創造的に解決する力を養う。
>
> (3) 職業人として必要な豊かな人間性を育み，よりよい社会の構築を目指して自ら学び，人々の健康の保持増進及び疾病の治療に主体的かつ協働的に寄与する態度を養う。

今回の改訂においては，情報社会の進展，理療を巡る状況等の動向などを踏まえ，理療における専門性に関わる資質・能力を「知識及び技術」，「思考力，判断力，表現力等」，「学びに向かう力，人間性等」という三つの柱に基づいて示した。

1　「理療の見方・考え方を働かせ，実践的・体験的な学習活動を行うことなどを通して，あん摩・マッサージ・指圧，はり及びきゅうを通じ，地域や社会の保健・医療・福祉を支え，人々の健康の保持増進及び疾病の治療に寄与する職業人として必要な資質・能力を次のとおり育成する」について

理療の見方・考え方とは，健康に関する事象を，当事者の考えや状況，健康の保持増進への取組や疾病とその治療等が生活に与える影響に着目して捉え，当事者による自己管理を目指して，適切かつ効果的な理療と関連付けることを意味している。

実践的・体験的な学習活動を行うことなどとは，理療に関する具体的な課題の発見・解決の過程で，調査，研究，実習を行うなどの実践的な活動，病院や施術所等における実習などの体験的な活動を行うことが重要であることを意味してい

る。

あん摩・マッサージ・指圧，はり及びきゅうを通じ，地域や社会の保健・医療・福祉を支え，人々の健康の保持増進及び疾病の治療に寄与する職業人として必要な資質・能力とは，あん摩・マッサージ・指圧，はり及びきゅうに関する基礎的・基本的な知識と技術の習得，人々の生活におけるあん摩・マッサージ・指圧，はり及びきゅうの意義や役割の理解及び諸課題の解決などに関わる学習は，最終的にはあん摩・マッサージ・指圧，はり及びきゅうを通じ，地域や社会の保健・医療・福祉を支え，健康の保持増進及び疾病の治療に寄与する職業人として必要な資質・能力の育成につながるものであることを意味している。

2 「(1) あん摩・マッサージ・指圧，はり及びきゅうについて体系的・系統的に理解するとともに，関連する技術を身に付けるようにする。」について

あん摩・マッサージ・指圧，はり及びきゅうについての実践的・体験的な学習活動を通して，基礎的・基本的な知識及び専門的な知識を確実に身に付け，それらを関連付け，統合化を図るとともに，関連する技術についても同様に身に付け，適切な施術に活用できるようにすることを意味している。

3 「(2) あん摩・マッサージ・指圧，はり及びきゅうに関する課題を発見し，職業人に求められる倫理観を踏まえ合理的かつ創造的に解決する力を養う。」について

あん摩・マッサージ・指圧，はり及びきゅうに関する課題とは，その対象に応じた個別の課題やあん摩・マッサージ・指圧，はり及びきゅうの施術における組織的な課題等を指し，それらの課題を発見する力を養うとともに，課題の解決に当たっては，(3) で養う職業人としての態度をもって，倫理原則，科学的根拠，優先順位，社会資源の活用，多様な価値観の尊重及び意思決定支援等の視点を踏まえた解決方法について創造的に思考，判断，表現する力を養うことを意味している。

職業人に求められる倫理観を踏まえ合理的かつ創造的に解決する力を養うとは，情報化などが進展する社会において，変化の先行きを見通すことが難しい予測困難な時代を迎える中で，単にあん摩・マッサージ・指圧，はり及びきゅうに関する技術のみを高めることを優先するだけではなく，職業人に求められる倫理観等を踏まえ，あん摩・マッサージ・指圧，はり及びきゅうが健康に及ぼす影響に責任をもち，あん摩・マッサージ・指圧，はり及びきゅうの進展に対応するなどして解決策を考え，科学的な根拠に基づき結果を検証し改善することができるといった，あん摩・マッサージ・指圧，はり及びきゅうに関する確かな知識や技

術などに裏付けられた思考力，判断力，表現力等を養うことを意味している。

4 「(3) 職業人として必要な豊かな人間性を育み，よりよい社会の構築を目指して自ら学び，人々の健康の保持増進及び疾病の治療に主体的かつ協働的に寄与する態度を養う。」について

あん摩マッサージ指圧師，はり師及びきゅう師として生命の尊重，人権の擁護を基盤とした望ましい職業観及び倫理観を養い，常に自覚と責任をもって行動する態度を育成するとともに，多様な人々と信頼関係を構築し，施術を行うあん摩マッサージ指圧師，はり師及びきゅう師には，豊かな人間性の育成が重要であることを示している。また，この豊かな人間性をもとに医療に携わる職業人として，人々の健康の保持増進や疾病の治療，よりよい社会の構築のために主体的かつ協働的に役割を果たす態度を養うことを意味している。

第4 理療科の各科目

1 医療と社会

この科目は，医学や理療の歴史的背景を概観した上で，現代の医療における理療の法制上の位置付けを明らかにするとともに，施術者として遵守すべき法令や倫理規範に関する基本的な知識を理解させ，理療業務が適切かつ効率的に実施できる能力が身に付くようにすることを目指している。

特に，現代社会における理療の役割，課題等を発見し，地域における医療と介護との関わり方や今後の在り方を主体的に考える態度を養うためには，その基礎となる社会保障制度に関する知識を理解させることが大切である。また，あん摩マッサージ指圧師，はり師及びきゅう師が遵守すべき法規と倫理規範を理解させることにより，臨床実習や卒業後の業務が適切かつ効率的に実施できる能力を養うことも大切である。

そこで，今回の改訂では，超高齢社会における社会保障の仕組みを体系的・系統的に理解させる観点から，従前の「医療制度の現状と課題」を「(2) 社会保障制度の概要」に改めた上で，認定規則の改訂の趣旨を踏まえ，主に次の二つの指導項目の充実・改善を行った。

まず，「(1) 医学，医療及び理療の歴史」では，理療に係る近現代史を含めて扱うこととした。また，「(2) 社会保障制度の概要」では，施術に受領委任払い制度が導入されることになったことを踏まえ，療養費の取扱に関する指導を充実させるとともに，障害者基本法等の障害者関係法令の改正を踏まえ，「エ障害者福祉・精神保健医療福祉制度の概要」を追記するなど，情勢の変化と社会の要請に応える内容となるよう改めた。

なお，従前の「医療制度の現状と課題」で扱っていた「医療と社会」と「医療行政」の内容は，「(2) 社会保障制度の概要」の「イ社会保障の概念」と「ウ社会保険制度の概要」で扱うこととした。同様に，「医療従事者」と「医療機関」の内容は「(3) 理療の現状と課題」の「イ医療提供体制と地域包括ケアシステム」に移動した。また，「(6) あん摩マッサージ指圧師，はり師及びきゅう師の倫理」では法律に基づいた内容が含まれることから，学習の系統性を考慮し，指導項目の並び順を法規関係の次に位置付けた。

(1) 目標

1　目　標

理療の見方・考え方を働かせ，医療と社会の関わりに関する実践的・体験的な学習活動を通して，施術を行うために必要な資質・能力を次のとおり育成することを目指す。

(1) 施術を行うために必要な医療と社会の関わりについて体系的・系統的に理解するようにする。

(2) 医療と社会の関わりに関する課題を発見し，あん摩マッサージ指圧師，はり師及びきゅう師としての職業倫理を踏まえて合理的かつ創造的に解決する力を養う。

(3) 医療と社会の関わりについて，地域や社会を支えるあん摩マッサージ指圧師，はり師及びきゅう師を目指して自ら学び，適切かつ合理的な施術に主体的かつ協働的に取り組む態度を養う。

この科目においては，歴史観に立って理療の本質を理解した上で，あん摩マッサージ指圧師，はり師及びきゅう師が地域や産業における保健・医療・福祉を支える職業人として，理療に関する業務を円滑に行うための基礎的な知識を習得することを目指している。

目標の (1) は，歴史的な背景を踏まえ，あん摩マッサージ指圧師，はり師及びきゅう師の現代社会における位置付けと医療との関わりを理解するとともに，体系的・系統的な学習を通して，理療の発展的な在り方を主体的に考えるための基礎的な知識が身に付くようにすることを意味している。

目標の (2) は，あん摩マッサージ指圧師，はり師及びきゅう師としての倫理観を踏まえ，理療が直面している課題について，合理的かつ創造的に解決する力を養うことを意味している。

目標の (3) は，地域における保健・医療・福祉を支える職業人としての自覚を育み，自ら主体的に多職種と協働して理療施術に主体的かつ協働的に取り組む態度を養うことを意味している。

(2) 内容とその取扱い

① 内容の構成及び取扱い

この科目は，目標に示す資質・能力を身に付けることができるよう，(1) 医学，医療及び理療の歴史，(2) 社会保障制度の概要，(3) 理療の現状と課題，(4) あん摩マッサージ指圧師，はり師，きゅう師等に関する法律，(5) 関係法規の概要，(6) あん摩マッサージ指圧師，はり師及びきゅう師の倫理の六つの指導項目で，３単位（大学設置基準（昭和31年文部省令第28号）による。以下同じ。）以上履修されることを想定して内容を構成している。また，内容を取り扱う際の配慮事項は次のように示されている。

（内容を取り扱う際の配慮事項）

> ３　内容の取扱い
> (1) 内容を取り扱う際には，次の事項に配慮するものとする。
> ア　指導に当たっては，理療の医療における位置付けについて，十分理解を促すよう，理療以外の他の医学の歴史や現状，諸外国における理療の現状などを踏まえて取り扱うこと。

医学の歴史を体系的・系統的に理解することができるよう，西洋，中国，韓国等における医学，医療の歴史を学習した後，これらの影響を受けて成立した日本の医学の歴史について扱う。

日本における医学，医療の歴史について扱う際には，今の理療教育や業に係る諸制度の礎となった先達の足跡に学ぶとともに，歴史観に立った思考力が身に付くよう，近現代史を含めて扱うことが重要である。

> イ〔指導項目〕の (2)，(3) 及び (6) については，「地域理療と理療経営」との関連を考慮して指導すること。

〔指導項目〕の (2) については，「地域理療と理療経営」の (1) 及び (3) と，〔指導項目〕の (3) については，「地域理療と理療経営」の (2) 及び (3) と，〔指導項目〕の (6) については，「地域理療と理療経営」の (4) とそれぞれ関連付けながら，社会保障や社会保険制度の概要と理療の現状と課題について扱うとともに，施術者としての基本的な心構え，コミュニケーション能力，法令を遵守する態度等の倫理規範が身に付くよう指導することが重要である。

② 内容

> 2　内　容
> 　１に示す資質・能力を身に付けることができるよう，次の〔指導項目〕を指導する。

〔指導項目〕

> (1) 医学，医療及び理療の歴史
> 　ア　西洋，中国，韓国等における医学，医療の歴史
> 　イ　日本における医学，医療及び理療の歴史

(内容の範囲や程度)

> (2) 内容の範囲や程度については，次の事項に配慮するものとする。
> 　ア　〔指導項目〕の(1)のイについては，理療の近現代史に重点を置くこと。

(1) 医学，医療及び理療の歴史

ここでは，科目の目標を踏まえ，西洋，中国，韓国等における医学，医療の歴史を概観するとともに，日本における理療の歴史については，近現代史を含めて理解できるようにすることをねらいとしている。

このねらいを実現するため，次の①から③までの事項を身に付けることができるよう，〔指導項目〕を指導する。

① 医学・医療及び理療の歴史について，その概要を理解すること。
② 医学・医療及び理療の歴史の意義を，業・教育の現状と関連付けて見いだすこと。
③ 医学・医療及び理療の歴史について自ら学び，歴史観に立って，理療の課題や展望を考える学習に主体的かつ協働的に取り組むこと。

ア　西洋，中国，韓国等における医学，医療の歴史

近・現代医学発展の歴史を，ギリシャ医学を起点に，各時代の特徴と医学に関する主な発見等の事項について，日本の医学に大きな影響を与えた中国，韓国等の歴史を中心に，インドのアーユルベーダ医学の概要を含めて扱う。

イ　日本における医学，医療及び理療の歴史

我が国の東洋医学の発展を，大宝律令の医疾令から各時代の特徴と主な事項を中心に扱う。また，西洋医学の伝来，明治の医学改革，視覚障害者に対する鍼按(しんあん)

教育の成立，あん摩マッサージ指圧師，はり師，きゆう師等に関する法律の制定と展開，療術問題と指圧の包含など，理療に係る近現代史を含めて扱う。さらに，理療教育の成立から特別支援教育に至るまでの理療及び理療教育の発展，1970年代以降の鍼(はり)への関心の高まりや鍼(はり)のグローバル化，我が国における鍼灸(しんきゅう)関係の高等教育機関の成立，世界の補完代替医療，統合医療への関心の高まりなどについても触れる。

〔指導項目〕

(2) 社会保障制度の概要
ア 医学の分野
イ 社会保障の概念
ウ 社会保険制度の概要
エ 障害者福祉・精神保健医療福祉制度の概要
オ 医療行政

（内容の範囲や程度）

イ 〔指導項目〕の(2)のイについては，少子高齢化が進む我が国の社会の課題や展望について取り扱うこと。ウについては，医療保険（療養費を含む。），介護保険及び主な公費負担医療を中心に制度の概要を取り扱うこと。

(2) 社会保障制度の概要

ここでは，科目の目標を踏まえ，「地域理療と理療経営」の〔指導項目〕の(1)及び(3)と関連付けながら，社会保障制度の概要と少子高齢化が進む我が国の地域社会の現状，課題及び改革の動向が理解できるようにすることをねらいとしている。

このねらいを実現するため，次の①から③までの事項を身に付けることができるよう，〔指導項目〕を指導する。

① 社会保障制度の概要について理解すること。

② 社会保障制度の概要についての基本的な課題を発見し，理療と関連付け，倫理観を踏まえて合理的かつ創造的に解決策を見いだすこと。

③ 社会保障制度の概要について自ら学び，医療従事者としての責務を自覚できるよう主体的かつ協働的に取り組むこと。

ア　医学の分野

医学における理療の位置付けを明らかにするとともに，社会保障制度を学ぶ基盤として，基礎医学，臨床医学及び社会医学の各医学分野を系統的に扱う。

イ　社会保障の概念

社会保障の基本的な考え方について，日本国憲法第25条の理念と関連付けながら扱うとともに，少子高齢社会の現状と課題，社会保障制度の現状と課題及び医療・介護問題と制度改革の動向について扱う。

ウ　社会保険制度の概要

保険の一般原理，社会保険の基本的な考え方と種類について扱うとともに，医療保険，療養費，公費負担医療及び介護保険の制度の概要について扱う。

エ　障害者福祉・精神保健医療福祉制度の概要

共生社会の概念の理解に資するため，障害者の権利に関する条約や障害者の日常生活及び社会生活を総合的に支援するための法律（平成17年法律第123号）等の障害者施策に関する法令の概要及び障害者の日常生活や社会生活を総合的に支援するための制度や精神保健福祉に関する主な制度の概要について扱う。

オ　医療行政

ウで学習した内容を基礎に，各社会保険制度に基づいた行政サービスの概要について，国や自治体の衛生行政を含め，身近な事例を踏まえて具体的に扱う。

〔指導項目〕

(3) 理療の現状と課題
- ア　理療の概念
- イ　医療提供体制と地域包括ケアシステム
- ウ　理療業務の現状と課題
- エ　諸外国の理療

（内容の範囲や程度）

ウ〔指導項目〕の(3)のアについては，地域医療や労働衛生におけるプライマリ・ケアの重要性と関連付けながら，現代社会における理療の役割と意義を取り扱うこと。イについては，医療機関の種類並びに医療従事者の資格，免許及び業務範囲を取り扱うとともに，地域包括ケアシステムにおける多職種間連携の意義を取り扱うこと。ウについては，理療業務の現状と課題について，関連する統計や資料を踏まえながら，療養費を適切に扱うための基礎的な知識が身に付くよう指導すること。

(3) 理療の現状と課題

ここでは，科目の目標を踏まえ，「地域理療と理療経営」の〔指導項目〕の(2)及び(3)と関連付けながら，現代社会における理療の意義と役割，地域における多職種間との連携の大切さを理解するとともに，理療を取り巻く環境や課題への認識を深め，発展的な業の在り方を自ら考察できる基本的な」能力が養われるようにすることをねらいとしている。

このねらいを実現するため，次の①から③までの事項を身に付けることができるよう，〔指導項目〕を指導する。

① 理療の現状と課題について理解すること。

② 理療の現状と課題について，各種の統計や地域包括ケアシステムの考え方と関連付け，倫理観を踏まえて合理的かつ創造的に解決策を見いだすこと。

③ 理療の現状と課題について自ら学び，理療が直面している課題に対する解決策や発展的な業の在り方を考察できるよう主体的かつ協働的に取り組むこと。

ア 理療の概念

高齢化が一層進む地域社会において，理療の医療・介護資源としての有用性を理解させるとともに，自信と誇りをもって業に臨むことができるよう，地域や企業社会の健康課題と関連付けながら，理療業務の特質と現状，あん摩マッサージ指圧師，はり師及びきゅう師に係る免許の特質と教育制度を中心に扱う。

イ 医療提供体制と地域包括ケアシステム

地域における保健・医療・福祉・介護の分野間及び行政を含む多職種間の連携の必要性が理解できるよう，次に示す職種の専門性，業務の範囲及び医療・介護施設の機能・役割について扱うとともに，地域包括ケアシステムの理念と意義についても扱う。

医師及び歯科医師，看護師，助産師及び保健師，あん摩マッサージ指圧師，はり師及びきゅう師，柔道整復師，理学療法士，作業療法士及び言語聴覚士，介護福祉士及び介護支援専門員，その他の医療及び介護の従事者。

ウ 理療業務の現状と課題

理療業務を提供する施術所の数と就業者数及び経営の実態，病院及び診療所と介護保険施設に従事する施術者数等の現状を最新の統計や資料に基づいて扱うとともに，各職場における理療業務の課題と背景についても扱う。

エ 諸外国の理療

アジア域内の国・地域における視覚障害者の理療業務の現状を中心に，欧米や中国等における鍼灸(しんきゅう)・手技療法の現状についても扱う。

〔指導項目〕

(4) あん摩マツサージ指圧師，はり師，きゆう師等に関する法律 　ア　法令の沿革 　イ　法令の主な内容

(4) あん摩マツサージ指圧師，はり師，きゆう師等に関する法律

ここでは，科目の目標を踏まえ，あん摩マッサージ指圧師，はり師及びきゅう師として必要な「あん摩マツサージ指圧師，はり師，きゆう師等に関する法律」の沿革の概要と理療に係る業，教育及び医業類似行為等を規定している法令の基本的事項が理解できるようにすることをねらいとしている。

このねらいを実現するため，次の①から③までの事項を身に付けることができるよう，〔指導項目〕を指導する。

① あん摩マツサージ指圧師，はり師，きゆう師等に関する法律について，その沿革と内容の概要を理解すること。

② あん摩マツサージ指圧師，はり師，きゆう師等に関する法律についての基本的な課題を発見し，理療と関連付け，倫理観を踏まえて合理的かつ創造的に解決策を見いだすこと。

③ あん摩マツサージ指圧師，はり師，きゆう師等に関する法律について自ら学び，法律を踏まえた理療業務を行えるよう主体的かつ協働的に取り組むこと。

ア　法令の沿革

法令の沿革については，理療に係る業・教育制度の発展の足跡が理解できるよう，明治期に制定された按摩術営業取締規則及び鍼術灸術営業取締規則（内務省令）からの法制の変遷を，時代背景を関連付けながら，重要な改正点を中心に扱う。

イ　法令の主な内容

施術者の身分について，十分な法的理解の上に立って業務を適切に行うことができるよう，免許，業務，教育，医業類似行為及び罰則の各規定を中心に扱う。

〔指導項目〕

(5) 関係法規の概要 　ア　医事関係法規 　イ　その他の関係法規

（内容の範囲や程度）

エ〔指導項目〕の(5)のアについては，医療法，医師法等の概要を取り扱うこと。イについては，高齢者の医療の確保に関する法律，介護保険法等の概要を取り扱うこと。

(5) 関係法規の概要

ここでは，科目の目標を踏まえ，〔指導項目〕の(2)と関連付けながら，理療業務と関わりの深い医事，薬事及び福祉等関係法規の体系の概要が理解できるようにすることをねらいとしている。

このねらいを実現するため，次の①から③までの事項を身に付けることができるよう，〔指導項目〕を指導する。

① 理療業務と関わりの深い関係法規について理解すること。

② 理療業務と関わりの深い関係法規についての基本的な課題を発見し，理療と関連付け，倫理観を踏まえて合理的かつ創造的に解決策を見いだすこと。

③ 理療業務と関わりの深い関係法規について自ら学び，その意義が理解できるよう，主体的かつ協働的に取り組むこと。

ア 医事関係法規

医療法，医師法，理学療法士及び作業療法士法，柔道整復師法について，理療業務との関係性や具体的な場面と関連付けながら，それぞれの法の概要について扱う。

イ その他の関係法規

理療業務と関わりの深い薬事法規，一般衛生法規について，その概要について扱うとともに，〔指導項目〕の(2)のウと関連付けながら，介護保険法及び高齢者の医療の確保に関する法律の概要について扱う。

〔指導項目〕

(6) あん摩マッサージ指圧師，はり師及びきゅう師の倫理 　ア 医療従事者の倫理 　イ 理療業務と倫理

（内容の範囲や程度）

オ〔指導項目〕の(6)については，あん摩マッサージ指圧師，はり師及びきゅう師としての心構えや倫理観，患者の権利，法令遵守，コミュニケ

ーション能力等について，十分な理解を促すよう具体的に指導すること。

(6) あん摩マッサージ指圧師，はり師及びきゅう師の倫理

ここでは，科目の目標を踏まえ，「地域理療と理療経営」の〔指導項目〕の(4)と関連付けながら，患者と施術者との良好な信頼関係を築くために必要なコミュニケーション能力，理療従事者の基本的な心構え及び法令遵守の重要性等について理解できるようにすることをねらいとしている。

このねらいを実現するため，次の①から③までの事項を身に付けることができるよう，〔指導項目〕を指導する。

① あん摩マッサージ指圧師，はり師及びきゅう師の倫理について理解すること。

② あん摩マッサージ指圧師，はり師及びきゅう師の倫理についての基本的な課題を発見し，理療と関連付け，倫理観を踏まえて合理的かつ創造的に解決策を見いだすこと。

③ あん摩マッサージ指圧師，はり師及びきゅう師の倫理について自ら学び，多様な機会を通じて自ら研鑽できるよう，主体的かつ協働的に取り組むこと。

ア　医療従事者の倫理

医療技術や生命科学の進歩・発展とともに変遷してきた倫理的問題を概観しながら，医の倫理（ヒポクラテスの誓い，ヘルシンキ宣言など）を理解させるとともに，脳死と臓器移植，終末期医療，高度先進医療，生殖医療などの現状と課題の概要について扱う。

イ　理療業務と倫理

患者と施術者との良好な信頼関係を築くために必要なコミュニケーション能力，理療従事者の基本的な心構えや患者への思いやり，施術情報の管理や守秘義務等の法令遵守の重要性，インフォームド・コンセント，インフォームド・ディシジョンなど施術者の説明責任や患者の意思決定モデルを中心に扱う。指導に当たっては，身近な事例や臨床実習で学習する内容と関連させながら，具体的に指導する。

2　人体の構造と機能

この科目は，人体諸器官の形態と構造及び機能の基本的な事項を相互に関連付けて，人体を対象とする理療にとって必要な基礎的・基本的な知識を習得し，理療の施術に応用する能力と態度を育てることを目指している。

今回の改訂では，人体の構造と機能とを関連付けながら，指導内容を効率的に理解することができるよう，解剖学と生理学に分けて扱っていた指導項目をまと

めた。具体的には，従前の「解剖学の基礎」と「生理学の基礎」を「解剖生理学の基礎」とし，「人体の系統別構造及び生体の観察」と「人体の機能」を「系統別構造と機能」にそれぞれ整理・統合した。これに伴い，「生体観察」の内容は，「解剖生理学の基礎」に「人体の体表区分」を設けて扱うこととした。

また，理療施術で対応することの多い運動器疾患に対する臨床力を高める観点から，運動器の構造と機能を体系的・系統的に理解することができるよう，「生活と疾病」で扱っていた「運動学の基礎」を本科目に移動し，「運動学」に改めた上で内容の改善・充実を図った。なお，従前の「主な部位の局所解剖」については，理療施術との関連の深い頸(けい)部，胸部及び背腰部を中心に，系統別解剖ごとに体表解剖及び生体観察と合わせて指導することとし，削除した。

(1) 目標

> 1　目　標
>
> 理療の見方・考え方を働かせ，人体の構造と機能に関する実践的・体験的な学習活動を通して，施術を行うために必要な資質・能力を次のとおり育成することを目指す。
>
> (1) 施術を行うために必要な人体の構造と機能について体系的・系統的に理解するとともに，関連する技術を身に付けるようにする。
>
> (2) 人体の構造と機能に関する課題を発見し，あん摩マッサージ指圧師，はり師及びきゅう師としての職業倫理を踏まえて合理的かつ創造的に解決する力を養う。
>
> (3) 人体の構造と機能について，地域や社会を支えるあん摩マッサージ指圧師，はり師及びきゅう師を目指して自ら学び，適切かつ合理的な施術に主体的かつ協働的に取り組む態度を養う。

この科目においては，人体の構造と機能について，解剖学と生理学で扱う内容を総合して理解することができるよう配慮するとともに，指導に当たっては，施術との関連を考慮しつつ，具体的な事例を通して取り扱うようにすることが大切である。

目標の(1)については，解剖学と生理学の基本的知識が体系的・系統的に身に付けられるようにするとともに，触察を中心とした生体観察など，理療臨床と関連の深い技術についても重点を置いて扱うことを意味している。

目標の(2)については，人体の構造と機能とを関連付けながら学ぶことの意義を発見し，施術者としての職業倫理に立って，合理的かつ創造的に病態推論や施術計画を立案できるようにするための基礎的な資質と能力を養うことを意味している。

目標の(3)については，人体の構造と機能に関する知識と技術を踏まえた適切かつ合理的な施術に主体的かつ協働的に取り組む態度を養うことを意味している。

(2) 内容とその取扱い

① 内容の構成及び取扱い

この科目は，目標に示す資質・能力を身に付けることができるよう，(1)解剖生理学の基礎，(2)系統別構造と機能，(3)生体機能の協調，(4)運動学の四つの指導項目で，12単位以上単位履修されることを想定して内容を構成している。また，内容を取り扱う際の配慮事項は次のように示されている。

（内容を取り扱う際の配慮事項）

> 3 内容の取扱い
> (1) 内容を取り扱う際には，次の事項に配慮するものとする。
> ア 指導に当たっては，人体の構造と機能についての理解が知識に偏ることがないよう，実験・実習を取り入れるようにすること。

内容を取り扱う際には，解剖学と生理学とを関連付けて把握できるようにするとともに，学習内容が知識の習得に偏ることがないよう，生体観察，解剖実習，脈拍・体温の計測，血圧の測定，肺活量の測定等及び実験・実習を取り入れて指導することが大切である。

> イ 〔指導項目〕の(2)については，標本，模型などを有効に活用して，指導の効果を高めるように配慮すること。

〔指導項目〕の(2)については，標本，模型などを活用し，諸器官の構造の理解を深めることが大切である。特に，「ア運動器系」の指導に当たっては，「(4)運動学」で扱う内容との関連に留意しながら指導すること。

> ウ 〔指導項目〕の(3)については，「疾病の成り立ちと予防」との関連を考慮して指導すること。

〔指導項目〕の(3)については，免疫現象の基礎を説明するにとどめ，免疫反応の詳細は，「疾病の成り立ちと予防」の〔指導項目〕の(11)で扱うこと。

② 内容

2　内　容 　1に示す資質・能力を身に付けることができるよう，次の〔指導項目〕を指導する。

〔指導項目〕

(1)　解剖生理学の基礎 ア　解剖生理学の意義 イ　人体の体表区分 ウ　細胞 エ　人体の発生 オ　組織 カ　器官と器官系

(1) 解剖生理学の基礎

ここでは，科目の目標を踏まえ，人体の構造と機能の基礎を体系的・系統的に理解し，関連する技術を身に付けることができるようにすることをねらいとしている。

このねらいを実現するため，次の①から③までの事項を身に付けることができるよう，〔指導項目〕を指導する。

① 解剖生理学の基礎について理解し，関連する技術を身に付けること。

② 解剖生理学の基礎についての基本的な課題を発見し，理療と関連付け，倫理観を踏まえて合理的かつ創造的に解決策を見いだすこと。

③ 解剖生理学の基礎について自ら学び，生体観察，標本学習，実験・実習などの学習に主体的かつ協働的に取り組むこと。

ア　解剖生理学の意義

諸器官の形態・構造の知識がなければ正常な生理機能を理解することができないことを理解できるよう，身近な生命現象と関連付けながら扱う。

具体的には，次の事項を中心に扱う。

解剖学の意義，生理学の意義，形態・構造と生理機能との関係性，解剖学用語，生理学用語

イ　人体の体表区分

理療施術が体表からの触察で得られる情報を重視する医療行為であることを踏まえ，触察に係る体表に関する知識と技術を身に付ける観点から，骨性指標，体

表の筋，内臓の体表投影などの生体観察を中心に，各系統解剖と関連付けて扱う。

具体的には，次の事項を中心に扱う。

身体の区分と解剖学的表現，頭頸部の体表解剖，体幹の体表解剖，上肢の体表解剖，下肢の体表解剖

ウ　細胞

生体の構造上・機能上の最小単位である細胞の構成物質，同化・異化などの物質代謝・エネルギー代謝の基礎となる事項について扱う。

具体的には，次の事項を中心に扱う。

細胞の構造と機能，細胞膜と物質の移動，静止電位と活動電位，刺激と興奮，興奮の伝導・伝達，物質代謝とエネルギー代謝

エ　人体の発生

受精から出産に至るまでの人体形成の発生過程について，細胞を基本単位として，形態学的及び分子生物学的にその概要について扱う。

具体的には，次の事項を中心に扱う。

生殖の一般，配偶子（生殖細胞）の形成（減数分裂，精子・卵子の形成），受精と着床，初期発生（卵割，胚葉形成），器官形成，性の分化

オ　組織

組織の概念を扱った上で，人体を構成する組織の種類と構造，それぞれの機能について扱う。なお，ここでは人体の構成原則を理解させるために，主として上皮組織と結合組織について扱い，筋組織，神経組織，骨・軟骨組織の詳細については，それぞれ該当する器官系で扱う。

具体的には，次の事項を中心に扱う。

組織の概念，上皮組織，結合組織，筋組織，神経組織，骨・軟骨

カ　器官と器官系

人体の全体的な構成を把握できるように，器官と器官系の概念を扱った上で，各器官・器官系について最小限必要な内容の概要について扱う。また，細胞から組織を経て器官・器官系というように，より高い次元の構造がつくられる仕組みについて扱う。

〔指導項目〕

(2)　系統別構造と機能
　ア　運動器系
　イ　消化器系
　ウ　呼吸器系

エ　泌尿・生殖器系
オ　内分泌系と代謝
カ　循環器系
キ　神経系
ク　感覚器系

（内容の範囲や程度）

(2) 内容の範囲や程度については，次の事項に配慮するものとする。
ア〔指導項目〕の(2)については，施術と関連の深いア及びキに重点を置いて指導すること。

(2) 系統別構造と機能

ここでは，科目の目標を踏まえ，人体における諸器官の構造と機能を，体表解剖や生体観察を含め，体系的・系統的に理解し，関連する技術を身に付けることができるようにすることをねらいとしている。

このねらいを実現するため，次の①から③までの事項を身に付けることができるよう，〔指導項目〕を指導する。

①　系統別構造と機能について理解し，関連する技術を身に付けること。
②　系統別構造と機能についての基本的な課題を発見し，理療と関連付け，倫理観を踏まえて合理的かつ創造的に解決策を見いだすこと。
③　系統別構造と機能にについて自ら学び，生体観察，標本学習，実験・実習などの体験的学習に主体的かつ協働的に取り組むこと。

指導にあたっては，基本的事項に重点を置くとともに，標本，模型などを有効に活用することで，その概要を指導することを原則とする。全体を通して細部にわたっての扱うのではなく，理療施術に関連の深い運動器系及び神経系を中心に扱い，理療施術に必要な知識を習得させることが重要である。

ア　運動器系

骨及び筋の構造と生理学的な機能の一般を扱った上で，人体を構成する骨と筋について関節運動との関連を重視しながら系統的に扱う。また，骨の突出部，隆起部，陥凹部，体表から触れることのできる筋・腱（けん）など体表解剖の知識と関連付けながら，生体の観察を取り入れる。

具体的には，次の事項を中心に扱う。

骨の構造と機能，骨の連結，筋の構造と機能（筋の興奮，筋の収縮），体幹の骨と筋，頭頸（けい）部の骨と筋，上肢の骨と筋，下肢の骨と筋

イ　消化器系

消化器ならびに消化腺の各形態，構造，体内の位置及びそれぞれの機能を，消化・吸収の機序と消化管の運動を含めて系統的に扱うとともに，体表から触察が可能な器官については生体の観察を取り入れる。

具体的には，次の事項を中心に扱う。

口腔の構造と機能，咽頭の構造と機能，食道の構造と機能，胃の構造と機能，小腸の構造と機能，大腸の構造と機能，肝臓の構造と機能，胆囊の構造と機能，膵臓の構造と機能

ウ　呼吸器系

呼吸器の各形態，構造，体内の位置及びそれぞれの機能を，換気とガス交換，呼吸の運動と調節を含めて系統的に扱うとともに，甲状軟骨など触察が可能な器官については生体の観察を取り入る。

具体的には，次の事項を中心に扱う。

外鼻の構造と機能，鼻腔の構造と機能，咽頭の構造と機能，喉頭の構造と機能，気管と気管支の構造と機能，肺の構造と機能

エ　泌尿・生殖器系

各泌尿・生殖器の形態，構造，体内の位置及びそれぞれの機能について，体液の量や組成が一定に保たれる仕組み，生殖器の生理，妊娠と出産，成長と老化の過程における生理機能の変化を含めて扱う。

具体的には，次の事項を中心に扱う。

腎臓の構造と機能，尿管の構造と機能，膀胱の構造と機能，尿道の構造と機能，男性生殖器の構造と機能，女性生殖器の構造と機能

オ　内分泌系と代謝

各内分泌腺の形態，構造，体内の位置及びそれぞれの機能について，ホルモンの作用機序と分泌の調節，代謝の調整，体熱の産生と体温調節の仕組みを含めて系統的に扱うとともに，甲状腺など触察が可能な器官については，生体の観察を取り入れる。

具体的には，次の事項を中心に扱う。

下垂体の構造と機能，松果体の構造と機能，甲状腺の構造と機能，上皮小体の構造と機能，副腎の構造と機能，膵臓（ランゲルハンス島）の構造と機能，精巣・卵巣の構造と機能

カ　循環器系

各循環器の形態，構造，体内の位置及びそれぞれの機能について，血液の組成と働き，血液凝固，循環の調節を含めて系統的に扱うとともに，皮静脈，リンパ節など体表から触れることのできる器官や拍動部位については，生体の観察を取り入れる。

具体的には，次の事項を中心に扱う。

循環器系の一般，心臓の構造と機能，動脈系の構造と機能，静脈系の構造と機能，胎児の循環系の構造と機能，リンパ系（脾臓，胸腺を含む）の構造と機能

キ　神経系

神経組織の構造と，中枢神経系と末梢神経系の構成及びそれぞれの機能について，反射運動，身体運動の調節を含めて系統的に扱うとともに，腕神経叢，末梢神経幹など触察が可能な神経については，生体の観察を取り入れる。

具体的には，次の事項を中心に扱う。

神経細胞の構造（細胞体，軸索，樹状突起，神経膠細胞，シナプス），神経細胞の機能（活動電位，興奮と伝導），中枢神経系の構成と機能（脳，脊髄，脳脊髄液，反射機能と統合），末梢神経系の構成の機能（体性神経，自律神経），体性神経系の構成と機能（運動神経，感覚神経），自律神経系の構成と機能（交感神経系，副交感神経系，自律神経系による調節機構）

ク　感覚器系

感覚器の形態と構造及び体内の位置について理解させ，外耳，舌及び眼球など体表からの触察が可能な部位においては，生体の観察を取り入れる。

具体的には，次の事項を中心に扱う。

感覚の一般（感覚とその分類，感覚の性質，受容器と興奮伝達），体性感覚（皮膚感覚，深部感覚，受容器と伝導路），内臓感覚，臓器感覚，特殊感覚（味覚と嗅覚，平衡感覚，聴覚，視覚）

〔指導項目〕

(3)　生体機能の協調 　ア　全身的協調 　イ　生体の防御機構

(3)　生体機能の協調

ここでは，科目の目標を踏まえ，生体の環境の変化に対する調節機序と防御機構の基礎について理解し，関連する技術を身に付けることができるようにすることをねらいとしている。

このねらいを実現するため，次の①から③までの事項を身に付けることができるよう，〔指導項目〕を指導する。

①　生体機能の協調について理解し，関連する技術を身に付けること。

②　生体機能の協調についての基本的な課題を発見し，理療と関連付け，倫理観を踏まえて合理的かつ創造的に解決策を見いだすこと。

③　生体機能の協調について自ら学び，実験・実習などの体験的学習に主体的かつ協働的に取り組むこと。

ア　全身的協調

生体の生活環境の変化への対応，順化などに見られる全身機能の調節機構について，自律神経系と内分泌系との相互作用とも関連付けながら指導する。

具体的には，次の事項を中心に扱う。

恒常性維持機能，バイオリズム

イ　生体の防御機構

生体の防御機構について具体的に理解させた上で，免疫に関する基礎的事項を指導する。

具体的には，次の事項を中心に扱う。

非特異的生体防御システム（皮膚，粘膜，貪食細胞，補体），特異的生体防御システム（液性免疫，細胞性免疫）

〔指導項目〕

(4) 運動学 　ア　運動学の基礎 　イ　各関節の構造と機能

（内容の範囲や程度）

イ　〔指導項目〕の (4) のイについては，肩関節，肘関節，手関節，股関節，膝（ひざ）関節，足関節の各構造と機能を中心に取り扱うこと。

内容の範囲や程度については，指導項目の (2) のアと関連付けながら，理療臨床で多く扱う整形外科疾患や脳血管疾患に対する運動療法に必要な運動学に関する基礎的な事項を指導すること。

(4)　運動学

ここでは，科目の目標を踏まえ，運動学の基礎及び四肢と体幹の構造と機能が体系的・系統的に理解し，関連する技術を身に付けることができるようにすることをねらいとしている。

このねらいを実現するため，次の①から③までの事項を身に付けることができるよう，〔指導項目〕を指導する。

①　運動学について理解し，関連する技術を身に付けること。

②　運動学についての基本的な課題を発見し，理療と関連付け，倫理観を踏ま

えて合理的かつ創造的に解決策を見いだすこと。

③　運動学について自ら学び，運動療法への応用に主体的かつ協働的に取り組むこと。

ア　運動学の基礎

整形外科疾患や脳血管疾患の運動療法を実践する際に必要となる運動学の基礎的な事項を体験的に指導する。

具体的には，次の事項を中心に扱う。

骨運動学と関節運動学の一般，力学の基礎，正常歩行と病的歩行，姿勢と反射，運動発達

イ　各関節の構造と機能

〔指導項目〕の(2)のア及び「理療基礎実習」における〔指導項目〕の(5)のウと関連付けながら，四肢と体幹の関節の構造と動きを体験的に指導する。

具体的には，次の事項を中心に扱う。

肩関節の構造と機能，肘関節の構造と機能，手関節の構造と機能，股関節の構造と機能，膝(ひざ)関節の構造と機能，足関節の構造と機能

3　疾病の成り立ちと予防

この科目は，健康と疾病の概念，健康と疾病間の連続性，疾病の機序と予防などに関する基本的な知識を習得し，健康の保持増進，疾病の予防及び治療に関する一連の医療活動における理療施術の意義を理解できるようにすることを目指している。

今回の改訂では，疫学と衛生統計が，いずれも，それぞれの知見を健康関連の諸問題に対する有効な対策や保健衛生の向上に役立てることを目的としている学問領域である点を考慮し，従来，個別に設定されていた「疫学」と「衛生統計」を「(7)疫学と衛生統計」に統合した上で，指導事項の一部を改めた。また，指導内容を順序立てて系統的に理解することができるよう，「(2)健康の保持増進と生活」と密接に関連する「(5)生活習慣病」の指導項目を(5)から(3)に移動した他，従前の「健康の保持増進と生活」で扱っていた「食生活と健康」及び「生活環境と公害」で扱っていた「衣服と住居」については，高等学校段階までの教科で学習する内容であることを踏まえ，削除した。

(1) 目標

1　目　標

理療の見方・考え方を働かせ，疾病の成り立ちと予防に関する実践的・体験的な学習活動を通して，施術を行うために必要な資質・能力を次の

とおり育成することを目指す。

(1) 施術を行うために必要な疾病の成り立ちと予防について体系的・系統的に理解するようにする。

(2) 疾病の成り立ちと予防に関する課題を発見し，あん摩マッサージ指圧師，はり師及びきゅう師としての職業倫理を踏まえて合理的かつ創造的に解決する力を養う。

(3) 疾病の成り立ちと予防について，地域や社会を支えるあん摩マッサージ指圧師，はり師及びきゅう師を目指して自ら学び，適切かつ合理的な施術に主体的かつ協働的に取り組む態度を養う。

この科目においては，疾病の成り立ちと予防について，衛生学・公衆衛生学と病理学で扱う内容を総合して理解することができるようにすることを目指している。指導に当たっては，理療施術との関連を考慮しつつ，具体的な事例を通して取り扱うようにすることが大切である。

目標の (1) は，衛生学・公衆衛生学と病理学の知識を基礎として，理療臨床と関わりの深い疾病や愁訴の成り立ちと予防に関する基本的知識が体系的・系統的に身に付けられるようにすることを意味している。

目標の (2) は，高齢者や労働者のメンタルヘルスを含む多様な健康課題と予防医学としての理療の意義を発見し，施術者としての職業倫理に立って，合理的かつ創造的に地域医療に貢献できる力を養うことを意味している。

目標の (3) は，地域包括ケアシステムの中で，疾病の成り立ちと予防に関する知識を踏まえた理療施術に，主体的かつ協働的に取り組む態度を養うことを意味している。

(2) 内容とその取扱い

① 内容の構成及び取扱い

この科目は，目標に示す資質・能力を身に付けることができるよう，(1) 衛生学・公衆衛生学の概要，(2) 健康の保持増進と生活，(3) 生活習慣病，(4) 生活環境と公害，(5) 感染症，(6) 消毒，(7) 疫学と衛生統計，(8) 産業衛生，精神衛生及び母子衛生，(9) 疾病の一般，(10) 疾病の原因，(11) 各病変の大要の十一の指導項目で，「生活と疾病」と合わせて12単位以上履修されることを想定して内容を構成している。また，内容を取扱う際の配慮事項は次のように示されている。

（内容を取り扱う際の配慮事項）

3　内容の取扱い
(1) 内容を取り扱う際には，次の事項に配慮するものとする。
ア　〔指導項目〕の(6)については，「理療基礎実習」及び「理療臨床実習」との関連を図りながら，実践的に取り扱うこと。

〔指導項目〕の(6)のについては，感染を防止・予防するための消毒が，あん摩マッサージ指圧師，はり師及びきゅう師としての基本的な態度・習慣として重要であることから，その意義や基本的な知識を体験的に，かつ確実に身に付けることができるよう，「理療基礎実習」の〔指導項目〕の(1)，「理療臨床実習」の〔指導項目〕の(1)のイと関連付けながら扱うこと。

イ　〔指導項目〕の(9)から(11)までについては，疾患や愁訴に対する病態機序の理解と，施術の適応の判断に関する基礎的な能力が身に付くよう指導すること。

〔指導項目〕の(9)については，東洋医学の未病の考え方を取り入れながら，健康と疾病の概念が理解できるよう具体的な事例を扱うこと。

〔指導項目〕の(10)については，〔指導項目〕の(3)から(5)で学習する内容と関連付けながら，病因と疾病の関係が理解できるよう扱うこと。

〔指導項目〕の(11)については，疾病の成り立ちや病態機序の基礎が具体的な事例を通して理解できるよう扱うこと。

②　内容

2　内　容
1に示す資質・能力を身に付けることができるよう，次の〔指導項目〕を指導する。

〔指導項目〕

(1) 衛生学・公衆衛生学の概要
ア　衛生学・公衆衛生学の意義
イ　衛生学・公衆衛生学の歴史

(1) 衛生学・公衆衛生学の概要

ここでは，科目の目標を踏まえ，衛生学・公衆衛生学が予防医学として発展してきた歴史とともに，個人の健康と公衆の衛生とが相互に関連し合っていることの仕組みと意義を理解できるようにすることをねらいとしている。

このねらいを実現するため，次の①から③までの事項を身に付けることができるよう，〔指導項目〕を指導する。

① 衛生学・公衆衛生学について理解すること。

② 衛生学・公衆衛生学の基本的な課題を発見し，理療と関連付け，倫理観を踏まえて合理的かつ創造的に解決策を見いだすこと。

③ 衛生学・公衆衛生学について自ら学び，各種の保健活動や衛生思想の実践に主体的かつ協働的に取り組むこと。

ア 衛生学・公衆衛生学の意義

衛生学の目的と役割，公衆衛生学の目的と役割，衛生学及び公衆衛生学の体系と意義を中心に扱う。

イ 衛生学・公衆衛生学の歴史

衛生学・公衆衛生学が発展してきた歴史について，その概要について扱う。

〔指導項目〕

> (2) 健康の保持増進と生活
> ア 健康の概念
> イ 生活習慣と健康
> ウ ストレスと健康

（内容の範囲や程度）

> (2) 内容の範囲や程度については，次の事項に配慮するものとする。
> ア 〔指導項目〕の(2)については，特に生活習慣病と関連付けて取り扱うこと。ウについては，産業衛生と関連付けて取り扱うこと。

(2) 健康の保持増進と生活

ここでは，科目の目標を踏まえ，健康の保持増進が良好な生活，労働習慣を獲得することによって達成できることを自覚するとともに，そのための自助努力の重要性を理解できるようにすることをねらいとしている。

このねらいを実現するため，次の①から③までの事項を身に付けることができるよう，〔指導項目〕を指導する。

①　健康の保持増進と生活との関係性について理解すること。

②　健康の保持増進と生活との関係性についての基本的な課題を発見し，理療と関連付け，倫理観を踏まえて合理的かつ創造的に解決策を見いだすこと。

③　健康の保持増進と生活との関係性について自ら学び，生涯にわたって自らの健康状態を自覚するための保健衛生活動に主体的かつ協働的に取り組む。

ア　健康の概念

健康の定義，主観的健康と客観的健康，正常と異常，健康と疾病を中心に扱う。

イ　生活習慣と健康

健康教育，健康管理とプライマリ・ケア，健康診断と検査結果の正常値を中心に扱う。

ウ　ストレスと健康

ストレスと現代社会，ストレスと心の健康，ストレスと体の健康を中心に扱う。

〔指導項目〕

(3) 生活習慣病
　ア　生活習慣病の概念
　イ　生活習慣病の発生要因
　ウ　生活習慣病の予防対策

(3) 生活習慣病

ここでは，科目の目標を踏まえ，疾病構造の変遷を概観し，生活習慣病の概念，発生要因などについて扱うとともに，生活習慣病が急増している現状とその背景，課題，予防対策について東洋医学の未病の概念と関連付けながら，理解できるようにすることをねらいとしている。

このねらいを実現するため，次の①から③までの事項を身に付けることができるよう，〔指導項目〕を指導する。

①　生活習慣病について理解すること。

②　生活習慣病についての基本的な課題を発見し，理療と関連付け，倫理観を踏まえて合理的かつ創造的に解決策を見いだすこと。

③　生活習慣病について自ら学び，身近な保健衛生に関する活動に主体的かつ協働的に取り組むこと。

ア　生活習慣病の概念

疾病構造の変遷，生活習慣病の概念について扱う。

イ　生活習慣病の発生要因

生活様式や生活・労働習慣の変化など，生活習慣病の背景にある諸要因について，心身のストレスを含めて扱う。

ウ　生活習慣病の予防対策

生活習慣病発生の特質を踏まえ，日常生活における適度な運動と睡眠，バランスの取れた食生活及び禁煙など，身近な生活習慣の獲得を含めた予防対策について扱う。

〔指導項目〕

(4) 生活環境と公害 　ア　環境と健康 　イ　地域の環境衛生 　ウ　公害

(4) 生活環境と公害

ここでは，科目の目標を踏まえ，環境衛生の意義とともに，事業活動その他の人の活動に伴って生ずる大気汚染，水質汚濁，土壌汚染等の公害が生活環境の悪化や人の健康に影響を及ぼすことを，具体的な過去の事例や原発事故を含む現状を通して理解できるようにすることをねらいとしている。

このねらいを実現するため，次の①から③までの事項を身に付けることができるよう，〔指導項目〕を指導する。

① 生活環境と公害との関係性について理解すること。

② 生活環境と公害との関係性についての基本的な課題を発見し，理療と関連付け，倫理観を踏まえて合理的かつ創造的に解決策を見いだすこと。

③ 生活環境と公害について自ら学び，環境保全や公害対策に主体的かつ協働的に取り組むこと。

ア　環境と健康

環境衛生の意義，環境因子の分類（物理的因子，化学的因子，生物学的因子，社会的因子），環境因子と健康障害を中心に扱う。

イ　地域の環境衛生

上水道，下水道，廃棄物の処理を中心に扱う。

ウ　公害

公害の定義と特徴，環境保全，主な公害の現状と対策を中心に扱う。

〔指導項目〕

(5) 感染症
　ア　感染症の概念
　イ　感染症の発生要因
　ウ　感染症の予防対策

（内容の範囲や程度）

イ　〔指導項目〕の(5)については，最新の情報に配慮しながら，代表的な疾患を取り上げ，発生因子の回避に重点を置いて取り扱うこと。ウについては，免疫学についても取り扱うこと。

(5) 感染症

ここでは，科目の目標を踏まえ，感染症対策の一般，インフルエンザ，肝炎，後天性免疫不全症候群（AIDS），薬剤耐性感染症など理療施術と関わりの深い代表的な感染症に関する正しい知識とワクチンを含めた予防対策に関する最新の知識が，人権を尊重する態度とともに身に付けられるようにすることをねらいとしている。

このねらいを実現するため，次の①から③までの事項を身に付けることができるよう，〔指導項目〕を指導する。

①　感染症について理解すること。
②　感染症についての基本的な課題を発見し，理療と関連付け，倫理観を踏まえて合理的かつ創造的に解決策を見いだすこと。
③　感染症について自ら学び，感染予防に関する公衆衛生に主体的かつ協働的に取り組むこと。

ア　感染症の概念

感染症の概念と分類について扱う。

イ　感染症の発生要因

感染源，感染経路，感受性体を中心に扱う。

ウ　感染症の予防対策

感染症の予防対策，防疫の意義と種類，免疫の意義と種類を中心に扱う。

〔指導項目〕

(6) 消毒
　ア　消毒法の一般
　イ　消毒の種類と方法
　ウ　消毒法の応用

(6) 消毒

ここでは，科目の目標を踏まえ，消毒の重要性とその具体的方法を，理療施術と関連付けて理解できるようにすることをねらいとしている。

このねらいを実現するため，次の①から③までの事項を身に付けることができるよう，〔指導項目〕を指導する。

① 消毒について理解すること。

② 消毒についての基本的な課題を発見し，理療と関連付け，倫理観を踏まえて合理的かつ創造的に解決策を見いだすこと。

③ 消毒について自ら学び，病原性微生物を除去したり無害化したりする方法や応用の実際について，主体的かつ協働的に取り組むこと。

ア　消毒法の一般

消毒及び滅菌の定義，消毒及び滅菌の作用機転，消毒及び滅菌実施上の注意，医療廃棄物とその処理ついて中心に扱う。

イ　消毒の種類と方法

物理的方法とその実施法，化学的方法とその実施法を中心に扱う。

ウ　消毒法の応用

理療臨床における消毒の意義と方法，感染に関わる動物の駆除を中心に扱う。

〔指導項目〕

(7) 疫学と衛生統計
　ア　疫学の基礎
　イ　衛生統計の基礎
　ウ　主な衛生統計

（内容の範囲や程度）

ウ 〔指導項目〕の(7)のウについては，理療業務と関係の深い統計等について取り扱うこと。

(7) 疫学と衛生統計

ここでは，科目の目標を踏まえ，疫学調査や衛生統計の意義と方法に関する基本的な知識を身に付けることをねらいとしている。指導に当たっては，健康関連事象の観察や衛生状態の分析を通して，国民の健康に関する諸問題に対する有効な対策を公衆衛生の観点から考えられるようにすることが大切である。

このねらいを実現するため，次の①から③までの事項を身に付けることができるよう，〔指導項目〕を指導する。

① 疫学と衛生統計について理解すること。

② 疫学と衛生統計についての基本的な課題を発見し，理療と関連付け，倫理観を踏まえて合理的かつ創造的に解決策を見いだすこと。

③ 疫学と衛生統計について自ら学び，最新の関連統計の学習と情報収集に主体的かつ協働的に取り組むこと。

ア 疫学の基礎

疫学の意義，疫学の対象，疫学の特徴，治療の効果とリスクの判定，疫学調査の方法，疫学の現状を中心に扱う。

イ 衛生統計の基礎

衛生統計の意義，衛生統計の種類を中心に扱う。

ウ 主な衛生統計

人口統計，生命表，疾患統計，医療統計を中心に扱う。

〔指導項目〕

(8) 産業衛生，精神衛生及び母子衛生 ア 産業衛生 イ 精神衛生 ウ 母子衛生

(8) 産業衛生，精神衛生及び母子衛生

ここでは，科目の目標を踏まえ，それぞれの衛生分野における健康課題について扱うとともに，東洋医学の未病の概念を取り入れ，施術者として貢献できる課題領域を自覚し，理解できるようにすることをねらいとしている。

このねらいを実現するため，次の①から③までの事項を身に付けることができるよう，〔指導項目〕を指導する。

① 産業衛生，精神衛生及び母子衛生について理解すること。

② 産業衛生，精神衛生及び母子衛生についての基本的な課題を発見し，理療と関連付け，倫理観を踏まえて合理的かつ創造的に解決策を見いだすこと。

③　産業衛生，精神衛生及び母子衛生について自ら学び，関連する衛生統計の学習に主体的かつ協働的に取り組むこと。

ア　産業衛生

産業衛生の意義，労働衛生行政，労働疲労とその対策，労働災害とその対策，職業病を中心に扱う。

イ　精神衛生

精神衛生の意義，欲求不満，適応障害，非行と犯罪，精神障害者の現状と対策を中心に扱う。

ウ　母子衛生

母子衛生の意義，母体の健康，乳幼児の健康，母子衛生対策を中心に扱う。

〔指導項目〕

(9) 疾病の一般
　ア　疾病の概念
　イ　疾病の分類
　ウ　疾病と症状
　エ　疾病の経過，予後及び転帰

（内容の範囲や程度）

エ〔指導項目〕の(9)については，半健康状態及び東洋医学の未病の概念を取り入れながら指導すること。

健康と疾病とは切り離された別のものではなく，その間に連続性があることを理解させる。

(9) 疾病の一般

ここでは，科目の目標を踏まえ，疾病論，病因論，病変論など病理学で学ぶ内容と関連付けて，世界保健機関が定めた健康の定義や東洋医学の未病の概念を取り入れ，疾病の一般的概念を総括的かつ系統的に理解できるようにすることをねらいとしている。

このねらいを実現するため，次の①から③までの事項を身に付けることができるよう，〔指導項目〕を指導する。

①　疾病の一般について理解すること。

②　疾病の一般についての基本的な課題を発見し，理療と関連付け，倫理観を踏まえて合理的かつ創造的に解決策を見いだすこと。

③　疾病の一般について自ら学び，疾病の症状，経過，予後及び転機に関する知識を系統的に身に付ける学習に主体的かつ協働的に取り組むこと。

ア　疾病の概念

健康と疾病，疾病と病的状態を中心に扱う。

イ　疾病の分類

先天性疾患と後天性疾患，局所性疾患と全身性疾患，器質的疾患と機能的疾患，急性疾患と慢性疾患，原発性疾患と続発性疾患，合併症，小児疾患と老人性疾患，伝染性疾患，特発性疾患を中心に扱う。

ウ　疾病と症状

病変の意義と種類，症状の意義，自覚症状と他覚症状，直接症状と間接症状，指定症状を中心に扱う。

エ　疾病の経過，予後及び転帰

急性熱性疾患の経過，予後の種類，転帰の種類を中心に扱う。

〔指導項目〕

(10) 疾病の原因
　ア　病因の意義
　イ　病因の分類
　ウ　加齢と老化

(10) 疾病の原因

ここでは，科目の目標を踏まえ，病因と疾病との関係について，理療施術の適否を考慮しつつ，加齢に伴う心身の活力の低下した状態（フレイル）を含めて，病因論の概要が系統的に理解できるようにすることをねらいとしている。

このねらいを実現するため，次の①から③までの事項を身に付けることができるよう，〔指導項目〕を指導する。

①　疾病の原因について理解すること。

②　疾病の原因についての基本的な課題を発見し，理療と関連付け，倫理観を踏まえて合理的かつ創造的に解決策を見いだすこと。

③　疾病の原因について自ら学び，理療臨床における適否の判断を適切に行う能力の基盤が身に付くよう，加齢を含めた病因論に関する学習に主体的かつ協働的に取り組むこと。

ア　病因の意義

病因の意義，病因の種類を中心に扱う。

イ　病因の分類

内因（素因と体質，遺伝と染色体異常，内分泌異常，免疫とアレルギー及び心因性疾患），外因（栄養障害，物理的病因作用，化学的病因作用，生物学的病因作用）を中心に扱う。

ウ　加齢と老化

老化の機序，加齢に伴う臓器・組織の変化を中心に扱う。

〔指導項目〕

(11) 各病変の大要
　ア　循環障害
　イ　退行性病変
　ウ　進行性病変
　エ　炎症
　オ　腫瘍（しゅよう）
　カ　免疫の異常とアレルギー

(11) 各病変の大要

ここでは，科目の目標を踏まえ，病変と疾病との関係について，理療施術の適否を考慮しつつ，炎症，腫瘍（しゅよう），アレルギーを含めた病変論の大要が系統的に理解できるようにすることをねらいとしている。

このねらいを実現するため，次の①から③までの事項を身に付けることができるよう，〔指導項目〕を指導する。

① 各病変の大要について理解すること。

② 各病変の大要についての基本的な課題を発見し，理療と関連付け，倫理観を踏まえて合理的かつ創造的に解決策を見いだすこと。

③ 各病変の大要について自ら学び，理療臨床における適否の判断を適切に行う能力の基盤が身に付くよう，炎症，腫瘍（しゅよう），アレルギーを含めた病変論に関する学習に主体的かつ協働的に取り組むこと。

ア　循環障害

充血とうっ血，貧血と虚血，出血，血栓症と塞栓症，梗塞，側副循環，水症を中心に扱う。

イ　退行性病変

萎縮，変性，壊（え）死・死を中心に扱う。

ウ　進行性病変

肥大と増殖，再生，化生，移植，創傷の治癒，組織内異物の処理を中心に扱う。

エ　炎症

炎症の概念，催炎体とその種類，炎症の経過，炎症性病変を中心に扱う。

オ　腫瘍

腫瘍の概念，腫瘍の形態と構造，腫瘍の発育と進展，腫瘍の発生原因，腫瘍の分類を中心に扱う。

カ　免疫の異常とアレルギー

免疫グロブリン，免疫担当臓器と細胞，アレルギー反応の種類と調節機序，自己免疫異常，免疫不全を中心に扱う。

4　生活と疾病

この科目は，「臨床理療学」，「理療基礎実習」及び「理療臨床実習」の基盤として，現代医学の知識と技術を学び，臨床の対象者について，適応の判断や病態把握が適切にできる能力の育成を目指している。

今回の改訂では，内容の症状名や疾患名を現状に合わせて見直したこと，「(7) 主な疾患のリハビリテーション」の内容について，診療報酬等との関連を踏まえて改善したこと，あん摩マッサージ指圧師，はり師及びきゅう師が介護現場で働く場合に重視する内容として，「(8) 機能訓練の概要」を新設するなど改善を図った。また，従前「リハビリテーションの一般」に位置付けていた「運動学の基礎」を「人体の構造と機能」に移動した。

(1) 目標

1　目　標

理療の見方・考え方を働かせ，疾病と日常生活の関わりに関する実践的・体験的な学習活動を通して，施術を行うために必要な資質・能力を次のとおり育成することを目指す。

(1) 施術を行うために必要な疾病と日常生活の関わりについて体系的・系統的に理解するとともに，関連する技術を身に付けるようにする。

(2) 疾病と日常生活の関わりに関する課題を発見し，あん摩マッサージ指圧師，はり師及びきゅう師としての職業倫理を踏まえて合理的かつ創造的に解決する力を養う。

(3) 疾病と日常生活の関わりについて，地域や社会を支えるあん摩マッサージ指圧師，はり師及びきゅう師を目指して自ら学び，適切かつ合理的な施術に主体的かつ協働的に取り組む態度を養う。

この科目においては，現代医学の診察法や治療法の概要を理解するとともに，現代医学の立場から，各疾患や症状についての診察法，検査法及び治療法を指導し，東洋医学の知識と総合して理療施術を適切に行う能力と態度を育てること，臨床医学としてのリハビリテーション医学の基本的な知識と技能を身に付け，現代の医療体制の中であん摩マッサージ指圧師，はり師及びきゅう師が担うべき役割を明確にすることを目指している。

目標の(1)は，施術を行うために必要な疾病と日常生活との関わりについて体系的・系統的に理解するとともに，関連する現代医学の技術を身に付け，臨床の対象者について病態やその重症度を踏まえ，理療施術について適応及び相対的禁忌・絶対禁忌の判断が適切にできる能力を養うことを意味している。

目標の(2)は，疾病と日常生活との関わりに関する課題を発見し，合理的かつ創造的に解決する力を養うことを意味している。

目標の(3)は，疾病と日常生活との関わりについて主体的に学び，現代医学の知識と技能を生かして理療施術に主体的かつ協働的に取り組む態度を養うことを意味している。

(2) 内容とその取扱い

① 内容の構成及び取扱い

この科目は，目標に示す資質・能力を身に付けることができるよう，(1)診察法，(2)主な症状の診察法，(3)治療法，(4)臨床心理，(5)系統別疾患の概要，(6)リハビリテーションの一般，(7)主な疾患のリハビリテーション，(8)機能訓練の概要の八つの指導項目で，「疾病の成り立ちと予防」と合わせて12単位以上履修されることを想定して内容を構成している。

指導項目の各事項については，現代医学の立場から取り扱い，時間配当を工夫して，この科目の内容を正確に理解できるよう配慮する。なお，この分野の指導は，「臨床理療学」や「理療基礎実習」との関連に留意して行うようにする。また，内容を取り扱う際の配慮事項は次のように示されている。

（内容を取り扱う際の配慮事項）

> 3　内容の取扱い
> (1) 内容を取り扱う際には，次の事項に配慮するものとする。
> ア　指導に当たっては，予防医学，治療医学及びリハビリテーション医学という現代医学の体系に配慮すること。

主な症状や疾患を病態生理学的に理解させ，診断の手順や各指標の意味，治療の概要についての知識を指導するとともに，東洋医学の知識と総合して理療施術を，より適切に行うことができるように配慮することが大切である。

② 内容

> 2 内 容
>
> 1に示す資質・能力を身に付けることができるよう，次の〔指導項目〕を指導する。

〔指導項目〕

> (1) 診察法
>
> ア 診察の意義
>
> イ 診察法の種類
>
> ウ 臨床検査の概要

(内容の範囲や程度)

> (2) 内容の範囲や程度については，次の事項に配慮するものとする。
>
> ア 〔指導項目〕の(1)については，理療と直接関わりの深い事項に重点を置き，実習及び「臨床理療学」との関連を考慮して指導すること。ウについては，医学的な知識として，検査方法やデータの意味等を取り扱うこと。

理療施術との関連を十分に考慮することが大切である。特に，ウについては，生徒相互で実習を行うなどして，その計測値を記録させるとともに，検査結果の意味を理解できるようにする必要がある。また，知覚検査や徒手筋力検査が，脊髄や脊柱の疾患，末梢（しょう）神経疾患などの診察に重要であることを理解できるようにする。

(1) 診察法

ここでは，科目の目標を踏まえ，現代医学の立場から，主な症状や疾患を病態生理学的に理解した上で，正確な診断や診察法，検査法についての知識を習得し，東洋医学の知識と総合して理療施術を適切に行うことができるようにすることをねらいとしている。

このねらいを実現するため，次の①から③までの事項を身に付けることができるよう，〔指導項目〕を指導する。

① 診察法について理解するとともに，関連する技術を身に付けること。

② 診察法についての基本的な課題を発見し，理療と関連付け，倫理観を踏まえて合理的かつ創造的に解決策を見いだすこと。

③ 診察法について自ら学び，患者にとって望ましい医療に関する学習に主体的かつ協働的に取り組むこと。

指導に当たっては，正確な診察所見が得られるよう，診察用具の使用法等を工夫し，視覚障害に配慮して指導すること。また，診察手技の指導法について「臨床理療学」や「理療基礎実習」を担当する教師と連携を図ることが大切である。

ア　診察の意義

診断学の意義などについて扱う。指導に当たっては，理療施術の対象者を心身両面から正確に把握することが，適切な施術の決定に重要であることを理解できるようにする。

イ　診察法の種類

診察の意義と種類，評価と記録，問診法，視診法，聴診法，打診法，触診法などについて扱う。指導に当たっては，病歴の詳細な聴取が重要であること，理学的検査，臨床検査を行った上で治療方針が決定されることなどを理解できるようにする。また，病歴の記録には，POS（Problem Oriented System）を取り入れ，SOAP（Subjective Objective Assessment Plan）での経過記録を行うことを指導する。

ウ　臨床検査の概要

理学的検査と臨床検査について扱う。指導に当たっては，身体の一般的計測法については実習を行い，測定値の臨床的意味を考えられるようにするとともに，神経学的検査法が，脊髄や脊柱の疾患，末梢神経疾患などの診察に重要であることを理解できるようにする。臨床検査法については，一般的な医学的知識として検査の意味，検査データの正常と異常などについて扱う。

〔指導項目〕

(2) 主な症状の診察法
- ア　頭痛
- イ　肩こり
- ウ　肩関節痛
- エ　頸肩腕痛
- オ　腰痛
- カ　腰下肢痛
- キ　膝痛
- ク　高血圧と低血圧

ケ　心身の疲労
コ　その他の症状

（内容の範囲や程度）

イ　〔指導項目〕の(2)については，各症状の病態生理と鑑別診断を取り扱い，施術の適応の判断に生かせるよう指導すること。

日常の施術において対象になりやすい疼痛について重点的に指導する。

(2)　主な症状の診察法

ここでは，科目の目標を踏まえ，それぞれの症状の病態生理，必要な検査法，推定される疾患と鑑別診断の要点を理解し，臨床において適応と禁忌の判断，リスク管理に生かすことができるようにすることをねらいとしている。

このねらいを実現するため，次の①から③までの事項を身に付けることができるよう，〔指導項目〕を指導する。

① 主な症状の診察法について理解するとともに，関連する技術を身に付けること。

② 主な症状の診察法についての基本的な課題を発見し，理療と関連付け，倫理観を踏まえて合理的かつ創造的に解決策を見いだすこと。

③ 主な症状の診察法について自ら学び，現代医学の立場から適応の判断ができる能力の習得を目指して主体的かつ協働的に取り組むこと。

指導に当たっては，理療施術の適応の判断に生かせるよう，保存療法の限界と手術療法の適応の時期を明確にする。

ア　頭痛

片頭痛型血管性頭痛，緊張型頭痛について病態と治療法の概要について扱う。また，二次性頭痛の特徴と鑑別の要点について扱う。

イ　肩こり

肩こりの病態生理，日常生活指導及び他の治療法の概要について扱う。

ウ　肩関節痛

主な肩関節痛の病態と特徴を踏まえ，肩関節周囲炎を中心に扱う。

エ　頸（けい）肩腕痛

頸（けい）椎症を中心に扱う。

オ　腰痛

腰痛を訴える重篤な疾患・症状（危険な徴候がみられる疾患）に留意し，非特異的腰痛を中心に扱う。

カ　腰下肢痛

特異的腰痛，特に，腰椎椎間板ヘルニア及び脊柱管狭窄(さく)症を中心に扱う。

キ　膝(ひざ)痛

主な膝(ひざ)痛の病態と特徴を踏まえ，変形性膝(ひざ)関節症を中心に扱う。

ク　高血圧と低血圧

高血圧と低血圧の病態生理，分類，必要な検査について扱う。また，管理目標を併せて扱う。

ケ　心身の疲労

従前は「筋疲労」と示していたが，現代社会における疾病構造の変化や臨床の対象者の実態を踏まえて「心身の疲労」に改めた。具体的には，心療内科の疾患の特徴を踏まえ，単純性疲労を中心に扱う。

コ　その他の症状

発熱，呼吸困難，悪心と嘔(おう)吐，便秘と下痢，食欲不振，咳(せき)と痰(たん)，浮腫(しゅ)，排尿異常，月経異常，胸痛，腹痛，発疹，めまい，耳鳴と難聴，不眠，疲労と倦(けん)怠，動悸(き)と息切れ及び肥満と痩せについて，その病態生理や鑑別診断などの要点を「臨床理療学」と関連付けて扱う。

〔指導項目〕

(3) 治療法 　ア　治療法の基礎 　イ　治療法の実際

(内容の範囲や程度)

ウ　〔指導項目〕の(3)のイについては，代表的な治療法と適応疾患を中心に取り扱うこと。

各治療法の概要について理解させる。また，自然治癒だけでなく，合理的医療を加えることの重要性を理解させるとともに，対症療法に属する理療施術の位置付けを明確にする。さらに，手術療法及び放射線療法の対象となる疾患や理療施術の適応症，禁忌症についても扱う。

(3) 治療法

ここでは，科目の目標を踏まえ，現代医学の治療の意義や治療法の種類について扱うとともに，各治療法についてはその概要，適応疾患について理解し，東洋医学の知識と統合して理療施術を適切に行うことができるようにすることをねらいとしている。

このねらいを実現するため，次の①から③までの事項を身に付けることができるよう，〔指導項目〕を指導する。

① 治療法についてその概要を理解し，関連する技術を身に付けること。

② 治療法についての基本的な課題を発見し，理療と関連付け，倫理観を踏まえて合理的かつ創造的に解決策を見いだすこと。

③ 治療法について自ら学び，患者にとって望ましい医療に関する学習に主体的かつ協働的に取り組むこと。

指導に当たっては，治療効果について有効性と有用性の観点に留意して指導するとともに，病気の治癒に関して，自然治癒についても理解させる。また，合理的医療を加えることの重要性を理解させるとともに，理療施術の位置付けを明確にする。さらに，手術療法及び放射線療法の対象となる疾患について，現代医学の治療と理療施術との関係を含めて指導する。

ア 治療法の基礎

治療の意義と分類，治療法の種類を中心に扱う。

イ 治療法の実際

薬物療法，食事療法，理学療法，手術療法，放射線療法，集中治療などの概要について扱う。指導に当たっては，それらの療法でどのような改善が期待されるのかを理解できるようにする。

〔指導項目〕

(4) 臨床心理 ア 臨床心理の一般 イ 心理療法の概要

(4) 臨床心理

ここでは，科目の目標を踏まえ，患者の心理を理解し，臨床において適切な対応ができるようにすることをねらいとしている。

このねらいを実現するため，次の①から③までの事項を身に付けることができるよう，〔指導項目〕を指導する。

① 心理療法について理解するとともに，関連する技術を身に付けること。

② 心理療法についての基本的な課題を発見し，理療と関連付け，倫理観を踏まえて合理的かつ創造的に解決策を見いだすこと。

③ 心理療法について自ら学び，臨床における患者理解と適切な対応を目指して主体的かつ協働的に取り組むこと。

ア　臨床心理の一般

臨床心理の意義，患者の心理及び，CMI（Cornell Medical Index）やSDS（Self-rating Depression Scale）などの心理学的検査と評価方法などを中心に扱う。

イ　心理療法の概要

認知行動療法，カウンセリングの概要を中心に扱う。

〔指導項目〕

(5) 系統別疾患の概要
- ア　運動器系疾患
- イ　神経系疾患
- ウ　呼吸器系疾患
- エ　血液・循環器系疾患
- オ　消化器系疾患
- カ　泌尿・生殖器系疾患
- キ　内分泌系・代謝疾患及びビタミン欠乏症
- ク　感染症
- ケ　その他の疾患

（内容の範囲や程度）

エ　〔指導項目〕の(5)については，現代医学の立場から各疾患の原因，症状及び治療法を中心に指導すること。なお，各症状に対する治療については，施術の有効性との関連を考慮し，理療と直接関わりの深い事項に重点を置くとともに，「臨床理療学」と関連付けて取り扱うこと。

〔指導項目〕の(1)から(4)までとの関連に留意し，各疾患の原因，主要症状，検査法，治療法などについての基礎的な知識を扱い，疾患名のみを列挙することは避けるようにする。

(5)　系統別疾患の概要

ここでは，科目の目標を踏まえ，理療施術との関連性に留意しながら現代医学の立場からそれぞれの疾患の原因，主要症状，診断の概要及びその治療法について理解し，理療の適応の判断に生かすことできるようにすることをねらいとしている。

このねらいを実現するため，次の①から③までの事項を身に付けることができ

るよう，〔指導項目〕を指導する。

① 系統別疾患の概要について理解すること。

② 系統別疾患の概要についての基本的な課題を発見し，理療と関連付け，倫理観を踏まえて合理的かつ創造的に解決策を見いだすこと。

③ 系統別疾患について自ら学び，適応の判断に必要な知識と技術の習得を目指して主体的かつ協働的に取り組むこと。

ア 運動器系疾患

整形外科的診察法とともに扱う。指導に当たっては，それに基づき理療施術の有用性を理解できるようにする。

代表的疾患は，関節炎，骨折，腱鞘炎，発育性股関節形成不全，筋原性疾患（重症筋無力症及び筋ジストロフィー）等である。スポーツ外傷及びスポーツ障害については，「臨床理療学」で扱う。

イ 神経系疾患

代表的疾患は，脳出血，脳梗塞，髄膜炎，脳腫瘍，脊髄腫瘍，パーキンソン病，認知症，筋萎縮性側索硬化症，ニューロパチー，末梢神経麻痺，神経痛等である。

ウ 呼吸器系疾患

代表的疾患は，上気道炎，肺炎，肺結核，慢性閉塞性呼吸器疾患（COPD），肺線維症，気胸，肺腫瘍等である。

エ 血液・循環器系疾患

代表的疾患は，心不全，心弁膜疾患，狭心症，心筋梗塞，貧血，白血病，悪性リンパ腫，紫斑病，血友病，ショック等である。

オ 消化器系疾患

代表的疾患は，口腔粘膜及び顎の炎症，胃食道逆流症（GERD），食道腫瘍，胃炎，胃十二指腸潰瘍，機能性ディスペプシア（FD），胃腫瘍，腸炎，過敏性腸症候群，慢性炎症性腸疾患（潰瘍性大腸炎，クローン病），虫垂炎，イレウス，大腸腫瘍，肝炎，肝硬変，肝腫瘍，胆石症，膵炎，膵腫瘍等である。

カ 泌尿・生殖器系疾患

腎機能検査の一般的な知識についても扱う。

代表的疾患は，糸球体腎炎，ネフローゼ症候群，腎不全，腎盂腎炎，腎腫瘍，膀胱炎，腎尿路結石症，膀胱腫瘍，前立腺肥大症，前立腺癌，男性不妊である。

キ 内分泌系・代謝疾患及びビタミン欠乏症

病態生理も扱う。

代表的疾患は，下垂体疾患（先端巨大症，中枢性尿崩症），甲状腺疾患（甲状腺機能低下症，バセドウ病，橋本病，甲状腺腫瘍），副腎疾患（原発性アルドステロン症，クッシング症候群，褐色細胞腫アジソン病），蛋白代謝疾患，糖代謝疾患（Ⅱ型糖尿病，脂質異常症，メタボリックシンドローム），ビタミン代謝疾患等である。

ク　感染症

鍼灸と関連の深い感染症，集団感染の高い疾患を中心に，治療法の概要について扱う。

代表的疾患は，インフルエンザ，麻疹，風疹，流行性耳下腺炎，B型肝炎，C型肝炎，後天性免疫不全症候群（AIDS）等である。

感染源，感染経路，宿主については「衛生学，公衆衛生学」で，指定症状については「生活と疾病」で，院内感染・日和見感染については「疾病の成り立ちと予防」で学習する。

ケ　その他の疾患

代表的疾患は，膠原病（全身性エリテマトーデス，全身性皮膚硬化症，多発性筋炎，関節リウマチ，ベーチェット病），婦人科疾患（月経前緊張症，子宮筋腫，子宮癌，子宮内膜症，卵巣嚢腫，女性不妊，更年期障害），眼科疾患（結膜炎，白内障，緑内障），耳鼻科疾患（メニエール病，突発性難聴，中耳炎），心療内科疾患（心身症，神経症性障害），麻酔科・ペインクリニック（神経ブロック療法の種類と適応）である。

〔指導項目〕

(6) リハビリテーションの一般
　ア　リハビリテーションの概念と歴史
　イ　医学的リハビリテーションとリハビリテーション医学
　ウ　診察，評価，治療計画と記録

(6) リハビリテーションの一般

ここでは，科目の目標を踏まえ，リハビリテーションの位置付けと役割，リハビリテーションの過程などについて，症例紹介やリハビリテーション施設の見学等を交えて理解し，関連する技術を身に付けることができるようにすることをねらいとしている。なお，「運動学の基礎」については，「人体の構造と機能」の〔指導項目〕の(4)で学習する。

このねらいを実現するため，次の①から③までの事項を身に付けることができるよう，〔指導項目〕を指導する。

① リハビリテーションの一般について理解するとともに，関連する技術を身に付けること。

② リハビリテーションの一般についての基本的な課題を発見し，理療と関連

付け，倫理観を踏まえて合理的かつ創造的に解決策を見いだすこと。

③　リハビリテーションの一般について自ら学び，リハビリテーションチームにおける施術者の役割に主体的かつ協働的に取り組むこと。

ア　リハビリテーションの概念と歴史

リハビリテーションの定義，歴史，分類及びリハビリテーションチームを中心に扱う。

イ　医学的リハビリテーションとリハビリテーション医学

医学的リハビリテーションとリハビリテーション医学との違いに配慮しながら，その内容について扱うとともに，障害の概念，リハビリテーション医学の対象についても扱う。

ウ　診察，評価，治療計画と記録

診察・評価の意義，障害の評価，診察・評価の実際，治療計画，記録の意義，記録方法を中心に扱う。

〔指導項目〕

第3章
視覚障害者の
専門教科・科目

(7) 主な疾患のリハビリテーション
ア　運動器系疾患
イ　神経系疾患
ウ　呼吸器系疾患
エ　血液・循環器系疾患

（内容の範囲や程度）

カ 〔指導項目〕の(7)については，地域医療や在宅ケアの実情を考慮し，理療と直接関わりの深いアからウまでを中心に取り扱うこと。

リハビリテーション分野の地域医療や在宅ケアで扱うことの多い理療と関わりの深い整形外科疾患や片麻痺(ひ)のリハビリテーションについて重点的に扱う。

(7) 主な疾患のリハビリテーション

ここでは，科目の目標を踏まえ，主要疾患ごとにリハビリテーション医学の立場で，障害発生から社会復帰までの全過程の概要を理解し，関連する技術を身に付けることができるようにすることをねらいとしている。その際，理療の意義と役割を踏まえて指導することが大切である。

今回の改訂では，診療報酬点数表に示されている運動器リハビリテーション，脳血管リハビリテーション及び呼吸器リハビリテーションを中心に疾患を取り扱う頻度が高いと考えられる順に並べ替え，関連する科目で並行して指導を進めることができるよう改めた。

このねらいを実現するため，次の①から③までの事項を身に付けることができるよう，〔指導項目〕を指導する。

① 主な疾患のリハビリテーションについて理解するとともに，関連する技術を身に付けること。

② 主な疾患のリハビリテーションについての基本的な課題を発見し，理療と関連付け，倫理観を踏まえて合理的かつ創造的に解決策を見いだすこと。

③ 主な疾患のリハビリテーションについて自ら学び，技術の習熟を目指して主体的かつ協働的に取り組むこと。

指導に当たっては，診療報酬点数表で示されている疾患を中心に，「理療基礎実習」の内容と関連させながら，機能訓練の基本的な技術についても扱い，医学的管理とリスク管理，理学療法及びリハビリテーションに関与する理学療法士や看護師等の他のスタッフによるケア，アフター・ケアについて理解できるようにする。

ア 運動器系疾患

整形外科的疾患（肩関節周囲炎，腰痛症，変形性膝（ひざ）関節症及び関節リウマチ）及び廃用症候群を中心に扱う。指導に当たっては，廃用症候群については，フレイル，サルコペニア及びロコモティブシンドロームの概念を踏まえるようにする。

イ 神経系疾患

脳血管障害（片麻痺（ひ）），パーキンソン病を中心に扱い，脊髄損傷，脳性まひについてはその概要について扱う。

ウ 呼吸器系疾患

慢性閉塞性呼吸器疾患（COPD）に対する呼吸器リハビリテーションを中心に扱う。

エ 血液・循環器系疾患

心大血管疾患等リハビリテーションの概要を中心に扱う。

〔指導項目〕

(8) 機能訓練の概要
　ア 関節可動域訓練
　イ 筋力強化訓練
　ウ 日常生活動作訓練

第2節 理療科

（内容の範囲や程度）

キ 〔指導項目〕の(8)については，介護保険施設で行われる介護技術を含めて取り扱うこと。

基本訓練の方法を学習するとともに，各機能の評価に基づき，関節拘縮，筋力低下，麻痺の状況，精神状態など利用者の状況を踏まえて実践するために必要な応用についても扱うとともに，車いす・ベッド間の移乗動作，褥瘡予防のためのシーティング，ベッド上での体位変換も扱う。指導に当たっては，リスク管理を含めて，視覚障害者である生徒が工夫をして，安全かつ適切に訓練等が行えるよう留意する。

(8) 機能訓練の概要

ここでは，科目の目標を踏まえ，介護保険施設利用者に対する機能訓練の知識と技術を身に付けることができるようにすることをねらいとしている。移乗動作等，介護技術も併せて指導するとともに，個別機能訓練計画書の作成に向けて，各機能の評価を踏まえた訓練計画が立てられるよう配慮して指導することが大切である。

このねらいを実現するため，次の①から③までの事項を身に付けることができるよう，〔指導項目〕を指導する。

① 機能訓練の概要について理解するとともに，関連する技術を身に付けること。

② 機能訓練の概要についての基本的な課題を発見し，理療と関連付け，倫理観を踏まえて合理的かつ創造的に解決策を見いだすこと。

③ 機能訓練の概要について自ら学び，多職種と連携して利用者の機能の維持・向上に主体的かつ協働的に取り組むこと。

ア 関節可動域訓練

肩関節，肘関節，手関節，股関節，膝関節，足関節を中心に扱う。

イ 筋力強化訓練

等尺性訓練，等張性訓練を中心に扱う。

ウ 日常生活動作訓練

IADL（Instrumental Activities of Daily Living）尺度やバーセル・インデックス等を用いて日常生活動作の評価について扱う。指導に当たっては，その評価結果に基づいて訓練計画を作成できるようにする。また，生活自立に結び付く日常生活動作の機能を獲得することを目標に，訓練を計画して実践する能力が身に付くよう配慮して指導すること。

5　基礎理療学

この科目は,「臨床理療学」,「理療基礎実習」及び「理療臨床実習」の基盤となるものである。東洋医学の基礎的な知識と現代医学に基づく科学的治効理論を学び，それらを統合して効果的な臨床を行う能力の育成を目指している。

今回の改訂では,〔指導項目〕の(3)の経穴を十四経脈の経穴に改めるなどの改善を行った。

(1) 目標

1　目　標

理療の見方・考え方を働かせ，基礎理療学に関する実践的・体験的な学習活動を通して，施術を行うために必要な資質・能力を次のとおり育成することを目指す。

(1) 基礎理療学について体系的・系統的に理解するとともに，関連する技術を身に付けるようにする。

(2) 基礎理療学に関する課題を発見し，あん摩マッサージ指圧師，はり師及びきゅう師としての職業倫理を踏まえて合理的かつ創造的に解決する力を養う。

(3) 基礎理療学について，地域や社会を支えるあん摩マッサージ指圧師，はり師及びきゅう師を目指して自ら学び，適切かつ合理的な施術に主体的かつ協働的に取り組む態度を養う。

この科目においては，理療施術の基盤となっている長い伝統と経験から成り立っている東洋医学の概念を理解させるとともに，理療施術の基礎となる科学的治効理論を明らかにして，理療施術のもつ意義の重要性を理解させ，施術を効果的に行うことができるようにすることを目指している。

目標の(1)は，理療施術を行うために必要な東洋医学の知識を体系的・系統的に理解するとともに，関連する東洋医学の技術を身に付け，臨床の対象者に対して効果的な理療施術を適切に行うことができる能力を育成することを意味している。

目標の(2)は，現代社会における東洋医学の課題を発見し，合理的かつ創造的に解決する力を養うことを意味している。

目標の(3)は，東洋医学について主体的に学び，東洋医学の知識と技能を生かして適切かつ合理的に理療施術に取り組む態度を養うことを意味している。

(2) 内容とその取扱い

① 内容の構成及び取扱い

この科目は，目標に示す資質・能力を身に付けることができるよう，(1) 東洋医学の基礎，(2) 東洋医学の診断と治療，(3) 経絡と経穴，(4) 経絡，経穴と現代医学，(5) 理療施術の概要，(6) 理療施術の治効理論と関連学説の六つの指導項目で，9単位以上履修されることを想定して内容を構成している。また，内容を取り扱う際の配慮事項は次のように示されている。

（内容を取り扱う際の配慮事項）

> 3　内容の取扱い
> (1) 内容を取り扱う際には，次の事項に配慮するものとする。
> ア　指導に当たっては，理療に関する研究の成果を踏まえて取り扱い，理療に対する研究的な態度が培われるよう配慮すること。

理療に関する具体的な研究成果を取り上げることによって，理療に対する興味・関心をもたせ，研究的な態度を培うように指導することが大切である。内容を取り扱う際には，近年の研究成果についても取り入れるなど研究の動向に留意して指導する。

> イ〔指導項目〕の (1) から (4) までについては，理療施術との関連を重視して指導すること。

理療施術との関連を重視し，長い生活体験から生み出された自然観の重要性を踏まえ，科学的に解明されていないこと（未科学）と科学的でないこと（非科学）との違いを理解できるようにすることが大切である。内容を取り扱う際には，東洋医学について興味・関心を喚起できるよう体験的に指導する。

> ウ〔指導項目〕の (6) については，「人体の構造と機能」との関連を考慮して取り扱うこと。また，(4) や研究の成果を総合し，理療臨床の観点から指導すること。

「人体の構造と機能」で学習した内容や経絡，経穴に関する現代医学的な研究の成果などを基に，理療施術の臨床効果を科学的に理解できるように指導する。内容を取り扱う際には，あん摩・マッサージ・指圧，はり及びきゅうの臨床研究の状況に留意して指導する。

また，理療施術の治効理論が科学的に解明されていない部分については，研究の現状を踏まえその解明の必要性に重点を置いて指導する。

② 内容

2　内　容 　1に示す資質・能力を身に付けることができるよう，次の〔指導項目〕を指導する

〔指導項目〕

(1) 東洋医学の基礎 　ア　東洋医学の意義と特色 　イ　陰陽五行論 　ウ　臓腑（ふ）経絡論 　エ　気血，営衛，津液 　オ　病因 　カ　証（しょう）

(1) 東洋医学の基礎

ここでは，科目の目標を踏まえ，東洋医学の基礎概念，生理観と疾病観及び東洋医学の診察法と診断法について知識と技術を身に付けることができるようにすることをねらいとしている。

このねらいを実現するため，次の①から③までの事項を身に付けることができるよう，〔指導項目〕を指導する。

① 東洋医学の基礎について理解するとともに，関連する技術を身に付けること。

② 東洋医学の基礎についての基本的な課題を発見し，現代医学と関連付け，倫理観を踏まえて合理的かつ創造的に解決策を見いだすこと。

③ 東洋医学の基礎について自ら学び，臨床で応用できる能力を目指して主体的かつ協働的に取り組むこと。

指導に当たっては，長い伝統と経験から成り立っている東洋医学は，現代科学的及び西洋医学的思考だけでは理解が難しい面もあることから，できるだけ生活に密着した事例を取り上げるなどして具体的に指導することが大切である。

ア　東洋医学の意義と特色

東洋医学が，人間は自然の一部であり，自然と同じ法則の下に生活を営み，肉体の諸組織・器官は有機的な関係をもって統一体として機能し，心身一如であるという自然観，身体観に基づいて成り立っており，病人を全体的に捉え，調和のとれた健康体へ戻そうとする考え方であることについて扱う。

イ　陰陽五行論

古代中国の人たちが，日常生活の中から生み出した考え方である陰陽五行論について扱う。ここでは，陰陽論の基本概念，陰陽論の人体への応用，五行論の基本概念，五行論の医学的応用などについて扱う。

ウ　臓腑経絡論

臓腑論の概要，六臓六腑，特に脾や腎のように現代医学における同名の内臓とはかなり異なった扱いをしている臓，または心包や三焦のように現代医学では存在していない臓腑について重点を置いて扱う。また，経絡論では，経絡論の概要，経絡の概念，十二経脈及び奇経八脈の名称などについて扱う。指導に当たっては，経脈が臓腑に属し，あるいは絡する関係にあり，臓腑と経脈が密接な関係にあることを理解できるようにする。

エ　気血，営衛，津液

気と血の概念，気血と営衛の捉え方の違い，津液又は湿痰の概念，津液と血の関係を中心に扱う。

オ　病因

現代医学の病因論との違いを考慮しつつ，内因，外因，不内外因を中心に扱う。

カ　証

病名と証の違いを考慮しつつ，証の概念，証の分類としての八綱弁証，陰陽虚実証，経病証，臓腑病証，三陰三陽病証を中心に扱う。

〔指導項目〕

(2)　東洋医学の診断と治療
　ア　日本の伝統医学的診断と治療
　イ　現代の中医学的診断と治療

診断と治療の概念の理解にとどまらず，臨床で実践できる能力と態度の育成を目指している。指導に当たっては，日本の東洋医学と中医学について対比させながらそれぞれの特徴が理解できるよう留意する。

（内容の範囲や程度）

(2)　内容の範囲や程度については，次の事項に配慮するものとする。
　ア　〔指導項目〕の(2)のアについては，問診と切診に重点を置き，実習を取り入れて指導すること。イについては，臓腑の生理と病理を踏まえた治療原則と治法を中心に取り扱うこと。

問診と切診に重点を置いて指導するが，切診のうち，腹診や切経では，身体各部の解剖学的構造の違いで触診時の感覚が異なることや，経絡や経穴反応を触診で確認する重要性を指導する。また，脈診の実習を通して，人により，又は，鍼によって脈が変わることを実感できるようにする。なお，内容の範囲や程度については，科目内での重複を避け，一貫性をもたせて指導する。

(2) 東洋医学の診断と治療

ここでは，科目の目標を踏まえ，東洋医学の診断法と治療法について理解するとともに，その技術を身に付け，臨床に応用できる能力を育成することをねらいとしている。

このねらいを実現するため，次の①から③までの事項を身に付けることができるよう，〔指導項目〕を指導する。

① 東洋医学の診断法と治療法について理解するとともに，関連する技術を身に付けること。

② 東洋医学の診断法と治療法についての基本的な課題を発見し，現代医療と関連付け，倫理観を踏まえて合理的かつ創造的に解決策を見いだすこと。

③ 東洋医学の診断法と治療法について自ら学び，臨床で応用することができる能力を目指して主体的かつ協働的に取り組むこと。

ア 日本の伝統医学的診断と治療

日本の診断法の特徴，四診法の概要，望診，聞診，問診，切診，証の立て方など，また，本治法と標治法，補瀉法，鍼灸治療，手技による治療，湯液治療の概要などの治療法を中心に扱う。

イ 現代の中医学的診断と治療

中医学の診断法と治療法の概要や特徴について，日本の伝統的な方法と異なる点を中心に扱う。特に，治則について扱う。

〔指導項目〕

(3) 経絡と経穴
　ア 臓腑経絡とその流注
　イ 十四経脈の経穴
　ウ その他の特定穴

(3) 経絡と経穴

ここでは，科目の目標を踏まえ，長年集積されてきた経験医術としての東洋医学の根幹をなす経絡と経穴について，基礎的な知識と取穴の技術を身に付けるとともに，その他の反応点の示す現象を正確に捉える能力を育成することをねらいとしている。

このねらいを実現するため，次の①から③までの事項を身に付けることができるよう，〔指導項目〕を指導する。

① 経絡と経穴について理解するとともに，関連する技術を身に付けること。

② 経絡と経穴についての基本的な課題を発見し，取穴法と関連付け，倫理観を踏まえて合理的かつ創造的に解決策を見いだすこと。

③ 経絡と経穴について自ら学び，臨床に応用できる能力を目指して主体的かつ協働的に取り組むこと。

ア 臓腑(ふ)経絡とその流注

経絡の走行，連結，分布，経絡の表裏関係，流注の順序，臓腑(ふ)と経絡の関係を中心に扱う。

イ 十四経脈の経穴

骨度法，同身寸法，十四経脈所属の経穴の名称と取穴部位，要穴を中心に扱う。

ウ その他の特定穴

主な奇穴，阿是穴を中心に扱う。

〔指導項目〕

(4) 経絡，経穴と現代医学
　ア 経絡，経穴の現代医学的研究
　イ 関連する反応点，反応帯

(4) 経絡，経穴と現代医学

ここでは，科目の目標を踏まえ，現代医学的な視点で経絡と経穴を捉え，経絡と経穴の臨床的意義や特徴を理解し，臨床に応用できる能力を育成することをねらいとしている。

このねらいを実現するため，次の①から③までの事項を身に付けることができるよう，〔指導項目〕を指導する。

① 経絡，経穴と現代医学について理解するとともに，関連する技術を身に付けること。

② 経絡，経穴と現代医学についての基本的な課題を発見し，倫理観を踏まえ

て合理的かつ創造的に解決策を見いだすこと。

③　経絡，経穴と現代医学について自ら学び，臨床に応用できる能力を目指して主体的かつ協働的に取り組むこと。

ア　経絡と経穴の現代医学的研究

経絡と経穴に関する現代医学的研究の成果を中心に扱う。

イ　関連する反応点，反応帯

電気特性，知覚異常などの反応点の現象と出現メカニズムやその意義，皮膚及び皮下組織に見られる諸反応帯を中心に扱う。

〔指導項目〕

(5)　理療施術の概要
　ア　あん摩
　イ　マッサージ
　ウ　指圧
　エ　はり
　オ　きゅう
　カ　理療の臨床応用

（内容の範囲や程度）

イ　〔指導項目〕の(5)については，基本手技を取り上げ，その特徴を理解させるとともに，臨床における施術の適応の判断についても指導すること。アからウまでについては，諸外国における徒手による主な施術法についても取り扱うこと。エについては，特殊な鍼(しん)法も取り扱うこと。カについては，病態を踏まえアからオまでを適切に組み合わせた総合的な施術法を取り扱うこと。

あん摩・マッサージ・指圧による施術の定義とそれぞれの違い，はり，きゅうの定義や特徴などを指導するとともに，アからオについては，適応と応用を中心に指導し，カについては，実践力に結び付くよう「理療基礎実習」の〔指導項目〕の(5)及び(6)との関連を考慮して指導することが大切である。

(5)　理療施術の概要

ここでは，科目の目標を踏まえ，各手技の特徴とその応用について理解し，臨床に応用できる能力を育成することをねらいとしている。

このねらいを実現するため，次の①から③までの事項を身に付けることができ

るよう，〔指導項目〕を指導する。

① 理療施術の概要について理解するとともに，関連する技術を身に付けること。

② 理療施術の概要についての基本的な課題を発見し，臨床の実践と関連付け，倫理観を踏まえて合理的かつ創造的に解決策を見いだすこと。

③ 理療施術の概要について自ら学び，臨床で実践できる能力を目指して主体的かつ協働的に取り組むこと。

ア あん摩

基本手技とその応用を扱い，古法あん摩にも触れる。

イ マッサージ

基本手技とその応用を扱い，結合織マッサージなどにも触れる。

ウ 指圧

指圧の三原則や基本手技とその応用を扱い，カイロプラクティックなど，その他の手技による療法にも触れる。

エ はり

用具としてのはりの材質や種類，刺鍼(しん)法を扱い，特殊鍼(しん)法や古代九鍼(しん)などにも触れる。

オ きゅう

もぐさの成分，種類，良否の鑑別，燃焼温度及びきゅう施術の種類を中心に扱う。

カ 理療の臨床応用

効果的な理療施術を行うための施術の組合せ方，それぞれの施術の適応，不適応，禁忌，刺激量と感受性，過誤と副作用の危険性，消毒を中心に扱う。

〔指導項目〕

(6) 理療施術の治効理論と関連学説
　ア 刺激の伝達
　イ 身体組織・器官への影響
　ウ 生体反応と治効メカニズム
　エ 関連学説

（内容の範囲や程度）

ウ 〔指導項目〕の(6)のアからウまでについては，特に，運動器系疾患や内臓器系疾患に対する刺激の作用や生体反応の医学的意味と臨床への応用という観点で取り扱うこと。

「人体の構造と機能」との関連を考慮して，具体的に理解できるようにするとともに，近年の研究成果の動向に留意して指導する。

(6) 理療施術の治効理論と関連学説

ここでは，科目の目標を踏まえ，理療施術の治効理論を科学的視点で学び，臨床に応用できる能力を育成することをねらいとしている。

このねらいを実現するため，次の①から③までの事項を身に付けることができるよう，〔指導項目〕を指導する。

① 理療施術の治効理論と関連学説について理解し，関連する技術を身に付けること。

② 理療施術の治効理論と関連学説についての基本的な課題を発見し，近年の研究成果と関連付け，倫理観を踏まえて合理的かつ創造的に解決策を見いだすこと。

③ 理療施術の治効理論について自ら学び，理療施術の効果を科学的に説明できる能力を目指して主体的かつ協働的に取り組むこと。

ア 刺激の伝達

あん摩・マッサージ・指圧，はり及びきゅうの刺激との関連で，皮膚感覚の受容器と神経線維，骨格筋の受容器と神経線維，神経伝達経路・反射を中心に扱う。

イ 身体組織・器官への影響

組織，器官，自律神経，体液，免疫機構などへの影響を中心に扱う。

ウ 生体反応と治効メカニズム

刺激の定義，刺激の種類，生体反応としての調整作用，鎮痛，興奮，鎮静，防御，免疫，消炎作用を中心に扱う。

エ 関連学説

サイバネティックス，ホメオスタシス，ストレス学説，レイリー現象，圧自律神経反射，鎮痛学説を中心に扱う。

6 臨床理療学

この科目は，「理療基礎実習」及び「理療臨床実習」の基盤となるものであり，「疾病の成り立ちと予防」，「生活と疾病」及び「基礎理療学」と関連付けながら，理療施術で取り扱う機会が多い症状・疾患・病態について適応の判断と治療計画・治療法の考え方を中心に学び，臨床で応用する能力を身に付けることを目指している。

今回の改訂では，患者理解を促進する観点から「(1) 臨床理療学の基礎」のイにインフォームド・チョイス及びインフォームド・ディシジョンを加えた。また，認定規則を踏まえ，「(3) 生体観察の基礎」を新設するとともに，「(2) 東洋医学における診断，治療の原則」に，「適応の判断」や「施術計画」を位置付けた。さらに，〔指導項目〕の (5) から (7) の項目において，病態生理と適応の判断を強調するなどを示した。

(1) 目標

> 1　目　標
>
> 理療の見方・考え方を働かせ，臨床理療学に関する実践的・体験的な学習活動を通して，施術を行うために必要な資質・能力を次のとおり育成することを目指す。
>
> (1) 臨床理療学について体系的・系統的に理解するとともに，関連する技術を身に付けるようにする。
>
> (2) 臨床理療学に関する課題を発見し，あん摩マッサージ指圧師，はり師及びきゅう師としての職業倫理を踏まえて合理的かつ創造的に解決する力を養う。
>
> (3) 臨床理療学について，地域や社会を支えるあん摩マッサージ指圧師，はり師及びきゅう師を目指して自ら学び，適切かつ合理的な施術に主体的かつ協働的に取り組む態度を養う。

この科目においては，東洋医学と現代医学の立場から内容を有機的に関連させ，理療施術の対象となる主な症状についての患者への対応，診察法や治療法，患者の生活管理などを具体的に理解させ，適切な施術を行うことができるようにすることを目指している。また，理療施術の効果を客観的なデータで評価したり，適否を判断したりして，適切な処置を講ずることができるようにすることも目指している。

目標の (1) は，施術を行うために必要な臨床理療学の知識を体系的・系統的に理解するとともに，関連する現代医学と東洋医学に関する技術を身に付け，臨床の対象者に対して効果的な理療施術を適切に行うことができる能力を育成することを意味している。

目標の (2) は，現代社会における臨床理療学の課題を発見し，適応の判断や治療の有効性・有用性と関連付けながら合理的かつ創造的に解決する力を養うことを意味している。

目標の (3) は，臨床理療学について主体的に学び，現代医学と東洋医学の知識及び技能を生かして適切かつ合理的に施術に取り組む態度を養うことを意味している。

(2) 内容とその取扱い

① 内容の構成及び取扱い

この科目は，目標に示す資質・能力を身に付けることができるよう，(1) 臨床理療学の基礎，(2) 東洋医学における診断，治療の原則，(3) 生体観察の基礎，(4) 健康と理療施術，(5) 主な症状の理療施術，(6) 主な疾患の理療施術，(7) 高齢者に対する理療施術，(8) スポーツ領域における理療施術，(9) 産業衛生における理療施術の九つの指導項目で，15単位以上履修されることを想定して内容を構成している。また，内容を取り扱う際の配慮事項は次のように示されている。

（内容を取り扱う際の配慮事項）

> 3 内容の取扱い
> (1) 内容を取り扱う際には，次の事項に配慮するものとする。
> ア 東洋医学と現代医学の知識と技術を総合した臨床概念が養われるよう内容相互の関連に留意して指導すること。

「人体の構造と機能」，「疾病の成り立ちと予防」，「生活と疾病」，「基礎理療学」及び「理療基礎実習」等で学んだ知識を総合し，生体の機能異常を的確に診察し，適切な治療を行い，必要な対策を講ずることのできる知識を体系的に指導する。内容を取り扱う際には，理療は，診察，治療の両面にわたり東洋医学の経験的知恵と現代医学の科学的知識を有機的に総合したものであり，生体が本来もっている調節力を主体としていることが大きな特色であることを理解できるように配慮して指導する。

> イ 指導に当たっては，「理療基礎実習」における実技実習との関連を考慮すること。

本科目での学習が，「理療基礎実習」の〔指導項目〕の (6) における実習場面で実践され，「理療臨床実習」の基盤となることを踏まえ，指導の一貫性を高めることが大切である。内容は，「生活と疾病」，「基礎理療学」などとの関連を図りながら，診察から治療に至るまでの過程を理解できるように構成してある。したがって，各科目の指導の実態をよく把握して授業の構成を組み立てる必要がある。現代医学と東洋医学の知識を生かし，生徒が興味・関心を高めることができるように，指導内容・方法を工夫することが大切である。

内容を取り扱う際には，実技実習の内容との関連性を十分に考慮し，指導者間の連携を密にしたり，ティーム・ティーチングを取り入れたり，時間割上の指導時間の設定を工夫したりすることなどが必要である。

②　内容

> 2　内　容
>
> 1に示す資質・能力を身に付けることができるよう，次の〔指導項目〕を指導する。

〔指導項目〕

> (1)　臨床理療学の基礎
>
> ア　臨床理療学の意義と役割
>
> イ　施術対象者の心理と施術者の対応

理療臨床における施術者としての基本的な考え方，在り方を理解できるようにする。

（内容の範囲や程度）

> (2)　内容の範囲や程度については，次の事項に配慮するものとする。
>
> ア　〔指導項目〕の(1)のイについては，施術対象者との信頼関係を確立する上で必要な臨床心理の基礎及び面接技法の基本を理解できるよう取り扱うこと。

「生活と疾病」の〔指導項目〕の(4)の学習を基礎とし，「医療と社会」の〔指導項目〕の(3)及び(6)との関連に留意しながら，あん摩マッサージ指圧師，はり師及びきゅう師として子供から高齢者まで幅広い年齢層にわたって信頼されるような態度，行動及び言葉遣いなどを身に付けるようにする。

(1)　臨床理療学の基礎

ここでは，科目の目標を踏まえ，現代社会における理療の役割を理解した上で，施術者としての基本的な態度や患者接遇・医療面接の技法を具体的に身に付けることをねらいとしている。

このねらいを実現するため，次の①から③までの事項を身に付けることができるよう，〔指導項目〕を指導する。

①　臨床理療学の基礎について理解するとともに，関連する技術を身に付ける

こと。

② 臨床理療学の基礎についての基本的な課題を発見し，現代社会における理療の役割と関連付け，倫理観を踏まえて合理的かつ創造的に解決策を見いだすこと。

③ 臨床理療学の基礎について自ら学び，施術者として相応しい態度の確立とコミュニケーションスキルの向上を目指して主体的かつ協働的に取り組むこと。

ア 臨床理療学の意義と役割

次の事項を中心に扱う。

(ｱ) 経験医術の特徴と社会からの期待，特に，自然との共生ということが根底にあること。

(ｲ) 治未病の現代社会における役割，特に，生活習慣病の予防への意義，近代医学との併用の意義と役割，施術対象，施術法の種類等。

特徴として以下を取り上げ，これが，視覚に障害のある人が，その触圧覚を生かして適切な施術を行うことができる背景となっていること。

㋐ 痛くないこと

㋑ 刺鍼（しん）時に触圧覚を十分に活用することができること

㋒ 軽微な刺激による治療であること

㋓ 生体の調節力を意図的，積極的に調節する治療であること

㋔ 未病の徴に対する治療であること

イ 施術対象者の心理と施術者の対応

施術対象者の心理，施術者として必要な条件，インフォームド・コンセント，インフォームド・チョイス，インフォームド・ディシジョンを中心に扱う。

〔指導項目〕

(2) 東洋医学における診断，治療の原則 ア 診察 イ 適応の判断 ウ 施術計画 エ 施術原則 オ 記録

(2) 東洋医学における診断，治療の原則

ここでは，科目の目標を踏まえ，東洋医学における診断，治療の原則を理解し，施術を行うことができるよう，体性系症状に対する施術や，生体の調節力に

第2節 理療科

対する施術，未病の徴に対する施術などを身に付けること，また，「基礎理療学」で学習した内容を発展させ，西洋医学の診察結果と併せて東洋医学の診察を行い，適応の判断から施術計画，記録までの流れを具体的に理解できるようにすることをねらいとしている。

このねらいを実現するため，次の①から③までの事項を身に付けることができるよう，〔指導項目〕を指導する。

① 東洋医学の診断，治療の原則について理解するとともに，関連する技術を身に付けること。

② 東洋医学の診断，治療の原則についての基本的な課題を発見し，西洋医学の診察結果と関連付け，倫理観を踏まえて合理的かつ創造的に解決策を見いだすこと。

③ 東洋医学の診断，治療の原則について自ら学び，適切な施術を行う能力を目指してその実践に主体的かつ協働的に取り組むこと。

ア 診察

基本的には現代医学の体系によって診察を行い，そこに生体の微妙な変化を把握しようとする東洋医学の四診法の特色が生かせるように，次の事項を扱う。

(ア) 切診については，理療施術で最も特徴的な診察法であること。十分に活用できるよう具体的に扱う。

(イ) 脈診については祖脈。

(ウ) 東洋医学の診断である病証(しょう)については，臓腑(ふ)経絡系の立場から臓腑(ふ)病証(しょう)，経絡病証(しょう)の基本。

(エ) 施術の適否と限界，予後の判定，リスク管理など。

イ 適応の判断

治療計画の立て方，治療法の組立て方，治療効果の判定，他の治療法及び健康法との関連，禁忌の場合の対応，施術計画を中心に扱う。

ウ 施術計画

治療が生体の調節力（自然治癒力）に対する施術，症状に対する施術，そして自覚されていないけれども不調の状態にある未病の徴に対する施術からなることを明確に理解させた上で，次の事項を中心に扱う。

(ア) 刺激による生体反応の起こり方（局所反応，遠隔部反応及び全身反応）

(イ) 治療手順

a 生体の調節力を高める治療を最初に行うことで，続いて行われる治療の効果が高くなること。

b 調節力を高める治療を最後に行うことにより，それまでに行われた治療の反応を好ましい方向に整え，自然治癒力の高まった状態をつくれること。

エ　施術原則

基本的な施術原則について次の事項を中心に扱う。

(ｱ) 生体の調節力を高めるための施術原則

(ｲ) 未病を治すための施術原則

(ｳ) 症状に対する施術原則

オ　記録

POS (Problem Oriented System), カルテ記載の仕方, 各種検査記録, 各種評価表, 紹介状の書き方, 記録の保存とカルテ管理を中心に扱う。

〔指導項目〕

(3) 生体観察の基礎 ア　骨の触察 イ　筋の触察 ウ　関節の触察 エ　神経, 血管の触察

(3) 生体観察の基礎

ここでは, 科目の目標を踏まえ, 診察・取穴・施術実技の基本となる生体観察に関する知識を身に付け, 目的に合わせて正確に行えるようにすることをねらいとしている。

このねらいを実現するため, 次の①から③までの事項を身に付けることができるよう,〔指導項目〕を指導する。

① 生体観察の基礎について理解するとともに, 関連する技術を身に付けること。

② 生体観察の基礎についての基本的な課題を発見し, 視覚障害に配慮した技術と関連付け, 倫理観を踏まえて合理的かつ創造的に解決策を見いだすこと。

③ 生体観察の基礎について自ら学び, 適切な施術を行う能力を目指してその実践に主体的かつ協働的に取り組むこと。

ア　骨の触察

触察・取穴, 診察などの基準となる骨の隆起や骨溝を中心に扱う。

イ　筋の触察

体表から触察可能な筋を中心に扱う。指導に当たっては, 起始・停止・走行, 筋緊張・筋萎縮・硬結などが体験的に理解できるようにする。

ウ　関節の触察

頸部，肩関節，肘関節，手関節，手指，腰部，股関節，膝関節，足関節を中心に扱う。指導に当たっては，関節の変形，炎症所見，運動時のクリックや痛みの状態及びアライメントの異常などが理解できるようにする。

エ　神経，血管の触察

三叉神経，後頭神経，顔面神経，腕神経叢，橈骨神経，正中神経，尺骨神経，腰神経叢，坐骨神経，外側大腿皮神経，大腿神経，伏在神経について，神経の走行，体表から観察できる部位及び絞扼されやすい部位を中心に扱う。血管については，体表から観察できる動脈拍動部及び皮静脈の走行を中心に扱う。指導に当たっては，筋や骨との関係を明確にして具体的に理解できるようにする。

〔指導項目〕

(4) 健康と理療施術
　ア　健康観と疾病観
　イ　健康の保持増進のための理療施術
　ウ　生活習慣病予防のための理療施術
　エ　その他の健康療法

（内容の範囲や程度）

イ　〔指導項目〕の(4)については，東洋医学における未病の考え方を踏まえて取り扱うこと。
ウ　〔指導項目〕の(4)から(7)までについては，疾患ごとにその症状の機序や経過について，病態生理学と関連付けながら扱うとともに，施術の適応の判断ができるよう指導すること。

イについては，他の治療学には見られない特色のあるところであるから，十分にその意味を理解し，具体的に実践できるよう指導する。ウについては，理療臨床で扱う疾患や症状について，「病態生理学」と関連付けながら，適応の判断が適切にできる能力を養うとともに，健康増進や生活習慣病の予防を含め，あん摩・マッサージ・指圧，はり及びきゅうが適応する主な症状や疾患に対して適切に理療施術を行うことのできる知識と技術が身に付くよう指導する。

(4) 健康と理療施術

ここでは，科目の目標を踏まえ，健康増進や生活習慣病予防のための理療施術の意義と役割を理解し，理療施術が適切に行える能力の育成をねらいとしている。

このねらいを実現するため，次の①から③までの事項を身に付けることができるよう，〔指導項目〕を指導する。

① 健康と理療施術について理解するとともに，関連する技術を身に付けること。

② 健康と理療施術についての基本的な課題を発見し，現代社会における疾病構造や健康観と関連付け，倫理観を踏まえて合理的かつ創造的に解決策を見いだすこと。

③ 健康と理療施術について自ら学び，国民の健康保持・増進に主体的かつ協働的に取り組むこと。

ア　健康観と疾病観

健康の成立条件，社会構造の変化と健康概念，未病の概念を中心に扱う。

イ　健康の保持増進のための理療施術

日本人の健康状態，鍛錬療法と調整療法，未病の徴，未病を治する理療施術を中心に扱う。

ウ　生活習慣病予防のための理療施術

本態性高血圧症，糖尿病，心臓疾患，呼吸器疾患などの代表的な生活習慣病を取り上げ，予防の観点を重視し，生体の調節力を高める治療及び未病を治する治療を中心に扱う。

エ　その他の健康療法

健康の保持増進を促す観点から，運動法，食事法，酒など嗜（し）好品の好ましい用い方を中心に扱う。

〔指導項目〕

(5) 主な症状の理療施術
　ア　頭痛
　イ　肩こり
　ウ　肩関節痛
　エ　頸（けい）肩腕痛
　オ　腰痛
　カ　腰下肢痛
　キ　膝（ひざ）痛
　ク　高血圧と低血圧
　ケ　心身の疲労
　コ　その他の症状

（内容の範囲や程度）

ウ 〔指導項目〕の(4)から(7)までについては，疾患ごとにその症状の機序や経過について，病態生理学と関連付けながら扱うとともに，施術の適応の判断ができるよう指導すること。
エ 〔指導項目〕の(5)及び(6)については，「生活と疾病」で取り上げる症状や疾患と関連付けて指導するとともに，健康指導，生活指導及び応急処置の方法も含めて指導すること。

ウについては，理療臨床で扱う疾患や症状について，「病態生理学」と関連付けながら，適応の判断が適切にできる能力を養うとともに，健康増進や生活習慣病の予防を含め，あん摩・マッサージ・指圧，はり及びきゅうが適応する主な症状や疾患に対して適切に理療施術を行うことのできる知識と技術が身に付くよう指導する。エについては，「生活と疾病」における指導との関連を十分に考慮し，本科目では主な症状や疾患に対して適切な理療施術を行うという観点から扱い，一貫した指導を行うようにする。また，健康指導，生活指導及び応急処置の方法等についても「生活と疾病」との関連を踏まえて指導すること。ここで取り上げる症状及び疾患は，臨床上扱うことが多いので，十分な指導が必要である。

(5) 主な症状の理療施術

ここでは，科目の目標を踏まえ，各症状について理療施術の適応の判断及び適応症状に対して理療施術が適切に行え知識と技術を身に付けることをねらいとしている。

このねらいを実現するため，次の①から③までの事項を身に付けることができるよう，〔指導項目〕を指導する。

① 主な症状の理療施術について理解するともに，関連する技術を身に付けること。
② 主な症状の理療施術についての基本的な課題を発見し，適応の判断と関連付け，倫理観を踏まえて合理的かつ創造的に解決策を見いだすこと。
③ 主な症状の理療施術について自ら学び，適切な施術を行う能力を目指してその実践に主体的かつ協働的に取り組むこと。

ア 頭痛

イ 肩こり

ウ 肩関節痛

エ 頸(けい)肩腕痛

オ 腰痛

カ　腰下肢痛

キ　膝(ひざ)痛

ク　高血圧と低血圧

ケ　心身の疲労

コ　その他の症状

アからケについては，「生活と疾病」の〔指導項目〕の(2)で扱った症状を中心に扱い，コについては，理療施術による有効性が高いものを中心に扱う。

指導に当たっては，次の事項を順序立てて，生体観察を取り入れて具体的に扱う。

(ｱ)　診察（圧痛点の部位，筋緊張の部位及び症状部位と経絡等）

(ｲ)　治療法，適応と不適応，治療の限界及び治療計画等

(ｳ)　リスク管理及び専門医への紹介等

〔指導項目〕

(6)　主な疾患の理療施術
　ア　運動器系疾患
　イ　神経系疾患
　ウ　呼吸器系疾患
　エ　血液・循環器系疾患
　オ　消化器系疾患
　カ　泌尿・生殖器系疾患
　キ　内分泌系・代謝疾患
　ク　感染症
　ケ　その他の疾患

（内容の範囲や程度）

ウ　〔指導項目〕の(4)から(7)までについては，疾患ごとにその症状の機序や経過について，病態生理学と関連付けながら扱うとともに，施術の適応の判断ができるよう指導すること。

エ　〔指導項目〕の(5)及び(6)については，「生活と疾病」で取り上げる症状や疾患と関連付けて指導するとともに，健康指導，生活指導及び応急処置の方法も含めて指導すること。

ウについては，理療臨床で扱う疾患や症状について，「病態生理学」と関連付

けながら，適応の判断が適切にできる能力を養うとともに，健康増進や生活習慣病の予防を含め，あん摩・マッサージ・指圧，はり及びきゅうが適応する主な症状や疾患に対して適切に理療施術を行うことのできる知識と技術が身に付くよう指導する。エについては，「生活と疾病」における指導との関連を十分に考慮し，本科目では主な症状や疾患に対して適切な理療施術を行うという観点から扱い，一貫した指導を行うようにする。また，健康指導，生活指導及び応急処置の方法等についても「生活と疾病」との関連を踏まえて指導する。ここで取り上げる症状及び疾患は，臨床上扱うことが多いので，十分な指導が必要である。

(6) 主な疾患の理療施術

ここでは，科目の目標を踏まえ，主な疾患について適応の判断及び適応疾患に対する理療施術が適切に行える知識と技術を身に付けることをねらいとしている。

このねらいを実現するため，次の①から③までの事項を身に付けることができるよう，〔指導項目〕を指導する。

① 主な疾患の理療施術について理解するとともに，関連する技術を身に付けること。

② 主な疾患の理療施術について基本的な課題を発見し，適応の判断と関連付け，倫理観を踏まえて合理的かつ創造的に解決策を見いだすこと。

③ 主な疾患の理療施術について自ら学び，適切な施術を行う能力を目指してその実践に主体的かつ協働的に取り組むこと。

指導に当たっては，「生活と疾病」での学習を基礎として，治療法選択の重要な判断材料となる各疾患及びその症状の病態生理，軽快因子及び増悪因子をまとめて取り上げる。

今回の改訂では，疾患を取り扱う頻度が高いと考えられる順に並べ替え，関連する科目で並行して指導を進めることができるよう改めた。

ア　運動器系疾患

イ　神経系疾患

ウ　呼吸器系疾患

エ　血液・循環器系疾患

オ　消化器系疾患

カ　泌尿・生殖器系疾患

キ　内分泌系・代謝疾患

ク　感染症

ケ　その他の疾患

アからケについては，「生活と疾病」の〔指導項目〕の(5)で取り上げた疾患を中心に扱う。

ケについては，理療施術による有効性が高いものを中心に扱う。

指導に当たっては，次の事項を順序立てて，生体観察を取り入れて具体的に扱う。

(ｱ) 診察（圧痛点の部位，筋緊張の部位，疾患及び症状部位と経絡等）

(ｲ) 治療法，適応と不適応及び治療計画

(ｳ) リスク管理及び専門医への紹介等

なお，アにおいて脱臼及び骨折については，患部への施術が法的な制限行為であることを考慮し，これらの後遺症に対する施術方法を中心に扱う。

〔指導項目〕

(7) 高齢者に対する理療施術
ア　高齢者の心身機能の特徴
イ　高齢者の主な症状に対する理療施術
ウ　要支援・要介護高齢者に対する理療施術

（内容の範囲や程度）

ウ 〔指導項目〕の(4)から(7)までについては，疾患ごとにその症状の機序や経過について，病態生理学と関連付けながら扱うとともに，施術の適応の判断ができるよう指導すること。
オ 〔指導項目〕の(7)のウについては，特に，脳卒中モデル及び廃用症候群モデルのケアについて取り扱うこと。

ウについては，理療臨床で扱う疾患や症状について，「病態生理学」と関連付けながら，適応の判断が適切にできる能力を養うとともに，健康増進や生活習慣病の予防を含め，あん摩・マッサージ・指圧，はり及びきゅうが適応する主な症状や疾患に対して適切に理療施術を行うことのできる知識と技術が身に付くよう指導する。オについては，人口の急激な高齢化，在宅介護の必要性などから施術対象となるケースが多くなることが考えられ，重度な医療的対処が必要な患者よりも，軽症，未病の段階においてこそ理療の力を発揮する場合がある。脳卒中モデル及び廃用症候群モデルのケアも踏まえて，片麻痺(ひ)患者等のリハビリテーションについて理解を深めることが大切である。

(7) 高齢者に対する理療施術

ここでは，科目の目標を踏まえ，健康な高齢者及び要支援・要介護高齢者の理療施術について，適応の判断及び適応症状に対して理療施術が適切に行える知識

と技術を身に付けることをねらいとしている。

このねらいを実現するため，次の①から③までの事項を身に付けることができるよう，〔指導項目〕を指導する。

① 高齢者の理療施術について理解するとともに，関連する技術を身に付けること。

② 高齢者の理療施術についての基本的な課題を発見し，高齢者の心身特性や適応の判断と関連付け，倫理観を踏まえて合理的かつ創造的に解決策を見いだすこと。

③ 高齢者の理療施術について自ら学び，適切な施術を行う能力を目指してその実践に主体的かつ協働的に取り組むこと。

指導に当たっては，高齢者にとって，快適な日常生活を維持し，QOL（Quality of life）の向上を図る上で体調の調整維持療法としての理療施術の果たす役割が大きいこと，介護を必要としない健康高齢者の体調の維持が重要であることなど，社会の要請を十分に理解して対応できるよう指導する。今回の改訂では，介護保険の対象に要支援者も含まれることから，従前の「要介護高齢者」を「要支援・要介護高齢者」に改めた。

ア　高齢者の心身機能の特徴

老化の機序，高齢者の身体的特徴，高齢者の心理的特徴を中心に扱う。

イ　高齢者の主な症状に対する理療施術

認知症，排尿・排便障害及び咳・痰，動悸・息切れなどを中心に，各症状の病態，軽快因子及び増悪因子が，治療法選択の重要な判断材料となることから，これらをまとめて扱うとともに，次の事項を順序立てて，具体的に扱う。

(ア) 診察（圧痛点の部位，筋緊張の部位及び症状部位と経絡等）

(イ) 治療法，適応と不適応及び治療計画等

(ウ) リスク管理及び専門医への紹介等

ウ　要支援・要介護高齢者に対する理療施術

イを基本として，要支援・要介護者の運動機能，長期臥床者の褥瘡予防，各器官の機能維持を配慮した診察と治療を中心に扱う。

なお，地域の実態により，理療施術者が担当する対象も変わる可能性があることから，各学校で生徒の卒業後の状況を踏まえ，指導内容を検討する必要がある。

〔指導項目〕

(8) スポーツ領域における理療施術

　ア　スポーツ障害・外傷の一般

イ　スポーツ障害・外傷の予防と管理
ウ　主なスポーツ障害・外傷の理療施術

この指導項目は，健康な心身を保持増進するために注目される分野である。市民スポーツが広がりを見せている一方，アマチュア，プロフェッショナルを含めてレベルの高い競技スポーツも盛んになっている。そのなか理療施術が，スポーツを行う人の体調を整える上で有効であることから，スポーツ領域における理療施術の新たな発展が期待されるところである。

（内容の範囲や程度）

カ〔指導項目〕の(8)のウについては，応急処置及びテーピングの基本について取り扱うこと。

スポーツ障害・外傷への対応の一つとしてテーピングの基本的事項に指導の重点を置くとともに，スポーツ障害・外傷の予防と管理では，オーバーユース症候群，捻挫，肉離れに対する予防・管理の基本を指導する。また，生徒の進路希望に応じて，更に学習できるよう配慮することが大切である。

(8)　スポーツ領域における理療施術

ここでは，科目の目標を踏まえ，スポーツ領域における理療施術について，適応の判断及びスポーツ障害・外傷の予防並びに適応症状に対する理療施術が適切に行える知識と技術を身に付けることをねらいとしている。

このねらいを実現するため，次の①から③までの事項を身に付けることができるよう，〔指導項目〕を指導する。

①　スポーツ領域における理療施術について理解するとともに，関連する技術を身に付けること。

②　スポーツ領域における理療施術についての基本的な課題を発見し，適応の判断と関連付け，倫理観を踏まえて合理的かつ創造的に解決策を見いだすこと。

③　スポーツ領域における理療施術について自ら学び，適切な施術を行う能力を目指してその実践に主体的かつ協働的に取り組むこと。

ア　スポーツ障害・外傷の一般

スポーツ医学の役割，スポーツ障害・外傷の定義，スポーツ障害・外傷の分類，部位別のスポーツ障害・外傷（野球，テニス，中・長距離走等のスポーツ活動によるオーバーユース症候群），スポーツ障害・外傷に対する応急手当を中心に扱う。

イ　スポーツ障害・外傷の予防と管理

理療が，自律神経機能の調節作用を高めることにより，スポーツ選手のコンディションづくりに力を発揮する施術であることを理解させる観点から，筋疲労と筋肉痛の除去，筋緊張の緩解と筋柔軟性の獲得，筋力の増強，心身の調整，スポーツ前後の処置を中心に扱う。

ウ　主なスポーツ障害・外傷の理療施術

理療施術を行う場合，単に症状に対する治療のみでなく，生体の調節力を高める治療，未病に対する治療を総合して行うことが健康度を高める上で重要であることを理解させる。また，「生活と疾病」の〔指導項目〕の(5)のアで取り扱う障害・外傷を中心に，スポーツ障害・外傷に対する治療，適応と不適応，治療の限界，他の医療分野との関連，応急処置について扱う。

〔指導項目〕

(9)　産業衛生における理療施術
　ア　仕事と健康
　イ　事業所におけるあん摩マッサージ指圧師，はり師及びきゅう師の業務と役割
　ウ　主な職業起因性症状の理療施術

(9)　産業衛生における理療施術

ここでは，科目の目標を踏まえ，産業衛生における理療施術について対象者の健康管理と職業起因性症状に対する理療施術が適切に行える知識と技術を身に付けることをねらいとしている。

このねらいを実現するため，次の①から③までの事項を身に付けることができるよう，〔指導項目〕を指導する。

①　産業衛生における理療施術について理解するとともに，関連する技術を身に付けること。

②　産業衛生における理療施術についての基本的な課題を発見し，対象者の実態と関連付け，倫理観を踏まえて合理的かつ創造的に解決策を見いだすこと。

③　産業衛生における理療施術について自ら学び，適切な施術を行う能力を目指しその実践に主体的かつ協働的に取り組むこと。

指導に当たっては，不特定多数を対象とするのではなく，企業等の特定された対象集団において健康管理を適切に行うことができるようにすることが必要である。この場合，企業内等において健康管理を行ういわゆるヘルスキーパー（企業

内理療師）として信頼されるためには，施術に関する優れた知識や技術とともに，社会性や豊かな人間性などが求められるので，これらの点について扱う。

ア　仕事と健康

「疾病の成り立ちと予防」の〔指導項目〕の(2)，(4)及び(8)の学習を基礎に，職場とストレス，仕事と疲労を中心に扱う。

イ　事業所におけるあん摩マッサージ指圧師，はり師及びきゅう師の業務と役割

ヘルスキーパー（企業内理療師）の業務と役割を理解させる観点から，職場のストレス病，物的環境要因と身体的疲労の一般的な対策，職場における身体的疲労の一般的な予防策を中心に扱う。

ウ　主な職業起因性症状の理療施術

ヘルスキーパー（企業内理療師）が扱うことの多い主な職業起因性症状として頭痛，肩こり，肩の痛み，不眠，イライラ，目の疲れ，胃腸の不調，腰痛，膝痛，冷えなどを扱い取り上げ，それぞれについて，発症メカニズムの分析法，発症メカニズムによる理療施術の用い方，自己管理法（セルフケア）の概要について扱う。

7　地域理療と理療経営

この科目は，超高齢化を伴いながら人口減少が進む日本社会の課題と社会保障制度の動向について理解を深め，地域における多職種との連携・協働やチーム医療の大切さを学ぶとともに，地域包括ケアシステムにおける理療業務の意義と役割を自覚し，併せて，施術所の現代的経営の在り方を考える能力を養うことを目指している。

今回の改訂では，少子高齢社会の現状と課題及び医療・介護を中心とする社会保障制度改革の動向を踏まえた上で，地域における理療業務の意義や在り方を系統的かつ効率的に扱うことができるよう改善するとともに，地域医療の沿革と地域理療の概念を追加した。また，認定規則を踏まえ，療養費の受領委任払い制度を中心とする健康保険制度と理療業務との関連性を充実させるなど，指導項目の改善を行った。一方，従前の「理療と社会」で扱われていた「諸外国における鍼灸，徒手による施術」については，「医療と社会」の〔指導項目〕の(1)及び(3)と重複することから削除した。

(1) 目標

> 1　目　標
>
> 理療の見方・考え方を働かせ，地域理療及び理療経営に関する実践的・体験的な学習活動を通して，施術を行うために必要な資質・能力を次の

とおり育成することを目指す。

(1) 地域理療及び理療経営について体系的・系統的に理解するとともに，関連する技術を身に付けるようにする。

(2) 地域理療及び理療経営に関する課題を発見し，あん摩マッサージ指圧師，はり師及びきゅう師としての職業倫理を踏まえて合理的かつ創造的に解決する力を養う。

(3) 地域理療及び理療経営について，地域や社会を支えるあん摩マッサージ指圧師，はり師及びきゅう師を目指して自ら学び，適切かつ合理的な施術に主体的かつ協働的に取り組む態度を養う。

この科目においては，地域理療及び理療経営に関する実践的・体験的な学習活動を通して，あん摩マッサージ指圧師，はり師及びきゅう師が地域保健・医療・福祉の構成員として業務を円滑に行うための基礎的な知識を習得するとともに，その知識を適切に活用できるようにすることをねらいとしている。

目標の(1)は，地域理療と理療経営の本質を理解するとともに，施術所の開設準備から経営の実際に至る過程で求められる基礎的な知識や経営スキルが身に付くようにすることを意味している。

目標の(2)は，あん摩マッサージ指圧師，はり師及びきゅう師が従事する医療及び介護領域における制度上の課題を発見し，合理的かつ創造的に解決する力を養うことを意味している。

目標の(3)は，超高齢社会を迎えた地域における理療の意義と役割を自覚し，医療及び介護領域の関係機関や多職種と連携・協働して理療経営を実践する主体的かつ協働的に取り組む態度を養うことを意味している。

(2) 内容とその取扱い

① 内容の構成及び取扱い

この科目は，目標に示す資質・能力を身に付けることができるよう，(1)少子高齢社会と社会保障，(2)地域社会と理療，(3)地域理療の業務と社会保険，(4)理療と経営の四つの指導項目で構成し，2単位以上履修されることを想定している。また，内容を取り扱う際の配慮事項は次のように示されている。

（内容を取り扱う際の配慮事項）

3 内容の取扱い

(1) 内容を取り扱う際には，次の事項に配慮するものとする。

ア 指導に当たっては，「医療と社会」との関連に留意するとともに，地域社会における理療の役割と意義を理解できるようにすること。

内容を取り扱う際には，「医療と社会」の〔指導項目〕の(2)のイ及びウで扱う社会保障の概念や社会保険制度の概要の内容と関連付けながら指導するとともに，地域包括ケアシステムにおける理療の意義と役割を理解できるようにすることが重要である。

> イ　〔指導項目〕の(3)については，制度に関する基本的な考え方や法令遵守についても指導すること。

〔指導項目〕の(3)については，医療及び介護を中心とする社会保険制度に関する基本的な知識が身に付くよう扱うとともに，「医療と社会」の(6)のア及びイの内容と関連付けながら指導することが重要である。

②　内容

> 2　内　容
> 　1に示す資質・能力を身に付けることができるよう，次の〔指導項目〕を指導する。

〔指導項目〕

> (1)　少子高齢社会と社会保障
> 　ア　少子高齢化の現状と動向
> 　イ　医療保障と介護保障の現状と課題

(内容の範囲や程度)

> (2)　内容の範囲や程度については，次の事項に配慮するものとする。
> 　ア　〔指導項目〕の(1)のアについては，最新の統計や資料を踏まえて取り扱うこと。

指導に当たっては，関係機関等が発表する統計や資料を用意できるようにすることが大切である。

(1)　少子高齢社会と社会保障

ここでは，科目の目標を踏まえ，少子高齢社会の現状と課題及び医療・介護を中心とする社会保障制度に関する基本的な知識を理解し，地域理療と理療経営に活用できるようにすることをねらいとしている。

このねらいを実現するため，次の①から③までの事項を身に付けることができるよう，〔指導項目〕を指導する。

① 少子高齢社会の現状と社会保障の概要について理解し，関連する技術を身に付けること。

② 少子高齢社会と社会保障制度についての基本的な課題を発見し，日常の生活と関連付け，倫理観を踏まえて合理的かつ創造的に解決策を見いだすこと。

③ 少子高齢社会における社会保障制度について自ら学び，その解決策を考える学習に主体的かつ協働的に取り組むこと。

ア 少子高齢化の現状と動向

人口構造と高齢化の特徴，少子高齢化の要因，少子高齢社会と介護問題，少子高齢社会と社会保障を中心に扱う。指導に当たっては，人口，医療及び介護に関する最新の政府統計を踏まえる。

イ 医療保障と介護保障の現状と課題

社会保障制度の理念と枠組み，社会保険の一般，医療保険制度の概要，介護保険制度の概要を中心に扱う。

〔指導項目〕

(2) 地域社会と理療
　ア 地域医療の沿革
　イ 地域理療の概念
　ウ 地域社会の医療と介護

(2) 地域社会と理療

ここでは，科目の目標を踏まえ，地域医療の沿革と地域理療の概念を指導するとともに，地域社会における医療及び介護の現状と理療の意義・役割について理解し，地域理療と理療経営に活用できるようにすることをねらいとしている。

このねらいを実現するため，次の①から③までの事項を身に付けることができるよう，〔指導項目〕を指導する。

① 地域社会における理療の意義と役割について理解し，関連する技術を身に付けること。

② 地域社会における理療についての基本的な課題を発見し，理療の実践事例と関連付け，倫理観を踏まえて合理的かつ創造的に解決策を見いだすこと。

③ 地域における理療について自ら学び，その発展的な在り方や改善策に関す

る学習に主体的かつ協働的に取り組むこと。

ア　地域医療の沿革

地域保健・医療の概念，地域保健・医療の背景と動向を中心に扱う。

イ　地域理療の概念

地域理療の考え方，地域理療の意義と役割を中心に扱う。

ウ　地域社会の医療と介護

社会保障制度の課題，医療保険制度改革の動向，介護保険制度改革の動向，地域包括ケアシステムの概念を中心に扱う。

〔指導項目〕

(3) 地域理療の業務と社会保険 ア　理療業務と療養費 イ　理療業務と診療報酬 ウ　理療業務と介護報酬

(3) 地域理療の業務と社会保険

ここでは，科目の目標を踏まえ，施術所，医療機関，介護保険事業所で展開される理療業務と社会保険との関係性を理解し，地域理療と理療経営に活用できるようにすることをねらいとしている。

このねらいを実現するため，次の①から③までの事項を身に付けることができるよう，〔指導項目〕を指導する。

① 地域理療の業務と社会保険との関連性について理解するとともに，関連する技術を身に付けること。

② 地域理療の業務と社会保険との関連性についての基本的な課題を発見し，施術所，医療機関及び介護保険事業所における各業務と関連付け，倫理観を踏まえて合理的かつ創造的に解決策を見いだすこと。

③ 地域における理療業務と社会保険の仕組みや課題について自ら学び，その課題や発展的な在り方に関する学習に主体的かつ協働的に取り組むこと。

ア　理療業務と療養費

理療施術と健康保険，療養費の支給基準，受領委任払い制度を中心に扱う。

イ　理療業務と診療報酬

診療報酬制度，マッサージ療法の診療報酬，あん摩マッサージ指圧師とリハビリテーション料，混合診療の禁止を中心に扱う。

ウ　理療業務と介護報酬

機能訓練指導員とその業務，機能訓練指導員と介護報酬を中心に扱う。

〔指導項目〕

(4) 理療と経営 ア　経営の一般 イ　施術所の開設準備 ウ　障害者雇用と助成金制度 エ　経営の管理と運営 オ　経営の展開と実際

(内容の範囲や程度)

イ　〔指導項目〕の(4)については，経営の実際の基本的な事項を取り扱うこと。

経営学一般の基本的事項を踏まえた上で，地域理療を実践する観点を重視し，施術所経営の企画から業務管理に至る具体的な過程を，「理療臨床実習」の〔指導項目〕の(2)のウとの関連を図りながら，体験的な学習を取り入れるとともに，生徒自らにも考えさせるようにすることが大切である。また，地域医療や地域福祉と施術所経営との関連についても扱うようにする。

(4) 理療と経営

ここでは，科目の目標を踏まえ，施術所経営に必要な経営学一般の基本的事項とともに，施術所開設の企画から業務管理・運営に至る一連の過程を，関係法規等で学習した内容と関連付けながら具体的に理解し，地域理療と理療経営に活用できるようにすることをねらいとしている。

このねらいを実現するため，次の①から③までの事項を身に付けることができるよう，〔指導項目〕を指導する。

① 理療経営について理解するとともに，関連する技術を身に付けること。
② 理療経営についての基本的な課題を発見し，理療経営の事例と関連付け，倫理観を踏まえて合理的かつ創造的に解決策を見いだすこと。
③ 理療経営について自ら学び，模擬的な経営学習に主体的かつ協働的に取り組むこと。

ア　経営の一般

経営学の基本概念，施術所経営の特性を中心に扱う。

イ　施術所の開設準備

経営理念と運営方針の検討，開業地選定と需要分析，事業計画と資金計画，資金調達計画と融資制度，施術所の構造と施設・設備，健康保険の取扱い，従業員の雇用と待遇，施術所の開設届と保健所検査，開院と広告・宣伝，介護保険制度下における施術所経営を中心に扱う。

ウ　障害者雇用と助成金制度

障害者雇用率と障害者雇用納付金制度，障害者雇用のための助成金を中心に扱う。

エ　経営の管理と運営

施術記録の管理，リスク管理と事故賠償保険，労務管理と従業員教育，総合管理と営業分析を中心に扱う。

オ　経営の展開と実際

医療機関や保健医療福祉機関との連携，あん摩・マッサージ・指圧，鍼灸（しんきゅう）業務と税金，施術所経営の展開，訪問マッサージ業務の展開，機能訓練特化型デイサービスの展開を中心に扱う。

8　理療基礎実習

この科目は，臨床の基礎としてあん摩・マッサージ・指圧，はり及びきゅうの基礎的な技術を身に付けるとともに，「疾病の成り立ちと予防」，「生活と疾病」，「基礎理療学」及び「臨床理療学」で学習した知識，技術と関連付け，臨床を想定して医療面接，身体診察及び応用・総合施術等の統合化を図り，臨床の基礎を体験的・実践的に学習することを目指している。

今回の改訂では，衛生・安全管理を重視するとともに，「理療臨床実習」の〔指導項目〕の(1)から「医療面接実習」を移動させ，臨床をより意識した実習となるよう改善を行った。また，認定規則を踏まえ，臨床実習前施術実技評価を具体的に行うことを求めている。

(1) 目標

1　目　標

理療の見方・考え方を働かせ，臨床の基礎に関する実践的・体験的な学習活動を通して，施術を行うために必要な資質・能力を次のとおり育成することを目指す。

(1) 臨床の基礎について体系的・系統的に理解するとともに，関連する基礎的な技術を身に付けるようにする。

(2) 臨床の基礎に関する課題を発見し，あん摩マッサージ指圧師，はり師及びきゅう師としての職業倫理を踏まえて合理的かつ創造的に解決する力を養う。

(3) 臨床の基礎について，地域や社会を支えるあん摩マッサージ指圧師，はり師及びきゅう師を目指して自ら学び，適切かつ効果的な施術に主体的かつ協働的に取り組む態度を養う。

この科目においては，あん摩・マッサージ・指圧，はり及びきゅうの基礎的な技術と「疾病の成り立ちと予防」，「生活と疾病」，「基礎理療学」及び「臨床理療学」で育成した資質・能力を統合して活用することにより，理療の理論と技術とを結び付け，安全で適切な臨床の基礎を身に付けることを目指している。

目標の(1)は，理療施術の導入として，施術者としての基本的な態度・習慣を身に付けるとともに，あん摩・マッサージ・指圧，はり及びきゅうの実技の基本を確実に身に付けることを意味している。

目標の(2)は，臨床実習への導入の段階として，代表的な症状や疾患に対する施術を，評価と理論に基づいて，併用する療法とともに，実践的かつ適切に行うことにより，理療の基礎実技について課題を発見し，合理的かつ創造的に解決する力を養うことを意味している。

目標の(3)は，応用実習や総合実習を通してあん摩・マッサージ・指圧，はり及びきゅうの基礎的な技術の習熟を図るとともに，理療業務の役割やその広がりについて学び，適切かつ効果的な施術に主体的かつ協働的に取り組む態度を養うことを意味している。

(2) 内容とその取扱い

① 内容の構成及び取扱い

この科目は，目標に示す資質・能力を身に付けることができるよう，(1) 施術に必要な衛生と安全管理，(2) あん摩・マッサージ・指圧基礎実技実習，(3) はり基礎実技実習，(4) きゅう基礎実技実習，(5) 理療応用実技実習，(6) 理療総合実技実習の六つの指導項目で，「理療臨床実習」と合わせて23単位以上履修されることを想定して内容を構成している。

内容の構成は，あん摩マッサージ指圧師，はり師及びきゅう師の臨床領域で扱われる施術の基本が系統的かつ総合的に学習できるよう配慮してある。取扱いに当たっては，理論と実技を統合し，総合的な施術の考え方が身に付くよう，「疾病の成り立ちと予防」，「生活と疾病」，「基礎理療学」及び「臨床理療学」との関連に十分留意することが大切である。

また，この科目の基礎段階は，基本実技を反復練習する内容であるので，生徒が，常に技術習得への意欲をもって学習に取り組むことができるよう指導方法を工夫することが必要である。例えば，体表観察や刺鍼（しん）と施灸（きゅう）を織り交ぜるなどして授業の展開に変化をもたせたり，基礎実技の評価基準を創意工夫し，学習の到達度を客観的に示したりすることなどが考えられる。

（内容を取り扱う際の配慮事項）

> 3　内容の取扱い
> (1) 内容を取り扱う際には，次の事項に配慮するものとする。
> ア 〔指導項目〕の(1)については，この科目全体を通して習慣化されるよう取り扱うこと。ウについては，施術の過誤を予防するための適切な安全管理ができるように取り扱うこと。

〔指導項目〕の(1)については，施術者としての必要な資質が習慣化されるように，指導と評価を繰り返し，その定着を図ること。ウについては，この科目において指導を徹底することはもとより，学校生活の全般を通じて，指導に当たることが大切である。

> イ 〔指導項目〕の(2)から(4)までについては，他の科目と関連付けながら，基礎的な施術ができるよう指導すること。

〔指導項目〕の(2)から(4)までについては，特に，「生活と疾病」の〔指導項目〕の(1)，(2)，(4)，(7)及び(8)，「基礎理療学」の〔指導項目〕の(2)及び(3)，「臨床理療学」の〔指導項目〕の(3)から(9)との関連に留意して指導すること。

> ウ 〔指導項目〕の(5)及び(6)については，現代医学と東洋医学の両面から，病状を総合的に把握して，実際的な施術ができるよう指導すること。また，(5)のアについては，患者の立場に立ち，安全な施術を行うための心構えや実践的な能力が身に付くよう配慮すること。(6)のイについては，臨床実習前施術実技に関する評価を行うこと。

〔指導項目〕の(5)及び(6)については，模擬患者を設定し，医療面接をはじめ，診察・施術の実習が実践的に行えるよう計画すること。〔指導項目〕の(6)のイについては，施術者としての態度・習慣及び基礎的な実技の習熟の程度について形成的評価及び到達度評価を行うこと。

② 内容

2　内　容 　1に示す資質・能力を身に付けることができるよう，次の〔指導項目〕を指導する。

〔指導項目〕

(1)　施術に必要な衛生と安全管理 ア　施術室の管理 イ　施術者の衛生保持 ウ　リスク管理

（内容の範囲や程度）

(2)　内容の範囲や程度については，次の事項に配慮するものとする。 ア　〔指導項目〕の(1)については，消毒法や滅菌法の実際に重点を置いて取り扱うこと。

皮膚感染に関する具体的な事例を取り上げながら消毒の重要性を理解させた上で，特に，施術前後における手指消毒を習慣化できるようにする。

(1)　施術に必要な衛生と安全管理

ここでは，科目の目標を踏まえ，あん摩・マッサージ・指圧，はり及びきゅうの施術を行う上で基本となる施術室の管理と清潔保持の態度・習慣及び施術上注意すべき事項について理解し，理療施術が適切に行える能力の育成をねらいとしている。その際，施術者としての心構え，患者等に対する接し方の基本についても指導することが大切である。

このねらいを実現するため，次の①から③までの事項を身に付けることができるよう，〔指導項目〕を指導する。

① 施術に必要な衛生と安全管理について理解し，関連する技術を身に付けること。

② 施術に必要な衛生と安全管理についての多様な課題を発見し，他の科目で学習した内容と関連付け，倫理観を踏まえて合理的かつ創造的に解決策を見いだすこと。

③ 施術に必要な衛生と安全管理について自ら学び，臨床で求められる基礎的な技術の習熟を目指して主体的かつ協働的に取り組むこと。

ア　施術室の管理

施設・設備の管理の実際，施術室等の環境整備を中心に扱う。施設・設備の管理の実際の指導に当たっては，安全な動線を意識して施設・設備を整備するとともに，配置している機器の点検を含めて安全な環境が保持できるよう具体的に扱う。また，施術室等の環境整備の指導に当たっては，照明，清掃，ベッドメイク，施術道具の消毒・滅菌等の管理について具体的に扱い，施術室全体が衛生的な環境に保持できるようにする。

イ　施術者の衛生保持

衛生的手洗い，施術前後の手指消毒，施術者の消毒を中心に扱う。指導に当たっては，施術者から患者，患者から施術者，施術者を介して患者から患者への感染を予防できるよう，適切な手洗い・手指消毒・清拭の方法を具体的に指導するとともに，習慣化できるようにする。

ウ　リスク管理

施術に必要なリスク管理の実際と施術過誤の実態を中心に扱う。指導に当たっては，施術過誤の実態を踏まえて，安全な施術が行えるよう具体的に指導する。

〔指導項目〕

(2)　あん摩・マッサージ・指圧基礎実技実習
　ア　あん摩の基本手技と身体各部の施術
　イ　マッサージの基本手技と身体各部の施術
　ウ　指圧の基本手技と身体各部の施術

（内容の範囲や程度）

イ　〔指導項目〕の(2)については，運動法の基本等についても取り扱うこと。

各学校の指導体制や生徒の状況等を考慮し，関節モビライゼーション，カイロプラクティックなどその他の徒手による療法，テーピングの実際についても扱うよう配慮する。また，短時間で行うあん摩・マッサージ・指圧への需要が増大していることを踏まえ，マッサージ用の専用いすを使ったあん摩・マッサージ・指圧施術についても扱うことが大切である。

(2)　あん摩・マッサージ・指圧基礎実技実習

ここでは，科目の目標を踏まえ，あん摩・マッサージ・指圧の各基本手技及び運動法の基本について理解し，理療施術が適切に行える能力の育成をねらいとしている。

このねらいを実現するため，次の①から③までの事項を身に付けることができるよう，〔指導項目〕を指導する。

① あん摩・マッサージ・指圧の基本的な実技について理解するとともに，関連する技術を身に付けること。

② あん摩・マッサージ・指圧の基本的な実技についての多様な課題を発見し，臨床で求められる技術の習熟度と関連付け，倫理観を踏まえて合理的かつ創造的に解決策を見いだすこと。

③ あん摩・マッサージ・指圧の基本的な実技について自ら学び，臨床で求められる基礎実技の習熟を目指して主体的かつ協働的に取り組むこと。

指導に当たっては，基本手技と運動法について扱うとともに，手技療法の応用範囲に合わせて局所施術や全身施術ができるよう，時間的なまとまりに配慮すること。

ア　あん摩の基本手技と身体各部の施術

次の事項を中心に扱う。

(ア) 基本手技（按撫法，揉捏法，圧迫法，振戦法，叩打法，曲手，運動法）
(イ) 座位のあん摩（頸部，肩上部，肩甲部，背部，上肢部，頭部，顔面部）
(ウ) 側臥位のあん摩（頸部，肩上部，肩甲部，背腰部，仙骨部，殿部，上肢・手部，下肢・足部，頭部，顔面部）
(エ) 腹臥位のあん摩（背腰部，仙骨部，殿部，下肢部，足底部）
(オ) 背臥位のあん摩（前胸部，腹部，下肢部，顔面部）

イ　マッサージの基本手技と身体各部の施術

パウダーマッサージとオイルマッサージについて扱うとともに，具体的には，次の事項を中心に扱う。

(ア) 基本手技（軽擦法，揉捏法，圧迫法，振戦法，強擦法，按捏法，叩打法）
(イ) 上肢のマッサージ（手指，手部，手関節，前腕，肘関節，上腕，肩関節）
(ウ) 下肢のマッサージ（足指，足部，足関節，下腿，膝関節，大腿，殿部，股関節）
(エ) 背腰部のマッサージ（腰部，背部，肩甲部）
(オ) 頸肩部のマッサージ（肩甲帯，肩上部，頸部）
(カ) 胸腹部のマッサージ（前胸部，肋間部，乳房部，腹壁，腹部内臓），顔面部のマッサージ（表情筋，咀嚼筋，顎関節）
(キ) 結合織マッサージの基本手技（反射帯の検査法，擦過軽擦，カギ型軽擦）
(ク) 運動法の基本（他動運動，自動介助運動，自動運動，抵抗運動，伸張運動）

ウ　指圧の基本手技と身体各部の施術

次の事項を中心に扱う。

(ｱ) 基本手技（押圧の三原則，押圧の強弱段階，通常圧法，緩圧法，持続圧法，吸引圧法，衝圧法，振動圧法，運動操作）
(ｲ) 伏臥指圧法（背腰部，仙骨部，殿部，下肢部）
(ｳ) 仰臥指圧法（胸部，腹部，上肢部，下肢部，頭部，顔面部）
(ｴ) 正座指圧法（頸部，肩上部，上肢部）

〔指導項目〕

(3) はり基礎実技実習
ア　刺鍼の方法
イ　刺鍼の手技
ウ　特殊な鍼法

（内容の範囲や程度）

ウ　〔指導項目〕の(3)のウについては，小児鍼，皮内鍼，低周波鍼通電療法を中心に取り扱うこと。

各種の小児鍼及び皮内鍼の基本を留意点とともに扱う。また，低周波鍼通電療法については，機器の基本操作，通電中のリスク管理及びその臨床応用に重点を置いて指導する。

(3) はり基礎実技実習

ここでは，科目の目標を踏まえ，はりの基礎的・基本的事項から刺鍼の応用実技までを理解し，理療施術が適切に行える能力の育成をねらいとしている。

このねらいを実現するため，次の①から③までの事項を身に付けることができるよう，〔指導項目〕を指導する。

① はりの基本的な実技について理解するとともに，関連する技術を身に付けること。

② はりの基本的な実技について多様な課題を発見し，臨床で求められる技術の習熟度と関連付け，倫理観を踏まえて合理的かつ創造的に解決策を見いだすこと。

③ はりの基本的な実技について自ら学び，臨床で求められる技術を目指して主体的かつ協働的に取り組むこと。

刺鍼の実際においては，多様な種類の鍼を使用して指導すること。また，実習では，切皮痛や刺鍼時痛など，痛みを少なくする技術の習熟や出血を防止するための技術を身に付け，身体各部の構造的特徴と刺鍼によるリスクを踏まえ，安全で効果的な刺鍼が確実にできるよう，刺入の深さ，方向及び刺激量についても扱うとともに，不抜鍼，折鍼などの施術過誤への対策についても，その防止策とともに，処置の方法について扱うことが重要である。

ア　刺鍼の方法

鍼具の取扱いと管理，刺鍼前後における消毒の実際，前揉法と後揉法の実際，押し手と刺し手の実際，両手挿管法と片手挿管法の実際，管鍼法の実際，撚鍼法の実際を中心に扱う。

イ　刺鍼の手技

単刺術，雀啄術，旋撚術，置鍼術，回旋術，間欠術，屋漏術，振戦術，刺鍼転向法，その他の刺鍼手技，治療点への正しい刺鍼，刺鍼に伴うリスクの管理を中心に扱う。

ウ　特殊な鍼法

小児鍼法（皮膚鍼法），皮内鍼法，散鍼（浅表多鍼術），低周波鍼通電療法を中心にリスクを含めて扱う。

〔指導項目〕

(4)　きゅう基礎実技実習
ア　きゅう施術の基礎
イ　各種の施灸法とその実際

(4)　きゅう基礎実技実習

ここでは，科目の目標を踏まえ，きゅうの基礎的・基本的事項に関する実習から各種施灸法の実際までを理解し，理療施術が適切に行える能力の育成をねらいとしている。

このねらいを実現するため，次の①から③までの事項を身に付けることができるよう，〔指導項目〕を指導する。

①　きゅうの基本的な実技について理解するとともに，関連する技術を身に付けること。

②　きゅうの基本的な手技について多様な課題を発見し，臨床で求められる技術の習熟度と関連付け，倫理観を踏まえて合理的かつ創造的に解決策を見いだすこと。

③　きゅうの基本的な実技について自ら学び，臨床で求められる技術を目指して主体的かつ協働的に取り組むこと。

全盲生徒への指導に当たって，点火を含め独力で施灸できるように指導することはもとより，臨床において，施術補助者などに対し施灸技術を適切に指導できる能力を確実に養うことが大切である。なお，点火の指導に当たっては，生徒の視覚障害の状況に応じて，視覚障害者用として開発されている種々の点火用器具を活用するなどの工夫が必要である。

ア　きゅう施術の基礎

もぐさの品質と良否の鑑別，線香ともぐさの管理を中心に扱う。

イ　各種の施灸法とその実際

無痕灸の実際，有痕灸の実際，治療点への正しい施灸，施灸に伴うリスクの管理を中心に扱う。無痕灸では，知熱灸・間接灸を中心に，また，有痕灸の学習では，透熱灸を中心に，もぐさのひねり方と立て方，点火の方法，燃焼中の注意，施灸後の灰の処置について扱う。

〔指導項目〕

> (5) 理療応用実技実習
> 　ア　医療面接実習
> 　イ　評価と理学的検査の実際
> 　ウ　運動療法の応用
> 　エ　物理療法の応用

(5) 理療応用実技実習

ここでは，科目の目標を踏まえ，代表的な症状や疾患の評価・測定の方法及び理学的検査法の実際を扱い，理療施術に応用する運動療法及び物理療法の実際を理解し，理療施術が適切に行える能力の育成をねらいとしている。

このねらいを実現するため，次の①から③までの事項を身に付けることができるよう，〔指導項目〕を指導する。

①　理療応用実技について理解するとともに，関連する技術を身に付けること。

②　理療応用実技について多様な課題を発見し，臨床で求められる応用的な能力と関連付け，倫理観を踏まえて合理的かつ創造的に解決策を見いだすこと。

③　理療応用実技について自ら学び，臨床で求められる技術の習熟を目指して主体的かつ協働的に取り組むこと。

ア　医療面接実習

医療面接と問診の違い，患者理解のための情報収集，ラポールの確立と患者の感情への対応，患者教育と動機付け，言語的コミュニケーションと非言語的コミュニケーション，傾聴の態度とその技法，共感の態度とその技法，支持的態度とその技法，質問法（開かれた質問と閉ざされた質問），医療面接の実際を中心に扱う。

指導に当たっては，医療面接の技法とともに，施術者として適切な態度・習慣・身だしなみについても扱う。

イ　評価と理学的検査の実際

バイタルサインの測定の実際，関節可動域検査の実際，徒手筋力検査の実際，肢長・周径測定の実際，反射検査の実際，片麻痺機能評価の実際，腰の痛みに対する理学的検査の実際，主な関節の痛みに対する理学的検査の実際，下肢の痛みに対する理学的検査の実際，頸肩腕痛に対する理学的検査の実際を中心に扱う。指導に当たっては，安全で適切な評価ができるよう，診察手技や測定方法について視覚障害のある施術者に配慮した工夫が必要である。

ウ　運動療法の応用

関節可動域訓練の実際，筋力増強訓練の実際，筋弛緩訓練と筋ストレッチングの実際，片麻痺の機能回復訓練の実際，腰の痛みに対する運動療法の応用，主な関節の痛みに対する運動療法の応用，下肢の痛みに対する運動療法の応用，頸肩腕痛に対する運動療法の応用を中心に扱う。また，各学校の状況に応じ，関節モビライゼーション，PNF（Proprioceptive Neuromuscular Facilitation）等の実際についても扱うよう配慮する。また，手を当てる位置や把持の方法など，基礎・基本を中心に扱うとともに，臨床の場で患者に指導できるよう，模擬患者を想定して実習する。

エ　物理療法の応用

温熱・水治療法の実際，光線療法の実際，電気療法の実際，牽引療法の実際を中心に扱う。指導に当たっては，併用する物理療法について，安全な危機の操作方法，施術過誤を含める。

〔指導項目〕

(6) 理療総合実技実習
　ア　総合実技の基礎
　イ　主要症状・疾患に対する総合実技実習

（内容の範囲や程度）

エ　〔指導項目〕の(6)のイについては，臨床実習への導入として位置付け，「臨床理療学」の〔指導項目〕の(5)及び(6)で取り上げる症状や疾患に対する施術の実際を取り扱うこと。

(6) 理療総合実技実習

ここでは，科目の目標を踏まえ，臨床実習の前段階として，理療施術への多様なニーズに適切に対応できる実践力を養う観点から，理論と実技を総合する態度の定着を図るとともに，あん摩・マッサージ・指圧実技，はり実技及びきゅう実技と応用実技とを総合した施術が実践できるようにすることをねらいとしている。

地域の施術所で受療した体験，模擬臨床実習の実施，校内臨床室での実習見学など，体験的に学習できる機会の確保に努め，施術の実践感覚を身に付けるとともに，代表的な症状・疾患に対する施術への理解を図るようにすることが大切である。

このねらいを実現するため，次の①から③までの事項を身に付けることができるよう，〔指導項目〕を指導する。

① 理療の総合実技について理解するとともに，総合的な技術を身に付けること。

② 理療の総合実技についての多様な課題を発見し，臨床で求められる応用的な能力と関連付け，倫理観を踏まえて合理的かつ創造的に解決策を見いだすこと。

③ 理療の総合実技について自ら学び，理療施術の実践力の定着を目指して主体的かつ協働的に取り組むこと。

また，「臨床理療学」と関連させながら，模擬患者を想定して体験的に扱う。

ア 総合実技の基礎

総合施術の基本原則（有熱時に対する施術原則，局所炎症に対する施術原則，関節拘縮に対する施術原則，体性神経症状に対する施術原則，自律神経症状に対する施術原則，虚・実と補・瀉(しゃ)），医療面接の実際，現代医学的な診察と施術の構成，東洋医学的な診察と施術の構成，リスク管理の実際を中心に扱う。

イ 主要症状・疾患に対する総合実技実習

健康の保持増進のための総合施術，主な症状（頭痛，肩こり，腰痛，膝(ひざ)痛など）に対する総合施術，主な疾患（片麻痺(ひ)，腱鞘(けんしょう)炎，捻挫の後遺症など）に対する総合施術，要介護高齢者に対する総合施術，スポーツ領域における総合施術，産業衛生における総合施術を中心に扱う。

9 理療臨床実習

この科目は，理療科に属する各科目で育成した資質・能力を臨床実習で活用することにより，基本的な臨床に関わる実践力を身に付けるとともに，理療科に属する全ての科目を関連付け，統合化を図り理療業務の意義と役割を体験的に理解させることにより，プライマリ・ケアの一翼を担う職業人としての基本的な態度を確立することを目指している。

今回の改訂では，国民の期待に応えられる臨床力の向上を目指した認定規則の改正を踏まえ，臨床実習の一層の充実を目指して学習内容を整理するなどの改善を行った。

(1) 目標

> 1　目　標
>
> 理療の見方・考え方を働かせ，臨床に関する実践的・体験的な学習活動を通して，施術を行うために必要な資質・能力を次のとおり育成することを目指す。
>
> (1) 臨床について体系的・系統的に理解するとともに，関連する技術を身に付けるようにする。
>
> (2) 臨床に関する課題を発見し，あん摩マッサージ指圧師，はり師及びきゅう師としての職業倫理を踏まえて合理的かつ創造的に解決する力を養う。
>
> (3) 臨床について，地域や社会を支えるあん摩マッサージ指圧師，はり師及びきゅう師を目指して自ら学び，適切かつ合理的な施術に主体的かつ協働的に取り組む態度を養う。

この科目においては，理療に属する各科目で育成した資質・能力を統合して活用することにより，理療の理論と技術を結び付け，適切で効果的な臨床の実践力を身に付けることをねらいとしている。

目標の(1)は，臨床における実践的・体験的な学習活動を通して，施術対象者，臨床施設・設備，社会資源を理解し，理療に属する各科目で習得した知識と技術の統合を図るとともに，施術を実践する際のリスクマネジメントを踏まえた知識と技術も身に付けられるようにすることを意味している。

目標の(2)は，臨床における理療施術の対象者が抱えている様々な健康課題について，対象の理解を基盤とした上で必要な施術を探求し，職業倫理の原則，施術の科学的根拠，現代医療との関わり，社会資源の活用，対象の多様な価値観の尊重と意思決定の支援などを踏まえて解決する力を養うことを意味している。

目標の(3)は，多様な健康課題の解決に当たっては，臨床における実践的・体験的な学習活動を通して，あん摩マッサージ指圧師，はり師，きゅう師の職業倫理，生命倫理，人権尊重などに基づく望ましい施術者観を醸成し，あん摩マッサージ指圧師，はり師，きゅう師の果たすべき役割を踏まえ，保健医療福祉に関わる多職種と連携・協働し，主体的に臨床の実践に取り組む態度を養うことを意味している。

(2) 内容とその取扱い

① 内容の構成及び取扱い

この科目は，目標に示す資質・能力を身に付けることができるよう，(1) 校内実習，(2) 校外実習の二つの指導項目で，4単位以上履修されることを想定して内容を構成している。また，内容を取り扱う際の配慮事項は次のように示されている。

（内容を取り扱う際の配慮事項）

> 3　内容の取扱い
>
> (1) 内容を取り扱う際には，次の事項に配慮するものとする。
>
> ア　指導に当たっては，治療技術的な側面のみならず，インフォームド・コンセントや患者の秘密保持，カルテ等の適切な管理方法など，あん摩マッサージ指圧師，はり師及びきゅう師としての倫理観や職業観を培うことに配慮すること。

内容を取り扱う際には，理療業務への多様なニーズに対応できる基礎的な技能が体験的に習得できるように留意する。

アについては，「医療と社会」の〔指導項目〕の (4) 及び (6) と関連させ，インフォームド・コンセント，インフォームド・チョイス，インフォームド・ディシジョンを重視し，常に，情報提供に努め，患者や利用者の選択と決定を尊重して施術を行う態度を習慣化させるとともに，患者の秘密保持，カルテ等の適切な管理方法などについて，校内実習と校外実習の全過程にわたって指導を徹底することが大切である。また，患者の立場に立った実習の心構えや実践的な能力が身に付くよう配慮することが重要である。

他の科目との関連のうち，〔指導項目〕の (2) では，「地域理療と理療経営」で扱う内容を実際的に体験できるよう配慮することが重要である。

> イ　地域の保健・医療・福祉機関との連携を図りながら，実際的に理解できるように指導すること。

各学校に付置されている臨床実習室を，地域医療の一機関として機能させ，関連施設との間で，具体的なケースについて双方向の情報交換を行うなどの連携を図る体制を整えるよう努力することが大切である。なお，臨床実習施設について

「施術所としての届出」を行う必要がある。

ウ　校内実習と校外実習の履修学年や授業時数の配当については，生徒の実態や実習・見学施設の状況等により弾力的に取り扱うこと。

教育課程の編成に当たっては，学校ごとの教育方針や生徒及び地域の実態等を考慮しながら，校内実習と校外実習の履修学年や授業時数の配当を弾力的に行うことが大切である。

エ〔指導項目〕の(2)については，理療の実践に適した施設等を選定し，当該施設等との十分な連絡調整を図ること。

理療業務や生徒個々の進路希望との関連を考慮し，適切な施設を選定するとともに，当該施設に対し，実際に体験できる機会が多く得られるよう理解と協力を求めながら，計画的に進めることが重要である。なお，当該施設との連携・調整を図るために担当者を位置付けることが大切である。

②　内容

2　内　容
　1に示す資質・能力を身に付けることができるよう，次の〔指導項目〕を指導する。

〔指導項目〕

(1) 校内実習
　ア　施術者と施術対象
　イ　施術の実際
　ウ　カルテの記載と管理
　エ　症例検討

(内容の範囲や程度)

(2) 内容の範囲や程度については，次の事項に配慮するものとする。
　ア〔指導項目〕の(1)については，生徒の臨床実習の習熟の程度に応じて適切な症例を選択するとともに，きめ細かな指導を行うことができるよう指導体制等に配慮すること。エについては，病態の把握，適応の判断，施術法や施術効果の検討，リスクの検討などを取り扱うこと。

〔指導項目〕の(1)の範囲や程度については，「臨床理療学」の〔指導項目〕の(5)に掲げた症状を有する症例を中心に取り扱うとともに，脳卒中モデル及び廃用症候群モデルのケアも踏まえて，片麻痺患者等のリハビリテーションについても具体的に指導する必要がある。また，臨床実習の習熟度に応じた全体の年間指導計画を作成するとともに，生徒の多様な臨床能力の実態に対応できるようきめ細かな指導を徹底して行う体制を整備することが大切である。エについては，臨床で具体的に施術している症例を取り上げ，病態把握の考え方，適応の判断の視点，施術計画の作成，施術法や施術効果の検討，個々の症例に応じたリスクマネジメントを実践的に扱うようにする。

(1) 校内実習

ここでは，科目の目標を踏まえ，「生活と疾病」，「基礎理療学」，「臨床理療学」及び「理療基礎実習」で学習した知識と技術を統合し，患者を対象にして医療面接，身体診察，施術，カルテの記入等を実践的・体験的に学習すること通じて，適切で効果的な臨床の実践力を身に付けることをねらいとしている。

また，患者の権利の擁護と意思決定を支援するとともに，施術の臨床に関する技術の習熟を図り，対象者の疾病の予防と治療，健康の保持増進を目指す理療施術の課題を発見し，あん摩マッサージ指圧師，はり師及びきゅう師の職業倫理と理療施術の役割を踏まえて自ら学び，施術の臨床に主体的かつ協働的に取り組むことができるようにすることをねらいとしている。

このねらいを実現するため，次の①から③までの事項を身に付けることができるよう，〔指導項目〕を指導する。

① 校内実習における理療の施術について理解するとともに，関連する技術を身に付けること。

② 校内実習における理療の施術についての多様な課題を発見し，他の医療資源と関連付け，倫理観を踏まえて合理的かつ創造的に解決策を見いだすこと。

③ 校内実習における理療の施術について自ら学び，人々の健康の保持増進及び疾病の治療を目指して，主体的かつ協働的に取り組むこと。

指導に当たっては，施術者としての基本的な態度を実践的・具体的に指導するとともに，施術を希望している対象者について，初診の面接から施術終了までが完結できる技能を，体験的かつ段階的に指導する。今回の改訂では，「模擬患者との医療面接実習」について「理療基礎実習」に移動し，この科目では，初診の医療面接，経過の医療面接を実践的に学ぶこととした。

ア　施術者と施術対象

医療面接及び身体診察を通して対象者の理解が深まるようにする。

医療面接の指導に当たっては，実践を通してその技法の習熟を図り，受療の動悸や病態・症状に対する患者の解釈モデル等を明らかにし，良好な患者・施術者関係を築き患者理解が深められるようにする。身体診察の指導に当たっては，医療面接の結果を踏まえて身体診察の範囲を判断し，安全で正確な診察所見が得られるようにする。

また，医療面接と身体診察の結果を踏まえて病態を推定し，適応の判断を明確にしてインフォームド・コンセント，インフォームド・チョイス，インフォームド・ディシジョンの理念を踏まえて施術計画を患者に説明できるようにする。

具体的には，施術者としての態度と心構え，施術対象者（患者，健康の保持増進を目的とする施術対象者，子ども，高齢者など）の取扱い，主な症状（頭痛，肩こり，肩関節痛，頸肩腕痛，腰痛，腰下肢痛，膝痛，高血圧，低血圧，心身の疲労等），主な疾患（片麻痺，狭心症，糖尿病，慢性関節リウマチ，気管支喘息，アレルギー疾患，末梢神経麻痺，筋膜炎，腱鞘炎，捻挫の後遺症等）を中心に扱う。

イ　施術の実際

指導に当たっては，施術計画に基づき施術を実践し，その効果について，直後効果，持続効果，累積効果の観点から検討する。施術効果の評価には，VAS（Visual Analogue Scale）や各種の評価方法を活用し，客観的な評価ができるよう指導する。評価の結果，効果がみられない場合には病態把握，適応の判断，施術間隔，患者の生活上の課題，施術者の技術的課題等の観点で施術計画を再検討することが必要である。また漫然と効果が少ない施術を継続したり，頻回・過剰な施術になったりしないよう留意することも大切である。

具体的には，施設・設備の点検，衛生保持，清潔の保持と消毒・滅菌の実施，医療面接の実施，診察・評価の実施と施術計画の立案，施術計画に基づいた施術の実施，経過の観察と再評価の実施を中心に扱う。

なお，視覚障害があっても安全で衛生的な環境整備，衛生的手洗い，速乾性消毒剤の適正な使用方法が身に付くよう指導方法を工夫し，その定着を図ることが大切である。

ウ　カルテの記載と管理

過誤・事故が発生し，訴訟に至ったときに，客観的な証拠として役に立つようなカルテの記載が求められていることから，正確な記録をつける習慣が身に付くようにする。具体的には，施術に関するカルテ記録の記入法，カルテ記録の保管と管理の方法を中心に扱う。

エ　症例検討

臨床で具体的に施術している症例を取り上げ，病態把握の考え方，適応の判断の視点，施術計画の作成，施術法や施術効果の検討，個々の症例に応じたリスクマネジメントを実践的に扱う。また，「生活と疾病」では取り上げられていない難治性疼痛やフレイル，ロコモティブ症候群についても，患者の受療動向や社会の変化を踏まえて扱うことが考えられる。

〔指導項目〕

> (2) 校外実習
> 　ア　校外実習の意義
> 　イ　校外実習の実際
> 　ウ　経営実習の実際

（内容の範囲や程度）

> イ 〔指導項目〕の(2)のイについては，多様な理療関連業務を理解するための施設見学や生徒の進路希望に対応した実習ができるように計画すること。ウについては，施術所経営に関する実際的な基礎的な知識が養われるように，臨床経験の豊富な者の話や施術所見学，模擬経営実習などを通して，保険の取扱いの実際を含めて具体的に指導すること。

〔指導項目〕の(2)のイについては，理療関連業務を幅広く理解するために，ホームルームや学年単位による施設見学と進路希望に応じた個別の見学・実習に分け，履修時期を考慮して計画することが大切である。特に後者は，多様な価値観や経験をもつ人たちと触れ合う環境の中で自己を磨く貴重な機会であるから，十分な時間を確保するように配慮する。ウについては，臨床経験の豊富な人の講演会を開いたり，施術所見学や模擬経営実習を行ったりするなどして，保険の取扱いを含めた施術所経営に関する具体的な知識を養うとともに，実習先と連携して生徒個々の進路希望に応じた実際的な技術指導も行うこと。

(2)　校外実習

ここでは，科目の目標を踏まえ，多様な理療業務について，体験を通して理解し，自己の進路について具体的に考えることができるようにすることをねらいとしている。

このねらいを実現するため，次の①から③までの事項を身に付けることができるよう，〔指導項目〕を指導する。

① 校外実習における理療の施術について理解し，関連する技術を身に付けること。

② 校外実習における理療の施術についての多様な課題を発見し，倫理観を踏まえて合理的かつ創造的に解決策を見いだすこと。

③ 校外実習における総合的な理療の施術ついて自ら学び，人々の健康の保持増進及び疾病の治療を目指して，主体的かつ協働的に取り組むこと。

校外実習の意義と目的を十分理解させた上で，保健，医療，福祉，産業衛生などの領域における多様な理療業務の見学・実習を行うとともに，施術所経営に関する基礎的な知識や生徒個々の進路希望に応じた技術指導についても扱う。

ア　校外実習の意義

校外実習の意義，理療業務への理解の深化，理療従事者として求められる人間性，社会性の育成，進路選択の動機付けを中心に扱う。

指導に当たっては，臨床実習の習熟度に応じた全体の年間指導計画を作成する中で，生徒の多様な臨床能力の実態に対応できるようきめ細かな指導を徹底して行う体制を整備し，実習先と連携して指導することが大切である。

イ　校外実習の実際

事前オリエンテーションの実施，理療施術所の見学・実習，病院・診療所の見学・実習，高齢者保健・福祉施設の見学・実習，ヘルスキーパー（企業内理療師）業務の見学・実習，体験発表会の開催，個々の生徒の進路希望に応じた技術指導を中心に扱う。

ウ　経営実習の実際

施術所の見学・実習，模擬経営実習を中心に扱う。

10 理療情報

この科目は，理療の実践に必要な情報と情報技術を理解して適切に活用し，理療における課題の解決を効果的に行う資質・能力を育成するものであり，理療科に属する各科目と関連付けて学習することが重要である。

今回の改訂では，社会の変化への対応として，理療科における情報の活用と管理，理療における課題解決を位置付けるとともに，学習内容を整理するなどの改善を行った。

(1) 目標

> 1　目　標
>
> 理療の見方・考え方を働かせ，理療情報に関する実践的・体験的な学習活動を行うことなどを通して，施術を行うために必要な資質・能力を

第3章
視覚障害者の
専門教科・科目

次のとおり育成することを目指す。
(1) 理療情報について体系的・系統的に理解するとともに，関連する技術を身に付けるようにする。
(2) 理療情報に関する基本的な課題を発見し，あん摩マッサージ指圧師，はり師及びきゅう師としての職業倫理を踏まえて合理的かつ創造的に解決する力を養う。
(3) 理療情報について，地域や社会を支えるあん摩マッサージ指圧師，はり師及びきゅう師を目指して自ら学び，人々の健康の保持増進及び疾病の治療に関する課題解決に主体的かつ協働的に取り組む態度を養う。

この科目においては，情報社会の進展に応じた情報と情報技術に関する知識と技術を習得し，理療の実践に適切に活用できるようにすることをねらいとしている。

目標の (1) は，理療の実践に必要な保健医療福祉に関わる情報と個人情報及び，それらを実際の理療で活用するための知識と技術を身に付けるようにすることを意味している。

目標の (2) は，理療の実践に必要な多職種で共有する情報と情報活用に関する課題について，医療情報に関する法・制度，情報セキュリティ，職業倫理を踏まえて解決する力を養うことを意味している。

目標の (3) は，理療の実践に当たっては，情報と情報技術の適切な活用に努めて多職種との連携・協働の円滑化を図るとともに，情報の管理や取扱いに責任をもち理療における健康の保持増進と疾病の治療の課題解決に主体的かつ協働的に取り組む態度を養うことを意味している。

(2) 内容とその取扱い

① 内容の構成及び取扱い

この科目は，目標に示す資質・能力を身に付けることができるよう，(1) 情報社会の倫理と責任，(2) 理療における情報の活用と管理，(3) 理療における課題解決の三つの指導項目で構成し，履修単位数については，各学校で適切に定める。また，内容を取り扱う際の配慮事項は次のように示されている。

(内容を取り扱う際の配慮事項)

3 内容の取扱い
(1) 内容を取り扱う際には，次の事項に配慮するものとする。
ア 多様な題材やデータを取り上げ，情報技術の進展に応じた演習などを通して，生徒が情報及び情報ネットワークを適切に活用できるよう，情報の信頼性を判断する能力及び情報モラルを育成すること。

この科目の指導に当たっては，情報社会における倫理と個人の責任に基づき，保健医療福祉分野の情報を適切に取り扱う（情報収集・分析・管理）とともに，理療科に属する各科目の学習と関連付けて課題解決を図る学習を通して，理療臨床実習における実際の情報を責任をもって取り扱う能力を育てるように指導することが大切である。

② 内容

2 内 容
　1に示す資質・能力を身に付けることができるよう，次の〔指導項目〕を指導する。

〔指導項目〕

(1) 情報社会の倫理と責任
　ア 情報社会の特徴
　イ 情報社会の倫理
　ウ 情報を扱う個人の責任

（内容の範囲や程度）

(2) 内容の範囲や程度については，次の事項に配慮するものとする。
　ア 〔指導項目〕の(1)については，個人のプライバシーや著作権を含む知的財産の保護，個人における情報の管理や発信に関する責任について，法令と関連付けて取り扱うこと。

(1) 情報社会の倫理と責任

ここでは，情報社会の進展に応じた情報と情報技術の理解を基に，個人情報や著作権などの取扱いについて関係法規を遵守するとともに望ましい倫理観を身に付け，日常生活において情報と情報技術を適切に活用できるようにすることをねらいとしている。

このねらいを実現するため，次の①から③までの事項を身に付けることができるよう，〔指導項目〕を指導する。

① 情報社会の倫理と責任について理解するとともに，関連する技術を身に付

けること。

② 情報社会の倫理と責任についての基本的な課題を発見し，あん摩マッサージ指圧師，はり師及びきゅう師としての倫理観を踏まえて合理的かつ創造的に解決策を見いだすこと。

③ 情報社会の倫理と責任について自ら学び，適切な情報の取扱いに主体的かつ協働的に取り組むこと。

ア　情報社会の特徴

情報技術の発展によって変化を続ける情報社会の現状と課題について扱う。日常生活の便利さとともに個人情報の漏えいや著作権の侵害などの事例を取り上げ，考察する学習活動を取り入れる。

イ　情報社会の倫理

情報社会で求められる倫理観や関連する法・制度について扱う。情報通信ネットワークによる多様なコミュニケーション手段の特徴を踏まえて適切に活用することや，個人と世界が直接つながる情報社会における倫理観の醸成の重要性について，身近な事例を取り上げ，考察する学習を取り入れる。

ウ　情報を扱う個人の責任

個人による不適切な情報発信や情報管理の影響が拡大し，情報を扱う個人に大きな責任が生じている現状について扱う。情報の発信や漏えいなどによって，他の人を傷つけたり，経済的な損失を与えたりした場合は，刑事罰や民事罰及び賠償の対象ともなることを関係法規とともに扱う。

〔指導項目〕

(2) 理療における情報の活用と管理
　ア　保健医療福祉分野の情報
　イ　情報システムの特徴
　ウ　情報の活用
　エ　情報の管理

（内容の範囲や程度）

イ 〔指導項目〕の(2)については，保健医療福祉関係者で共有する情報通信ネットワークの特徴と活用について，地域の実例などを取り扱うこと。また，業務における情報セキュリティの重要性について法令と関連付けて取り扱うこと。

(2) 理療における情報の活用と管理

ここでは，保健医療福祉分野では様々な個人情報を扱うとともに，多職種との情報共有が重要であることを踏まえ，情報の活用と管理について関係法規を遵守し，倫理観を踏まえて適切に行えるようにすることをねらいとしている。

このねらいを実現するため，次の①から③までの事項を身に付けることができるよう，〔指導項目〕を指導する。

① 理療における情報の活用と管理について理解するとともに，関連する技術を身に付けること。

② 理療における情報の活用と管理についての基本的な課題を発見し，あん摩マッサージ指圧師，はり師及びきゅう師としての倫理観を踏まえて合理的かつ創造的に解決策を見いだすこと。

③ 理療における情報の活用と管理について自ら学び，理療に主体的かつ協働的に取り組むこと。

ア 保健医療福祉分野の情報

保健医療福祉分野における情報の特徴として，理療の対象の様々な個人情報を連携・協働する多職種と共有する現状について扱うとともに，理療の質の向上に資する統計資料や研究データ，論文などについて扱う。

イ 情報システムの特徴

保健医療福祉分野における情報システムとして，理療の対象の個人情報をはじめ，様々な情報を多職種と共有し，健康支援に適切かつ効果的に活用している現状について，理療臨床実習などの事例を取り上げて扱う。また，療養の場の多様性に応じたシステムの特徴，業務における情報セキュリティと関係法規についても取り上げる。

ウ 情報の活用

理療における健康問題の発見から解決の過程において，多職種が発信する情報を互いに適切かつ効果的に活用することによって，問題解決の円滑化につながることを取り上げる。また，理療の対象への情報提供の現状についても取り上げる。

エ 情報の管理

理療の業務として個人情報を扱う場合は，あん摩マッサージ指圧師，はり師，きゆう師等に関する法律第7条の2に基づく守秘義務及び個人情報保護法を遵守しなければならないこと及び使用する情報システムは現状に応じたセキュリティ対策を講じなければならないことを取り上げる。

〔指導項目〕

> (3) 理療における課題解決
> 　ア　課題に応じた情報収集
> 　イ　情報分析と解決方法
> 　ウ　情報の発信方法

(内容の範囲や程度)

> ウ 〔指導項目〕の(3)については，生徒が主体的に課題を設定して，情報を集め分析し，課題の解決に向けてモデル化，シミュレーション，プログラミングなどを行い，情報デザインなどを踏まえた発信方法を考え，協議する演習などを行うこと。

(3) 理療における課題解決

ここでは，理療に関わる課題の発見から解決の過程において，進展する情報及び情報技術を適切かつ効果的に活用できるようにすることをねらいとしている。

このねらいを実現するため，次の①から③までの事項を身に付けることができるよう，〔指導項目〕を指導する。

① 理療における課題の発見から解決の過程について理解するとともに，関連する技術を身に付けること。

② 理療における基本的な課題を発見し，倫理観を踏まえ情報及び情報技術を適切かつ効果的に活用して解決策を見いだすこと。

③ 理療における課題の発見から解決の過程について自ら学び，情報及び情報技術の適切かつ効果的な活用に主体的かつ協働的に取り組むこと。

ア　課題に応じた情報収集

理療における課題に応じた情報収集の視点（信頼性，標準性，公平性，国際性など）と収集の方法（文献検索，統計資料など）について扱う。

イ　情報分析と解決方法

理療における課題に応じた情報の分析と解決方法として，統計処理の手法やモデル化，シミュレーションなどを取り上げる。また，必要に応じて思考過程をアルゴリズムで整理する学習活動を行う。

ウ　情報の発信方法

理療における課題に応じた情報の発信方法として，対象や内容に応じた情報デザインやプレゼンテーションを考察し，互いに発表するなどの学習活動を取り入れる。

11 課題研究

この科目は，生徒の多様な実態に応じて個々の生徒の特性や進路希望などに即した教育活動を一層適切に進めるとともに，理療で学んだ知識，技術などを基に，健康の保持増進と疾病の治療に関する課題を発見し，解決策を探究して創造的に解決するなど，理療を通じ，地域や社会の保健・医療・福祉を支え，人々の健康の保持増進を担う職業人として必要な資質・能力を一層高めることを主眼としたものである。

今回の改訂では，職業資格の取得については，職業資格への理解を深める視点から，職業資格を取得する意義，職業との関係などに関して探究する学習活動を取り入れるようにするなど改善を図った。

(1) 目標

1　目　標

理療の見方・考え方を働かせ，実践的・体験的な学習活動を行うことなどを通して，地域や社会の保健医療福祉を支え，人々の健康の保持増進を担う職業人として必要な資質・能力を次のとおり育成することを目指す。

(1) 理療について体系的・系統的に理解するとともに，相互に関連付けられた技術を身に付けるようにする。

(2) 理療に関する課題を発見し，あん摩マッサージ指圧師，はり師及びきゅう師として解決策を探究し，科学的な根拠に基づいて創造的に解決する力を養う。

(3) 課題を解決する力の向上を目指して自ら学び，適切かつ合理的な施術に主体的かつ協働的に取り組む態度を養う。

この科目においては，理療を適切に行い保健医療福祉における社会的責任を果たす視点をもち，理療に関する基礎的・基本的な学習の上に立って，理療に関する課題を生徒が自ら設定し，主体的かつ協働的にその課題を探究し，課題の解決を図る実践的・体験的な学習活動などを通して，地域や社会の保健医療福祉を支え人々の健康の保持増進を担うため，理療について，組織の一員としての役割を果たすことができるようにすることをねらいとしている。

目標の(1)は，理療の学習で身に付けた知識と技術について，理療に即して深化・総合化を図り，課題の解決に生かすことができる知識と技術を身に付けるようにすることを意味している。

目標の(2)は，唯一絶対の答えがない理療にあって，深化・総合化された知識，技術などを活用し，理療に関する課題を発見するとともに，理療が社会に及ぼす影響を踏まえ，保健医療福祉の動向，理療に関する理論，データ，成功事例や改善を要する事例など科学的な根拠に基づいて工夫してよりよく解決する力を養うことを意味している。

目標の(3)は，理療で学んだ専門的な知識，技術などの深化・総合など課題を解決する力の向上を目指して自ら学ぶ態度，組織の一員として自己の役割を認識し，当事者としての意識をもち，他者と信頼関係を構築して積極的に関わって課題の解決を図り，理療に責任をもって取り組む態度を養うことを意味している。

(2) 内容とその取扱い

① 内容の構成及び取扱い

この科目は，目標に示す資質・能力を身に付けることができるよう，(1)調査，研究，実験，(2)職業資格の取得の二つの指導項目で，履修単位数については，各学校で適切に定める。また，内容を取り扱う際の配慮事項は次のように示されている。

（内容を取り扱う際の配慮事項）

> 3　内容の取扱い
>
> (1) 内容を取り扱う際には，次の事項に配慮するものとする。
>
> ア　生徒の興味・関心，進路希望等に応じて，〔指導項目〕の(1)及び(2)から，個人又はグループで理療に関する適切な課題を設定し，主体的かつ協働的に取り組む学習活動を通して，専門的な知識，技術などの深化・総合化を図り，理療に関する課題の解決に取り組むことができるようにすること。なお，課題については，(1)及び(2)にまたがるものを設定することができること。
>
> イ　課題研究の成果について発表する機会を設けるようにすること。

アについては，理療に関する課題の解決に取り組むことができるようにすることとしている。

そのため，生徒の興味・関心，進路希望等に応じて，〔指導項目〕の(1)及び(2)の項目や，(1)及び(2)にまたがる項目から，個人又はグループで理療に関する適切な課題を生徒自らが設定し，課題の解決策を探究し，評価・改善を図る学習活動などを取り入れることが大切である。

探究の過程においては，自己のキャリア形成の方向性と関連付けて取り組むようにすることが大切である。

また，理療における成功事例や改善を要する事例などを踏まえるとともに，理療に関する情報を入手し，ポジショニング・マップ，SWOT（Strengths Weaknesses Opportunities Threats）分析，PPM（Product Portfolio Management）分析などの技法を用いて分析し，理療をはじめとした様々な知識，技術などとともに活用するなどして探究の質の向上を図り，理療に関する専門的な知識，技術などについて，実践に即して深化・総合化を図ることができるようにすることが大切である。

イについては，課題研究の成果について発表する機会を設けるようにすることとしている。

そのため，課題研究発表会の機会を設けるようにすることが大切である。なお，成果の発表に際しては，学習の成果についての分かりやすい報告書を生徒自ら作成するとともに，地域や医療の関係者などを招いて交流を深め，教育活動に対する理解が深まるよう配慮することが大切である。

② 内容

2 内 容 1に示す資質・能力を身に付けることができるよう，次の〔指導項目〕を指導する。

ここでは，科目の目標を踏まえ，理療を通じ，地域や社会の保健医療福祉を支え人々の健康の保持増進について，組織の一員としての役割を果たすことができるようにすることをねらいとしている。

このねらいを実現するため，次の①から③までの事項を身に付けることができるよう，〔指導項目〕を指導する。

① 理療について実践に即して体系的・系統的に理解するとともに，相互に関連付けられた技術を身に付けること。

② 理療に関する課題を発見し，あん摩マッサージ指圧師，はり師及びきゅう師として解決策を探究し，科学的な根拠に基づいて創造的に解決すること。

③ 課題を解決する力の向上を目指して自ら学び，理療を通じた人々の健康の保持増進及び疾病の治療に主体的かつ協働的に取り組むこと。

〔指導項目〕

(1) 調査，研究，実験 (2) 職業資格の取得

(1) 調査，研究，実験

ここでは，①から③までの事項を身に付けることができるよう，理療科に属する科目で学んだ内容に関連した調査，研究，実験を取り入れる。専門基礎分野については，医療と社会，人体の構造と機能，疾病の成り立ちと予防，生活と疾病に関する内容を主とした調査，研究，実験，専門分野については，基礎理療学，臨床理療学，地域理療と理療経営，理療基礎実習，理療臨床実習に関する内容を主とした調査や研究などの例が考えられる。

(2) 職業資格の取得

ここでは，①から③までの事項を身に付けることができるよう，あん摩マッサージ指圧師，はり師及びきゅう師の資格について，資格を取得する意義，資格を国家資格化している目的などを探究するとともに，その一環としてあん摩マッサージ指圧師，はり師及びきゅう師の資格に関連する知識，技術などについて深化・総合化を図る学習活動，あん摩マッサージ指圧師，はり師及びきゅう師に関連する課題の解決策を考案する学習活動などを取り入れる。生徒が自らの進路希望などに応じて適切な職業資格に関する課題を設定し，将来の職業を見通して更に専門的な学習を続けることにつながる学習活動を通して，専門性の高い職業人になることを目指した継続的な学習態度を養うことが大切である。

第5　各科目にわたる指導計画の作成と内容の取扱い

> 第3　各科目にわたる指導計画の作成と内容の取扱い
>
> 1　指導計画の作成に当たっては，次の事項に配慮するものとする。
>
> (1) 各科目の指導に当たっては，できるだけ実験・実習を通して，実際的，具体的に理解させるようにすること。

理療科は，あん摩・マッサージ・指圧，はり及びきゅうの知識と技術を生徒に習得させ，卒業後，理療に係る施術者として人々の健康の保持増進及び疾病の治療に寄与することを目指している。したがって，講義のみの授業は避け，触覚や保有する視覚を活用して生体を観察させたり，視覚に障害のある生徒が使いやすいように工夫した器具・機械を用いたりして，実験・実習を行うことにより，実際的，具体的に理解させるように工夫することが大切である。また，各種の模型，標本，点図，あるいは視聴覚教材を活用するとともに，平素から教材・教具の製作や指導方法を工夫するように努めることが大切である。なお，実習については，校内における実習のみならず，病院や施術所，福祉施設などの臨床現場における見学実習や臨床実習を通して指導することが必要である。

(2) 実技や実習を伴う科目の指導に当たっては，臨床に応用する力を育むため，生徒が常に達成感と新たな技術の習得への意欲をもって学習できるように，指導内容の構成や指導方法の工夫に留意すること。

理療における実習は，「理療基礎実習」と「理療臨床実習」とで構成されている。また，「臨床理療学」など実技を伴う科目もある。これらの実技や実習は，将来，生徒があん摩マッサージ指圧師，はり師及びきゅう師として，施術を適切に行うことができる知識や技術を習得するための基礎となるものである。したがって，実技や実習の指導に当たっては，理療臨床で扱うことの多い症状や疾患に対する知識や技術を確実に身に付けることができるよう，生徒が常に達成感や新たな技術習得への意欲をもって学習に取り組めるようにする必要がある。そのためには，指導のねらいを明確にしたり，指導内容に変化をもたせたり，学習の成果を自己評価できるようにしたりするなど，指導内容の構成や指導方法を工夫することが大切である。

また，種々の施設等における見学や実習，症例検討会などを行うなど，問題解決的な学習，体験的な学習を取り入れるなどの工夫も大切である。

(3) 各科目に指導に当たっては，施術の対象となる代表的な疾患や愁訴に対する施術の適応を判断し確実に施術ができるようにするため，個々の生徒の実態に応じた指導計画の作成に配慮すること。

個々の生徒の学習の習熟度や希望進路等の実態を十分に考慮し，理療施術の対象となる代表的な症状や疾患を中心に，施術の適否を判断する能力や確実に施術することができる能力を育む内容となるよう指導に当たる必要がある。そのためには，個々の生徒の実態に応じた年間指導計画の下に，学期ごとや単元ごとの指導計画を作成するなど，個別の指導計画の作成と活用が重要である。

2 内容の取扱いに当たっては，次の事項に配慮するものとする。

(1) 単元などの内容や時間のまとまりを見通して，その中で育む資質・能力の育成に向けて，生徒の主体的・対話的で深い学びの実現を図るようにすること。その際，理療の見方・考え方を働かせ，健康に関する事象を，当事者の考えや状況，理療が生活に与える影響に着目して捉え，当事者による自己管理を目指して，適切かつ効果的な理療を関連付ける実践的・体験的な学習活動の充実を図ること。

この事項は，理療科の指導計画の作成に当たり，生徒の主体的・対話的で深い学びの実現を目指した授業改善を進めることとし，理療科の特質に応じて，効果的な学習が展開できるように配慮すべき内容を示したものである。

選挙権年齢や成年年齢の引き下げなど，高等部の生徒にとって政治や社会が一層身近なものとなる中，学習内容を人生や社会の在り方と結び付けて深く理解し，これからの時代に求められる資質・能力を身に付け，生涯にわたって能動的に学び続けることができるようにするためには，これまでの優れた教育実践の蓄積も生かしながら，学習の質を一層高める授業改善の取組を推進していくことが求められている。

指導に当たっては，(1)「知識及び技術」が習得されること，(2)「思考力，判断力，表現力等」を育成すること，(3)「学びに向かう力，人間性等」を涵(かん)養することが偏りなく実現されるよう，単元など内容や時間のまとまりを見通しながら，生徒の主体的・対話的で深い学びの実現に向けた授業改善を行うことが重要である。

主体的・対話的で深い学びは，必ずしも１単位時間の授業の中で全てが実現されるものではない。単元など内容や時間のまとまりの中で，例えば，主体的に学習に取り組めるよう学習の見通しを立てたり学習したことを振り返ったりして自身の学びや変容を自覚できる場面をどこに設定するか，対話によって自分の考えなどを広げたり深めたりする場面をどこに設定するか，学びの深まりをつくりだすために，生徒が考える場面と教師が教える場面をどのように組み立てるか，といった観点で授業改善を進めることが求められる。また，生徒や学校の実態に応じ，多様な学習活動を組み合わせて授業を組み立てていくことが重要であり，単元など内容や時間のまとまりを見通した学習を行うに当たり基礎となる「知識及び技術」の習得に課題が見られる場合には，それを身に付けるために，生徒の主体性を引き出すなどの工夫を重ね，確実な習得を図ることが必要である。

主体的・対話的で深い学びの実現に向けた授業改善を進めるに当たり，特に「深い学び」の視点に関して，各教科等の学びの深まりの鍵となるのが「見方・考え方」である。各教科等の特質に応じた物事を捉える視点や考え方である「見方・考え方」を，習得・活用・探究という学びの過程の中で働かせることを通じて，より質の高い深い学びにつなげることが重要である。

理療科においては，「理療の見方・考え方」を働かせ，情報収集・分析，問題の明確化，援助方法の立案，実施，結果の評価について科学的根拠を基に探究する学習活動を通して，全体を振り返り「主体的・対話的で深い学び」の実現を図るようにすることが重要である。

「主体的な学び」は，例えば，理療に関する課題を発見し，その課題の背景や原因を整理して仮説を立て，仮説の妥当性を科学的な根拠に基づき検討したり，全体を振り返って改善策を考えたりしているか，得られた知識及び技術を基に次の課題を発見したり，新たな視点でよりよい理療を考えたりしているかなど，学習活動の充実を図ることが考えられる。

「対話的な学び」については，例えば理療に関する課題について調査・検証するときに，理療科に属する他の科目で学んだ知識と技術を活用して考察したことを，生徒同士が科学的な根拠に基づく議論・対話する場面を通して，自分の考えの質をより高めるなど，学習活動の充実を図ることが考えられる。

「深い学び」については，例えば，「理療の見方・考え方」を働かせながら探究の過程を通して学ぶことにより，理療科で育成を目指す資質・能力を獲得するようになっているか，理療科に属する各科目の知識と技術を関連付け，科学的な概念を形成しているか，そして新たな理療の創造や発展に向けて活用されているかなど，学習活動の充実を図ることが考えられる。

以上のような授業改善の視点を踏まえ，理療科で育成を目指す資質・能力及びその評価の観点との関係も十分に考慮し，指導計画等を作成することが必要である。

(2)「理療基礎実習」及び「理療臨床実習」については，対象となる者の人格を尊重する態度を育てるとともに，実習における安全と規律に留意すること。

国民医療の一翼を担う者として，人間尊重を第一とすることは当然であり，実習を通して，これを体得させることが大切である。実習における安全とは，施術過誤を起こさないようにすることに加え，感染を防止することであり，平素の実習から，これらの点についての配慮を怠らないよう指導する必要がある。また，規律とは，実習生としての基本的な心得や態度にとどまらず，就職・就業後の職場において求められる社会人としての規範を含めた概念である点に留意が必要である。

(3) 各科目の指導に当たっては，コンピュータや情報通信ネットワーク等の活用を図り，学習の効果を高めるようにすること。

医療分野及び社会生活における情報化の一層の進展に伴い，コンピュータや情報通信ネットワークなどの活用が従前にも増して必要になっている。したがって，学校においては，「理療情報」をはじめ，各科目の指導に当たっては，コンピュータや情報通信ネットワークなどの積極的な活用を図り，生徒の情報活用能力の育成に努めるとともに，指導の工夫を行い，学習の効果を高めるよう配慮することが必要である。

(4) 地域や理療に関する施術所，医療機関，介護保険施設等との連携・交流を通じた実践的な学習活動や就業体験活動を積極的に取り入れるとともに，社会人講師を積極的に活用するなどの工夫に努めること。

生徒が地域の住民に対する市民講座に関わったり，地域のあん摩マッサージ指圧師，はり師及びきゅう師を対象とした公開講座における学術交流を企画したりすることなどを通して，生徒の実践的な学習活動を取り入れたり，病院や施術所，福祉施設などにおける就業体験活動の機会を確保したりするなど，地域との連携・交流を積極的に深めることが大切である。

また，各科目の内容の取扱いに当たっては，施術所経営者，機能訓練指導員，ヘルスキーパー（企業内理療師）など臨床経験豊富な臨床家を社会人講師として招聘するなど，積極的に活用するように工夫することが必要である。

3　実験・実習を行うに当たっては，関連する法規等に従い，施設・設備や薬品等の安全管理に配慮し，学習環境を整えるとともに，事故防止の指導を徹底し，安全と衛生に十分留意するものとする。

実験・実習を行うに当たっては，まず，施設や設備の安全点検を行い，学習を行うための安全で最適な環境を整えるよう配慮することが大切である。また，生徒の視覚障害の状態などを考慮して，事故防止の指導を徹底し，実験・実習が効率よく，安全に行われるよう十分な配慮が必要である。特に，不注意な施術によって骨折や脱臼，折鍼（しん）などの事故を起こさないようにするための留意点について，具体的に指導することが重要である。さらに，衛生面においても，日ごろから清潔に留意するような指導を徹底して行うことが大切である。

第3節　理学療法科

第1　理学療法科改訂の要点

今回の改訂においては，平成30年10月５日に，国民の信頼と期待に応える質の高い理学療法士並びに作業療法士を養成するため，「理学療法士作業療法士学校養成施設指定規則（昭和41年文部省・厚生省令第３号）」（以下「指定規則」という。）が一部改正されたこと，並びに平成28年12月の中央教育審議会答申で示された学習指導要領改訂の基本的な方向性，各教科等における改訂の具体的方向性を踏まえて，理学療法科の改訂を行った。

1　目標の改善

教科及び科目の目標については，産業界で必要とされる資質・能力を見据えて三つの柱に沿って整理し，育成を目指す資質・能力のうち，(1)には「知識及び技術」を，(2)には「思考力，判断力，表現力等」を，(3)には「学びに向かう力，人間性等」を示した。

今回の改訂では，「見方・考え方」を働かせた学習活動を通して，目標に示す資質・能力の育成を目指すこととした。これは平成28年12月の中央教育審議会答申において，「見方・考え方」は各教科等の学習の中で働き，鍛えられていくものであり，各教科等の特質に応じた物事を捉える視点や考え方として整理されたことを踏まえたものである。

2　内容の改善

(1)〔指導項目〕について

今回の改訂では，教科に属する全ての科目の「２内容」においては，〔指導項目〕として「(1)，(2)」などの大項目や「ア，イ」などの小項目を，柱書においては「１に示す資質・能力を身に付けることができるよう，次の〔指導項目〕を指導する」と示した。これは，〔指導項目〕として示す学習内容の指導を通じて，目標において三つの柱に整理した資質・能力を身に付けることを明確にしたものである。

なお，項目の記述については，従前どおり事項のみを大綱的に示した。

(2) 科目構成について

より質の高い理学療法を提供するため，保健，医療，福祉に関する制度（医療保険・介護保険制度を含む。）の理解，組織運営に関するマネジメント能力を養うとともに，理学療法倫理，理学療法教育についての理解を深める必要があることから，新たに「理学療法管理学」を位置付けるとともに，「臨床実習」の名称を「理学療法臨床実習」に変更した。また，「理学療法情報活用」については，理学療法の実践に必要な情報と情報技術に関する資質・能力の育成について内容を充実し，名称を「理学療法情報」に変更した。

「理学療法科」に属する科目の構成については，「人体の構造と機能」，「疾病と障害」，「保健・医療・福祉とリハビリテーション」，「基礎理学療法学」，「理学療法管理学」，「理学療法評価学」，「理学療法治療学」，「地域理学療法学」，「理学療法臨床実習」，「理学療法情報」，「課題研究」であり，「理学療法管理学」の新設に伴い，従前の10科目から11科目となっている。

新旧科目対照表

改　　　訂	改　訂　前	備　考
人体の構造と機能	人体の構造と機能	
疾病と障害	疾病と障害	
保健・医療・福祉とリハビリテーション	保健・医療・福祉とリハビリテーション	
基礎理学療法学	基礎理学療法学	
理学療法管理学		新規
理学療法評価学	理学療法評価学	
理学療法治療学	理学療法治療学	
地域理学療法学	地域理学療法学	
理学療法臨床実習	臨床実習	名称変更
理学療法情報	理学療法情報活用	名称変更
課題研究	課題研究	

3　各科目にわたる指導計画の作成と内容の取扱いについての改善

新たに，単元など内容や時間のまとまりを見通して，その中で育む資質・能力の育成に向けて，生徒の主体的・対話的で深い学びの実現を図るよううすることを示した。

第2　理学療法科の教育課程の編成

理学療法科は，視覚障害者である生徒に対する教育を行う特別支援学校高等部の専攻科に設置されるものである。したがって，理学療法科の教育課程は，学校教育法及び高等部学習指導要領の専攻科に関する規定等を踏まえて編成することになる。

「理学療法科」に属する科目の構成については，本編第３節第１の２の(2)で示すとおりである。

また，理学療法士国家試験の受験資格取得の関係から，併せて「理学療法士及び作業療法士法」に係る一連の法令に基づくことになるが，特に指定規則に留意する必要がある。

この指定規則は，平成30年10月５日にその一部が改正され，令和２年４月１日から施行される。

指定規則における教育課程に関わる主な内容は，次のとおりである。

１　教育内容

教育内容について，学校が独自に授業科目を設定できるようにするため，科目名で規定せずに，教育内容で示してある。

(1) 教育内容は，「基礎分野」，「専門基礎分野」，「専門分野」である。

(2) 基礎分野は，専門基礎分野及び専門分野の基礎となる科目を設定するものであり，「科学的思考の基盤」，「人間と生活」，「社会の理解」である。

(3) 専門基礎分野は，「人体の構造と機能及び心身の発達」，「疾病と障害の成り立ち及び回復過程の促進」，「保健医療福祉とリハビリテーションの理念」である。

(4) 専門分野は，「基礎理学療法学」，「理学療法管理学」，「理学療法評価学」，「理学療法治療学」，「地域理学療法学」，「臨床実習」である。

なお，臨床実習は，実習時間の３分の２以上は医療提供施設（医療法（昭和23年法律第205号）第１条の２第２項に規定する医療提供施設（薬局，助産所を除く。）をいう。）において行うこと。ただし，医療提供施設における実習の２分の１以上は病院又は診療所で行うこととなっている。また，訪問リハビリテーション又は通所リハビリテーションに関する実習を１単位以上行うこととなっている。

２　単位制の導入

教育内容について，単位数による規定とし，単位の計算方法については，大学設置基準（昭和31年文部省令第28号）の例によることとなっている。

3　教育内容の弾力化

学校の創意工夫を生かし，その理念・目的に基づいた特色ある教育課程を編成することを可能とするため，複数の教育内容を併せて指導することが適切と認められ，所定の単位数以上を指導する場合には，個別の教育内容ごとの単位数によらないことができる。

4　既修科目の免除

過去に在学した大学等において既に履修した科目については，免除することができる。

高等部学習指導要領においては，理学療法科に属する科目として11科目を示した。これらの科目のうち「理学療法情報」と「課題研究」を除く９科目と指定規則における教育内容との対応関係を示すと下表のとおりである。

指定規則の教育内容と学習指導要領の科目との対応関係

	指定規則	学習指導要領
	教育内容	科目
専門基礎分野	人体の構造と機能及び心身の発達	人体の構造と機能
	疾病と障害の成り立ち及び回復過程の促進	疾病と障害
	保健医療福祉とリハビリテーションの理念	保健・医療・福祉とリハビリテーション
専門分野	基礎理学療法学（ただし，義肢装具の内容を除く）	基礎理学療法学
	理学療法管理学	理学療法管理学
	理学療法評価学	理学療法評価学
	理学療法治療学（ただし，義肢装具の内容を加える）	理学療法治療学
	地域理学療法学	地域理学療法学
	臨床実習	理学療法臨床実習

第３　教科の目標

教科の目標は，次のとおりである。

> 第１　目　標
>
> 　理学療法の見方・考え方を働かせ，実践的・体験的な学習活動を行うことなどを通して，理学療法を通じ，地域や社会の保健・医療・福祉を支え，人々の健康の保持増進及びリハビリテーションに寄与する職業人として必要な資質・能力を次のとおり育成することを目指す。
>
> (1)　理学療法について体系的・系統的に理解するとともに，関連する技術を身に付けるようにする。
>
> (2)　理学療法に関する課題を発見し，職業人に求められる倫理観を踏まえ合理的かつ創造的に解決する力を養う。
>
> (3)　職業人として必要な豊かな人間性を育み，よりよい社会の構築を目指して自ら学び，人々の健康の保持増進及びリハビリテーションに主体的かつ協働的に取り組む態度を養う。

今回の改訂においては，情報社会の進展，理学療法を巡る状況等の動向などを踏まえ，理学療法における専門性に関わる資質・能力を「知識及び技術」，「思考力，判断力，表現力等」，「学びに向かう力，人間性等」という三つの柱に基づいて示した。

１　「理学療法の見方・考え方を働かせ，実践的・体験的な学習活動を行うことなどを通して，理学療法を通じ，地域や社会の保健・医療・福祉を支え，人々の健康の保持増進及びリハビリテーションに寄与する職業人として必要な資質・能力を次のとおり育成する」について

理学療法の見方・考え方とは，理学療法に関する事象を，当事者の考えや状況，理学療法が生活に与える影響に着目して捉え，当事者による自己管理を目指して，適切かつ効果的な理学療法と関連付けることを意味している。

実践的・体験的な学習活動を行うことなどとは，具体的な課題の発見・解決の過程で，調査，研究，実習を行うなどの実践的な活動，医療提供施設における実習などの体験的な活動を行うことが重要であることを意味している。

理学療法を通じ，地域や社会の保健・医療・福祉を支え，人々の健康の保持増進及びリハビリテーションに寄与する職業人として必要な資質・能力とは，理学療法に関する基礎的・基本的な知識や技術の習得，人々の生活における理学療法

の意義や役割の理解及び諸課題の解決などに関わる学習は，最終的には理学療法を通じ，地域や社会の保健・医療・福祉を支え，健康の保持増進及びリハビリテーションに寄与する職業人として必要な資質・能力の育成につながるものであることを意味している。

2 「(1) 理学療法について体系的・系統的に理解するとともに，関連する技術を身に付けるようにする。」について

理学療法についての実践的・体験的な学習活動を通して，基礎的・基本的な知識及び専門的な知識を確実に身に付け，それらを関連付け，統合化を図るとともに，関連する技術についても同様に身に付け，適切な理学療法に活用できるようにすることを意味している。

3 「(2) 理学療法に関する課題を発見し，職業人に求められる倫理観を踏まえ合理的かつ創造的に解決する力を養う。」について

理学療法に関する課題とは，対象に応じた個別の課題や理学療法における組織的な課題等を指し，それらの課題を発見する力を養うとともに，課題の解決に当たっては，(3) で養う職業人としての態度をもって，倫理原則，科学的根拠，優先順位，社会資源の活用，多様な価値観の尊重，意思決定支援等の視点を踏まえた解決方法について創造的に思考，判断，表現する力を養うことを意味している。

職業人に求められる倫理観を踏まえ合理的かつ創造的に解決する力を養うとは，情報化などが進展する社会において，変化の先行きを見通すことが難しい予測困難な時代を迎える中で，単に理学療法に関する技術のみを高めることだけを優先するだけではなく，職業人としての倫理観を踏まえ，理学療法が健康に及ぼす影響に責任をもち，理学療法の進展に対応するなどして解決策を考え，科学的な根拠に基づき結果を検証し改善することができるといった，理学療法に関する確かな知識や技術などに裏付けられた思考力，判断力，表現力等を養うことを意味している。

4 「(3) 職業人として必要な豊かな人間性を育み，よりよい社会の構築を目指して自ら学び，人々の健康の保持増進及びリハビリテーションに主体的かつ協働的に取り組む態度を養う。」について

理学療法士として生命の尊重，人権の擁護を基盤とした望ましい職業観及び倫理観を養い，常に自覚と責任をもって行動する態度を育成するとともに，多様な人々と信頼関係を構築し，理学療法士には豊かな人間性の育成が重要であることを示している。また，この豊かな人間性をもとに医療に携わる職業人として，

人々の健康の保持増進やリハビリテーション，よりよい社会の構築のために主体的かつ協働的に役割を果たす態度を養うことを意味している。

第４　理学療法科の各科目

１　人体の構造と機能

この科目は，「疾病と障害」，「保健・医療・福祉とリハビリテーション」，「基礎理学療法学」，「理学療法管理学」，「理学療法評価学」，「理学療法治療学」，「地域理学療法学」及び「理学療法臨床実習」を学習する基盤となるものである。

(1) 目標

> １　目　標
>
> 理学療法の見方・考え方を働かせ，人体の構造，機能及び心身の発達に関する実践的・体験的な学習活動を通して，理学療法を行うために必要な資質・能力を次のとおり育成することを目指す。
>
> (1) 理学療法を行うために必要な人体の構造，機能及び心身の発達について体系的・系統的に理解するようにする。
>
> (2) 人体の構造，機能及び心身の発達に関する課題を発見し，理学療法士としての職業倫理を踏まえて合理的かつ創造的に解決する力を養う。
>
> (3) 人体の構造，機能及び心身の発達と機能について地域や社会を支える理学療法士を目指して自ら学び，人々の健康の保持増進及びリハビリテーションに主体的かつ協働的に取り組む態度を養う。

この科目では，理学療法に必要な人体の構造，機能及び心身の発達の基礎的な知識を習得し，習得した知識を理学療法の実践に適切に活用できるようにすることをねらいとしている。

目標の(1)は，理学療法の基礎となり，他の科目を理解し，実際の理学療法で活用するために必要となる医学的な知識を身に付けるようにすることを意味している。

目標の(2)は，理学療法の実践に必要な，人体の構造，機能及び心身の発達に関する課題を発見し，理学療法士を目指し科学的根拠や職業倫理等を踏まえて課題を解決する力を養うことを意味している。

目標の(3)は，人々の健康の保持増進及びリハビリテーションのために，人体の構造，機能及び心身の発達の内容を活用する実践的・体験的な学習活動を通して，主体的かつ協働的に理学療法の実践に取り組む態度を養うことを意味している。

(2) 内容とその取扱い

① 内容の構成及び取扱い

この科目は，目標に示す資質・能力を身に付けることができるよう，(1) 人体の構造，(2) 人体の機能，(3) 人体の運動，(4) 人間の発達の四つの指導項目で，12単位以上履修されることを想定して内容を構成している。また，内容を取り扱う際の配慮事項は次のように示されている。

（内容を取り扱う際の配慮事項）

> 3　内容の取扱い
>
> (1) 内容を取り扱う際には，次の事項に配慮するものとする。
>
> ア　人体についての理解が抽象的な概念の把握にとどまることのないようにするため，観察及び実験・実習を取り入れ，具体的，実際的に指導すること。
>
> イ　指導に当たっては，人体の構造面と機能面を系統的に理解できるようにするため，これらの内容を相互に関連付けて取り扱うこと。また，理学療法において重要な運動機能面に重点を置いて取り扱うこと。

内容を取り扱う際には，人体の構造と機能を系統的に理解するために，講義と観察及び実験・実習を組み合わせ，より具体的，実際的に理解できるように配慮して指導する。また，人体の構造面と機能面を相互に関連付けて指導することが大切である。

アについては，模型，標本による実習，生体観察，生理的及び運動学的実験・実習などを通して，人体の構造と機能が単なる抽象的な概念の把握にとどまることなく，より具体的，実際的に理解できるように指導することが大切である。

イについては，人体の構造，機能及び心身の発達などの内容相互の関連性を図りながら取り扱うことによって，人体の構造面と機能面を系統的に理解できるように指導する必要がある。また，理学療法に関わりが深い内容である運動機能面に重点を置くとともに，「理学療法評価学」などとの関連を図りながら指導することが大切である。

② 内容

2 内 容

1に示す資質・能力を身に付けることができるよう，次の〔指導項目〕を指導する。

〔指導項目〕

(1) 人体の構造
ア 解剖学の基礎
イ 系統解剖
ウ 体表解剖
エ 機能解剖
オ 解剖学実習

(内容の範囲や程度)

(2) 内容の範囲や程度については，次の事項に配慮するものとする。
ア 〔指導項目〕の(1)については，模型，標本の活用や実習，生体観察などを通して，人体の構造が実際的に理解できるようにすること。

(1) 人体の構造

ここでは，科目の目標を踏まえ，人体の構成及び構造を，生体における機能面との関連性に留意し，生体観察などを通して，実際的に理解できるようにすることをねらいとしている。

このねらいを実現するため，次の①から③までの事項を身に付けることができるよう，〔指導項目〕を指導する。

① 人体の構成及び構造について理解すること。

② 人体の構成及び構造についての基本的な課題を発見し，生体における機能面と関連付け，理学療法士としての職業倫理を踏まえて合理的かつ創造的に解決策を見いだすこと。

③ 人体の構成及び構造について自ら学び，理学療法に主体的かつ協働的に取り組むこと。

指導に当たっては，上肢，下肢及び体幹の機能解剖に重点を置き，人体の構造をより具体的，実際的に理解できるようにするため，模型，標本の観察，生体の観察などに十分時間をかけることが大切である。

ア　解剖学の基礎

解剖学の定義，歴史，目的，分類及び人体の構成について扱う。

人体の構成については，各部位の名称，細胞と組織，器官と器官系，個体発生及び解剖学用語などについて扱う。

イ　系統解剖

骨格系，筋系，内臓系，脈管系，神経系及び感覚器系などにおける各器官の名称，位置，形状及び構造などについて扱う。

ウ　体表解剖

頭蓋部，頸部，脊柱，胸腹部，上肢及び下肢などの身体各部の体表の特徴について扱う。特に理学療法と関連の深い皮膚と皮下組織，骨格，筋，神経及び脈管などの特徴を理解させることに重点を置いて扱う。

エ　機能解剖

機能解剖学の定義及び身体各部の機能解剖について扱う。

身体各部の機能解剖については，頭蓋部，頸部，脊柱，胸腹部，上肢及び下肢などの各部位並びに各部位間の組織，器官の機能的構造について指導する。特に理学療法と関連の深い骨格，筋及び神経の機能解剖の理解に重点を置いて扱う。

オ　解剖学実習

模型，標本による実習，生体観察などにより，より具体的，実際的に理解できるように扱う。

〔指導項目〕

(2)　人体の機能
　ア　生理学の基礎
　イ　人体各器官の機能
　ウ　運動生理学
　エ　生理学実習

(2)　人体の機能

ここでは，科目の目標を踏まえ，人体の生理機能を，生体における構造面や身体運動との関連性に留意し理解できるようにすることをねらいとしている。

このねらいを実現するため，次の①から③までの事項を身に付けることができるよう，〔指導項目〕を指導する。

①　人体の生理機能について理解すること。

②　人体の生理機能について基本的な課題を発見し，生体における構造面や身体運動と関連付け，理学療法士としての職業倫理を踏まえて合理的かつ創造

的に解決策を見いだすこと。

③　人体の生理機能について自ら学び，理学療法に主体的かつ協働的に取り組むこと。

ア　生理学の基礎

生理学の定義，歴史，目的，分類，細胞及び生体の物理化学的基礎事項などについて扱う。

イ　人体各器官の機能

血液，循環，呼吸，消化・吸収，排泄，代謝・栄養・体温，内分泌，生殖及び免疫などを扱い，人体の正常な機能について理解できるようにする。

ウ　運動生理学

神経，筋，感覚及び人体の正常な運動機能などを取り扱い，神経，筋，感覚などの機能の協調について理解できるようにする。運動機能については，身体運動の一般，身体運動の仕組み，関節運動と筋の動き，随意運動，不随意運動，姿勢と歩行，総合運動，筋作業，及び体力テストとトレーニングなどについて扱う。

エ　生理学実習

神経と筋，運動と感覚，循環と呼吸，代謝と体温などの実験・実習の指導を通して，生体機能を実際的に理解できるようにする。

神経と筋については，神経・筋の標本を用いた実験，筋電図，脊髄反射及びクロナキシーなどについて扱う。

運動と感覚については，各種の反射，筋力，柔軟度，作業曲線，体力テスト及び感覚テストなどについて扱う。

循環と呼吸については，血圧，心拍数，末梢(しょう)循環，血球測定，心電図，呼吸容量及び呼気ガス分析などについて扱う。

代謝と体温については，基礎代謝，体温測定，尿検査，発汗及び疲労などについて扱う。

〔指導項目〕

(3)　人体の運動
ア　運動学の基礎
イ　身体の運動
ウ　運動学実習

（内容の範囲や程度）

イ 〔指導項目〕の(3)のウについては，上肢，下肢及び体幹の動き，各種の姿勢と日常生活における動作などの分析を取り扱うこと。

(3) 人体の運動

ここでは，科目の目標を踏まえ，身体運動の実際を，物理学，生体における構造面や機能面との関連を図りながら，理解できるようにすることをねらいとしている。

このねらいを実現するため，次の①から③までの事項を身に付けることができるよう，〔指導項目〕を指導する。

① 人体の運動について理解すること。

② 人体の運動についての基本的な課題を発見し，物理学，生体における構造面や機能面と関連付け，理学療法士としての職業倫理を踏まえて合理的かつ創造的に解決策を見いだすこと。

③ 人体の運動について自ら学び，理学療法に主体的かつ協働的に取り組むこと。

ア　運動学の基礎

運動学の定義，歴史，目的，力学の基礎及び筋と骨格の運動力学などについて扱う。

イ　身体の運動

身体運動の解剖・生理，身体各部の姿勢や運動などについて扱う。

ウ　運動学実習

上肢，下肢及び体幹の動きや各種の姿勢・動作の分析に重点を置き，「理学療法評価学」と指導内容が重複しないように留意し，概略的に扱うようにする。具体的には，上肢，下肢及び体幹，各種の姿勢と運動の分析，歩行及び日常生活動作などの運動・動作の分析について扱う。

〔指導項目〕

(4) 人間の発達 ア　人間発達の基礎 イ　各期における発達の特徴と評価

(4) 人間の発達

ここでは，科目の目標を踏まえ，理学療法に必要な心身の発達に関する知識の概要を，生体における構造面や機能面，医学的な側面との関連を図りながら理解できるようにすることをねらいとしている。

このねらいを実現するため，次の①から③までの事項を身に付けることができるよう，〔指導項目〕を指導する。

① 人間の発達について理解すること。

② 人間の発達についての基本的な課題を発見し，生体における構造面や機能面，医学的な側面と関連付け，理学療法士としての職業倫理を踏まえて合理的かつ創造的に解決策を見いだすこと。

③ 人間の発達について自ら学び，理学療法に主体的かつ協働的に取り組むこと。

ア 人間発達の基礎

人間の発達の理論と法則などについて扱う。

イ 各期における発達の特徴と評価

小児期，青年期，成人期，老年期における身体と運動機能の発達及び知的，心理的，社会的発達の特徴や発達の評価などについて扱う。

2 疾病と障害

この科目は，「人体の構造と機能」の学習を基礎とし，「保健・医療・福祉とリハビリテーション」に関連付けていくことが重要であり，「基礎理学療法学」，「理学療法管理学」，「理学療法評価学」，「理学療法治療学」，「地域理学療法学」及び「理学療法臨床実習」を学習する基盤となるものである。

今回の改訂では，高度化する医療ニーズや保健・医療・福祉を取り巻く環境の変化への対応として，栄養学，薬理学及び救急救命医学を位置付けるとともに，学習内容を整理するなどの改善を図った。

(1) 目標

> 1 目　標
>
> 理学療法の見方・考え方を働かせ，疾病と障害の成り立ち及び回復過程に関する実践的・体験的な学習活動を通して，理学療法を行うために必要な資質・能力を次のとおり育成することを目指す。
>
> (1) 理学療法を行うために必要な疾病と障害の成り立ち及び回復過程について体系的・系統的に理解するようにする。
>
> (2) 疾病と障害の成り立ち及び回復過程に関する課題を発見し，理学療法士としての職業倫理を踏まえて合理的かつ創造的に解決する力を養う。

(3) 疾病と障害の成り立ち及び回復過程について，地域や社会を支える理学療法士を目指して自ら学び，人々の健康の保持増進及びリハビリテーションに主体的かつ協働的に取り組む態度を養う。

この科目では，疾病と障害の成り立ち，疾病及び障害の診断，治療，予後及び転帰などに関する知識を習得し，理学療法の実践に適切に活用できるようにすることをねらいとしている。

目標の (1) は，理学療法の実践に必要な，疾病と障害の成り立ち及び回復過程に関する基礎的な知識を身に付けるようにすることを意味している。

目標の (2) は，理学療法の実践に必要な，疾病と障害の成り立ち及び回復過程に関する課題を発見し，理学療法士としての職業倫理を踏まえて，課題を解決する力を養うことを意味している。

目標の (3) は，人々の健康の保持増進及びリハビリテーションのために，疾病と障害の成り立ち及び回復過程の内容を活用する実践的・体験的な学習活動を通して，主体的かつ協働的に理学療法の実践に取り組む態度を養うことを意味している。

(2) 内容とその取扱い

① 内容の構成及び取扱い

この科目は，目標に示す資質・能力を身に付けることができるよう，(1) 病理学，(2) 内科疾患，(3) 整形外科疾患，(4) 神経内科疾患，(5) 精神科疾患，(6) 小児科疾患，(7) 高齢者の疾患，(8) 臨床心理学，(9) 栄養学，(10) 薬理学，(11) 救急救命医学の十一の指導項目で，14単位以上履修されることを想定して内容を構成している。また，内容を取り扱う際の配慮事項は次のように示されている。

(内容を取り扱う際の配慮事項)

3　内容の取扱い

(1) 内容を取り扱う際には，次の事項に配慮するものとする。

ア　指導に当たっては，内容相互に関連をもたせ，疾病，障害，診断，治療及び予防などを系統的に理解できるよう取り扱うこと。

イ　〔指導項目〕の (2) から (7) までについては，理学療法と関係の深い代表的な疾患に重点を置くとともに，医用画像評価や疾病の予測や再発予防についても取り扱うこと。

内容を取り扱う際には，疾病と障害を系統的に理解するために，「人体の構造と機能」の学習を基に，より具体的，実際的に理解できるように配慮して指導することが大切である。

アについては，内容相互に関連をもたせ，疾病，障害，診断，治療及び予防など系統的に理解できるように配慮するとともに，理学療法と関連付けながら指導することが大切である。

イについては，特に理学療法と関係の深い疾患に重点を置いて扱うとともに，「理学療法評価学」などとの連携を図りながら，理学療法の臨床に生かすことができるよう指導することが大切である。

② 内容

2 内 容

1に示す資質・能力を身に付けることができるよう，次の〔指導項目〕を指導する。

〔指導項目〕

(1) 病理学
　ア　病理学の基礎
　イ　病因
　ウ　病変

(1) 病理学

ここでは，科目の目標を踏まえ，病理学について統合的に理解するとともに，それらを理学療法と関連付けることができるようにすることをねらいとしている。

このねらいを実現するため，次の①から③までの事項を身に付けることができるよう，〔指導項目〕を指導する。

① 病理学について理解すること。

② 病理学についての基本的な課題を発見し，生体の構造，機能などと病因発生までの過程と関連付け，理学療法士としての職業倫理を踏まえて合理的かつ創造的に解決策を見いだすこと。

③ 病理学について自ら学び，理学療法に主体的かつ協働的に取り組むこと。

ア　病理学の基礎

病理学の定義，歴史，目的，分類及び疾病の一般，特に疾病の経過，症候の意義と分類，予後及び転帰などの概要について扱う。

イ　病因

内因（素因と体質，内分泌，栄養障害，免疫，過敏症及び遺伝など），外因（物理的病因作用，化学的病因作用，病原微生物及び寄生体など）の概要について扱う。

ウ　病変

循環障害，退行性病変，進行性病変，炎症，腫瘍，奇形などの概要について扱う。

〔指導項目〕

(2) 内科疾患 　ア　内科学の基礎 　イ　主な内科疾患

（内容の範囲や程度）

(2) 内容の範囲や程度については，次の事項に配慮するものとする。 　ア 〔指導項目〕の(2)については，理学療法と関係の深い循環器系，呼吸器系及び代謝系に重点を置いて取り扱うこと。

(2) 内科疾患

ここでは，科目の目標を踏まえ，内科疾患について統合的に理解するとともに，それらを理学療法と関連付けることができるようにすることをねらいとしている。

このねらいを実現するため，次の①から③までの事項を身に付けることができるよう，〔指導項目〕を指導する。

① 内科疾患について理解すること。

② 内科疾患についての基本的な課題を発見し，理学療法と関連付け，理学療法士としての職業倫理を踏まえて合理的かつ創造的に解決策を見いだすこと。

③ 内科疾患について自ら学び，理学療法に主体的かつ協働的に取り組むこと。

ア　内科学の基礎

内科学の定義，歴史，目的，診断及び治療の概要について扱う。

イ　主な内科疾患

理学療法と関係の深い代表的な内科疾患について，各系統別疾患の原因，症状，経過及び予後，治療法の概要及び理学療法の適否などについて扱う。

〔指導項目〕

(3) 整形外科疾患 　ア　整形外科学の基礎 　イ　主な整形外科疾患

（内容の範囲や程度）

イ　〔指導項目〕の(3)のイについては，スポーツ障害や急性期の外傷についても取り扱うこと。

(3) 整形外科疾患

ここでは，科目の目標を踏まえ，整形外科疾患について統合的に理解するとともに，それらを理学療法と関連付けることができるようにすることをねらいとしている。

このねらいを実現するため，次の①から③までの事項を身に付けることができるよう，〔指導項目〕を指導する。

① 整形外科疾患について理解すること。

② 整形外科疾患についての基本的な課題を発見し，「理学療法評価学」及び「理学療法治療学」の内容と関連付け，理学療法士としての職業倫理を踏まえて合理的かつ創造的に解決策を見いだすこと。

③ 整形外科疾患について自ら学び，理学療法に主体的かつ協働的に取り組むこと。

ア　整形外科学の基礎

整形外科学の定義，歴史，目的，診断と治療について扱う。

イ　主な整形外科疾患

理学療法と関係の深い代表的な整形外科疾患（形態異常，骨折，脱臼，骨関節疾患，筋及び軟部組織の疾患，整形外科的神経疾患，四肢末梢（しょう）循環障害，スポーツ障害，外傷，腫瘍（しゅよう），切断など）について，各系統別疾患の原因，症状，経過及び予後，治療法や予防などについて扱う。

第3章 視覚障害者の専門教科・科目

〔指導項目〕

(4) 神経内科疾患 ア　神経内科学の基礎 イ　神経症候学の基礎 ウ　主な神経内科疾患

（内容の範囲や程度）

ウ 〔指導項目〕の(4)のイ及びウについては，理学療法と関係の深い中枢神経疾患及び末梢（しょう）神経疾患に重点を置いて取り扱うこと。

(4) 神経内科疾患

ここでは，科目の目標を踏まえ，神経内科疾患について統合的に理解するとともに，それらを理学療法と関連付けることができるようにすることをねらいとしている。

このねらいを実現するため，次の①から③までの事項を身に付けることができるよう，〔指導項目〕を指導する。

① 神経内科疾患について理解すること。

② 神経内科疾患についての基本的な課題を発見し，「理学療法評価学」及び「理学療法治療学」の内容と関連付け，理学療法士としての職業倫理を踏まえて合理的かつ創造的に解決策を見いだすこと。

③ 神経内科疾患について自ら学び，理学療法に主体的かつ協働的に取り組むこと。

ア　神経内科学の基礎

神経内科学の定義，歴史，目的，神経学的診断法及び治療法の概要について扱う。

イ　神経症候学の基礎

中枢性麻痺（ひ），末梢（しょう）性麻痺（ひ），失調，錐体外路障害，感覚障害などの症候の概要について扱う。

ウ　主な神経内科疾患

理学療法と関係の深い代表的な神経内科疾患（末梢（しょう）神経系疾患，中枢神経系疾患など）について，各系統別疾患の原因，症状，経過及び予後，治療法などについて扱う。

〔指導項目〕

(5) 精神科疾患 ア　精神医学の基礎 イ　主な精神科疾患

(5) 精神科疾患

ここでは，科目の目標を踏まえ，精神科疾患について統合的に理解するとともに，それらを理学療法と関連付けることができるようにすることをねらいとしている。

このねらいを実現するため，次の①から③までの事項を身に付けることができるよう，〔指導項目〕を指導する。

① 精神科疾患について理解すること。

② 精神科疾患についての基本的な課題を発見し，心理学や作業療法の内容と関連付け，理学療法士としての職業倫理を踏まえて合理的かつ創造的に解決策を見いだすこと。

③ 精神科疾患について自ら学び，理学療法に主体的かつ協働的に取り組むこと。

ア　精神医学の基礎

精神医学の定義，歴史，目的，分類，診断及び治療の概要について扱う。

イ　主な精神科疾患

理学療法と関係の深い代表的な精神科疾患（器質性精神障害，内因性精神障害，心因性精神障害及び精神病質など）について，各系統別疾患の原因，症状，経過及び予後，治療法などについて扱う。

〔指導項目〕

(6) 小児科疾患 ア　小児科学の基礎 イ　主な小児科疾患

(6) 小児科疾患

ここでは，科目の目標を踏まえ，小児科疾患について統合的に理解するとともに，それらを理学療法と関連付けることができるようにすることをねらいとしている。

このねらいを実現するため，次の①から③までの事項を身に付けることができ

るよう，〔指導項目〕を指導する。

① 小児科疾患について理解すること。

② 小児科疾患についての基本的な課題を発見し，「人体の構造と機能」及び「理学療法評価学」の内容と関連付け，理学療法士としての職業倫理を踏まえて合理的かつ創造的に解決策を見いだすこと。

③ 小児科疾患について自ら学び，理学療法に主体的かつ協働的に取り組むこと。

ア 小児科学の基礎

小児科学の定義，歴史，目的，成長と発達，栄養，保健及び診断と治療の概要について扱う。

イ 主な小児科疾患

理学療法と関係の深い代表的な小児科疾患について，各系統別疾患の原因，症状，経過及び予後，治療法などについて扱う。

〔指導項目〕

(7) 高齢者の疾患 ア 老年医学の基礎 イ 主な高齢者の疾患

（内容の範囲や程度）

エ 〔指導項目〕の(7)のアについては，嚥下(えんげ)の仕組みについても取り扱うこと。

(7) 高齢者の疾患

ここでは，科目の目標を踏まえ，高齢者の疾患について統合的に理解するとともに，それらを理学療法と関連付けることができるようにすることをねらいとしている。

このねらいを実現するため，次の①から③までの事項を身に付けることができるよう，〔指導項目〕を指導する。

① 高齢者の疾患について理解すること。

② 高齢者の疾患についての基本的な課題を発見し，人体の機能と関連付け，理学療法士としての職業倫理を踏まえて合理的かつ創造的に解決策を見いだすこと。

③ 高齢者の疾患について自ら学び，理学療法に主体的かつ協働的に取り組む

こと。

ア　老年医学の基礎

老年医学の定義，目的，高齢者における身体と運動機能，心理的反応などについて扱う。

イ　主な高齢者の疾患

理学療法と関係の深い代表的な高齢者の疾患について，各系統別疾患の原因，症状，経過及び予後，治療法や疾患などの予防について扱う。

〔指導項目〕

(8) 臨床心理学 ア　臨床心理学の基礎 イ　臨床心理学の応用

（内容の範囲や程度）

オ 〔指導項目〕の(8)のイについては，患者の心理，臨床心理学的検査法，心理療法及びカウンセリングなどを取り扱うこと。

(8) 臨床心理学

ここでは，科目の目標を踏まえ，臨床心理学について統合的に理解するとともに，それらを理学療法と関連付けることができるようにすることをねらいとしている。

このねらいを実現するため，次の①から③までの事項を身に付けることができるよう，〔指導項目〕を指導する。

① 臨床心理学について理解すること。

② 臨床心理学についての基本的な課題を発見し，精神科疾患と関連付け，理学療法士としての職業倫理を踏まえて合理的かつ創造的に解決策を見いだすこと。

③ 臨床心理学について自ら学び，理学療法に主体的かつ協働的に取り組むこと。

ア　臨床心理学の基礎

臨床心理学の定義，歴史，目的，治療対象などについて扱う。

イ　臨床心理学の応用

患者及び障害者の心理，臨床心理学的検査法，臨床心理療法及びカウンセリングなどについて扱う。

〔指導項目〕

(9) 栄養学 　ア　栄養学の基礎

(9) 栄養学

ここでは，科目の目標を踏まえ，栄養学について統合的に理解するとともに，それらを理学療法と関連付けることができるようにすることをねらいとしている。

このねらいを実現するため，次の①から③までの事項を身に付けることができるよう，〔指導項目〕を指導する。

① 栄養学について理解すること。
② 栄養学についての基本的な課題を発見し，理学療法と関連付け，理学療法士としての職業倫理を踏まえて合理的かつ創造的に解決策を見いだすこと。
③ 栄養学について自ら学び，理学療法に主体的かつ協働的に取り組むこと。

ア　栄養学の基礎

栄養学の定義，目的，内容と分類，対象及び適応と応用などの概要について扱う。

〔指導項目〕

(10) 薬理学 　ア　薬理学の基礎

(10) 薬理学

ここでは，科目の目標を踏まえ，薬理学について統合的に理解するとともに，それらを理学療法と関連付けることができるようにすることをねらいとしている。

このねらいを実現するため，次の①から③までの事項を身に付けることができるよう，〔指導項目〕を指導する。

① 薬理学について理解すること。
② 薬理学についての基本的な課題を発見し，理学療法と関連付け，理学療法士としての職業倫理を踏まえて合理的かつ創造的に解決策を見いだすこと。
③ 薬理学について自ら学び，理学療法に主体的かつ協働的に取り組むこと。

ア　薬理学の基礎

薬理学の定義，目的，内容と分類，対象及び適応と応用などの概要について扱う。

〔指導項目〕

(11) 救急救命医学 　ア　救急救命医学の基礎

(11) 救急救命医学

ここでは，科目の目標を踏まえ，救急救命医学について統合的に理解するとともに，それらを理学療法と関連付けることができるようにすることをねらいとしている。

このねらいを実現するため，次の①から③までの事項を身に付けることができるよう，〔指導項目〕を指導する。

①　救急救命医学について理解すること。

②　救急救命医学についての基本的な課題を発見し，理学療法と関連付け，理学療法士としての職業倫理を踏まえて合理的かつ創造的に解決策を見いだすこと。

③　救急救命医学について自ら学び，理学療法に主体的かつ協働的に取り組むこと。

ア　救急救命医学の基礎

救急救命医学の定義，救急救命の方法，目的，対象などの概要について扱う。

3　保健・医療・福祉とリハビリテーション

この科目は，「人体の構造と機能」の学習を基礎として，「疾病と障害」に関連付けていくことが重要であり，「基礎理学療法学」，「理学療法管理学」，「理学療法評価学」，「理学療法治療学」，「地域理学療法学」及び「理学療法臨床実習」を学習する基盤となるものである。

今回の改訂では，地域包括ケアシステムにおける自立支援や介護予防等の理解を深められるよう改善を図った。

(1) 目標

1　目　標 　理学療法の見方・考え方を働かせ，保健・医療・福祉とリハビリテー

ションに関する実践的・体験的な学習活動を通して，理学療法を行うために必要な資質・能力を次のとおり育成することを目指す。

(1) 理学療法を行うために必要な保健・医療・福祉とリハビリテーションについて体系的・系統的に理解するようにする。

(2) 保健・医療・福祉とリハビリテーションに関する課題を発見し，理学療法士としての職業倫理を踏まえて合理的かつ創造的に解決する力を養う。

(3) 保健・医療・福祉とリハビリテーションについて，地域や社会を支える理学療法士を目指して自ら学び，人々の健康の保持増進及びリハビリテーションに主体的かつ協働的に取り組む態度を養う。

この科目では，保健・医療・福祉とリハビリテーションの基礎的な知識を習得するとともに，各種のリハビリテーション及び主な疾患のリハビリテーションについて理解し，理学療法の実践に適切に活用できるようにすることをねらいとしている。

目標の(1)は，理学療法の実践に必要な，保健・医療・福祉とリハビリテーションに関する基礎的な知識を身に付けるようにすることを意味している。

目標の(2)は，理学療法の実践に必要な，保健・医療・福祉とリハビリテーションに関する課題を発見し，理学療法士としての職業倫理を踏まえて課題を解決する力を養うことを意味している。

目標の(3)は，人々の健康の保持増進とリハビリテーションのために，保健・医療・福祉とリハビリテーションの内容を活用する実践的・体験的な学習活動を通して，主体的かつ協働的に理学療法の実践に取り組む態度を養うことを意味している。

(2) 内容とその取扱い

① 内容の構成及び取扱い

この科目は，目標に示す資質・能力を身に付けることができるよう，(1)保健・医療・福祉の体系，(2)リハビリテーションの二つの指導項目で，4単位以上履修されることを想定して内容を構成している。また，内容を取り扱う際の配慮事項は次のように示されている。

(内容を取り扱う際の配慮事項)

3　内容の取扱い

(1) 内容を取り扱う際には，次の事項に配慮するものとする。

ア　指導に当たっては，内容が抽象的な概念の把握にとどまることのないよう，また多職種との連携の重要性についての理解が図られるよう，症例紹介や保健・医療・福祉及びリハビリテーション施設の見学などを交えて取り扱うこと。

内容を取り扱う際には，地域包括ケアシステムにおいて地域における保健・医療・福祉との連携の下に，リハビリテーションにおける理学療法の役割を理解し，理学療法の臨床に生かすことができるような実践力を身に付けるように指導する必要がある。

疾病や障害についての症例を示したり，保健所，老人保健施設，特別養護老人ホーム，身体障害者福祉センター及びリハビリテーション病院等の見学などを交えたりして，具体的に理解できるように指導することが大切である。

②　内容

2　内容

1に示す資質・能力を身に付けることができるよう，次の〔指導項目〕を指導する。

〔指導項目〕

(1) 保健・医療・福祉の体系
ア　保健・医療・福祉の概要
イ　各種の保健・医療・福祉制度
ウ　地域包括ケアシステムの概要

(内容の範囲や程度)

(2) 内容の範囲や程度については，次の事項に配慮するものとする。
ア　〔指導項目〕の(1)のイについては，理学療法に関係の深い代表的な保健・医療・福祉制度の現状と課題について取り扱うこと。
イ　〔指導項目〕の(1)のウについては，住まい・医療・介護・予防・生活支援の一体的提供及び地域ケア会議について取り扱うこと。

(1) 保健・医療・福祉の体系

ここでは，科目の目標を踏まえ，保健・医療・福祉の分野の体系の概要を理解し，関係諸機関との連携の下に適切に理学療法を行うことができるようにすることをねらいとしている。

このねらいを実現するため，次の①から③までの事項を身に付けることができるよう，〔指導項目〕を指導する。

① 保健・医療・福祉について理解すること。

② 保健・医療・福祉についての基本的な課題を発見し，リハビリテーションと関連付け，理学療法士としての職業倫理を踏まえて合理的かつ創造的に解決策を見いだすこと。

③ 保健・医療・福祉について自ら学び，理学療法に主体的かつ協働的に取り組むこと。

ア 保健・医療・福祉の概要

保健・医療・福祉の意義，歴史，目的及び関係法規の概要などについて扱う。

イ 各種の保健・医療・福祉制度

障害者保健福祉，保健医療及び老人保健福祉等に関する制度など，理学療法と関係の深い代表的な保健・医療・福祉制度の現状と課題の概要について扱う。

ウ 地域包括ケアシステムの概要

地域包括ケアシステムについて概略的に触れたうえで，地域包括ケアシステムにおけるケア会議の役割について扱うとともに，リハビリテーションと常に関連付けながら指導することが大切である。具体的には，高齢者及び障害者の生活を支援する諸サービスについて，その概要及び医療・介護・生活支援などとの相互連携について扱う。

〔指導項目〕

(2) リハビリテーション
　ア リハビリテーションの理念
　イ 主要疾患のリハビリテーション

(内容の範囲や程度)

ウ 〔指導項目〕の(2)のアについては，自立支援及び就労支援について取り扱うこと。
エ 〔指導項目〕の(2)のイについては，理学療法の対象となる代表的な疾患を取り上げ，その原因，症状，経過及び予後並びにリハビリテーション治療の概要を取り扱うこと。

(2) リハビリテーション

ここでは，科目の目標を踏まえ，医学的リハビリテーションをはじめ，社会的リハビリテーションの分野についても十分な理解が得られることができるようにすることをねらいとしている。

このねらいを実現するため，次の①から③までの事項を身に付けることができるよう，〔指導項目〕を指導する。

① リハビリテーションについて理解すること。

② リハビリテーションについての基本的な課題を発見し，保健・医療・福祉と関連付け，理学療法士としての職業倫理を踏まえて合理的かつ創造的に解決策を見いだすこと。

③ リハビリテーションについて自ら学び，理学療法に主体的かつ協働的に取り組むこと。

指導に当たっては，〔指導項目〕の(1)と常に関連付けながら指導することが大切である。

ア リハビリテーションの理念

リハビリテーションの定義，歴史，目的，種類，リハビリテーションチーム，関係法規，自立支援及び就労支援などについて扱う。

イ 主要疾患のリハビリテーション

理学療法の対象となる中枢神経疾患，骨・関節疾患，神経・筋疾患，小児疾患及び呼吸・循環器疾患など代表的な疾患について，「疾病と障害」と関連付けながら，原因，症状，経過及び予後並びにリハビリテーション治療の概要について扱う。

4 基礎理学療法学

この科目は，「人体の構造と機能」，「疾病と障害」及び「保健・医療・福祉とリハビリテーション」の学習を基礎とし，「理学療法管理学」，「理学療法評価学」，「理学療法治療学」，「地域理学療法学」及び「理学療法臨床実習」を学習する基盤となるものである。

今回の改訂では，系統的に理学療法を学ぶことができるよう，「保健・医療・福祉とリハビリテーション」及び「地域理学療法学」と関連させるなどの改善を図った。

(1) 目標

1 目 標

理学療法の見方・考え方を働かせ，基礎理学療法学に関する実践的・

体験的な学習活動を通して，理学療法を行うために必要な資質・能力を次のとおり育成することを目指す。
(1) 理学療法を行うために必要な基礎理学療法学について体系的・系統的に理解するようにする。
(2) 基礎理学療法学に関する課題を発見し，理学療法士としての職業倫理踏まえて合理的かつ創造的に解決する力を養う。
(3) 基礎理学療法学について，地域や社会を支える理学療法士を目指して自ら学び，人々の健康の保持増進及びリハビリテーションに主体的かつ協働的に取り組む態度を養う。

この科目では，基礎理学療法学に関する基礎的な理論を理解し，理学療法の内容を系統的に活用できる能力と態度を育てることをねらいとしている。また，多職種とのチーム医療，患者や家族への指導・助言の在り方などについての理解を深め，理学療法の実践に適切に活用できるようにすることをねらいとしている。

目標の(1)は，理学療法の実践に必要な，基礎理学療法に関する基礎的な知識を身に付けるようにすることを意味している。

目標の(2)は，理学療法の実践に必要な，基礎理学療法に関する課題を発見し，理学療法士として職業倫理を踏まえて課題を解決する力を養うことを意味している。

目標の(3)は，人々の健康の保持増進及びリハビリテーションのために，基礎理学療法学の内容を活用する実践的・体験的な学習活動を通して，主体的かつ協働的に理学療法に取り組む態度を養うことを意味している。

(2) 内容とその取扱い

① 内容の構成及び取扱い

この科目は，目標に示す資質・能力を身に付けることができるよう，(1) 理学療法の概要，(2) 関係法規の二つの指導項目で，６単位以上履修されることを想定して内容を構成している。また，内容を取り扱う際の配慮事項は次のように示されている。

(内容を取り扱う際の配慮事項)

3　内容の取扱い
(1) 内容を取り扱う際には，次の事項に配慮するものとする。
ア　指導に当たっては，「保健・医療・福祉とリハビリテーション」及び「地域理学療法学」との関連に留意して取り扱うこと。また，理学療法士と多職種との連携によるチーム医療の大切さについても触

第３節
理学療法科

れること。

イ 〔指導項目〕の(1)については，統計学や教育学，情報科学などとの関連を図りながら指導すること。

内容を取り扱う際には，「保健・医療・福祉とリハビリテーション」及び「地域理学療法学」との関連に留意し，より具体的，実際的に理解できるように配慮して指導することが大切である。

アについては，リハビリテーション理念や地域における理学療法などについて扱うとともに，理学療法士としての職業倫理，職場管理及び多職種との連携によるチーム医療の大切さなどを具体的に理解できるように指導することが大切である。

イについては，理学療法の基礎に関連する内容，健康増進や疾病及び障害の予防並びに理学療法研究法などに対して統計学や教育学，情報科学などと関連付けながら，コンピュータ等の情報手段・ICTの活用を通じて，具体的に理解できるように指導することが大切である。

② 内容

2 内 容

1に示す資質・能力を身に付けることができるよう，次の〔指導項目〕を指導する。

〔指導項目〕

(1) 理学療法の概要
　ア 理学療法の歴史
　イ 理学療法の基礎
　ウ 健康増進と予防に関する理学療法
　エ 理学療法研究法

(内容の範囲や程度)

(2) 内容の範囲や程度については，次の事項に配慮するものとする。

ア 〔指導項目〕の(1)のアについては，医療の歴史における理学療法の位置付けも含めて取り扱うこと。イについては，理学療法の医療における位置付け，理学療法士の関連組織も含めて取り扱うこと。ウについては，予防医学と理学療法とを関連付けて行うこと。

(1) 理学療法の概要

ここでは，科目の目標を踏まえ，理学療法に関する一般的な知識や理学療法士の在り方などについて，総合的に理解できるようにすることをねらいとしている。

このねらいを実現するため，次の①から③までの事項を身に付けることができるよう，〔指導項目〕を指導する。

① 理学療法の概要について理解すること。

② 理学療法についての基本的な課題を発見し，理学療法の医療における位置付けや予防医学と関連付け，理学療法士としての職業倫理を踏まえて合理的かつ創造的に解決策を見いだすこと。

③ 理学療法の概要について自ら学び，理学療法に主体的かつ協働的に取り組むこと。

ア 理学療法の歴史

理学療法の歴史及び医療の歴史における位置付けなどについて扱う。

イ 理学療法の基礎

理学療法の定義，原理，分類，対象，業務内容，治療理論，関連組織及び医療における位置付けなどについて扱う。また，日本理学療法士協会や日本作業療法士協会などの関連組織について扱う。

ウ 健康増進と予防に関する理学療法

健康増進や疾病及び障害の予防に対する指導の意義，目的及び方法などについて扱う。

エ 理学療法研究法

理学療法に関する研究の意義，研究対象，研究方法，研究手順及び研究報告書の作成などについて扱う。

〔指導項目〕

(2) 関係法規
　ア 理学療法士及び作業療法士法
　イ その他の関係法規

(内容の範囲や程度)

イ 〔指導項目〕の(2)のイについては，医師法などの概要を取り扱うこと。

(2) 関係法規

ここでは，科目の目標を踏まえ，「保健・医療・福祉とリハビリテーション」との関連に留意しながら，理学療法に必要な法規を理解することをねらいとしている。

このねらいを実現するため，次の①から③までの事項を身に付けることができるよう，〔指導項目〕を指導する。

① 理学療法に関する法規について理解すること。

② 理学療法に関する法規についての基本的な課題を発見し，理学療法が関係する医療及び福祉領域における諸法律と関連付け，理学療法士としての職業倫理を踏まえて合理的かつ創造的に解決策を見いだすこと。

③ 理学療法に関する法規について自ら学び，理学療法に主体的かつ協働的に取り組むこと。

ア 理学療法士及び作業療法士法

理学療法士及び作業療法士法について具体的に扱う。

イ その他の関係法規

医療法（昭和23年法律第205号），医師法（昭和23年法律第201号），保健師助産師看護師法（昭和23年法律第203号），高齢者の医療の確保に関する法律（昭和57年法律第80号），身体障害者福祉法（昭和24年法律第283号），障害者の日常生活及び社会生活を総合的に支援するための法律（平成17年法律第123号），介護保険法（平成９年法律第123号）及び健康増進法（平成14年法律第103号）などについて理学療法と関係が深い内容に重点を置くとともに，その概要について扱う。

5 理学療法管理学

この科目は，「人体の構造と機能」，「疾病と障害」，「保健・医療・福祉とリハビリテーション」及び「基礎理学療法学」の学習を基礎とし，「理学療法評価学」，「理学療法治療学」及び「地域理学療法学」と関連付けていくことが重要であり，「理学療法臨床実習」を学習する基盤となるものである。

今回の改訂では，科目として新設し，保健，医療，福祉に関する諸制度や職場管理，組織運営，理学療法教育及び職業倫理などの内容で構成した。

(1) 目標

１ 目 標

理学療法の見方・考え方を働かせ，理学療法管理学に関する実践的・

体験的な学習活動を通して，理学療法を行うために必要な資質・能力を次のとおり育成することを目指す。

(1) 理学療法を行うために必要な理学療法管理学について体系的・系統的に理解するようにする。

(2) 理学療法管理学に関する課題を発見し，理学療法士としての職業倫理を踏まえて合理的かつ創造的に解決する力を養う。

(3) 理学療法管理学について，地域や社会を支える理学療法士を目指して自ら学び，人々の健康の保持増進及びリハビリテーションに主体的かつ協働的に取り組む態度を養う。

この科目では，理学療法管理学に関する基礎的な理論を理解し，理学療法の内容を系統的かつ効率的に活用できる能力と態度を育てることをねらいとしている。また，理学療法士に必要な職場管理や職場倫理の在り方などについての理解を深め，理学療法の実践に適切に活用できるようにすることをねらいとしている。

目標の (1) は，理学療法の実践に必要な，理学療法管理に関する基礎的な知識を身に付けるようにすることを意味している。

目標の (2) は，理学療法の実践に必要な，理学療法管理に関する課題を発見し，理学療法士としての職業倫理を踏まえて課題を解決する力を養うことを意味している。

目標の (3) は，人々の健康の保持増進及びリハビリテーションのために，理学療法管理学の内容を活用する実践的・体験的な学習活動を通して，主体的かつ協働的に理学療法に取り組む態度を養うことを意味している。

(2) 内容とその取扱い

① 内容の構成及び取扱い

この科目は，目標に示す資質・能力を身に付けることができるよう，(1) 理学療法管理学の基礎，(2) 理学療法と職業倫理の二つの指導項目で，2単位以上履修されることを想定して内容を構成している。また，内容を取り扱う際の配慮事項は次のように示されている。

(内容を取り扱う際の配慮事項)

3 内容の取扱い

(1) 内容を取り扱う際には，次の事項に配慮するものとする。

ア 指導に当たっては，内容相互に関連をもたせ理学療法管理学を体系的・系統的に理解できるようにすること。

イ 〔指導項目〕の(1)のアについては，「保健・医療・福祉とリハビリテーション」の〔指導項目〕と関連付けながら，医療保険制度，介護保険制度，組織運営及びチーム医療について取り扱うこと。
ウ 〔指導項目〕の(2)のアについては，医療従事者としての心構え，倫理観，患者の人権，法令遵守などについて取り扱うこと。

内容を取り扱う際には，理学療法管理学を体系的・系統的に理解するために，「保健・医療・福祉とリハビリテーション」及び「理学療法臨床実習」とも関連させ，具体的，実際的に理解できるように指導し，理学療法の臨床に生かすように配慮する必要がある。

アについては，臨床でのリスク管理や職場管理，個人情報保護や人権尊重などの職業倫理について関連をもたせて指導し，より理解しやすいよう配慮して扱うこと。

イについては，特に理学療法と関係の深い医療・介護保険制度と関連付け，組織運営やチーム医療に重点を置いて扱い，生徒が理学療法の職場管理と運営に興味・関心を高めることができるよう配慮して扱うこと。

ウについては，医療従事者としての心得，倫理観及び患者の権利の保護などについて理解できるよう重点を置いて扱い，生徒が理学療法における職業倫理に対する興味・関心を高めることができるよう配慮して扱うこと。

② 内容

2 内 容

1に示す資質・能力を身に付けることができるよう，次の〔指導項目〕を指導する。

〔指導項目〕

(1) 理学療法管理学の基礎
ア 職場管理と運営

（内容の範囲や程度）

(2) 内容の範囲や程度については，次の事項に配慮するものとする。
ア 〔指導項目〕の(1)のアについては，安全衛生，リスク管理及び理学療法教育を含めて取り扱うこと。

(1) 理学療法管理学の基礎

ここでは，科目の目標を踏まえ，理学療法管理学について統合的に理解するとともに，それらを理学療法と関連付けることができるようにすることをねらいとしている。

このねらいを実現するため，次の①から③までの事項を身に付けることができるよう，〔指導項目〕を指導する。

① 理学療法管理学について理解すること。

② 理学療法管理学についての基本的な課題を発見し，医療現場における理学療法の職場管理と職業倫理と関連付け，理学療法士としての職業倫理を踏まえて合理的かつ創造的に解決策を見いだすこと。

③ 理学療法管理学について自ら学び，理学療法士に主体的かつ協働的に取り組むこと。

ア 職場管理と運営

医療事故や感染症などのリスク管理，再発予防などの安全管理及び多職種とのチーム医療などについて扱う。また，理学療法教育を含めて理学療法を総合的にマネジメントできる人材の育成に関する内容について扱う。

〔指導項目〕

(2) 理学療法と職業倫理 ア 理学療法倫理

(2) 理学療法と職業倫理

ここでは，科目の目標を踏まえ，「保健・医療・福祉とリハビリテーション」との関連に留意しながら，理学療法と職業倫理に関する理解ができるようにすることをねらいとしている。

このねらいを実現するため，次の①から③までの事項を身に付けることができるよう，〔指導項目〕を指導する。

① 理学療法と職業倫理について理解すること。

② 理学療法と職業倫理についての基本的な課題を発見し，医療現場における職業倫理と理学療法の業務と関連付け，理学療法士としての職業倫理を踏まえて合理的かつ創造的に解決策を見いだすこと。

③ 理学療法と職業倫理について自ら学び，理学療法に主体的かつ協働的に取り組むこと。

ア　理学療法倫理

患者の権利や人権尊重，個人情報保護及び職業上知り得た情報の守秘義務など理学療法士として職業倫理や医療倫理の全般について扱う。

6　理学療法評価学

この科目は，「人体の構造と機能」，「疾病と障害」，「保健・医療・福祉とリハビリテーション」及び「基礎理学療法学」の学習を基礎とし，「理学療法管理学」，「理学療法治療学」及び「地域理学療法学」に関連付けていくことが重要であり，「理学療法臨床実習」を学習する基盤となるものである。

今回の改訂では，理学療法対象疾患の多様化に伴い，より安全かつ効果的な理学療法を提供できるよう医用画像評価を加えるなどの改善を図った。

(1) 目標

> 1　目　標
>
> 理学療法の見方・考え方を働かせ，理学療法評価学に関する実践的・体験的な学習活動を通して，理学療法を行うために必要な資質・能力を次のとおり育成することを目指す。
>
> (1) 理学療法評価学について体系的・系統的に理解するとともに，関連する技術を身に付けるようにする。
>
> (2) 理学療法評価学に関する課題を発見し，理学療法士としての職業倫理を踏まえて合理的かつ創造的に解決する力を養う。
>
> (3) 理学療法評価学について，地域や社会を支える理学療法士を目指して自ら学び，人々の健康の保持増進及びリハビリテーションに主体的かつ協働的に取り組む態度を養う。

この科目においては，種々の疾病や障害に対する検査測定を扱うことで，理学療法評価学の重要性を理解させ，理学療法を進めていく上での科学的な情報を得て，正しい治療プログラムを立てることができるようにし，理学療法の実践に適切に活用できるようにすることをねらいとしている。

目標の(1)は，理学療法の実践に必要な，理学療法評価に関する基礎的な知識や技術を身に付けるようにすることを意味している。

目標の(2)は，理学療法の実践に必要な，理学療法評価に関する課題を発見し，理学療法士としての職業倫理を踏まえて課題を解決する力を養うことを意味している。

目標の(3)は，人々の健康の保持増進及びリハビリテーションのために，理学療法評価学の内容を活用する実践的・体験的な学習活動を通して，主体的かつ協働的に理学療法の実践に取り組む態度を養うことを意味している。

(2) 内容とその取扱い

① 内容の構成及び取扱い

この科目は，目標に示す資質・能力を身に付けることができるよう，(1) 理学療法評価，(2) 運動学的評価，(3) 医用画像評価の三つの指導項目で，6単位以上履修されることを想定して内容を構成している。また，内容を取り扱う際の配慮事項は次のように示されている。

（内容を取り扱う際の配慮事項）

> 3　内容の取扱い
> (1) 内容を取り扱う際には，次の事項に配慮するものとする。
> ア　指導に当たっては，基礎的な実習を十分に行うとともに，具体的な症例を取り上げること。また，機械・器具などを工夫して生徒の視覚障害の状態に応じた適切な指導ができるよう配慮すること。
> イ 「理学療法治療学」及び「理学療法臨床実習」との関連を図りながら，理学療法評価とともに，医学的な一般評価，心理学的評価や社会的評価も取り扱うこと。
> ウ　指導に当たっては，動画による理学療法評価が行えるようコンピュータ等の情報機器を活用するなどの工夫をすること。

内容を取り扱う際には，「理学療法治療学」及び「理学療法臨床実習」との関連を図り，具体的症例を取り上げながら，より具体的，実際的に指導することが大切である。また，生徒の視覚障害の状態に応じた指導方法を工夫することが必要である。

アについては，生徒が学習しやすいように，視覚障害の状態に応じて機械・器具に工夫を加えるなどして，評価や分析がしやすいように配慮し，基本的な実習に十分時間をかけて，定着を図るように指導する。

イについては，「理学療法治療学」及び「理学療法臨床実習」との関連を図りながら，具体的な症例を取り上げ，総合的な評価ができるよう指導する。

ウについては，「理学療法情報」との関連を図りながら，生徒の視覚障害の状態に応じて機器を利用し，効果的に学習が行えるよう指導する。

② 内容

2　内　容

1に示す資質・能力を身に付けることができるよう，次の〔指導項目〕を指導する。

〔指導項目〕

(1) 理学療法評価
　ア　理学療法評価の基礎
　イ　各種の理学療法評価の方法
　ウ　理学療法評価の実習

(内容の範囲や程度)

(2) 内容の範囲や程度については，次の事項に配慮するものとする。
　ア　〔指導項目〕の(1)のイについては，運動機能の評価に重点を置いて取り扱うこと。また，リスク管理としてのバイタルサインの評価の重要性について十分に指導すること。

(1) 理学療法評価

ここでは，科目の目標を踏まえ，理学療法評価に関する知識や技術を習得し，理学療法を科学的・合理的に行うことができるようにすることをねらいとしている。

このねらいを実現するため，次の①から③までの事項を身に付けることができるよう，〔指導項目〕を指導する。

① 理学療法評価について理解するとともに，関連する技術を身に付けること。

② 理学療法評価についての基本的な課題を発見し，姿勢・動作・歩行及び日常生活活動と関連付け，理学療法士としての職業倫理を踏まえて合理的かつ創造的にて解決策を見いだすこと。

③ 理学療法評価について自ら学び，理学療法に主体的かつ協働的に取り組むこと。

ア　理学療法評価の基礎

理学療法評価の意義，歴史，目的，分類，機械・器具の仕組みや使い方の概要及び記録法と分析法などについて扱う。

イ　各種の理学療法評価の方法

各種の評価法の概略を指導するとともに，特に運動機能面の評価法に重点を置いて指導する。また，血圧，体温及び呼吸機能などのバイタルサインの評価は，リスク管理の点からも重要であるので，十分指導することが大切である。具体的には，身体計測，運動機能評価（関節可動域，筋力，スピード，持久力及び協調性など），神経学的検査（感覚，反射，高次脳機能など），呼吸・循環機能検査，運動発達検査，及び日常生活活動検査などについて扱う。

ウ　理学療法評価の実習

各種の理学療法評価法及び各種疾患の評価法について扱う。

〔指導項目〕

(2) 運動学的評価 ア　運動学的評価の基礎 イ　運動・動作の分析の方法

（内容の範囲や程度）

イ　〔指導項目〕の(2)のイについては，人体の運動に関する基礎的な知識を踏まえ，各種の疾患や障害の運動学的評価と考察の方法，治療計画への応用などを取り扱うこと。

(2) 運動学的評価

ここでは，科目の目標を踏まえ，運動学的評価に関する知識や技術を習得し理学療法を科学的・合理的に行うことができるようにすることをねらいとしている。

このねらいを実現するため，次の①から③までの事項を身に付けることができるよう，〔指導項目〕を指導する。

① 運動学的評価について理解するとともに，関連する技術を身に付けること。

② 運動学的評価についての基本的な課題を発見し，姿勢・動作・歩行及び日常生活活動と関連付け，理学療法士としての職業倫理を踏まえて合理的かつ創造的に解決策を見いだすこと。

③ 運動学的評価について自ら学び，理学療法に主体的かつ協働的に取り組むこと。

ア　運動学的評価の基礎

運動学的評価法の意義，目的及び理学療法への応用などについて扱う。

イ　運動・動作の分析の方法

運動学に関する知識と関連付けながら，障害者の姿勢，動作，歩行及び日常生活活動などの評価法について具体的症例を挙げながら指導することが大切である。具体的には，「人体の構造と機能」の人体の運動で学習した基礎的な知識や技術を踏まえ，各種疾患や障害の運動・動作学的評価と考察の仕方及び治療計画への応用などについて扱う。

〔指導項目〕

(3) 医用画像評価
　ア　医用画像評価の基礎
　イ　医用画像評価の方法

（内容の範囲や程度）

ウ 〔指導項目〕の(3)については，静止画や動画を用いた，理学療法と関係の深い姿勢や動作の分析，神経系，運動器系，呼吸器系及び循環器系の画像評価を中心に取り扱うこと。

(3) 医用画像評価

ここでは，科目の目標を踏まえ，医用画像評価に関する知識や技術を習得し，理学療法を科学的・合理的に行うことができるようにすることをねらいとしている。

このねらいを実現するため，次の①から③までの事項を身に付けることができるよう，〔指導項目〕を指導する。

① 医用画像評価について理解するとともに，関連する技術を身に付けること。

② 医用画像評価についての基本的な課題を発見し，姿勢・動作・歩行及び日常生活活動と関連付け，理学療法士としての職業倫理を踏まえて合理的かつ創造的に解決策を見いだすこと。

③ 医用画像評価について自ら学び，理学療法に主体的かつ協働的に取り組むこと。

理学療法の主な対象である運動機能の評価に重点を置いて，原疾患から身体構造・心身機能，活動及び参加の静止画や動画を用いた評価について幅広く指導することが大切である。

ア　医用画像評価の基礎

医用画像評価の意義，目的，種類及び理学療法への応用などについて扱う。

イ　医用画像評価の方法

他の科目において学習した基礎的な知識や技術を踏まえ，各種疾患・障害における医用画像評価と考察の仕方及び治療計画への応用などについて扱う。

7　理学療法治療学

この科目は，「人体の構造と機能」，「疾病と障害」，「保健・医療・福祉とリハビリテーション」及び「基礎理学療法学」の学習を基礎とし，「理学療法管理学」，「理学療法評価学」及び「地域理学療法学」と関連付けていくことが重要であり，「理学療法臨床実習」を学習する基盤となるものである。

今回の改訂では，患者の高齢化や在宅医療における訪問リハビリテーションの必要性の高まりに伴い，喀痰(かくたん)等の吸引の必修化に対応するよう内容の改善を図った。

(1)　目標

1　目　標

理学療法の見方・考え方を働かせ，理学療法治療学に関する実践的・体験的な学習活動を通して，理学療法を行うために必要な資質・能力を次のとおり育成することを目指す。

(1)　理学療法治療学について体系的・系統的に理解するとともに，関連する技術を身に付けるようにする。

(2)　理学療法治療学に関する課題を発見し，理学療法士としての職業倫理を踏まえて合理的かつ創造的に解決する力を養う。

(3)　理学療法治療学について，地域や社会を支える理学療法士を目指して自ら学び，人々の健康の保持増進及びリハビリテーションに主体的かつ協働的に取り組む態度を養う。

この科目では，運動療法，物理療法，義肢装具，日常生活活動などの理学療法の実践に関する基礎的な知識や技術を習得し，臨床の場において各種疾病や障害に対して理学療法の実践に適切に活用できるようにすることをねらいとしている。

目標の(1)は，理学療法の実践に必要な，理学療法治療に関する基礎的な知識や技術を身に付けるようにすることを意味している。

目標の(2)は，理学療法の実践に必要な，理学療法治療に関する課題を発見し，理学療法士として職業倫理を踏まえて課題を解決する力を養うことを意味している。

目標の(3)は，人々の健康の保持増進及びリハビリテーションのために，理学療法治療学の内容を活用する実践的・体験的な学習活動を通して，主体的かつ協働的に理学療法に取り組む態度を養うことを意味している。

(2) 内容とその取扱い

① 内容の構成及び取扱い

この科目は，目標に示す資質・能力を身に付けることができるよう，(1) 運動療法，(2) 物理療法，(3) 義肢装具，(4) 日常生活活動，(5) 理学療法技術論の五つの指導項目で，20単位以上履修されることを想定して内容を構成している。また，内容を取り扱う際の配慮事項は次のように示されている。

(内容を取り扱う際の配慮事項)

> 3　内容の取扱い
>
> (1) 内容を取り扱う際には，次の事項に配慮するものとする。
>
> ア　指導に当たっては，基礎実技の実習に重点を置いて実際的に理解させるとともに，リスク管理について取り扱うこと。
>
> イ　〔指導項目〕の(4)については，「地域理学療法学」との関連を図り，指導内容が重複しないよう配慮すること。

内容を取り扱う際には，理学療法治療学を体系的・系統的に理解するために，「人体の構造と機能」及び「疾病と障害」の学習を基に，「基礎理学療法学」及び「理学療法評価学」などと関連付けながら，各種の基礎実技の実習に重点を置いて，より具体的，実践的に理解できるよう配慮して指導することが大切である。

アについては，基礎実技の実習については，各疾患別や各種障害別に対して，予防と治療の観点から，効果的に理学療法を行うことができるよう構成すること。また，臨床場面での重大な事故の発生を防ぐために，各種のリスク管理について十分に扱うこと。

イについては，日常生活活動の評価や指導法など，「地域理学療法学」との関連に留意し，指導内容が重複しないよう扱うこと。

②　内容

2　内　容

　1に示す資質・能力を身に付けることができるよう，次の〔指導項目〕を指導する。

〔指導項目〕

(1)　運動療法
　ア　運動療法の基礎
　イ　各種の運動療法
　ウ　各障害に対する運動療法
　エ　運動療法実習

（内容の範囲や程度）

(2)　内容の範囲や程度については，次の事項に配慮するものとする。
　ア　〔指導項目〕の(1)については，疾病や障害に対する運動療法にとどまらず，スポーツ，レクリエーションなども取り扱うこと。

(1)　運動療法

　ここでは，科目の目標を踏まえ，理学療法の中でも最も重要な治療法であることを理解させ，基礎実習を十分に行い，臨床の場で実践できるようにすることをねらいとしている。

　このねらいを実現するため，次の①から③までの事項を身に付けることができるよう，〔指導項目〕を指導する。

①　運動療法について理解するとともに，関連する技術を身に付けること。
②　運動療法についての基本的な課題を発見し，疾患別及び障害別対象者の支援と関連付け，理学療法士としての職業倫理を踏まえて合理的かつ創造的に解決策を見いだすこと。
③　運動療法について自ら学び，理学療法に主体的かつ協働的に取り組むこと。

ア　運動療法の基礎

　運動療法の意義，歴史，種類，対象，運動療法機器及び運動療法治療理論などについて扱う。

イ　各種の運動療法

関節可動域運動，筋力増強運動，持久力運動，協調性運動，神経・筋再教育運動及び水中運動などの理学療法に関する各種運動療法について扱う。

ウ　各障害に対する運動療法

中枢神経障害，神経・筋障害，骨・関節障害，呼吸・循環障害，小児期及び老年期障害などに対する運動療法について扱う。

エ　運動療法実習

各種の運動療法や各障害に対する運動療法の基礎実習を行うとともに，実際の症例に近い状況を想定した実習を行う。

〔指導項目〕

(2) 物理療法 　ア　物理療法の基礎 　イ　各種の物理療法 　ウ　物理療法実習

(2) 物理療法

ここでは，科目の目標を踏まえ，運動療法と関連させながら，電気，光線，温熱及び水などの治療法とマッサージなどの徒手療法についての知識や技術を身に付け，臨床の場で実践できるようにすることをねらいとしている。

このねらいを実現するため，次の①から③までの事項を身に付けることができるよう，〔指導項目〕を指導する。

① 物理療法について理解するとともに，関連する技術を身に付けること。

② 物理療法についての基本的な課題を発見し，疾患別及び障害別対象者の支援と関連付け，理学療法士としての職業倫理を踏まえて合理的かつ創造的に解決策を見いだすこと。

③ 物理療法について自ら学び，理学療法に主体的かつ協働的に取り組むこと。

ア　物理療法の基礎

物理療法の意義，歴史，目的，分類，生理作用及び適応と禁忌などについて扱う。

イ　各種の物理療法

徒手療法，温熱療法，寒冷療法，光線・電気療法，水治療法及び牽引療法などについて扱う。

ウ　物理療法実習

各種の物理療法についての基礎実習を行う。

〔指導項目〕

(3) 義肢装具
　ア　義肢装具の基礎
　イ　義肢
　ウ　装具
　エ　義肢装具の実習

(3) 義肢装具

ここでは，科目の目標を踏まえ，作業療法と関連させながら，理学療法に必要な基礎知識と適合判定について指導し，臨床の場で実践できるようにすることをねらいとしている。

このねらいを実現するため，次の①から③までの事項を身に付けることができるよう，〔指導項目〕を指導する。

① 義肢装具について理解するとともに，関連する技術を身に付けること。

② 義肢装具についての基本的な課題を発見し，疾患別及び障害別対象者の支援と関連付け，理学療法士としての職業倫理を踏まえて合理的かつ創造的に解決策を見いだすこと。

③ 義肢装具について自ら学び，理学療法に主体的かつ協働的に取り組むこと。

ア　義肢装具の基礎

義肢装具の意義，歴史，目的，分類及び適応疾患などについて扱う。

イ　義肢

切断術と断端管理，義肢の種類と構造，機能，製作過程，適合判定及び切断術後の理学療法などについて扱う。

ウ　装具

装具の原理，種類，構造，機能，製作過程，適合判定及び装具療法などについて扱う。

エ　義肢装具の実習

義肢装具の分解・組立て，義肢装具装着訓練及び義肢装具装着による日常生活訓練などについての基礎実習を行う。

〔指導項目〕

(4) 日常生活活動 　ア　日常生活活動の基礎 　イ　日常生活活動の評価 　ウ　日常生活活動の指導法

(4) 日常生活活動

ここでは，科目の目標を踏まえ，「地域理学療法学」と関連させながら，障害者等の具体的な日常生活活動の改善に結び付く訓練法や評価方法などを理解し，臨床の場で実践できるようにすることをねらいとしている。

このねらいを実現するため，次の①から③までの事項を身に付けることができるよう，〔指導項目〕を指導する。

① 日常生活活動について理解するとともに，関連する技術を身に付けること。

② 日常生活活動についての基本的な課題を発見し，疾患別及び障害別対象者の支援と関連付け，理学療法士としての職業倫理を踏まえて合理的かつ創造的に解決策を見いだすこと。

③ 日常生活活動について自ら学び，理学療法に主体的かつ協働的に取り組むこと。

ア　日常生活活動の基礎

日常生活活動の意義，目的，分類及び記録などについて扱う。

イ　日常生活活動の評価

日常生活活動の評価法，住宅・生活環境の評価及び分析と考察について扱う。

ウ　日常生活活動の指導法

日常生活基本動作，応用動作，身の回り動作及び住宅改造と在宅ケアなどの指導法について扱う。

〔指導項目〕

(5) 理学療法技術論 　ア　理学療法技術論の基礎 　イ　疾患別理学療法治療の方法 　ウ　疾患別理学療法治療の実習

第3章
視覚障害者の
専門教科・科目

（内容の範囲や程度）

イ 〔指導項目〕の(5)については，健康増進のための理学療法，診療記録の仕方や管理及び喀痰（かくたん）等の吸引についても取り扱うこと。

(5) 理学療法技術論

ここでは，科目の目標を踏まえ，各種疾患等に対する理学療法の評価から治療までに関する知識を総合的，系統的に理解させ，理学療法臨床実習に結び付けることができるようにすることをねらいとしている。

このねらいを実現するため，次の①から③までの事項を身に付けることができるよう，〔指導項目〕を指導する。

① 理学療法技術論について理解するとともに，関連する技術を身に付けること。

② 理学療法技術論についての基本的な課題を発見し，疾患別及び障害別対象者の支援と関連付け，理学療法士としての職業倫理を踏まえて合理的かつ創造的に解決策を見いだすこと。

③ 理学療法技術論について自ら学び，理学療法に主体的かつ協働的に取り組むこと。

ア 理学療法技術論の基礎

疾病や障害に対する基礎的な知識を整理し，理学療法の評価，目標設定と治療計画の作成，リスク管理，診療記録の仕方や管理及び喀痰（かくたん）等の吸引の知識や技術を含めた各種特殊テクニックなどについて扱う。また，健康管理や疾病予防に対する理学療法についても同様に扱う。

イ 疾患別理学療法治療の方法

中枢神経疾患，神経・筋疾患，骨・関節疾患，呼吸・循環疾患，小児期及び老年期疾患などに対する理学療法治療ついて系統的に扱う。

ウ 疾患別理学療法治療の実習

各疾患別の理学療法治療法に対して，「基礎理学療法学」及び「理学療法評価学」などと関連付けながら，喀痰（かくたん）等の吸引を含め，各治療法の実習に重点を置いて具体的，実際的に実習を行う。

なお，喀痰（かくたん）等の吸引については，安全に実施できるよう多職種との適切な連携について扱う。

8 地域理学療法学

この科目は，「人体の構造と機能」，「疾病と障害」及び「保健・医療・福祉とリハビリテーション」の学習を基礎として，患者及び障害者の地域における生活を支援するために必要なリハビリテーションにおける「基礎理学療法学」，「理学療法管理学」，「理学療法評価学」及び「理学療法治療学」の学習に関連付けていくことが重要であり，「理学療法臨床実習」を学習する基盤となるものである。

(1) 目標

1 目 標

理学療法の見方・考え方を働かせ，地域理学療法学に関する実践的・体験的な学習活動を通して，理学療法を行うために必要な資質・能力を次のとおり育成することを目指す。

(1) 地域理学療法学について体系的・系統的に理解するとともに，関連する技術を身に付けるようにする。

(2) 地域理学療法学に関する課題を発見し，理学療法士としての職業倫理を踏まえて合理的かつ創造的に解決する力を養う。

(3) 地域理学療法学について，地域や社会を支える理学療法士を目指して自ら学び，人々の健康の保持増進及びリハビリテーションに主体的かつ協働的に取り組む態度を養う。

この科目では，地域理学療法に関する基礎的な知識を習得し，患者及び障害者の地域における生活を支援するために必要なリハビリテーションにおける評価，治療計画などを理解し，理学療法の実践に適切に活用できるようにすることをねらいとしている。

目標の(1)は，理学療法の実践における，地域理学療法に関する基礎的な知識や技術を身に付けるようにすることを意味している。

目標の(2)は，理学療法の実践における，地域理学療法に関する課題を発見し，理学療法士としての職業倫理を踏まえて課題を解決する力を養うことを意味している。

目標の(3)は，人々の健康の保持増進及びリハビリテーションのために，地域理学療法学の内容を活用する実践的・体験的な学習活動を通して，主体的かつ協働的に理学療法の実践に取り組む態度を養うことを意味している。

(2) 内容とその取扱い

① 内容の構成及び取扱い

この科目は，目標に示す資質・能力を身に付けることができるよう，(1) 地域理学療法の概要，(2) 地域理学療法各論の二つ指導項目で，３単位以上履修されることを想定して内容を構成している。また，内容を取り扱う際の配慮事項は次のように示されている。

（内容を取り扱う際の配慮事項）

> 3　内容の取扱い
>
> (1) 内容を取り扱う際には，次の事項に配慮するものとする。
>
> ア　指導に当たっては，地域における理学療法を効果的に実践できるようにするため，症例検討や在宅訪問などを取り入れて指導すること。
>
> イ　指導に当たっては，「保健・医療・福祉とリハビリテーション」との関連を図り，指導内容が重複しないよう配慮すること。

内容を取り扱う際には，「保健・医療・福祉とリハビリテーション」との関連を図りながら，福祉施設，老人保健施設などの見学及び在宅訪問などを取り入れながら，具体的に指導することが大切である。

アについては，症例検討を行ったり，保健所，福祉センター，特別養護老人ホーム，老人保健施設などの見学や障害者の在宅訪問などを取り入れたりすることにより，地域における具体的，実際的な理学療法が実践できるように指導する。

イについては，「保健・医療・福祉とリハビリテーション」との関連を図りながら，我が国における保健・医療・福祉制度などについての内容が重複しないよう配慮して指導する。

②　内容

> 2　内　容
>
> 　1に示す資質・能力を身に付けることができるよう，次の〔指導項目〕を指導する。

〔指導項目〕

> (1) 地域理学療法の概要
>
> ア　地域理学療法の基礎
>
> イ　地域理学療法における理学療法士の役割

(1) 地域理学療法の概要

ここでは，科目の目標を踏まえ，地域理学療法に対する社会的ニーズと理学療法士が担うべき役割について理解することをねらいとしている。

このねらいを実現するため，次の①から③までの事項を身に付けることができ

るよう，〔指導項目〕を指導する。

① 地域理学療法の概要について理解すること。

② 地域理学療法の概要についての基本的な課題を発見し，リハビリテーションと関連付け，理学療法士としての職業倫理を踏まえて合理的かつ創造的に解決策を見いだすこと。

③ 地域理学療法について自ら学び，理学療法に主体的かつ協働的に取り組むこと。

ア 地域理学療法の基礎

地域理学療法の意義，目的，変遷及び現状と課題などについて扱う。

イ 地域理学療法における理学療法士の役割

地域リハビリテーションにおける共通的役割と専門的役割について扱う。

〔指導項目〕

(2) 地域理学療法各論
ア 地域理学療法における生活評価
イ 地域理学療法の実際
ウ 在宅ケアと生活指導
エ リハビリテーション関連機器

（内容の範囲や程度）

(2) 内容の範囲や程度については，次の事項に配慮するものとする。
ア 〔指導項目〕の(2)のイについては，保健所，福祉施設等における理学療法を取り扱うこと。ウについては，在宅ケア対象者の介護及び家族を含めた生活指導を中心に取り扱うこと。その際，施設等への通院・通所者の在宅ケアなどについても取り扱うこと。

(2) 地域理学療法各論

ここでは，科目の目標を踏まえ，在宅における要介護者に対する理学療法を中心に，地域理学療法の実際を具体的に理解することをねらいとしている。

このねらいを実現するため，次の①から③までの事項を身に付けることができるよう，〔指導項目〕を指導する。

① 地域理学療法各論について理解するとともに，関連する技術を身に付けること。

② 地域理学療法各論についての基本的な課題を発見し，要介護者の生活と関

第3章 視覚障害者の専門教科・科目

連付け，理学療法士としての職業倫理を踏まえて合理的かつ創造的に解決策を見いだすこと。

③ 地域理学療法各論について自ら学び，理学療法に主体的かつ協働的に取り組むこと。

指導に当たっては，各種の保健・医療・福祉施設の理学療法のみならず，デイケアやデイサービスに対する理学療法士の役割についても扱う。

ア 地域理学療法における生活評価

地域における障害者や高齢者に対する理学療法に関して，保健所や介護老人保健施設等の保健・福祉施設等の利用者を含め幅広い事例を取り上げ，その概要を指導する。具体的には，在宅要介護者の，地域環境，日常生活様式及びADL（日常生活活動）の評価などについて扱う。

イ 地域理学療法の実際

保健所，福祉センター，特別養護老人ホーム及び老人保健施設などにおける理学療法について扱う。

ウ 在宅ケアと生活指導

施設等への通院者や通所者の在宅ケア等について扱うとともに，在宅における介護法や介護者の健康管理の指導及び住宅改造などを含めて，在宅訪問リハビリテーションの意義，目的，実践と介護を含めた生活指導などについて扱う。

エ リハビリテーション関連機器

歩行補助具や自助具など地域理学療法に応用されるリハビリテーション機器の概要について扱う。

9 理学療法臨床実習

この科目は，理学療法科に属する各科目で育成した資質・能力を臨床で活用することにより，基本的な理学療法の実践力を身に付けるとともに，理学療法科に属する全ての科目を関連付け，深化・統合化を図るものである。

今回の改訂では，科目名を変更するとともに，臨床実習前の評価及び臨床実習後の評価を加えるとともに，地域包括ケアに配慮するなど学習内容の改善を図った。

(1) 目標

> 1 目 標
>
> 理学療法の見方・考え方を働かせ，理学療法臨床実習に関する実践的・体験的な学習活動を通して，理学療法を行うために必要な資質・能力を次のとおり育成することを目指す。

(1) 理学療法臨床実習について体系的・系統的に理解するとともに，関連する基礎的な技術を身に付けるようにする。
(2) 理学療法臨床実習に関する課題を発見し，理学療法士としての職業倫理を踏まえて合理的かつ創造的に解決する力を養う。
(3) 理学療法臨床実習について，地域や社会を支える理学療法士を目指して自ら学び，人々の健康の保持増進及びリハビリテーションに主体的かつ協働的に取り組む態度を養う。

この科目では，理学療法科に属する各科目において育成した資質・能力を深化・統合化して活用することにより，理学療法の理論と実践を結び付け，臨床における理学療法を実践する能力を身に付けることをねらいとしている。

目標の(1)は，臨床における実践的・体験的な学習活動を通して，臨床の施設・設備や社会資源を理解し，理学療法に属する各科目で習得した知識や技術の深化・統合化を図るとともに，理学療法を実践する際のリスクマネジメントを踏まえた知識や技術を身に付けることを意味している。

目標の(2)は，臨床における理学療法の対象者がもつ様々な課題について，対象者の理解を基盤とした上で必要な介入を探究し，倫理原則，科学的根拠，優先順位，社会資源の活用，対象者の多様な価値観の尊重と意思決定の支援などを踏まえて解決する力を養うことを意味している。

目標の(3)は，課題の解決に当たっては，臨床における実践的・体験的な学習活動を通して，理学療法の職業倫理，生命倫理，人権擁護などに基づく望ましい理学療法観を醸成し，理学療法士の果たすべき役割を踏まえ，保健医療福祉に関わる多職種と連携・協働し主体的に理学療法の実践に取り組む態度を養うことを意味している。

(2) 内容とその取扱い

① 内容の構成及び取扱い

この科目は，目標に示す資質・能力を身に付けることができるよう，(1) 理学療法の見学実習，(2) 理学療法の臨床実習の二つの指導項目で，20単位以上履修されることを想定して内容を構成している。また，内容を取り扱う際の配慮事項は次のように示されている。

（内容を取り扱う際の配慮事項）

3　内容の取扱い
(1) 内容を取り扱う際には，次の事項に配慮するものとする。
ア　指導に当たっては，患者の人権の尊重や患者のリスク管理について指導すること。また，生徒の安全や健康管理についても指導すること。

イ　指導に当たっては，「地域理学療法学」及び「保健・医療・福祉とリハビリテーション」との関連を図り，地域包括ケアシステムについて触れること。

ウ〔指導項目〕の(1)については，生徒が理学療法に対する興味・関心を高めることができるよう指導方法を工夫すること。

エ〔指導項目〕の(2)については，各種の疾患や障害に対して，偏りなく実習を行うことができるよう実習施設及び臨床実習指導者と連携を図りながら，調整すること。

オ〔指導項目〕の(2)については，理学療法に関する総合的な知識や基本的な技術及び態度等に関する臨床実習前の評価と臨床実習後の評価を行うこと。

アについては，患者の個人情報や人権尊重について指導するとともに，実習内容が過重な負担とならないようにすること。

イについては，多職種との連携や自立支援などのリハビリテーションの理念及び地域包括ケアシステムについて理解できるよう配慮するとともに，訪問リハビリテーション又は通所リハビリテーションに関する実習を含めること。

ウについては，病院やリハビリテーション関連施設などを見学し，理学療法士の役割などを実際に理解できるようにすることによって，生徒が理学療法に対する興味・関心を高めることができるよう配慮すること。

エについては，各疾患，各障害に対して，適切な病院や施設を選択し，診療参加型の臨床実習に重点を置くことができるよう臨床実習指導者との密接な連携を図りながら，確かな理学療法の実践力が身に付くよう指導すること。

オについては，臨床実習前に生徒の技術等に関して，実技試験等による評価を行い，直接患者に接するに当たり，総合的知識及び基本的な技能及び態度を備えていることを評価するとともに，臨床実習後にも評価を行い，生徒の成長を評価できるようにすること。

②　内容

2　内　容

1に示す資質・能力を身に付けることができるよう，次の〔指導項目〕を指導する。

〔指導項目〕

(1) 理学療法の見学実習 ア　医療機関の見学実習 イ　その他の施設の見学実習

(内容の範囲や程度)

(2) 内容の範囲や程度については，次の事項に配慮するものとする。 ア　〔指導項目〕の(1)のイについては，地域における様々な施設での理学療法の実際を見学できるよう配慮すること。

(1) 理学療法の見学実習

ここでは，科目の目標を踏まえ，病院や診療所，福祉施設等の見学実習を通して，理学療法の医療における位置付けや基本的な理学療法業務等について統合的に理解できることをねらいとしている。

このねらいを実現するため，次の①から③までの事項を身に付けることができるよう，〔指導項目〕を指導する。

① 実際の理学療法業務について理解するとともに，関連する技術を身に付けること。

② 実際の理学療法業務についての基本的な課題を発見し，理学療法の基本的な知識及び技術や理学療法業務と関連付け，理学療法士としての職業倫理を踏まえて合理的かつ創造的に解決策を見いだすこと。

③ 実際の理学療法業務について自ら学び，理学療法に主体的かつ協働的に取り組むこと。

ア　医療機関の見学実習

学習の進行状況に応じて，地域における病院や診療所，福祉施設など，様々な臨床の場における理学療法の実際を見学できるよう配慮することが大切である。

具体的には，総合病院，大学病院，リハビリテーション病院及び介護老人保健施設などを見学し，理学療法業務の内容，理学療法士の役割と責任，多職種連携，リスク管理及び病院組織と運営などについて扱う。

イ　その他の施設の見学実習

保健所，福祉センター及び特別養護老人ホームなどを見学し，理学療法業務の内容，理学療法士の役割と責任，多職種連携，リスク管理及び施設の組織と運営などについて扱う。

〔指導項目〕

(2) 理学療法の臨床実習 　ア　症例観察と基礎臨床実習 　イ　総合臨床実習

（内容の範囲や程度）

イ 〔指導項目〕の(2)のイについては，理学療法臨床に必要な症例報告の書き方や症例研究の方法などを含めて取り扱うこと。

(2) 理学療法の臨床実習

ここでは，科目の目標を踏まえ，理学療法における全ての知識や技術の深化・統合化を図るとともに，臨床現場での実践的な学習活動を通して，理学療法を統合的，合理的に実践することをねらいとしている。

このねらいを実現するため，次の①から③までの事項を身に付けることができるよう，〔指導項目〕を指導する。

① 理学療法の臨床実習について理解するとともに，関連する技術を身に付けること。

② 理学療法の臨床実習についての基本的な課題について，臨床実習現場における理学療法業務や職業倫理と関連付け，理学療法士としての職業倫理を踏まえて合理的かつ創造的に解決策を見いだすこと。

③ 理学療法の臨床実習について自ら学び，臨床実習における知識や技術等の習熟度を客観的に理解し，その後の理学療法に主体的かつ協働的に取り組むこと。

ア　症例観察と基礎臨床実習

理学療法の臨床実習の場において，各疾患や各障害の症例の観察及び基本的な理学療法評価とその分析，問題点の抽出及び治療計画の立案など，基礎的な臨床実習を行う。

イ　総合臨床実習

理学療法の臨床実習の場において，臨床実習指導者の指導・監督の下，各疾患や各障害の症例の身体状況の把握，理学療法評価及び分析結果の抽出，治療計画の立案，治療の実践及び治療効果の判定など，診療参加型臨床実習に重点を置いた総合的な臨床実習を行う。また，診療の記録や症例報告の仕方や研究方法，リスク管理及び多職種連携について扱う。

10 理学療法情報

この科目は，理学療法の実践に必要な情報と情報技術を理解して適切に活用し，理学療法における課題の解決を効果的に行う資質・能力を育成するものであり，理学療法科に属する各科目と関連付けて学習することが重要である。

今回の改訂では，社会の変化への対応として，理学療法科における情報の活用と管理，理学療法における課題解決を位置付けるとともに，学習内容を整理するなどの改善を図った。

(1) 目標

> 1 目　標
>
> 理学療法の見方・考え方を働かせ，理学療法情報に関する実践的・体験的な学習活動を行うこと通して，理学療法の実践に必要な資質・能力を次のとおり育成することを目指す。
>
> (1) 理学療法情報について体系的・系統的に理解するとともに，関連する技術を身に付けるようにする。
>
> (2) 理学療法情報に関する課題を発見し，理学療法の職業倫理を踏まえて合理的かつ創造的に解決する力を養う。
>
> (3) 理学療法情報について，地域や社会を支える理学療法士を目指して自ら学び，人々の健康の保持増進及びリハビリテーションに関する課題解決に主体的かつ協働的に取り組む態度を養う。

この科目では，情報社会の進展に応じた情報と情報技術に関する知識や技術を習得し，理学療法の実践に適切に活用できるようにすることをねらいとしている。

目標の(1)は，理学療法の実践に必要な保健医療福祉に関わる情報と個人情報及びそれらを実際の理学療法で活用するための知識や技術を身に付けるようにすることを意味している。

目標の(2)は，理学療法の実践に必要な多職種で共有する情報と情報活用に関する課題について，医療情報に関する法・制度，情報セキュリティ，職業倫理を踏まえて解決する力を養うことを意味している。

目標の(3)は，理学療法の実践に当たっては，情報と情報技術の適切な活用に努めて多職種との連携・協働の円滑化を図るとともに，情報の管理や取扱いに責任をもち理学療法における健康の保持増進とリハビリテーションの課題解決に主体的かつ協働的に取り組む態度を養うことを意味している。

(2) 内容とその取扱い

① 内容の構成及び取扱い

この科目は，目標に示す資質・能力を身に付けることができるよう，(1)情報社会の倫理と責任，(2)理学療法における情報の活用と管理，(3)理学療法における課題解決の三つの指導項目で構成し，履修単位数については，各学校で適切に定める。また，内容を取り扱う際の配慮事項は次のように示されている。

（内容を取り扱う際の配慮事項）

> 3　内容の取扱い
>
> (1) 内容を取り扱う際には，次の事項に配慮するものとする。
>
> ア　多様な題材やデータを取り上げ，情報技術の進展に応じた演習などを通して，生徒が情報及び情報ネットワークを適切に活用できるよう，情報の信頼性を判断する能力及び情報モラルを育成すること。

この科目の指導に当たっては，情報社会における倫理と個人の責任に基づき，保健医療福祉分野の情報を適切に取り扱う（情報収集・分析・管理など）とともに，理学療法科に属する各科目の学習と関連付けて課題解決を図る学習を通して，理学療法臨床実習における実際の情報を責任をもって取り扱う能力を育てるように指導することが大切である。

② 内容

> 2　内　容
>
> 1に示す資質・能力を身に付けることができるよう，次の〔指導項目〕を指導する。

〔指導項目〕

> (1) 情報社会の倫理と責任
>
> ア　情報社会の特徴
>
> イ　情報社会の倫理
>
> ウ　情報を扱う個人の責任

（内容の範囲や程度）

(2) 内容の範囲や程度については，次の事項に配慮するものとする。
ア 〔指導項目〕の(1)については，個人のプライバシーや著作権を含む知的財産の保護，個人における情報の管理や発信に関する責任について，法令と関連付けて取り扱うこと。

(1) 情報社会の倫理と責任

ここでは，情報社会の進展に応じた情報と情報技術の理解を基に，個人情報や著作権などについて関係法規を遵守するとともに望ましい倫理観を身に付け，日常生活において情報と情報技術を適切に活用できるようにすることをねらいとしている。

このねらいを実現するため，次の①から③までの事項を身に付けることができるよう，〔指導項目〕を指導する。

① 情報社会の倫理と責任について理解するとともに，関連する技術を身に付けること。
② 情報社会の倫理と責任についての基本的な課題を発見し，理学療法士としての職業倫理を踏まえて合理的かつ創造的に解決策を見いだすこと。
③ 情報社会の倫理と責任について自ら学び，適切な情報の取扱いに主体的かつ協働的に取り組むこと。

ア 情報社会の特徴

情報技術の発展によって変化を続ける情報社会の現状と課題について扱う。日常生活の便利さとともに個人情報の漏えいや著作権の侵害などの事例を取り上げ，考察する学習活動を取り入れる。

イ 情報社会の倫理

情報社会で求められる倫理観や関連する法・制度について扱う。情報通信ネットワークによる多様なコミュニケーション手段の特徴を踏まえて適切に活用することや，個人と世界が直接つながる情報社会における倫理観の醸成の重要性について，身近な事例を取り上げ，考察する学習を取り入れる。

ウ 情報を扱う個人の責任

個人による不適切な情報発信や情報管理の影響が拡大し，情報を扱う個人に大きな責任が生じている現状について扱う。情報の発信や漏えいなどによって，他の人を傷つけたり，経済的な損失を与えたりした場合は，刑事罰や民事罰及び賠償の対象ともなることを関係法規とともに扱う。

〔指導項目〕

(2) 理学療法における情報の活用と管理 　ア　保健医療福祉分野の情報 　イ　情報システムの特徴 　ウ　情報の活用 　エ　情報の管理

（内容の範囲や程度）

イ 〔指導項目〕の(2)については，保健・医療・福祉関係者で共有する情報通信ネットワークの特徴と活用について，地域の実例などを取り扱うこと。また，業務における情報セキュリティの重要性について法令と関連付けて取り扱うこと。

(2) 理学療法における情報の活用と管理

ここでは，保健医療福祉分野では様々な個人情報を扱うとともに，多職種との情報共有が重要であることを踏まえ，情報の活用と管理について関係法規を遵守し，倫理観を踏まえて適切に行えるようにすることをねらいとしている。

このねらいを実現するため，次の①から③までの事項を身に付けることができるよう，〔指導項目〕を指導する。

① 理学療法における情報の活用と管理について理解するとともに，関連する技術を身に付けること。

② 理学療法における情報の活用と管理についての基本的な課題を発見し，理学療法士としての職業倫理を踏まえて合理的かつ創造的に解決策を見いだすこと。

③ 理学療法における情報の活用と管理について自ら学び，理学療法に主体的かつ協働的に取り組むこと。

ア　保健医療福祉分野の情報

保健医療福祉分野における情報の特徴として，理学療法の対象の様々な個人情報を連携・協働する多職種と共有する現状について扱うとともに，理学療法の質の向上に資する統計資料や研究データ，論文などについて扱う。

イ　情報システムの特徴

保健医療福祉分野における情報システムとして，個人情報をはじめ，様々な情報を多職種と共有し，健康支援に適切かつ効果的に活用している現状について，理学療法臨床実習などの事例を扱う。また，療養の場の多様性に応じたシステムの特徴，業務における情報セキュリティと関係法規についても扱う。

ウ　情報の活用

理学療法における健康問題の発見から解決の過程において，多職種が発信する情報を互いに適切かつ効果的に活用することによって，問題解決の円滑化につながることを扱う。また，理学療法の対象への情報提供の現状についても扱う。

エ　情報の管理

理学療法の業務として個人情報を扱う場合は，理学療法士及び作業療法士法第16条に基づく守秘義務及び個人情報保護法を遵守しなければならないこと，使用する情報システムは現状に応じたセキュリティ対策を講じなければならないことについて扱う。

〔指導項目〕

(3)　理学療法における課題解決
　ア　課題に応じた情報取集
　イ　情報分析と解決方法
　ウ　情報の発信方法

（内容の範囲や程度）

ウ　〔指導項目〕の(3)については，生徒が主体的に課題を設定して，情報を集め分析し，課題の解決に向けてモデル化，シミュレーション，プログラミングなどを行い，情報デザインなどを踏まえた発信方法を考え，協議する演習などを行うこと。

(3)　理学療法における課題解決

ここでは，理学療法に関わる課題の発見から解決の過程において，進展する情報及び情報技術を適切かつ効果的に活用できるようにすることをねらいとしている。

このねらいを実現するため，次の①から③までの事項を身に付けることができるよう，〔指導項目〕を指導する。

①　理学療法についての課題の発見から解決の過程について理解するとともに，関連する技術を身に付けること。

②　理学療法についての基本的な課題を発見し，倫理観を踏まえ情報及び情報技術を適切かつ効果的に活用して解決策を見いだすこと。

③　理学療法における課題の発見から解決の過程について自ら学び，情報及び

情報技術の適切かつ効果的な活用に主体的かつ協働的に取り組むこと。

ア　課題に応じた情報収集

理学療法における課題に応じた情報収集の視点（信頼性，標準性，公平性，国際性など）と収集の方法（文献検索，統計資料など）について扱う。

イ　情報分析と解決方法

理学療法における課題に応じた情報の分析と解決方法として，統計処理の手法やモデル化，シミュレーションなどについて扱う。また，必要に応じて思考過程をアルゴリズムで整理する学習活動を行う。

ウ　情報の発信方法

理学療法における課題に応じた情報の発信方法として，対象や内容に応じた情報デザインやプレゼンテーションを考察し，互いに発表するなどの学習活動を行う。

11　課題研究

この科目は，生徒の多様な実態に応じて個々の生徒の特性や進路希望などに即した教育活動を一層適切に進めるとともに，理学療法で学んだ知識や技術などを基に，健康の保持増進とリハビリテーションに関する課題を発見し，解決策を探求して創造的に解決するなど，理学療法を通じ，地域や社会の保健・医療・福祉を支え，人々の健康の保持増進を担う職業人として必要な資質・能力を一層高めることを主眼としたものである。

今回の改訂では，職業資格の取得については，職業資格に対する理解を深める視点から，職業資格を取得する意義，職業との関係などに関して探究する学習活動を取り入れるようにするなど改善を図った。

(1) 目標

1　目　標

理学療法の見方・考え方を働かせ，実践的・体験的な学習活動を行うことなどを通して，地域や社会の保健・医療・福祉を支え人々の健康の保持増進を担う職業人として必要な資質・能力を次のとおり育成することを目指す。

(1) 理学療法について体系的・系統的に理解するとともに，相互に関連付けられた技術を身に付けるようにする。

(2) 理学療法に関する課題を発見し，理学療法士として解決策を探究し，科学的な根拠に基づいて創造的に解決する力を養う。

(3) 課題を解決する力の向上を目指して自ら学び，理学療法に主体的かつ協働的に取り組む態度を養う。

この科目においては，理学療法を適切に行い保健・医療・福祉における社会的責任を果たす視点をもち，理学療法に関する基礎的・基本的な学習の上に立って，理学療法に関する課題を生徒が自ら設定し，主体的かつ協働的にその課題を探究し，課題の解決を図る実践的・体験的な学習活動を行うことなどを通して，地域や社会の保健・医療・福祉を支え人々の健康の保持増進を担うため，理学療法について，組織の一員としての役割を果たすことができるようにすることをねらいとしている。

目標の(1)は，理学療法の学習で身に付けた知識や技術について，理学療法に即して深化・統合化を図り，課題の解決に生かすことができる知識や技術を身に付けるようにすることを意味している。

目標の(2)は，唯一絶対の答えがない理学療法にあって，深化・総合化された知識や技術などを活用し，理学療法に関する課題を発見するとともに，理学療法が社会に及ぼす影響を踏まえ，保健医療福祉の動向，理学療法に関する理論，データ，成功事例や改善を要する事例など科学的な根拠に基づいて工夫してよりよく解決する力を養うことを意味している。

目標の(3)は，理学療法で学んだ専門的な知識や技術などの深化・総合化など課題を解決する力の向上を目指して自ら学ぶ態度，組織の一員として自己の役割を認識し，当事者としての意識をもち，他者と信頼関係を構築して積極的に関わって課題の解決を図り，理学療法に責任をもって取り組む態度を養うことを意味している。

(2) 内容とその取扱い

① 内容の構成及び取扱い

この科目は，目標に示す資質・能力を身に付けることができるよう，(1)調査，研究，実験，(2)職業資格の取得の二つの指導項目で構成し，履修単位数については，各学校で適切に定める。また，内容を取り扱う際の配慮事項は次のように示されている。

（内容を取り扱う際の配慮事項）

3　内容の取扱い

(1) 内容を取り扱う際には，次の事項に配慮するものとする。

ア　生徒の興味・関心，進路希望等に応じて，〔指導項目〕の(1)及び(2)から，個人又はグループで理学療法に関する適切な課題を設定し，主体的かつ協働的に取り組む学習活動を通して，専門的な知識，技術などの深化・総合化を図り，理学療法に関する課題の解決に取り組むことができるようにすること。なお，課題については，(1) 及び (2) にまたがるものを設定することができること。
イ　課題研究の成果について発表する機会を設けるようにすること。

アについては，理学療法に関する課題の解決に取り組むことができるようにすることとしている。

そのため，生徒の興味・関心，進路希望等に応じて，〔指導項目〕の (1) 及び (2) の項目や，(1) 及び (2) にまたがる項目から，個人又はグループで理学療法に関する適切な課題を生徒自らが設定し，課題の解決策を探究し，評価・改善を図る学習活動などを取り入れることが大切である。

探究の過程においては，自己のキャリア形成の方向性と関連付けて取り組むようにすることが大切である。

また，理学療法における成功事例や改善を要する事例などを踏まえるとともに，理学療法に関する情報を入手し，ポジショニング・マップ，SWOT分析，PPM分析などの技法を用いて分析し，理学療法をはじめとした様々な知識や技術などとともに活用するなどして探究の質の向上を図り，理学療法に関する専門的な知識や技術などについて，実践に即して深化・総合化を図ることができるようにすることが大切である。

イについては，課題研究の成果について発表する機会を設けるようにすることとしている。

そのため，課題研究発表会の機会を設けるようにすることが大切である。なお，成果の発表に際しては，学習の成果についての分かりやすい報告書を生徒自ら作成するとともに，地域や医療の関係者などを招いて交流を深め，教育活動に対する理解が深まるよう配慮することが大切である。

②　内容

2　内　容
　1に示す資質・能力を身に付けることができるよう，次の〔指導項目〕を指導する。

ここでは，科目の目標を踏まえ，理学療法を通じ，地域や社会の保健・医療・福祉を支え人々の健康の保持増進について，組織の一員としての役割を果たすことができるようにすることをねらいとしている。

このねらいを実現するため，次の①から③までの事項を身に付けることができ

るよう，〔指導項目〕を指導する。

① 理学療法について実践に即して体系的・系統的に理解するとともに，相互に関連付けられた技術を身に付けること。

② 理学療法についての課題を発見し，理学療法士として解決策を探究し，科学的な根拠に基づいて創造的に解決すること。

③ 課題を解決する力の向上を目指して自ら学び，理学療法を通じた人々の健康の保持増進及びリハビリテーションに主体的かつ協働的に取り組むこと。

〔指導項目〕

(1) 調査，研究，実験
(2) 職業資格の取得

(1) 調査，研究，実験

ここでは，①から③までの事項を身に付けることができるよう，理学療法科に属する各科目で学んだ内容に関連した調査，研究，実験を取り入れる。専門基礎分野については，人体の構造と機能，疾病と障害，保健・医療・福祉とリハビリテーションに関する内容を主とした調査，研究，実験，専門分野については，基礎理学療法学，理学療法評価学，理学療法管理学，理学療法治療学，地域理学療法学，理学療法臨床実習に関する内容を主とした調査や研究などの例が考えられる。

(2) 職業資格の取得

ここでは，①から③までの事項を身に付けることができるよう，理学療法士の資格について，資格を取得する意義，資格を国家資格化している目的などを探究するとともに，その一環として理学療法士の資格に関連する知識や技術などについて深化・総合化を図る学習活動，理学療法士に関連する課題を探究する学習活動などを行う。生徒が自らの進路希望などに応じた課題を設定し，将来の職業を見通して更に専門的な学習を続けることにつながる学習活動を通して，専門性の高い職業人になることを目指した継続的な学習態度を養うことが大切である。

3 各科目にわたる指導計画の作成と内容の取扱い

1 指導計画の作成に当たっては，次の事項に配慮するものとする。
(1) 各科目の指導に当たっては，できるだけ実験・実習を通して，実際的，具体的に理解させるようにすること。

理学療法科は，理学療法の知識や技術を生徒に習得させ，卒業後，理学療法士として人々の健康の保持増進及びリハビリテーションに寄与することを目指している。したがって，講義のみの授業は避け，触覚や保有する視覚を活用して観察させたり，視覚に障害のある生徒が使いやすいように工夫した器具・機械を用いたりして，実験・実習を行うことにより，実際的，具体的に理解できるように工夫することが大切である。なお，実習については，校内における実習のみならず，病院や診療所，福祉施設などの臨床現場における見学実習や臨床実習を通して指導することが必要である。

(2) 各科目の指導に当たっては，生徒が常に達成感と新たな知識及び技術の習得への意欲をもって学習できるように，指導内容の構成や指導方法の工夫に十分留意すること。

生徒の指導に当たっては，理学療法士を目指して自ら習得した知識や技術を理学療法の実践と関連付け，成功体験を積み重ねられるよう授業改善を図ることが必要である。

さらに，実習においては，習得した知識や技術を相互に関連付けられるよう工夫し，自ら課題を発見し新たな学びの意欲を高めるようにすることが大切である。

2 内容の取扱いに当たっては，次の事項に配慮するものとする。

(1) 単元などの内容や時間のまとまりを見通して，その中で育む資質・能力の育成に向けて，生徒の主体的・対話的で深い学びの実現を図るようにすること。その際，理学療法の見方・考え方を働かせ，健康に関する事象を，当事者の考えや状況，理学療法が生活に与える影響に着目して捉え，当事者による自己管理を目指して，適切かつ効果的な理学療法と関連付ける実践的・体験的な学習活動の充実を図ること。

この事項は，理学療法科の指導計画の作成に当たり，生徒の主体的・対話的で深い学びの実現を目指した授業改善を進めることとし理学療法科の特質に応じて，効果的な学習が展開できるように配慮すべき内容を示したものである。

選挙権年齢や成年年齢の引き下げなど，高等部の生徒にとって政治や社会が一層身近なものとなる中，学習内容を人生や社会の在り方と結び付けて深く理解し，これからの時代に求められる資質・能力を身に付け，生涯にわたって能動的に学び続けることができるようにするためには，これまでの優れた教育実践の蓄積も生かしながら，学習の質を一層高める授業改善の取組を推進していくことが求められている。

指導に当たっては，(1)「知識及び技術」が習得されること，(2)「思考力，判断力，表現力等」を育成すること，(3)「学びに向かう力，人間性等」を涵養することが偏りなく実現されるよう，単元など内容や時間のまとまりを見通しながら，生徒の主体的・対話的で深い学びの実現に向けた授業改善を行うことが重要である。

主体的・対話的で深い学びは，必ずしも1単位時間の授業の中で全てが実現されるものではない。単元など内容や時間のまとまりの中で，例えば，主体的に学習に取り組めるよう学習の見通しを立てたり学習したことを振り返ったりして自身の学びや変容を自覚できる場面をどこに設定するか，対話によって自分の考えなどを広げたり深めたりする場面をどこに設定するか，学びの深まりをつくりだすために，生徒が考える場面と教師が教える場面をどのように組み立てるか，といった観点で授業改善を進めることが求められる。また，生徒や学校の実態に応じ，多様な学習活動を組み合わせて授業を組み立てていくことが重要であり，単元など内容や時間のまとまりを見通した学習を行うに当たり基礎となる「知識及び技術」の習得に課題が見られる場合には，それを身に付けるために，生徒の主体性を引き出すなどの工夫を重ね，確実な習得を図ることが必要である。

主体的・対話的で深い学びの実現に向けた授業改善を進めるに当たり，特に「深い学び」の視点に関して，各教科等の学びの深まりの鍵となるのが「見方・考え方」である。各教科等の特質に応じた物事を捉える視点や考え方である「見方・考え方」を，習得・活用・探究という学びの過程の中で働かせることを通じて，より質の高い深い学びにつなげることが重要である。

理学療法科においては，「理学療法の見方・考え方」を働かせ，情報収集・分析，問題の明確化，援助方法の立案，実施，結果の評価について科学的根拠を基に探究する学習活動を通して，全体を振り返り「主体的・対話的で深い学び」の実現を図るようにすることが重要である。

「主体的な学び」は，例えば，理学療法に関する課題を発見し，その課題の背景や原因を整理して仮説を立て，仮説の妥当性を科学的な根拠に基づき検討したり，全体を振り返って改善策を考えたりしているか，得られた知識及び技術を基に，次の課題を発見したり，新たな視点でよりよい理学療法を考えたりしているかなど，学習活動の充実を図ることが考えられる。

「対話的な学び」については，例えば，理学療法に関する課題について調査・検証するときに，理学療法科に属する他の科目で学んだ知識や技術を活用して考察したことを，生徒同士が科学的な根拠に基づく議論・対話する場面を通して，自分の考えの質をより高めるなど，学習活動の充実を図ることが考えられる。

「深い学び」については，例えば，「理学療法の見方・考え方」を働かせながら探究の過程を通して学ぶことにより，理学療法で育成を目指す資質・能力を獲得するようになっているか，理学療法科に属する各科目の知識と技術を関連付け，科学的な概念を形成しているか，そして新たな理学療法の創造や発展に向けて活用されているかなど，学習活動の充実を図ることが考えられる。

以上のような授業改善の視点を踏まえ，理学療法科で育成を目指す資質・能力及びその評価の観点との関係も十分に考慮し，指導計画等を作成することが必要である。

(2)「基礎理学療法学」及び「理学療法治療学」の内容については，相互の密接な関連を図って取り扱うこと。

「基礎理学療法学」の内容は，「理学療法治療学」で実際の治療法を学習する上での基礎となるものである。したがって，「基礎理学療法学」及び「理学療法治療学」の内容については，相互に密接な関連を図りながら取り扱うことによって，臨床の場で適切な理学療法を実践する力を身に付けることができるよう配慮することが必要である。

(3)「理学療法治療学」及び「地域理学療法学」の内容については，作業療法との関連に留意して取り扱うこと。

患者や障害者の地域における生活に対する支援は，保健・医療・福祉など，様々な立場から行われる必要があり，理学療法と関わりの深い作業療法も重要な役割を担っている。したがって，理学療法の立場から具体的な支援の在り方を学習する「理学療法治療学」及び「地域理学療法学」の内容については，作業療法との関連に十分留意して取り扱うことが必要である。

(4) 各科目の指導に当たっては，コンピュータや情報通信ネットワーク等の活用を図り，学習の効果を高めるようにすること。

医療分野及び社会生活における情報化の一層の進展に伴い，コンピュータや情報通信ネットワークなどの活用が従前にも増して必要になっている。したがって，学校においては，「理学療法情報」をはじめ，各科目の指導に当たっては，コンピュータや情報通信ネットワークなどの積極的な活用を図り，生徒の情報活用能力の育成に努めるとともに，指導の工夫を行い，学習の効果を高めるよう配慮することが必要である。

(5) 地域や医療機関等との連携・交流を通じた実践的な学習活動や就業体験活動を積極的に取り入れるとともに，社会人講師を積極的に活用するなどの工夫に努めること。

生徒が地域の住民に対する市民講座に関わったり，地域の理学療法士を対象とした公開講座における学術交流を企画したりするなどにより，生徒の実践的な学習活動を取り入れたり，病院や診療所，福祉施設などにおける就業体験活動の機会を確保したりするなど，地域との連携・交流を積極的に深めることが大切である。

また，各科目の内容の取扱いに当たっては，医療機関等で臨床経験豊富な医師や理学療法士等を社会人講師として招聘し，理学療法の実際についての知識や技術に触れるようにするなど積極的に活用するように工夫することが必要である。

3　実験・実習を行うに当たっては，関連する法規等に従い，施設・設備や薬品等の安全管理に配慮し，学習環境を整えるとともに，事故防止の指導を徹底し，安全と衛生に十分留意するものとする。

実験・実習を行うに当たっては，まず，施設や設備の安全点検を行い，学習を行うための安全で最適な環境を整えるよう配慮することが大切である。また，生徒の視覚障害の状態などを考慮して，事故防止の指導を徹底し，実験・実習が能率よく，安全に行われるよう十分な配慮が必要である。さらに，衛生面においても，日頃から清潔に留意するような指導を徹底して行うことが大切である。

また，臨床実習においては，患者の転倒等の医療事故を防止するため，次の観点から実習の指導基準や安全管理の具体的計画を検討するとともに，万一の事故や災害の際の危機管理体制についても整備しておくことが必要である。

・臨床実習における患者と生徒の安全に関すること。

・機器・器具などの安全な取扱いに関すること。

付録

目次

教育基本法

平成十八年十二月二十二日　法律第百二十号

我々日本国民は，たゆまぬ努力によって築いてきた民主的で文化的な国家を更に発展させるとともに，世界の平和と人類の福祉の向上に貢献することを願うものである。

我々は，この理想を実現するため，個人の尊厳を重んじ，真理と正義を希求し，公共の精神を尊び，豊かな人間性と創造性を備えた人間の育成を期するとともに，伝統を継承し，新しい文化の創造を目指す教育を推進する。

ここに，我々は，日本国憲法の精神にのっとり，我が国の未来を切り拓（ひら）く教育の基本を確立し，その振興を図るため，この法律を制定する。

第一章　教育の目的及び理念

（教育の目的）

第一条　教育は，人格の完成を目指し，平和で民主的な国家及び社会の形成者として必要な資質を備えた心身ともに健康な国民の育成を期して行われなければならない。

（教育の目標）

第二条　教育は，その目的を実現するため，学問の自由を尊重しつつ，次に掲げる目標を達成するよう行われるものとする。

一　幅広い知識と教養を身に付け，真理を求める態度を養い，豊かな情操と道徳心を培うとともに，健やかな身体を養うこと。

二　個人の価値を尊重して，その能力を伸ばし，創造性を培い，自主及び自律の精神を養うとともに，職業及び生活との関連を重視し，勤労を重んずる態度を養うこと。

三　正義と責任，男女の平等，自他の敬愛と協力を重んずるとともに，公共の精神に基づき，主体的に社会の形成に参画し，その発展に寄与する態度を養うこと。

四　生命を尊び，自然を大切にし，環境の保全に寄与する態度を養うこと。

五　伝統と文化を尊重し，それらをはぐくんできた我が国と郷土を愛するとともに，他国を尊重し，国際社会の平和と発展に寄与する態度を養うこと。

（生涯学習の理念）

第三条　国民一人一人が，自己の人格を磨き，豊かな人生を送ることができるよう，その生涯にわたって，あらゆる機会に，あらゆる場所において学習することができ，その成果を適切に生かすことのできる社会の実現が図られなければならない。

（教育の機会均等）

第四条　すべて国民は，ひとしく，その能力に応じた教育を受ける機会を与えられなければならず，人種，信条，性別，社会的身分，経済的地位又は門地によって，教育上差別されない。

2　国及び地方公共団体は，障害のある者が，その障害の状態に応じ，十分な教育を受けられるよう，教育上必要な支援を講じなければならない。

3　国及び地方公共団体は，能力があるにもかかわらず，経済的理由によって修学が困難な者に対して，奨学の措置を講じなければならない。

第二章　教育の実施に関する基本

（義務教育）

第五条　国民は，その保護する子に，別に法律で定めるところにより，普通教育を受けさせる義務を負う。

2　義務教育として行われる普通教育は，各個人の有する能力を伸ばしつつ社会において自立的に生きる基礎を培い，また，国家及び社会の形成者として必要とされる基本的な資質を養うことを目的として行われるものとする。

3　国及び地方公共団体は，義務教育の機会を保障し，その水準を確保するため，適切な役割分担及び相互の協力の下，その実施に責任を負う。

4　国又は地方公共団体の設置する学校における義務教育については，授業料を徴収しない。

（学校教育）

第六条　法律に定める学校は，公の性質を有するものであって，国，地方公共団体及び法律に定める法人のみが，これを設置することができる。

2　前項の学校においては，教育の目標が達成されるよう，教育を受ける者の心身の発達に応じて，体系的な教育が組織的に行われなければならない。この場合において，教育を受ける者が，学校生活を営む上で必要な規律を重んずるとともに，自ら進んで学習に取り組む意欲を高めることを重視して行われなければならない。

（大学）

第七条　大学は，学術の中心として，高い教養と専門的能力を培うとともに，深く真理を探究して新たな知見を創造し，これらの成果を広く社会に提供することにより，社会の発展に寄与するものとする。

2　大学については，自主性，自律性その他の大学における教育及び研究の特性が尊重されなければならない。

（私立学校）

第八条　私立学校の有する公の性質及び学校教育において果たす重要な役割にかんがみ，国及び地方公共団体は，その自主性を尊重しつつ，助成その他の適当な方法によって私立学校教育の振興に努めなければならない。

（教員）

第九条　法律に定める学校の教員は，自己の崇高な使命を深く自覚し，絶えず研究と修養に励み，その職責の遂行に努めなければならない。

2　前項の教員については，その使命と職責の重要性にかんがみ，その身分は尊重され，待遇の適正が期せられるとともに，養成と研修の充実が図られなければならない。

（家庭教育）

第十条　父母その他の保護者は，子の教育について第一義的責任を有するものであって，生活のために必要な習慣を身に付けさせるとともに，自立心を育成し，心身の調和のとれた発達を図るよう努めるものとする。

2　国及び地方公共団体は，家庭教育の自主性を尊重しつつ，保護者に対する学習の機会及び情報の提供その他の家庭教育を支援するために必要な施策を講ずるよう努めなければならない。

（幼児期の教育）

第十一条　幼児期の教育は，生涯にわたる人格形成の基礎を培う重要なものであることにかんがみ，国及び地方公共団体は，幼児の健やかな成長に資する良好な環境の整備その他適当な方法によって，その振興に努めなければならない。

（社会教育）

第十二条　個人の要望や社会の要請にこたえ，社会において行われる教育は，国及び地方公共団体によって奨励されなければならない。

2　国及び地方公共団体は，図書館，博物館，公民館その他の社会教育施設の設置，学校の施設の利用，学習の機会及び情報の提供その他の適当な方法によって社会教育の振興に努めなければならない。

（学校，家庭及び地域住民等の相互の連携協力）

第十三条　学校，家庭及び地域住民その他の関係者は，教育におけるそれぞれの役割と責任を自覚するとともに，相互の連携及び協力に努めるものとする。

（政治教育）

第十四条　良識ある公民として必要な政治的教養は，教育上尊重されなければならない。

2　法律に定める学校は，特定の政党を支持し，又はこれに反対するための政治教育その他政治的活動をしてはならない。

（宗教教育）

第十五条　宗教に関する寛容の態度，宗教に関する一般的な教養及び宗教の社会生活における地位は，教育上尊重されなければならない。

2　国及び地方公共団体が設置する学校は，特定の宗教のための宗教教育その他宗教的活動をしてはならない。

第三章　教育行政

（教育行政）

第十六条　教育は，不当な支配に服することなく，この法律及び他の法律の定めるところにより行われるべきものであり，教育行政は，国と地方公共団体との適切な役割分担及び相互の協力の下，公正かつ適正に行われなければならない。

2　国は，全国的な教育の機会均等と教育水準の維持向上を図るため，教育に関する施策を総合的に策定し，実施しなければならない。

3　地方公共団体は，その地域における教育の振興を図るため，その実情に応じた教育に関する施策を策定し，実施しなければならない。

4　国及び地方公共団体は，教育が円滑かつ継続的に実施されるよう，必要な財政上の措置を講じなければならない。

（教育振興基本計画）

第十七条　政府は，教育の振興に関する施策の総合的かつ計画的な推進を図るため，教育の振興に関する施策についての基本的な方針及び講ずべき施策その他必要な事項について，基本的な計画を定め，これを国会に報告するとともに，公表しなければならない。

2　地方公共団体は，前項の計画を参酌し，その地域の実情に応じ，当該地方公共団体における教育の振興のための施策に関する基本的な計画を定めるよう努めなければならない。

第四章　法令の制定

第十八条　この法律に規定する諸条項を実施するため，必要な法令が制定されなければならない。

学校教育法（抄）

昭和二十二年三月三十一日法律第二十六号

第四章　小学校

第三十条　小学校における教育は，前条に規定する目的を実現するために必要な程度において第二十一条各号に掲げる目標を達成するよう行われるものとする。

② 前項の場合においては，生涯にわたり学習する基盤が培われるよう，基礎的な知識及び技能を習得させるとともに，これらを活用して課題を解決するために必要な思考力，判断力，表現力その他の能力をはぐくみ，主体的に学習に取り組む態度を養うことに，特に意を用いなければならない。

第三十一条　小学校においては，前条第一項の規定による目標の達成に資するよう，教育指導を行うに当たり，児童の体験的な学習活動，特にボランティア活動など社会奉仕体験活動，自然体験活動その他の体験活動の充実に努めるものとする。この場合において，社会教育関係団体その他の関係団体及び関係機関との連携に十分配慮しなければならない。

第三十四条　小学校においては，文部科学大臣の検定を経た教科用図書又は文部科学省が著作の名義を有する教科用図書を使用しなければならない。

② 前項に規定する教科用図書（以下この条において「教科用図書」という。）の内容を文部科学大臣の定めるところにより記録した電磁的記録（電子的方式，磁気的方式その他人の知覚によつては認識することができない方式で作られる記録であつて，電子計算機による情報処理の用に供されるものをいう。）である教材がある場合には，同項の規定にかかわらず，文部科学大臣の定めるところにより，児童の教育の充実を図るため必要があると認められる教育課程の一部において，教科用図書に代えて当該教材を使用することができる。

③ 前項に規定する場合において，視覚障害，発達障害その他の文部科学大臣の定める事由により教科用図書を使用して学習することが困難な児童に対し，教科用図書に用いられた文字，図形等の拡大又は音声への変換その他の同項に規定する教材を電子計算機において用いることにより可能となる方法で指導することにより当該児童の学習上の困難の程度を低減させる必要があると認められるときは，文部科学大臣の定めるところにより，教育課程の全部又は一部において，教科用図書に代えて当該教材を使用することができる。

④・⑤（略）

付録1

第六章　高等学校

第五十条　高等学校は，中学校における教育の基礎の上に，心身の発達及び進路に応じて，高度な普通教育及び専門教育を施すことを目的とする。

第五十一条　高等学校における教育は，前条に規定する目的を実現するため，次に掲げる目標を達成するよう行われるものとする。

一　義務教育として行われる普通教育の成果を更に発展拡充させて，豊かな人間性，創造性及び健やかな身体を養い，国家及び社会の形成者として必要な資質を養うこと。

二　社会において果たさなければならない使命の自覚に基づき，個性に応じて将来の進路を決定させ，一般的な教養を高め，専門的な知識，技術及び技能を習得させること。

三　個性の確立に努めるとともに，社会について，広く深い理解と健全な批判力を養い，社会の発展に寄与する態度を養うこと。

第五十二条　高等学校の学科及び教育課程に関する事項は，前二条の規定及び第六十二条において読み替えて準用する第三十条第二項の規定に従い，文部科学大臣が定める。

第五十六条　高等学校の修業年限は，全日制の課程については，三年とし，定時制の課程及び通信制の課程については，三年以上とする。

第五十八条　高等学校には，専攻科及び別科を置くことができる。

② 高等学校の専攻科は，高等学校若しくはこれに準ずる学校若しくは中等教育学校を卒業した者又は文部科学大臣の定めるところにより，これと同等以上の学力があると認められた者に対して，精深な程度において，特別の事項を教授し，その研究を指導することを目的とし，その修業年限は，一年以上とする。

③ 高等学校の別科は，前条に規定する入学資格を有する者に対して，簡易な程度において，特別の技能教育を施すことを目的とし，その修業年限は，一年以上とする。

第六十二条　第三十条第二項，第三十一条，第三十四条，第三十七条第四項から第十七項まで及び第十九項並びに第四十二条から第四十四条までの規定は，高等学校に準用する。この場合において，第三十条第二項中「前項」とあるのは「第五十一条」と，第三十一条中「前条第一項」とあるのは「第五十一条」と読み替えるものとする。

第八章　特別支援教育

第七十二条　特別支援学校は，視覚障害者，聴覚障害者，知的障害者，肢体不自由者又は病弱者（身体虚弱者を含む。以下同じ。）に対して，幼稚園，小学校，中学校又は高等学校に準ずる教育を施すとともに，障害による学習上又は生活上の困難を克服し自立を図るために必要な知識技能を授けることを目的とする。

第七十三条　特別支援学校においては，文部科学大臣の定めるところにより，前条に規定する者に対する教育のうち当該学校が行うものを明らかにするものとする。

第七十四条　特別支援学校においては，第七十二条に規定する目的を実現するための教育を行うほか，幼稚園，小学校，中学校，義務教育学校，高等学校又は中等教育学校の要請に応じて，第八十一条第一項に規定する幼児，児童又は生徒の教育に関し必要な助言又は援助を行うよう努めるものとする。

第七十五条　第七十二条に規定する視覚障害者，聴覚障害者，知的障害者，肢体不自由者又は病弱者の障害の程度は，政令で定める。

第七十六条　（略）

② 特別支援学校には，小学部及び中学部のほか，幼稚部又は高等部を置くことができ，また，特別の必要のある場合においては，前項の規定にかかわらず，小学部及び中学部を置かないで幼稚部又は高等部のみを置くことができる。

第七十七条　特別支援学校の幼稚部の教育課程その他の保育内容，小学部及び中学部の教育課程又は高等部の学科及び教育課程に関する事項は，幼稚園，小学校，中学校又は高等学校に準じて，文部科学大臣が定める。

第八十一条　幼稚園，小学校，中学校，義務教育学校，高等学校及び中等教育学校においては，次項各号のいずれかに該当する幼児，児童及び生徒その他教育上特別の支援を必要とする幼児，児童及び生徒に対し，文部科学大臣の定めるところにより，障害による学習上又は生活上の困難を克服するための教育を行うものとする。

② 小学校，中学校，義務教育学校，高等学校及び中等教育学校には，次の各号のいずれかに該当する児童及び生徒のために，特別支援学級を置くことができる。

一　知的障害者

二　肢体不自由者

三　身体虚弱者

四　弱視者

五　難聴者

六　その他障害のある者で，特別支援学級において教育を行うことが適当なもの

③　（略）

第八十二条　第二十六条，第二十七条，第三十一条（第四十九条及び第六十二条において読み替えて準用する場合を含む。），第三十二条，第三十四条（第四十九条及び第六十二条において準用する場合を含む。），第三十六条，第三十七条（第二十八条，第四十九条及び第六十二条において準用する場合を含む。），第四十二条から第四十四条まで，第四十七条及び第五十六条から第六十条までの規定は特別支援学校に，第八十四条の規定は特別支援学校の高等部に，それぞれ準用する。

第九章　大学

第八十四条　大学は，通信による教育を行うことができる。

附　則

第九条　高等学校，中等教育学校の後期課程及び特別支援学校並びに特別支援学級においては，当分の間，第三十四条第一項（第四十九条，第四十九条の八，第六十二条，第七十条第一項及び第八十二条において準用する場合を含む。）の規定にかかわらず，文部科学大臣の定めるところにより，第三十四条第一項に規定する教科用図書以外の教科用図書を使用することができる。

②　第三十四条第二項及び第三項の規定は，前項の規定により使用する教科用図書について準用する。

学校教育法施行規則（抄）

昭和二十二年五月二十三日文部省令第十一号

第四章　小学校

第二節　教育課程

第五十四条　児童が心身の状況によつて履修することが困難な各教科は，その児童の心身の状況に適合するように課さなければならない。

第五十六条の五　学校教育法第三十四条第二項に規定する教材（以下この条において「教科用図書代替教材」という。）は，同条第一項に規定する教科用図書（以下この条において「教科用図書」という。）の発行者が，その発行する教科用図書の内容の全部（電磁的記録に記録することに伴つて変更が必要となる内容を除く。）をそのまま記録した電磁的記録である教材とする。

2　学校教育法第三十四条第二項の規定による教科用図書代替教材の使用は，文部科学大臣が別に定める基準を満たすように行うものとする。

3　学校教育法第三十四条第三項に規定する文部科学大臣の定める事由は，次のとおりとする。

一　視覚障害，発達障害その他の障害

二　日本語に通じないこと

三　前二号に掲げる事由に準ずるもの

4　学校教育法第三十四条第三項の規定による教科用図書代替教材の使用は，文部科学大臣が別に定める基準を満たすように行うものとする。

第五十七条　小学校において，各学年の課程の修了又は卒業を認めるに当たつては，児童の平素の成績を評価して，これを定めなければならない。

第五十八条　校長は，小学校の全課程を修了したと認めた者には，卒業証書を授与しなければならない。

第三節　学年及び授業日

第五十九条　小学校の学年は，四月一日に始まり，翌年三月三十一日に終わる。

第六章　高等学校

第一節　設備，編制，学科及び教育課程

第八十一条　二以上の学科を置く高等学校には，専門教育を主とする学科（以下「専門学科」という。）ごとに学科主任を置き，農業に関する専門学科を置く高等学校には，農場長を置くものとする。

2～5　（略）

第八十八条の三　高等学校は，文部科学大臣が別に定めるところにより，授業を，多様なメディアを高度に利用して，当該授業を行う教室等以外の場所で履修させることができる。

第八十九条　高等学校においては，文部科学大臣の検定を経た教科用図書又は文部科学省が著作の名義を有する教科用図書のない場合には，当該高等学校の設置者の定めるところにより，他の適切な教科用図書を使用することができる。

2　第五十六条の五の規定は，学校教育法附則第九条第二項において準用する同法第三十四条第二項又は第三項の規定により前項の他の適切な教科用図書に代えて使用する教材について準用する。

第二節　入学，退学，転学，留学，休学及び卒業等

第九十一条　第一学年の途中又は第二学年以上に入学を許可される者は，相当年齢に達し，当該学年に在学する者と同等以上の学力があると認められた者とする。

第九十二条　他の高等学校に転学を志望する生徒のあるときは，校長は，その事由を具し，生徒の在学証明書その他必要な書類を転学先の校長に送付しなければならない。転学先の校長は，教育上支障がない場合には，転学を許可することができる。

2　全日制の課程，定時制の課程及び通信制の課程相互の間の転学又は転籍については，修得した単位に応じて，相当学年に転入することができる。

第九十三条　校長は，教育上有益と認めるときは，生徒が外国の高等学校に留学することを許可することができる。

2　校長は，前項の規定により留学することを許可された生徒について，外国の高等学校における履修を高等学校における履修とみなし，三十六単位を超えない範囲で単位の修得を認定することができる。

3　校長は，前項の規定により単位の修得を認定された生徒について，第百四条第一項において準用する第五十九条又は第百四条第二項に規定する学年の途中においても，各学年の課程の修了又は卒業を認めることができる。

第九十七条　校長は，教育上有益と認めるときは，生徒が当該校長の定めるところにより他の高等学校又は中等教育学校の後期課程において一部の科目の単位を修得したときは，当該修得した単位数を当該生徒の在学する高等学校が定めた全課程の修了を認めるに必要な単位数のうちに加えることができる。

2　前項の規定により，生徒が他の高等学校又は中等教育学校の後期課程において一部の科目の単位を修得する場合においては，当該他の高等学校又は中等教育学校の校長は，当該生徒について一部の科目の履修を許可することができる。

3　（略）

第九十八条　校長は，教育上有益と認めるときは，当該校長の定めるところにより，生徒が行う次に掲げる学修を当該生徒の在学する高等学校における科目の履修とみなし，当該科目の単位を与えることができる。

一　大学，高等専門学校又は専修学校の高等課程若しくは専門課程における学修その他の教育施設等における学修で文部科学大臣が別に定めるもの

二　知識及び技能に関する審査で文部科学大臣が別に定めるものに係る学修

三　ボランティア活動その他の継続的に行われる活動（当該生徒の在学する高等学校の教育活動として行われるものを除く。）に係る学修で文部科学大臣が別に定めるもの

第九十九条　第九十七条の規定に基づき加えることのできる単位数及び前条の規定に基づき与えることのできる単位数の合計数は三十六を超えないものとする。

第百条　校長は，教育上有益と認めるときは，当該校長の定めるところにより，生徒が行う次に掲げる学修（当該生徒が入学する前に行つたものを含む。）を当該生徒の在学する高等学校における科目の履修とみなし，当該科目の単位を与えることができる。

一　高等学校卒業程度認定試験規則（平成十七年文部科学省令第一号）の定めるところにより合格点を得た試験科目（同令附則第二条の規定による廃止前の大学入学資格検定規程（昭和二十六年文部省令第十三号。以下「旧規程」という。）の定めるところにより合格点を得た受検科目を含む。）に係る学修

二　高等学校の別科における学修で第八十四条の規定に基づき文部科学大臣が公示する高等学校学習指導要領の定めるところに準じて修得した科目に係る学修

第百条の二　学校教育法第五十八条の二に規定する文部科学大臣の定める基準は，次のとおりとす

る。

一　修業年限が二年以上であること。

二　課程の修了に必要な総単位数その他の事項が，別に定める基準を満たすものであること。

2　（略）

第三節　定時制の課程及び通信制の課程並びに学年による教育課程の区分を設けない場合その他

第百四条　第四十三条から第四十九条まで（第四十六条を除く。），第五十四条，第五十六条の五から第七十一条まで（第六十九条を除く。）及び第七十八条の二の規定は，高等学校に準用する。

2　（略）

3　校長は，特別の必要があり，かつ，教育上支障がないときは，第一項において準用する第五十九条に規定する学年の途中においても，学期の区分に従い，入学（第九十一条に規定する入学を除く。）を許可し並びに各学年の課程の修了及び卒業を認めることができる。

第八章　特別支援教育

第百二十八条　特別支援学校の高等部の教育課程は，別表第三及び別表第五に定める各教科に属する科目，総合的な学習の時間，特別活動並びに自立活動によつて編成するものとする。

2　前項の規定にかかわらず，知的障害者である生徒を教育する場合は，国語，社会，数学，理科，音楽，美術，保健体育，職業，家庭，外国語，情報，家政，農業，工業，流通・サービス及び福祉の各教科，第百二十九条に規定する特別支援学校高等部学習指導要領で定めるこれら以外の教科及び道徳，総合的な学習の時間，特別活動並びに自立活動によつて教育課程を編成するものとする。

第百二十九条　特別支援学校の幼稚部の教育課程その他の保育内容並びに小学部，中学部及び高等部の教育課程については，この章に定めるもののほか，教育課程その他の保育内容又は教育課程の基準として文部科学大臣が別に公示する特別支援学校幼稚部教育要領，特別支援学校小学部・中学部学習指導要領及び特別支援学校高等部学習指導要領によるものとする。

第百三十条　特別支援学校の小学部，中学部又は高等部においては，特に必要がある場合は，第百二十六条から第百二十八条までに規定する各教科（次項において「各教科」という。）又は別表第三及び別表第五に定める各教科に属する科目の全部又は一部について，合わせて授業を行うことができる。

2　特別支援学校の小学部，中学部又は高等部においては，知的障害者である児童若しくは生徒又は複数の種類の障害を併せ有する児童若しくは生徒を教育する場合において特に必要があるときは，各教科，特別の教科である道徳（特別支援学校の高等部にあつては，前条に規定する特別支援学校高等部学習指導要領で定める道徳），外国語活動，特別活動及び自立活動の全部又は一部について，合わせて授業を行うことができる。

第百三十一条　特別支援学校の小学部，中学部又は高等部において，複数の種類の障害を併せ有する児童若しくは生徒を教育する場合又は教員を派遣して教育を行う場合において，特に必要があるときは，第百二十六条から第百二十九条までの規定にかかわらず，特別の教育課程によることができる。

2　前項の規定により特別の教育課程による場合において，文部科学大臣の検定を経た教科用図書又は文部科学省が著作の名義を有する教科用図書を使用することが適当でないときは，当該学校の設置者の定めるところにより，他の適切な教科用図書を使用することができる。

3　第五十六条の五の規定は，学校教育法附則第九条第二項において準用する同法第三十四条第二項又は第三項の規定により前項の他の適切な教科用図書に代えて使用する教材について準用する。

第百三十二条　特別支援学校の小学部，中学部又は高等部の教育課程に関し，その改善に資する研究を行うため特に必要があり，かつ，児童又は生徒の教育上適切な配慮がなされていると文部科学大臣が認める場合においては，文部科学大臣が別に定めるところにより，第百二十六条から第百二十九条までの規定によらないことができる。

第百三十二条の二　文部科学大臣が，特別支援学校の小学部，中学部又は高等部において，当該特別支援学校又は当該特別支援学校が設置されている地域の実態に照らし，より効果的な教育を実施するため，当該特別支援学校又は当該地域の特色を生かした特別の教育課程を編成して教育を実施する必要があり，かつ，当該特別の教育課程について，教育基本法及び学校教育法第七十二条の規定等に照らして適切であり，児童又は生徒の教育上適切な配慮がなされているものとして文部科学大臣が定める基準を満たしていると認める場合においては，文部科学大臣が別に定めるところにより，第百二十六条から第百二十九条までの規定の一部又は全部によらないことができる。

第百三十三条　校長は，生徒の特別支援学校の高等部の全課程の修了を認めるに当たつては，特別支援学校高等部学習指導要領に定めるところにより行うものとする。ただし，第百三十二条又は第百三十二条の二の規定により，特別支援学校の高等部の教育課程に関し第百二十八条及び第百二十九条の規定によらない場合においては，文部科学大臣が別に定めるところにより行うものとする。

2　前項前段の規定により全課程の修了の要件として特別支援学校高等部学習指導要領の定めるところにより校長が定める単位数又は授業時数のうち，第百三十五条第五項において準用する第八十八条の三に規定する授業の方法によるものは，それぞれ全課程の修了要件として定められた単位数又は授業時数の二分の一に満たないものとする。

第百三十四条　特別支援学校の高等部における通信教育に関する事項は，別に定める。

第百三十四条の二　校長は，特別支援学校に在学する児童等について個別の教育支援計画（学校と医療，保健，福祉，労働等に関する業務を行う関係機関及び民間団体（次項において「関係機関等」という。）との連携の下に行う当該児童等に対する長期的な支援に関する計画をいう。）を作成しなければならない。

2　校長は，前項の規定により個別の教育支援計画を作成するに当たつては，当該児童等又はその保護者の意向を踏まえつつ，あらかじめ，関係機関等と当該児童等の支援に関する必要な情報の共有を図らなければならない。

第百三十五条　第四十三条から第四十九条まで（第四十六条を除く。），第五十四条，第五十九条から第六十三条まで，第六十五条から第六十八条まで，第八十二条及び第百条の三の規定は，特別支援学校に準用する。この場合において，同条中「第百四条第一項」とあるのは，「第百三十五条第一項」と読み替えるものとする。

2　第五十六条の五から第五十八条まで，第六十四条及び第八十九条の規定は，特別支援学校の小学部，中学部及び高等部に準用する。

3・4　（略）

5　第七十条，第七十一条，第七十八条の二，第八十一条，第八十八条の三，第九十条第一項から第三項まで，第九十一条から第九十五条まで，第九十七条第一項及び第二項，第九十八条から第百条の二まで並びに第百四条第三項の規定は，特別支援学校の高等部に準用する。この場合において，第九十七条第一項及び第二項中「他の高等学校又は中等教育学校の後期課程」とあるのは「他の特別支援学校の高等部，高等学校又は中等教育学校の後期課程」と，同条第二項中「当該他の高等学校又は中等教育学校」とあるのは「当該他の特別支援学校，高等学校又は中等教育学校」と読み替えるものとする。

別表第三（第八十三条，第百八条，第百二十八条関係）

（一） 各学科に共通する各教科

各教科	各教科に属する科目
国語	国語総合，国語表現，現代文A，現代文B，古典A，古典B
地理歴史	世界史A，世界史B，日本史A，日本史B，地理A，地理B
公民	現代社会，倫理，政治・経済
数学	数学Ⅰ，数学Ⅱ，数学Ⅲ，数学A，数学B，数学活用
理科	科学と人間生活，物理基礎，物理，化学基礎，化学，生物基礎，生物，地学基礎，地学，理科課題研究
保健体育	体育，保健
芸術	音楽Ⅰ，音楽Ⅱ，音楽Ⅲ，美術Ⅰ，美術Ⅱ，美術Ⅲ，工芸Ⅰ，工芸Ⅱ，工芸Ⅲ，書道Ⅰ，書道Ⅱ，書道Ⅲ
外国語	コミュニケーション英語基礎，コミュニケーション英語Ⅰ，コミュニケーション英語Ⅱ，コミュニケーション英語Ⅲ，英語表現Ⅰ，英語表現Ⅱ，英語会話
家庭	家庭基礎，家庭総合，生活デザイン
情報	社会と情報，情報の科学

（二） 主として専門学科において開設される各教科

各教科	各教科に属する科目
農業	農業と環境，課題研究，総合実習，農業情報処理，作物，野菜，果樹，草花，畜産，農業経営，農業機械，食品製造，食品化学，微生物利用，植物バイオテクノロジー，動物バイオテクノロジー，農業経済，食品流通，森林科学，森林経営，林産物利用，農業土木設計，農業土木施工，水循環，造園計画，造園技術，環境緑化材料，測量，生物活用，グリーンライフ
工業	工業技術基礎，課題研究，実習，製図，工業数理基礎，情報技術基礎，材料技術基礎，生産システム技術，工業技術英語，工業管理技術，環境工学基礎，機械工作，機械設計，原動機，電子機械，電子機械応用，自動車工学，自動車整備，電気基礎，電気機器，電力技術，電子技術，電子回路，電子計測制御，通信技術，電子情報技術，プログラミング技術，ハードウェア技術，ソフトウェア技術，コンピュータシステム技術，建築構造，建築計画，建築構造設計，建築施工，建築法規，設備計画，空気調和設備，衛生・防災設備，測量，土木基礎力学，土木構造設計，土木施工，社会基盤工学，工業化学，化学工学，地球環境化学，材料製造技術，工業材料，材料加工，セラミック化学，セラミック技術，セラミック工業，繊維製品，繊維・染色技術，染織デザイン，インテリア計画，インテリア装備，インテリアエレメント生産，デザイン技術，デザイン材料，デザイン史
商業	ビジネス基礎，課題研究，総合実践，ビジネス実務，マーケティング，商品開発，広告と販売促進，ビジネス経済，ビジネス経済応用，経済活動と法，簿記，財務会計Ⅰ，財務会計Ⅱ，原価計算，管理会計，情報処理，ビジネス情報，電子商取引，プログラミング，ビジネス情報管理

水　　産	水産海洋基礎，課題研究，総合実習，海洋情報技術，水産海洋科学，漁業，航海・計器，船舶運用，船用機関，機械設計工作，電気理論，移動体通信工学，海洋通信技術，資源増殖，海洋生物，海洋環境，小型船舶，食品製造，食品管理，水産流通，ダイビング，マリンスポーツ
家　　庭	生活産業基礎，課題研究，生活産業情報，消費生活，子どもの発達と保育，子ども文化，生活と福祉，リビングデザイン，服飾文化，ファッション造形基礎，ファッション造形，ファッションデザイン，服飾手芸，フードデザイン，食文化，調理，栄養，食品，食品衛生，公衆衛生
看　　護	基礎看護，人体と看護，疾病と看護，生活と看護，成人看護，老年看護，精神看護，在宅看護，母性看護，小児看護，看護の統合と実践，看護臨地実習，看護情報活用
情　　報	情報産業と社会，課題研究，情報の表現と管理，情報と問題解決，情報テクノロジー，アルゴリズムとプログラム，ネットワークシステム，データベース，情報システム実習，情報メディア，情報デザイン，表現メディアの編集と表現，情報コンテンツ実習
福　　祉	社会福祉基礎，介護福祉基礎，コミュニケーション技術，生活支援技術，介護過程，介護総合演習，介護実習，こころとからだの理解，福祉情報活用
理　　数	理数数学Ⅰ，理数数学Ⅱ，理数数学特論，理数物理，理数化学，理数生物，理数地学，課題研究
体　　育	スポーツ概論，スポーツⅠ，スポーツⅡ，スポーツⅢ，スポーツⅣ，スポーツⅤ，スポーツⅥ，スポーツ総合演習
音　　楽	音楽理論，音楽史，演奏研究，ソルフェージュ，声楽，器楽，作曲，鑑賞研究
美　　術	美術概論，美術史，素描，構成，絵画，版画，彫刻，ビジュアルデザイン，クラフトデザイン，情報メディアデザイン，映像表現，環境造形，鑑賞研究
英　　語	総合英語，英語理解，英語表現，異文化理解，時事英語

備考

一　(一) 及び (二) の表の上欄に掲げる各教科について，それぞれの表の下欄に掲げる各教科に属する科目以外の科目を設けることができる。

二　(一) 及び (二) の表の上欄に掲げる各教科以外の教科及び当該教科に関する科目を設けることができる。

別表第五（第百二十八条関係）

(一)　視覚障害者である生徒に対する教育を行う特別支援学校の主として専門学科において開設される各教科

各教科	各教科に属する科目
保健理療	医療と社会，人体の構造と機能，疾病の成り立ちと予防，生活と疾病，基礎保健理療，臨床保健理療，地域保健理療と保健理療経営，保健理療基礎実習，保健理療臨床実習，保健理療情報活用，課題研究
理　　療	医療と社会，人体の構造と機能，疾病の成り立ちと予防，生活と疾病，基礎理療学，臨床理療学，地域理療と理療経営，理療基礎実習，理療臨床実習，理療情報活用，課題研究

理学療法	人体の構造と機能，疾病と障害，保健・医療・福祉とリハビリテーション，基礎理学療法学，理学療法評価学，理学療法治療学，地域理学療法学，臨床実習，理学療法情報活用，課題研究

（二） 聴覚障害者である生徒に対する教育を行う特別支援学校の主として専門学科において開設される各教科

各教科	各教科に属する科目
印刷	印刷概論，写真製版，印刷機械・材料，印刷デザイン，写真化学・光学，文書処理・管理，印刷情報技術基礎，画像技術，印刷総合実習，課題研究
理容・美容	理容・美容関係法規，衛生管理，理容・美容保健，理容・美容の物理・化学，理容・美容文化論，理容・美容技術理論，理容・美容運営管理，理容実習，理容・美容情報活用，課題研究
クリーニング	クリーニング関係法規，公衆衛生，クリーニング理論，繊維，クリーニング機器・装置，クリーニング実習，課題研究
歯科技工	歯科技工関係法規，歯科技工学概論，歯科理工学，歯の解剖学，顎(がく)口腔(くう)機能学，有床義歯技工学，歯冠修復技工学，矯正歯科技工学，小児歯科技工学，歯科技工実習，歯科技工情報活用，課題研究

備考

一 （一）及び（二）の表の上欄に掲げる各教科について，それぞれの表の下欄に掲げる各教科に属する科目以外の科目を設けることができる。

二 （一）及び（二）の表の上欄に掲げる各教科以外の教科及び当該教科に関する科目を設けることができる。

学校教育法施行規則の一部を改正する省令

平成三十年三月三十日文部科学省令第十三号

学校教育法施行規則（昭和二十二年文部省令第十一号）の一部を次のように改正する。
第八十三条中「総合的な学習の時間」を「総合的な探究の時間」に改める。
別表第三を次のように改める。

別表第三（第八十三条，第百八条，第百二十八条関係）
（一） 各学科に共通する各教科

各教科	各教科に属する科目
国語	現代の国語，言語文化，論理国語，文学国語，国語表現，古典探究
地理歴史	地理総合，地理探究，歴史総合，日本史探究，世界史探究
公民	公共，倫理，政治・経済
数学	数学Ⅰ，数学Ⅱ，数学Ⅲ，数学A，数学B，数学C
理科	科学と人間生活，物理基礎，物理，化学基礎，化学，生物基礎，生物，地学基礎，地学
保健体育	体育，保健
芸術	音楽Ⅰ，音楽Ⅱ，音楽Ⅲ，美術Ⅰ，美術Ⅱ，美術Ⅲ，工芸Ⅰ，工芸Ⅱ，工芸Ⅲ，書道Ⅰ，書道Ⅱ，書道Ⅲ
外国語	英語コミュニケーションⅠ，英語コミュニケーションⅡ，英語コミュニケーションⅢ，論理・表現Ⅰ，論理・表現Ⅱ，論理・表現Ⅲ
家庭	家庭基礎，家庭総合
情報	情報Ⅰ，情報Ⅱ
理数	理数探究基礎，理数探究

（二） 主として専門学科において開設される各教科

各教科	各教科に属する科目
農業	農業と環境，課題研究，総合実習，農業と情報，作物，野菜，果樹，草花，畜産，栽培と環境，飼育と環境，農業経営，農業機械，植物バイオテクノロジー，食品製造，食品化学，食品微生物，食品流通，森林科学，森林経営，林産物利用，農業土木設計，農業土木施工，水循環，造園計画，造園施工管理，造園植栽，測量，生物活用，地域資源活用
工業	工業技術基礎，課題研究，実習，製図，工業情報数理，工業材料技術，工業技術英語，工業管理技術，工業環境技術，機械工作，機械設計，原動機，電子機械，生産技術，自動車工学，自動車整備，船舶工学，電気回路，電気機器，電力技術，電子技術，電子回路，電子計測制御，通信技術，プログラミング技術，ハードウェア技術，ソフトウェア技術，コンピュータシステム技術，建築構造，建築計画，建築構造設計，建築施工，建築法規，設備計画，空気調和設備，衛生・防災設備，測量，土木基盤力学，土木構造設計，土木施工，社会基盤工学，工業化学，化学工学，地球環境化学，材料製造技術，材料工学，材料加工，セラミック化学，セラミック技術，セラミック工業，繊維製品，繊維・染色技術，染織デザイン，インテリア計画，インテリア装備，インテリアエレ

付録1

工　　業	メント生産，デザイン実践，デザイン材料，デザイン史
商　　業	ビジネス基礎，課題研究，総合実践，ビジネス・コミュニケーション，マーケティング，商品開発と流通，観光ビジネス，ビジネス・マネジメント，グローバル経済，ビジネス法規，簿記，財務会計Ⅰ，財務会計Ⅱ，原価計算，管理会計，情報処理，ソフトウェア活用，プログラミング，ネットワーク活用，ネットワーク管理
水　　産	水産海洋基礎，課題研究，総合実習，海洋情報技術，水産海洋科学，漁業，航海・計器，船舶運用，船用機関，機械設計工作，電気理論，移動体通信工学，海洋通信技術，資源増殖，海洋生物，海洋環境，小型船舶，食品製造，食品管理，水産流通，ダイビング，マリンスポーツ
家　　庭	生活産業基礎，課題研究，生活産業情報，消費生活，保育基礎，保育実践，生活と福祉，住生活デザイン，服飾文化，ファッション造形基礎，ファッション造形，ファッションデザイン，服飾手芸，フードデザイン，食文化，調理，栄養，食品，食品衛生，公衆衛生，総合調理実習
看　　護	基礎看護，人体の構造と機能，疾病の成り立ちと回復の促進，健康支援と社会保障制度，成人看護，老年看護，小児看護，母性看護，精神看護，在宅看護，看護の統合と実践，看護臨地実習，看護情報
情　　報	情報産業と社会，課題研究，情報の表現と管理，情報テクノロジー，情報セキュリティ，情報システムのプログラミング，ネットワークシステム，データベース，情報デザイン，コンテンツの制作と発信，メディアとサービス，情報実習
福　　祉	社会福祉基礎，介護福祉基礎，コミュニケーション技術，生活支援技術，介護過程，介護総合演習，介護実習，こころとからだの理解，福祉情報
理　　数	理数数学Ⅰ，理数数学Ⅱ，理数数学特論，理数物理，理数化学，理数生物，理数地学
体　　育	スポーツ概論，スポーツⅠ，スポーツⅡ，スポーツⅢ，スポーツⅣ，スポーツⅤ，スポーツⅥ，スポーツ総合演習
音　　楽	音楽理論，音楽史，演奏研究，ソルフェージュ，声楽，器楽，作曲，鑑賞研究
美　　術	美術概論，美術史，鑑賞研究，素描，構成，絵画，版画，彫刻，ビジュアルデザイン，クラフトデザイン，情報メディアデザイン，映像表現，環境造形
英　　語	総合英語Ⅰ，総合英語Ⅱ，総合英語Ⅲ，ディベート・ディスカッションⅠ，ディベート・ディスカッションⅡ，エッセイライティングⅠ，エッセイライティングⅡ

備考

一　（一）及び（二）の表の上欄に掲げる各教科について，それぞれの表の下欄に掲げる各教科に属する科目以外の科目を設けることができる。

二　（一）及び（二）の表の上欄に掲げる各教科以外の教科及び当該教科に関する科目を設けることができる。

附　則

1　この省令は，平成三十四年四月一日から施行する。

2　改正後の学校教育法施行規則（以下この項及び次項において「新令」という。）別表第三の規定は，施行の日以降高等学校（中等教育学校の後期課程及び特別支援学校の高等部を含む。以下この項及び次項において同じ。）に入学した生徒（新令第九十一条（新令第百十三条第一項及び第百三十五条第五項で準用する場合を含む。）の規定により入学した生徒であって同日前に入学した生徒に係る教育課程により履修するものを除く。）に係る教育課程から適用する。

3　前項の規定により新令別表第三の規定が適用されるまでの高等学校の教育課程については，なお従前の例による。

学校教育法施行規則の一部を改正する省令の一部を改正する省令

平成三十年八月三十一日文部科学省令第二十八号

学校教育法施行規則の一部を改正する省令（平成三十年文部科学省令第十三号）の一部を次のように改正する。

次の表により，改正前欄に掲げる規定の傍線を付した部分をこれに順次対応する改正後欄に掲げる規定の傍線を付した部分のように改め，改正前欄及び改正後欄に対応して掲げるその標記部分に二重傍線を付した規定（以下「対象規定」という。）は，改正前欄に掲げる対象規定で改正前欄にこれに対応するものを掲げていないものは，これを加える。

改正後	改正前
附則	附則
1 この省令は、平成三十四年四月一日から施行する。ただし、附則第四項及び第五項の規定は平成三十一年四月一日から施行する。	1 この省令は、平成三十四年四月一日から施行する。
2 改正後の学校教育法施行規則（以下「新令」という。）第八十三条及び別表第三の規定は、施行の日以降高等学校（中等教育学校の後期課程及び特別支援学校の高等部を含む。次項及び附則第四項において同じ。）に入学した生徒（新令第九十一条（新令第百十三条第一項及び第百三十五条第五項で準用する場合を含む。附則第四項において同じ。）の規定により入学した生徒であって同日前に入学した生徒に係る教育課程により履修するものを除く。）に係る教育課程から適用する。	2 改正後の学校教育法施行規則（以下この項及び次項において「新令」という。）別表第三の規定は、施行の日以降高等学校（中等教育学校の後期課程及び特別支援学校の高等部を含む。以下この項及び次項において同じ。）に入学した生徒（新令第九十一条（新令第百十三条第一項及び第百三十五条第五項で準用する場合を含む。）の規定により入学した生徒であって同日前に入学した生徒に係る教育課程により履修するものを除く。）に係る教育課程から適用する。
3 前項の規定により新令第八十三条及び別表第三の規定が適用されるまでの高等学校の教育課程については、なお従前の例による。	3 前項の規定により新令別表第三の規定が適用されるまでの高等学校の教育課程については、なお従前の例による。
4 平成三十一年四月一日から平成三十四年三月三十一日までの間に高等学校に入学した生徒（新令第九十一条の規定により入学した生徒であって平成三十一年三月三十一日までに入学した生徒に係る教育課程により履修するものを除く。）に係る教育課程についての平成三十一年四月一日から新令第八十三条の規定が適用されるまでの間における改正前の学校教育法施行規則（以下「旧令」という。）第八十三条の規定の適用については、同条中「総合的な学習の時間」とあるのは「総合的な探究の時間」とする。	［項を加える。］
5 平成三十一年四月一日から新令別表第三の規定が適用されるまでの間における旧令別表第三の規定の適用については、同表(二)の表福祉の項中「福祉情報活用」とあるのは「福祉情報活用、福祉情報」とする。	［項を加える。］

備考　表中の［　］の記載及び対象規定の二重傍線を付した標記部分を除く全体に付した傍線は注記である。

附　則

この省令は，公布の日から施行する。

付録1

学校教育法施行規則の一部を改正する省令

平成三十一年二月四日文部科学省令第三号

学校教育法施行規則（昭和二十二年文部省令第十一号）の一部を次のように改正する。

次の表により，改正前欄に掲げる規定の傍線を付した部分をこれに順次対応する改正後欄に掲げる規定の傍線を付した部分のように改める。

改正後

第百二十八条　特別支援学校の高等部の教育課程は、別表第三及び別表第五に定める各教科に属する科目、総合的な探究の時間、特別活動並びに自立活動によつて編成するものとする。

2　前項の規定にかかわらず、知的障害者である生徒を教育する場合は、国語、社会、数学、理科、音楽、美術、保健体育、職業、家庭、外国語、情報、家政、農業、工業、流通・サービス及び福祉の各教科、第百二十九条に規定する特別支援学校高等部学習指導要領で定めるこれら以外の教科及び特別の教科である道徳、総合的な探究の時間、特別活動並びに自立活動によつて教育課程を編成するものとする。

第百三十条　（略）

2　特別支援学校の小学部、中学部又は高等部においては、知的障害者である児童若しくは生徒又は複数の種類の障害を併せ有する児童若しくは生徒を教育する場合において特に必要があるときは、各教科、特別の教科である道徳、外国語活動、特別活動及び自立活動の全部又は一部について、合わせて授業を行うことができる。

別表第五（第百二十八条関係）

㈠　視覚障害者である生徒に対する教育を行う特別支援学校の主として専門学科において開設される各教科

各教科	各教科に属する科目
保健理療	医療と社会、人体の構造と機能、疾病の成り立ちと予防、生活と疾病、基礎保健理療、臨床保健理療、地域保健理療と保健理療経営、保健理療基礎実習、保健理療臨床実習、保健理療情報、課題研究
理療	医療と社会、人体の構造と機能、疾病の成り立ちと予防、生活と疾病、基礎理療学、臨床

改正前

第百二十八条　特別支援学校の高等部の教育課程は、別表第三及び別表第五に定める各教科に属する科目、総合的な学習の時間、特別活動並びに自立活動によつて編成するものとする。

2　前項の規定にかかわらず、知的障害者である生徒を教育する場合は、国語、社会、数学、理科、音楽、美術、保健体育、職業、家庭、外国語、情報、家政、農業、工業、流通・サービス及び福祉の各教科、第百二十九条に規定する特別支援学校高等部学習指導要領で定めるこれら以外の教科及び道徳、総合的な学習の時間、特別活動並びに自立活動によつて教育課程を編成するものとする。

第百三十条　（略）

2　特別支援学校の小学部、中学部又は高等部においては、知的障害者である児童若しくは生徒又は複数の種類の障害を併せ有する児童若しくは生徒を教育する場合において特に必要があるときは、各教科、特別の教科である道徳（特別支援学校の高等部にあつては、前条に規定する特別支援学校高等部学習指導要領で定める道徳）、外国語活動、特別活動及び自立活動の全部又は一部について、合わせて授業を行うことができる。

別表第五（第百二十八条関係）

㈠　視覚障害者である生徒に対する教育を行う特別支援学校の主として専門学科において開設される各教科

各教科	各教科に属する科目
保健理療	医療と社会、人体の構造と機能、疾病の成り立ちと予防、生活と疾病、基礎保健理療、臨床保健理療、地域保健理療と保健理療経営、保健理療基礎実習、保健理療臨床実習、保健理療情報活用、課題研究
理療	医療と社会、人体の構造と機能、疾病の成り立ちと予防、生活と疾病、基礎理療学、臨床

	理療学、地域理療と理療経営、理療基礎実習、理療臨床実習、理療情報、課題研究
理学療法	人体の構造と機能、疾病と障害、保健・医療・福祉とリハビリテーション、基礎理学療法学、理学療法管理学、理学療法評価学、理学療法治療学、地域理学療法学、理学療法臨床実習、理学療法情報、課題研究

(二) 聴覚障害者である生徒に対する教育を行う特別支援学校の主として専門学科において開設される各教科

各教科	各教科に属する科目
印刷	印刷概論、印刷デザイン、印刷製版技術、DTP技術、印刷情報技術、デジタル画像技術、印刷総合実習、課題研究
理容・美容	関係法規・制度、衛生管理、保健、香粧品化学、文化論、理容・美容技術理論、運営管理、理容実習、美容実習、理容・美容情報、課題研究
クリーニング	(略)
歯科技工	歯科技工関係法規、歯科技工学概論、歯科理工学、歯の解剖学、顎口腔機能学、有床義歯技工学、歯冠修復技工学、矯正歯科技工学、小児歯科技工学、歯科技工実習、歯科技工情報、課題研究

備考 (略)

	理療学、地域理療と理療経営、理療基礎実習、理療臨床実習、理療情報活用、課題研究
理学療法	人体の構造と機能、疾病と障害、保健・医療・福祉とリハビリテーション、基礎理学療法学、理学療法評価学、理学療法治療学、地域理学療法学、臨床実習、理学療法情報活用、課題研究

(二) 聴覚障害者である生徒に対する教育を行う特別支援学校の主として専門学科において開設される各教科

各教科	各教科に属する科目
印刷	印刷概論、写真製版、印刷機械・材料、印刷デザイン、写真化学・光学、文書処理・管理、印刷情報技術基礎、画像技術、印刷総合実習、課題研究
理容・美容	理容・美容関係法規、衛生管理、理容・美容保健、理容・美容の物理・化学、理容・美容文化論、理容・美容技術理論、理容・美容運営管理、理容実習、美容実習、理容・美容情報活用、課題研究
クリーニング	(略)
歯科技工	歯科技工関係法規、歯科技工学概論、歯科理工学、歯の解剖学、顎口腔機能学、有床義歯技工学、歯冠修復技工学、矯正歯科技工学、小児歯科技工学、歯科技工実習、歯科技工情報活用、課題研究

備考 (略)

附　則

1　この省令は，平成三十四年四月一日から施行する。ただし，附則第四項及び第五項の規定は平成三十一年四月一日から，附則第六項の規定は平成三十二年四月一日から施行する。

2　この省令による改正後の学校教育法施行規則（以下「新令」という。）第百二十八条，第百三十条第二項及び別表第五の規定は，この省令の施行の日以降特別支援学校の高等部に入学した生徒（新令第百三十五条第五項の規定により準用される新令第九十一条の規定により入学した生徒であって同日前に入学した生徒に係る教育課程により履修するものを除く。）に係る教育課程から適用する。

3　前項の規定により新令第百二十八条，第百三十条第二項及び別表第五の規定が適用されるまでの特別支援学校の高等部の教育課程については，なお従前の例による。

4　平成三十一年四月一日から平成三十四年三月三十一日までの間に特別支援学校の高等部に入学した生徒（新令第百三十五条第五項の規定により準用される新令第九十一条の規定により入学した生徒であって平成三十一年三月三十一日までに入学した生徒に係る教育課程により履修するものを除く。）に係る教育課程についての平成三十一年四月一日から新令第百二十八条の規定が適用されるまでの間におけるこの省令による改正前の学校教育法施行規則（以下「旧令」という。）第百二十八条の規定の適用については，同条中「総合的な学習の時間」とあるのは「総合的な探究の時間」とする。

5　平成三十一年四月一日から新令別表第五の規定が適用されるまでの間における旧令別表第五の規定の適用については，同表（一）の表保健理療の項中「課題研究」とあるのは「課題研究，保健理療情報」とし，同表理療の項中「課題研究」とあるのは「課題研究，理療情報」とし，同表理学療法の項中「課題研究」とあるのは「課題研究，理学療法管理学，理学療法臨床実習，理学療法情報」とし，同表（二）の表印刷の項中「課題研究」とあるのは「課題研究，印刷製版技術，DTP技術，印刷情報技術，デジタル画像技術」とし，同表理容・美容の項中「課題研究」とあるのは「課題研究，関係法規・制度，保健，香粧品化学，文化論，運営管理，美容実習，理容・美容情報」とし，同表歯科技工の項中「課題研究」とあるのは「課題研究，歯科技工情報」とする。

6　平成三十二年四月一日から平成三十四年三月三十一日までの間に特別支援学校の高等部に入学した生徒（新令第百三十五条第五項の規定により準用される新令第九十一条の規定により入学した生徒であって平成三十二年三月三十一日までに入学した生徒に係る教育課程により履修するものを除く。）に係る教育課程についての平成三十二年四月一日から新令第百二十八条第二項及び第百三十条第二項の規定が適用されるまでの間における旧令第百二十八条第二項の規定の適用については，同項中「道徳」とあるのは「特別の教科である道徳」とし，旧令第百三十条第二項の規定の適用については，同項中「特別の教科である道徳（特別支援学校の高等部にあつては，前条に規定する特別支援学校高等部学習指導要領で定める道徳)」とあるのは「特別の教科である道徳」とする。

特別支援学校の高等部の学科を定める省令（抄）

昭和四十一年二月二十一日文部省令第二号

学校教育法（昭和二十二年法律第二十六号）第七十三条の規定に基づき，盲学校及び聾学校の高等部の学科を定める省令を次のように定める。

第一条　特別支援学校の高等部の学科は，普通教育を主とする学科及び専門教育を主とする学科とする。

第二条　特別支援学校の高等部の普通教育を主とする学科は，普通科とする。

2　特別支援学校の高等部の専門教育を主とする学科は，次の表に掲げる学科その他専門教育を施す学科として適正な規模及び内容があると認められるものとする。

視覚障害者である生徒に対する教育を行う学科	一　家庭に関する学科 二　音楽に関する学科 三　理療に関する学科 四　理学療法に関する学科
聴覚障害者である生徒に対する教育を行う学科	一　農業に関する学科 二　工業に関する学科 三　商業に関する学科 四　家庭に関する学科 五　美術に関する学科 六　理容・美容に関する学科 七　歯科技工に関する学科
知的障害者，肢体不自由者又は病弱者（身体虚弱者を含む。）である生徒に対する教育を行う学科	一　農業に関する学科 二　工業に関する学科 三　商業に関する学科 四　家庭に関する学科 五　産業一般に関する学科

附　則

（平成十九年三月三〇日文部科学省令第五号）抄

（施行期日）

第一条　この省令は，学校教育法等の一部を改正する法律（以下「改正法」という。）の施行の日（平成十九年四月一日）から施行する。

第1章　総　　則

第1節　教育目標

高等部における教育については，学校教育法第72条に定める目的を実現するために，生徒の障害の状態や特性及び心身の発達の段階等を十分考慮して，次に掲げる目標の達成に努めなければならない。

1　学校教育法第51条に規定する高等学校教育の目標

2　生徒の障害による学習上又は生活上の困難を改善・克服し自立を図るために必要な知識，技能，態度及び習慣を養うこと。

第2節　教育課程の編成

第1款　高等部における教育の基本と教育課程の役割

1　各学校においては，教育基本法及び学校教育法その他の法令並びにこの章以下に示すところに従い，生徒の人間として調和のとれた育成を目指し，生徒の障害の状態や特性及び心身の発達の段階等，学科の特色及び学校や地域の実態を十分考慮して，適切な教育課程を編成するものとし，これらに掲げる目標を達成するよう教育を行うものとする。

2　学校の教育活動を進めるに当たっては，各学校において，第3款の1に示す主体的・対話的で深い学びの実現に向けた授業改善を通して，創意工夫を生かした特色ある教育活動を展開する中で，次の(1)から(4)までに掲げる事項の実現を図り，生徒に生きる力を育むことを目指すものとする。

(1)　基礎的・基本的な知識及び技能を確実に習得させ，これらを活用して課題を解決するために必要な思考力，判断力，表現力等を育むとともに，主体的に学習に取り組む態度を養い，個性を生かし多様な人々との協働を促す教育の充実に努めること。その際，生徒の発達の段階を考慮して，生徒の言語活動など，学習の基盤をつくる活動を充実するとともに，家庭との連携を図りながら，生徒の学習習慣が確立するよう配慮すること。

(2)　道徳教育や体験活動，多様な表現や鑑賞の活動等を通して，豊かな心や創造性の涵(かん)養を目指した教育の充実に努めること。

学校における道徳教育は，人間としての在り方生き方に関する教育を学校の教育活動全体を通じて行うことによりその充実を図るものとし，視覚障害者，聴覚障害者，肢体不自由者又は病弱者である生徒に対する教育を行う特別支援学校においては，各教科に属する科目（以下「各教科・科目」という。），総合的な探究の時間，特別活動及び自立活動（以下「各教科・科目等」という。）において，また，知的障害者である生徒に対する教育を行う特別支援学校においては，第3章に掲げる特別の教科である道徳（以下「道徳科」という。）を要として，各教科，総合的な探究の時間，特別活動及び自立活動において，それぞれの特質に応じて，適切な指導を行うこと。

道徳教育は，教育基本法及び学校教育法に定められた教育の根本精神に基づき，生徒が自己探求と自己実現に努め国家・社会の一員としての自覚に基づき行為しうる発達の段階にあることを考慮し，人間としての在り方生き方を考え，主体的な判断の下に行動し，自立した人間として他者と共によりよく生きるための基盤となる道徳性を養うことを目標とすること。

道徳教育を進めるに当たっては，人間尊重の精神と生命に対する畏敬の念を家庭，学校，その他社会における具体的な生活の中に生かし，豊かな心をもち，伝統と文化を尊重し，それらを育んできた我が国と郷土を愛し，個性豊かな文化の創造を図るとともに，平和で民主的な国家及び社会の形成者として，公共の精神を尊び，社会及び国家の発展に努め，他国を尊重し，国際社会の平和と発展や環境の保全に貢献し未来を拓（ひら）く主体性のある日本人の育成に資することとなるよう特に留意すること。

(3) 学校における体育・健康に関する指導を，生徒の発達の段階を考慮して，学校の教育活動全体を通じて適切に行うことにより，健康で安全な生活と豊かなスポーツライフの実現を目指した教育の充実に努めること。特に，学校における食育の推進並びに体力の向上に関する指導，安全に関する指導及び心身の健康の保持増進に関する指導については，保健体育科，家庭科及び特別活動の時間はもとより，各教科・科目，総合的な探究の時間及び自立活動（知的障害者である生徒に対する教育を行う特別支援学校においては，各教科，道徳科，総合的な探究の時間及び自立活動。）などにおいてもそれぞれの特質に応じて適切に行うよう努めること。また，それらの指導を通して，家庭や地域社会との連携を図りながら，日常生活において適切な体育・健康に関する活動の実践を促し，生涯を通じて健康・安全で活力ある生活を送るための基礎が培われるよう配慮すること。

(4) 学校における自立活動の指導は，障害による学習上又は生活上の困難を改善・克服し，自立し社会参加する資質を養うため，自立活動の時間はもとより，学校の教育活動全体を通じて適切に行うものとする。特に，自立活動の時間における指導は，各教科・科目，総合的な探究の時間及び特別活動（知的障害者である生徒に対する教育を行う特別支援学校においては，各教科，道徳科，総合的な探究の時間及び特別活動。）と密接な関連を保ち，個々の生徒の障害の状態や特性及び心身の発達の段階等を的確に把握して，適切な指導計画の下に行うよう配慮すること。

3　2の(1)から(4)までに掲げる事項の実現を図り，豊かな創造性を備え持続可能な社会の創り手となることが期待される生徒に，生きる力を育むことを目指すに当たっては，学校教育全体，各教科・科目等並びに知的障害者である生徒に対する教育を行う特別支援学校における各教科，道徳科，総合的な探究の時間，特別活動及び自立活動（以下「各教科等」という。）において，それぞれの指導を通してどのような資質・能力の育成を目指すのかを明確にしながら，教育活動の充実を図るものとする。その際，生徒の障害の状態や特性及び心身の発達の段階等を踏まえつつ，次に掲げることが偏りなく実現できるようにするものとする。

(1) 知識及び技能が習得されるようにすること。

(2) 思考力，判断力，表現力等を育成すること。

(3) 学びに向かう力，人間性等を涵（かん）養すること。

4　学校においては，生徒の障害の状態や特性及び心身の発達の段階等，学校や地域の実態等に応じて，就業やボランティアに関わる体験的な学習の指導を適切に行うようにし，勤労の尊さや創造することの喜びを体得させ，望ましい勤労観，職業観の育成や社会奉仕の精神の涵（かん）養に資するものとする。

5　各学校においては，生徒や学校，地域の実態を適切に把握し，教育の目的や目標の実現に必要な教育の内容等を教科等横断的な視点で組み立てていくこと，教育課程の実施状況を評価してその改善を図っていくこと，教育課程の実施に必要な人的又は物的な体制を確保するとともにその改善を図っていくことなどを通して，教育課程に基づき組織的かつ計画的に各学校の教育活動の質の向上を図っていくこと（以下「カリキュラム・マネジメント」という。）に努めるものとする。その際，生徒に何が身に付いたかという学習の成果を的確に捉え，第2款の3の(5)のイに示す個別の指導計画の実施状況の評価と改善を，教育課程の評価と改善につなげていくよう工夫すること。

第2款　教育課程の編成

1　各学校の教育目標と教育課程の編成

教育課程の編成に当たっては，学校教育全体，各教科・科目等及び各教科等において，それぞれの指導を通して育成を目指す資質・能力を踏まえつつ，各学校の教育目標を明確にするとともに，教育課程の編成についての基本的な方針が家庭や地域とも共有されるよう努めるものとする。その際，第4章総合的な探究の時間において準ずるものとしている高等学校学習指導要領第4章の第2の1に基づき定められる目標との関連を図るものとする。

2　教科等横断的な視点に立った資質・能力の育成

(1) 各学校においては，生徒の障害の状態や特性及び心身の発達の段階等を考慮し，言語能力，情報活用能力（情報モラルを含む。），問題発見・解決能力等の学習の基盤となる資質・能力を育成していくことができるよう，各教科・科目等又は各教科等の特質を生かし，教科等横断的な視点から教育課程の編成を図るものとする。

(2) 各学校においては，生徒や学校，地域の実態並びに生徒の障害の状態や特性及び心身の発達の段階等を考慮し，豊かな人生の実現や災害等を乗り越えて次代の社会を形成することに向けた現代的な諸課題に対応して求められる資質・能力を，教科等横断的な視点で育成していくことができるよう，各学校の特色を生かした教育課程の編成を図るものとする。

3　教育課程の編成における共通的事項

(1) 視覚障害者，聴覚障害者，肢体不自由者又は病弱者である生徒に対する教育を行う特別支援学校における各教科・科目等の履修等

ア　各教科・科目及び単位数等

(ｱ) 卒業までに履修させる単位数等

各学校においては，卒業までに履修させる(ｲ)から(ｵ)までに示す各教科・科目及びその単位数，総合的な探究の時間の単位数，特別活動及びその授業時数並びに自立活動の授業時数に関する事項を定めるものとする。この場合，卒業までに履修させる単位数の計は，イの(ｱ)及び(ｲ)に掲げる各教科・科目の単位数並びに総合的な探究の時間の単位数を含めて74単位（自立活動の授業については，授業時数を単位数に換算して，この単位数に含めることができる。）以上とする。

単位については，1単位時間を50分とし，35単位時間の授業を1単位として計算することを標準とする。

(ｲ) 各学科に共通する各教科・科目及び標準単位数

各学校においては，教育課程の編成に当たって，次の表に掲げる各教科・科目及びその標準単位数を踏まえ，生徒に履修させる各教科・科目及びそれらの単位数について適切に定めるものとする。ただし，生徒の実態等を考慮し，特に必要がある場合には，標準単位数の標準の限度を超えて単位数を増加して配当することができる。

教科	科目	標準単位数
国語	現代の国語	2
	言語文化	2
	論理国語	4
	文学国語	4
	国語表現	4
	古典探究	4
地理歴史	地理総合	2
	地理探究	3
	歴史総合	2
	日本史探究	3
	世界史探究	3
公民	公共	2
	倫理	2
	政治・経済	2

付録2

数　　学	数学Ⅰ 数学Ⅱ 数学Ⅲ 数学A 数学B 数学C	3 4 3 2 2 2
理　　科	科学と人間生活 物理基礎 物理 化学基礎 化学 生物基礎 生物 地学基礎 地学	2 2 4 2 4 2 4 2 4
保健体育	体育 保健	7～8 2
芸　　術	音楽Ⅰ 音楽Ⅱ 音楽Ⅲ 美術Ⅰ 美術Ⅱ 美術Ⅲ 工芸Ⅰ 工芸Ⅱ 工芸Ⅲ 書道Ⅰ 書道Ⅱ 書道Ⅲ	2 2 2 2 2 2 2 2 2 2 2 2
外 国 語	英語コミュニケーションⅠ 英語コミュニケーションⅡ 英語コミュニケーションⅢ 論理・表現Ⅰ 論理・表現Ⅱ 論理・表現Ⅲ	3 4 4 2 2 2
家　　庭	家庭基礎 家庭総合	2 4
情　　報	情報Ⅰ 情報Ⅱ	2 2
理　　数	理数探究基礎 理数探究	1 2～5

(ｳ) 主として専門学科において開設される各教科・科目

各学校においては，教育課程の編成に当たって，視覚障害者である生徒に対する教育を行う特別支援学校にあっては次の表の㋐及び㋑，聴覚障害者である生徒に対する教育を行う特別支援学校にあっては次の表の㋐及び㋒，肢体不自由者又は病弱者である生徒に対する教育を行う特別支援学校にあっては次の表の㋐に掲げる主として専門学科（専門教育を主とする学科をいう。以下同じ。）において開設される各教科・科目及び設置者の定めるそれぞれの標準単位数を踏まえ，生徒に履修させる各教科・科目及びその単位数について適切に定めるものとする。

㋐ 視覚障害者，聴覚障害者，肢体不自由者又は病弱者である生徒に対する教育を行う特別支援学校

教　科	科　　目
農　業	農業と環境，課題研究，総合実習，農業と情報，作物，野菜，果樹，草花，畜産，栽培と環境，飼育と環境，農業経営，農業機械，植物バイオテクノロジー，食品製造，食品化学，食品微生物，食品流通，森林科学，森林経営，林産物利用，農業土木設計，農業土木施工，水循環，造園計画，造園施工管理，造園植栽，測量，生物活用，地域資源活用
工　業	工業技術基礎，課題研究，実習，製図，工業情報数理，工業材料技術，工業技術英語，工業管理技術，工業環境技術，機械工作，機械設計，原動機，電子機械，生産技術，自動車工学，自動車整備，船舶工学，電気回路，電気機器，電力技術，電子技術，電子回路，電子計測制御，通信技術，プログラミング技術，ハードウェア技術，ソフトウェア技術，コ

工　業	ンピュータシステム技術，建築構造，建築計画，建築構造設計，建築施工，建築法規，設備計画，空気調和設備，衛生・防災設備，測量，土木基盤力学，土木構造設計，土木施工，社会基盤工学，工業化学，化学工学，地球環境化学，材料製造技術，材料工学，材料加工，セラミック化学，セラミック技術，セラミック工業，繊維製品，繊維・染色技術，染織デザイン，インテリア計画，インテリア装備，インテリアエレメント生産，デザイン実践，デザイン材料，デザイン史
商　業	ビジネス基礎，課題研究，総合実践，ビジネス・コミュニケーション，マーケティング，商品開発と流通，観光ビジネス，ビジネス・マネジメント，グローバル経済，ビジネス法規，簿記，財務会計Ⅰ，財務会計Ⅱ，原価計算，管理会計，情報処理，ソフトウェア活用，プログラミング，ネットワーク活用，ネットワーク管理
水　産	水産海洋基礎，課題研究，総合実習，海洋情報技術，水産海洋科学，漁業，航海・計器，船舶運用，船用機関，機械設計工作，電気理論，移動体通信工学，海洋通信技術，資源増殖，海洋生物，海洋環境，小型船舶，食品製造，食品管理，水産流通，ダイビング，マリンスポーツ
家　庭	生活産業基礎，課題研究，生活産業情報，消費生活，保育基礎，保育実践，生活と福祉，住生活デザイン，服飾文化，ファッション造形基礎，ファッション造形，ファッションデザイン，服飾手芸，フードデザイン，食文化，調理，栄養，食品，食品衛生，公衆衛生，総合調理実習
看　護	基礎看護，人体の構造と機能，疾病の成り立ちと回復の促進，健康支援と社会保障制度，成人看護，老年看護，小児看護，母性看護，精神看護，在宅看護，看護の統合と実践，看護臨地実習，看護情報
情　報	情報産業と社会，課題研究，情報の表現と管理，情報テクノロジー，情報セキュリティ，情報システムのプログラミング，ネットワークシステム，データベース，情報デザイン，コンテンツの制作と発信，メディアとサービス，情報実習
福　祉	社会福祉基礎，介護福祉基礎，コミュニケーション技術，生活支援技術，介護過程，介護総合演習，介護実習，こころとからだの理解，福祉情報
理　数	理数数学Ⅰ，理数数学Ⅱ，理数数学特論，理数物理，理数化学，理数生物，理数地学
体　育	スポーツ概論，スポーツⅠ，スポーツⅡ，スポーツⅢ，スポーツⅣ，スポーツⅤ，スポーツⅥ，スポーツ総合演習
音　楽	音楽理論，音楽史，演奏研究，ソルフェージュ，声楽，器楽，作曲，鑑賞研究
美　術	美術概論，美術史，鑑賞研究，素描，構成，絵画，版画，彫刻，ビジュアルデザイン，クラフトデザイン，情報メディアデザイン，映像表現，環境造形
英　語	総合英語Ⅰ，総合英語Ⅱ，総合英語Ⅲ，ディベート・ディスカッションⅠ，ディベート・ディスカッションⅡ，エッセイライティングⅠ，エッセイライティングⅡ

㋑　視覚障害者である生徒に対する教育を行う特別支援学校

教　科	科　　目
保健理療	医療と社会，人体の構造と機能，疾病の成り立ちと予防，生活と疾病，基礎保健理療，臨床保健理療，地域保健理療と保健理療経営，保健理療基礎実習，保健理療臨床実習，保健理療情報，課題研究

㋒　聴覚障害者である生徒に対する教育を行う特別支援学校

教　科	科　　目
印　刷	印刷概論，印刷デザイン，印刷製版技術，ＤＴＰ技術，印刷情報技術，デジタル画像技術，印刷総合実習，課題研究
理容・美容	関係法規・制度，衛生管理，保健，香粧品化学，文化論，理容・美容技術理論，運営管理，理容実習，美容実習，理容・美容情報，課題研究
クリーニング	クリーニング関係法規，公衆衛生，クリーニング理論，繊維，クリーニング機器・装置，クリーニング実習，課題研究

(ｴ) 学校設定科目

学校においては，生徒や学校，地域の実態及び学科の特色等に応じ，特色ある教育課程の編成に資するよう，(ｲ) 及び (ｳ) の表に掲げる教科について，これらに属する科目以外の科目（以下「学校設定科目」という。）を設けることができる。この場合において，学校設定科目の名称，目標，内容，単位数等については，その科目の属する教科の目標に基づき，高等部における教育としての水準の確保に十分配慮し，各学校の定めるところによるものとする。

(ｵ) 学校設定教科

㋐　学校においては，生徒や学校，地域の実態及び学科の特色等に応じ，特色ある教育課程の編成に資するよう，(ｲ) 及び (ｳ) の表に掲げる教科以外の教科（以下この項及び第４款の１の(2)において「学校設定教科」という。）及び当該教科に関する科目を設けることができる。この場合において，学校設定教科及び当該教科に関する科目の名称，目標，内容，単位数等については，高等部における教育の目標に基づき，高等部における教育としての水準の確保に十分配慮し，各学校の定めるところによるものとする。

㋑　学校においては，学校設定教科に関する科目として「産業社会と人間」を設けることができる。この科目の目標，内容，単位数等を各学校において定めるに当たっては，産業社会における自己の在り方生き方について考えさせ，社会に積極的に寄与し，生涯にわたって学習に取り組む意欲や態度を養うとともに，生徒の主体的な各教科・科目の選択に資するよう，就業体験活動等の体験的な学習や調査・研究などを通して，次のような事項について指導することに配慮するものとする。

a　社会生活や職業生活に必要な基本的な能力や態度及び望ましい勤労観，職業観の育成

b　我が国の産業の発展とそれがもたらした社会の変化についての考察

c　自己の将来の生き方や進路についての考察及び各教科・科目の履修計画の作成

イ　各教科・科目の履修等

(ｱ) 各学科に共通する必履修教科・科目及び総合的な探究の時間

㋐　全ての生徒に履修させる各教科・科目（以下「必履修教科・科目」という。）は次のとおりとし，その単位数は，アの (ｲ) に標準単位数として示された単位数を下らないものとする。ただし，生徒の実態及び専門学科の特色等を考慮し，特に必要がある場合には，「数学Ⅰ」及び「英語コミュニケーションⅠ」については２単位とすることができ，その

付録2

他の必履修教科・科目（標準単位数が２単位であるものを除く。）についてはその単位数の一部を減じることができる。

a　国語のうち「現代の国語」及び「言語文化」

b　地理歴史のうち「地理総合」及び「歴史総合」

c　公民のうち「公共」

d　数学のうち「数学Ⅰ」

e　理科のうち「科学と人間生活」,「物理基礎」,「化学基礎」,「生物基礎」及び「地学基礎」のうちから２科目（うち１科目は「科学と人間生活」とする。）又は「物理基礎」,「化学基礎」,「生物基礎」及び「地学基礎」のうちから３科目

f　保健体育のうち「体育」及び「保健」

g　芸術のうち「音楽Ⅰ」,「美術Ⅰ」,「工芸Ⅰ」及び「書道Ⅰ」のうちから１科目

h　外国語のうち「英語コミュニケーションⅠ」（英語以外の外国語を履修する場合は,学校設定科目として設ける１科目とし，その標準単位数は３単位とする。）

i　家庭のうち「家庭基礎」及び「家庭総合」のうちから１科目

j　情報のうち「情報Ⅰ」

㋑　総合的な探究の時間については，全ての生徒に履修させるものとし，その単位数は，各学校において，生徒や学校の実態に応じて適切に定めるものとする。

㋒　外国の高等学校等に留学していた生徒について，外国の高等学校等における履修により，必履修教科・科目又は総合的な探究の時間の履修と同様の成果が認められる場合においては，外国の高等学校等における履修をもって相当する必履修教科・科目又は総合的な探究の時間の履修の一部又は全部に替えることができる。

(ｲ)　専門学科における各教科・科目の履修

専門学科における各教科・科目の履修については，(ｱ)のほか次のとおりとする。

㋐　専門学科においては，専門教科・科目（アの(ｳ)の表に掲げる各教科・科目，同表の教科に属する学校設定科目及び専門教育に関する学校設定教科に関する科目をいう。以下同じ。）について，全ての生徒に履修させる単位数は，25単位を下らないこと。ただし，各学科の目標を達成する上で，専門教科・科目以外の各教科・科目の履修により，専門教科・科目の履修と同様の成果が期待できる場合においては，その専門教科・科目以外の各教科・科目の単位数の一部の履修をもって，当該専門教科・科目の単位数の一部の履修に替えることができること。

㋑　専門教科・科目の履修によって，(ｱ)の必履修教科・科目の履修と同様の成果が期待できる場合においては，その専門教科・科目の履修をもって，必履修教科・科目の履修の一部又は全部に替えることができること。

㋒　職業教育を主とする専門学科においては，総合的な探究の時間の履修により，農業，工業，商業，水産，家庭，情報，保健理療，印刷，理容・美容若しくはクリーニングの各教科の「課題研究」，看護の「看護臨地実習」又は福祉の「介護総合演習」（以下「課題研究等」という。）の履修と同様の成果が期待できる場合においては，総合的な探究の時間の履修をもって課題研究等の履修の一部又は全部に替えることができること。また，課題研究等の履修により，総合的な探究の時間の履修と同様の成果が期待できる場合においては，課題研究等の履修をもって総合的な探究の時間の履修の一部又は全部に替えることができること。

ウ　各教科・科目等の授業時数等

(ｱ)　各教科・科目，ホームルーム活動及び自立活動の授業は，年間35週行うことを標準とし，必要がある場合には，各教科・科目及び自立活動の授業を特定の学期又は特定の期間

（夏季，冬季，学年末等の休業日の期間に授業日を設定する場合を含む。）に行うことができる。

(ｲ) 週当たりの授業時数は，30単位時間を標準とする。ただし，特に必要がある場合には，これを増加することができる。

(ｳ) ホームルーム活動の授業時数については，原則として，年間35単位時間以上とするものとする。

(ｴ) 生徒会活動及び学校行事については，生徒や学校の実態に応じて，それぞれ適切な授業時数を充てるものとする。

(ｵ) 各学年の自立活動の時間に充てる授業時数は，生徒の障害の状態や特性及び心身の発達の段階等に応じて，適切に定めるものとする。

(ｶ) 各教科・科目等のそれぞれの授業の1単位時間は，各学校において，各教科・科目等の授業時数を確保しつつ，生徒の実態及び各教科・科目等の特質を考慮して適切に定めるものとする。

(ｷ) 各教科・科目等の特質に応じ，10分から15分程度の短い時間を活用して特定の各教科・科目等の指導を行う場合において，当該各教科・科目等を担当する教師が単元や題材など内容や時間のまとまりを見通した中で，その指導内容の決定や指導の成果の把握と活用等を責任をもって行う体制が整備されているときは，その時間を当該各教科・科目等の授業時数に含めることができる。

(ｸ) 総合的な探究の時間における学習活動により，特別活動の学校行事に掲げる各行事の実施と同様の成果が期待できる場合においては，総合的な探究の時間における学習活動をもって相当する特別活動の学校行事に掲げる各行事の実施に替えることができる。

(ｹ) 理数の「理数探究基礎」又は「理数探究」の履修により，総合的な探究の時間の履修と同様の成果が期待できる場合においては，「理数探究基礎」又は「理数探究」の履修をもって総合的な探究の時間の履修の一部又は全部に替えることができる。

(2) 知的障害者である生徒に対する教育を行う特別支援学校における各教科等の履修等

ア　各教科等の履修

(ｱ) 卒業までに履修させる各教科等

各学校においては，卒業までに履修させる(ｲ)から(ｴ)までに示す各教科及びその授業時数，道徳科及び総合的な探究の時間の授業時数，特別活動及びその授業時数並びに自立活動の授業時数に関する事項を定めるものとする。

(ｲ) 各学科に共通する各教科等

㋐　国語，社会，数学，理科，音楽，美術，保健体育，職業及び家庭の各教科，道徳科，総合的な探究の時間，特別活動並びに自立活動については，特に示す場合を除き，全ての生徒に履修させるものとする。

㋑　外国語及び情報の各教科については，生徒や学校の実態を考慮し，必要に応じて設けることができる。

(ｳ) 主として専門学科において開設される各教科

㋐　専門学科においては，(ｲ)のほか，家政，農業，工業，流通・サービス若しくは福祉の各教科又は(ｴ)に規定する学校設定教科のうち専門教育に関するもの（以下「専門教科」という。）のうち，いずれか1以上履修させるものとする。

㋑　専門教科の履修によって，(ｲ)の㋐の全ての生徒に履修させる各教科の履修と同様の成果が期待できる場合においては，その専門教科の履修をもって，全ての生徒に履修させる各教科の履修に替えることができる。

(ｴ) 学校設定教科

学校においては，生徒や学校，地域の実態及び学科の特色等に応じ，特色ある教育課程の編成に資するよう，(ｲ)及び(ｳ)に掲げる教科以外の教科（以下この項において「学校設定教科」という。）を設けることができる。この場合において，学校設定教科の名称，目標，内容等については，高等部における教育の目標に基づき，高等部における教育としての水準の確保に十分配慮し，各学校の定めるところによるものとする。

イ　各教科等の授業時数等

(ｱ) 各教科等（ただし，この項及び(ｸ)において，特別活動についてはホームルーム活動に限る。）の総授業時数は，各学年とも1,050単位時間（1単位時間は，50分として計算するものとする。(ｳ)において同じ。）を標準とし，特に必要がある場合には，これを増加することができる。この場合，各教科等の目標及び内容を考慮し，各教科及び総合的な探究の時間の配当学年及び当該学年における授業時数，道徳科，特別活動及び自立活動の各学年における授業時数を適切に定めるものとする。

(ｲ) 各教科，道徳科，ホームルーム活動及び自立活動の授業は，年間35週行うことを標準とし，必要がある場合には，各教科，道徳科及び自立活動の授業を特定の学期又は特定の期間（夏季，冬季，学年末等の休業日の期間に授業日を設定する場合を含む。）に行うことができる。

(ｳ) 専門学科においては，専門教科について，全ての生徒に履修させる授業時数は，875単位時間を下らないものとする。

(ｴ) ホームルーム活動の授業時数については，原則として，年間35単位時間以上とするものとする。

(ｵ) 生徒会活動及び学校行事については，生徒や学校の実態に応じて，それぞれ適切な授業時数を充てるものとする。

(ｶ) 総合的な探究の時間に充てる授業時数は，各学校において，生徒や学校の実態に応じて，適切に定めるものとする。

(ｷ) 各学年の自立活動の時間に充てる授業時数は，生徒の障害の状態や特性及び心身の発達の段階等に応じて，適切に定めるものとする。

(ｸ) 各教科等のそれぞれの授業の1単位時間は，各学校において，各教科等の授業時数を確保しつつ，生徒の実態及び各教科等の特質を考慮して適切に定めるものとする。

(ｹ) 各教科等の特質に応じ，10分から15分程度の短い時間を活用して特定の各教科等の指導を行う場合において，当該各教科等を担当する教師が単元や題材など内容の時間のまとまりを見通した中で，その指導内容の決定や指導の成果の把握と活用等を責任をもって行う体制が整備されているときは，その時間を当該各教科等の授業時数に含めることができる。

(ｺ) 総合的な探究の時間における学習活動により，特別活動の学校行事に掲げる各行事の実施と同様の成果が期待できる場合においては，総合的な探究の時間における学習活動をもって相当する特別活動の学校行事に掲げる各行事の実施に替えることができる。

(3) 選択履修の趣旨を生かした適切な教育課程の編成

教育課程の編成に当たっては，生徒の障害の状態や特性及び心身の発達の段階等に応じた適切な各教科・科目（知的障害者である生徒に対する教育を行う特別支援学校においては各教科。以下この項，(4)のイ，(6)及び第5款において同じ。）の履修ができるようにし，このため，多様な各教科・科目を設け生徒が自由に選択履修することのできるよう配慮するものとする。また，教育課程の類型を設け，そのいずれかの類型を選択して履修させる場合においても，その類型において履修させることになっている各教科・科目以外の各教科・科目を履修させたり，生徒が自由に選択履修することのできる各教科・科目を設けたりするものとする。

(4) 各教科・科目等又は各教科等の内容等の取扱い

ア　学校においては，第２章以下に示していない事項を加えて指導することができる。また，第２章第１節第１款において準ずるものとしている高等学校学習指導要領第２章及び第３章並びに同節第３款から第９款までに示す各科目又は第２節第１款及び第２款に示す各教科の内容の取扱いのうち内容の範囲や程度等を示す事項は，当該科目（知的障害者である生徒に対する教育を行う特別支援学校においては各教科。）を履修する全ての生徒に対して指導するものとする内容の範囲や程度等を示したものであり，学校において必要がある場合には，この事項にかかわらず指導することができる。ただし，これらの場合には，第２章以下に示す各教科・科目等又は各教科等の目標や内容の趣旨を逸脱したり，生徒の負担が過重となったりすることのないようにするものとする。

イ　第２章以下に示す各教科・科目，特別活動及び自立活動の内容に掲げる事項の順序は，特に示す場合を除き，指導の順序を示すものではないので，学校においては，その取扱いについて適切な工夫を加えるものとする。

ウ　視覚障害者，聴覚障害者，肢体不自由者又は病弱者である生徒に対する教育を行う特別支援学校においては，あらかじめ計画して，各教科・科目の内容及び総合的な探究の時間における学習活動を学期の区分に応じて単位ごとに分割して指導することができる。

エ　視覚障害者，聴覚障害者，肢体不自由者又は病弱者である生徒に対する教育を行う特別支援学校においては，特に必要がある場合には，第２章に示す教科及び科目の目標の趣旨を損なわない範囲内で，各教科・科目の内容に関する事項について，基礎的・基本的な事項に重点を置くなどその内容を適切に選択して指導することができる。

オ　知的障害者である生徒に対する教育を行う特別支援学校において，各教科の指導に当たっては，各教科の段階に示す内容を基に，生徒の知的障害の状態や経験等に応じて，具体的に指導内容を設定するものとする。その際，高等部の３年間を見通して計画的に指導するものとする。

カ　知的障害者である生徒に対する教育を行う特別支援学校において，道徳科の指導に当たっては，第３章に示す道徳科の目標及び内容に示す事項を基に，生徒の知的障害の状態や経験等に応じて，具体的に指導内容を設定するものとする。

付録2

(5) 指導計画の作成等に当たっての配慮すべき事項

ア　各学校においては，次の事項に配慮しながら，学校の創意工夫を生かし，全体として，調和のとれた具体的な指導計画を作成するものとする。

(ｱ) 各教科・科目等又は各教科等の指導内容については，単元や題材など内容や時間のまとまりを見通しながら，そのまとめ方や重点の置き方に適切な工夫を加え，第３款の１に示す主体的・対話的で深い学びの実現に向けた授業改善を通して資質・能力を育む効果的な指導ができるようにすること。

(ｲ) 各教科・科目等又は各教科等について相互の関連を図り，系統的，発展的な指導ができるようにすること。

(ｳ) 知的障害者である生徒に対する教育を行う特別支援学校において，各教科等の一部又は全部を合わせて指導を行う場合には，各教科，道徳科，特別活動及び自立活動の内容を基に，生徒の知的障害の状態や経験等に応じて，具体的に指導内容を設定するものとする。また，各教科，道徳科，特別活動及び自立活動の内容の一部又は全部を合わせて指導を行う場合は，授業時数を適切に定めること。

イ　各教科・科目等又は各教科等の指導に当たっては，個々の生徒の実態を的確に把握し，次の事項に配慮しながら，個別の指導計画を作成すること。

(ｱ) 生徒の障害の状態や特性及び心身の発達の段階等並びに学習の進度を考慮して，基礎的・基本的な事項に重点を置くこと。

(ｲ) 生徒が，基礎的・基本的な知識及び技能の習得も含め，学習内容を確実に身に付けることができるよう，それぞれの生徒に作成した個別の指導計画や学校の実態に応じて，指導方法や指導体制の工夫改善に努めること。その際，生徒の障害の状態や特性及び心身の発達の段階等並びに学習の進度を考慮して，個別指導を重視するとともに，グループ別学習，繰り返し学習，学習内容の習熟の程度に応じた学習，生徒の興味・関心等に応じた課題学習，補充的な学習や発展的な学習などの学習活動を取り入れることや，教師間の協力による指導体制を確保することなど，指導方法や指導体制の工夫改善により，個に応じた指導の充実を図ること。その際，第３款の１の(3)に示す情報手段や教材・教具の活用を図ること。

(6) キャリア教育及び職業教育に関して配慮すべき事項

ア　学校においては，第５款の１の(3)に示すキャリア教育及び職業教育を推進するために，生徒の障害の状態や特性及び心身の発達の段階等，学校や地域の実態等を考慮し，地域及び産業界や労働等の業務を行う関係機関との連携を図り，産業現場等における長期間の実習を取り入れるなどの就業体験活動の機会を積極的に設けるとともに，地域や産業界や労働等の業務を行う関係機関の人々の協力を積極的に得るよう配慮するものとする。

イ　普通科においては，生徒の障害の状態や特性及び心身の発達の段階等，学校や地域の実態等を考慮し，必要に応じて，適切な職業に関する各教科・科目の履修の機会の確保について配慮するものとする。

ウ　職業教育を主とする専門学科においては，次の事項に配慮するものとする。

(ｱ) 職業に関する各教科・科目については，実験・実習に配当する授業時数を十分確保するようにすること。

(ｲ) 生徒の実態を考慮し，職業に関する各教科・科目の履修を容易にするため特別な配慮が必要な場合には，各分野における基礎的又は中核的な科目を重点的に選択し，その内容については基礎的・基本的な事項が確実に身に付くように取り扱い，また，主として実験・実習によって指導するなどの工夫をこらすようにすること。

エ　職業に関する各教科・科目については，次の事項に配慮するものとする。

(ｱ) 職業に関する各教科・科目については，就業体験活動をもって実習に替えることができること。この場合，就業体験活動は，その各教科・科目の内容に直接関係があり，かつ，その一部としてあらかじめ計画し，評価されるものであることを要すること。

(ｲ) 農業，水産及び家庭に関する各教科・科目の指導に当たっては，ホームプロジェクトなどの活動を活用して，学習の効果を上げるよう留意すること。この場合，ホームプロジェクトについては，適切な授業時数をこれに充てることができること。

４　学部段階間及び学校段階等間の接続

教育課程の編成に当たっては，次の事項に配慮しながら，学部段階間及び学校段階等間の接続を図るものとする。

(1) 現行の特別支援学校小学部・中学部学習指導要領又は中学校学習指導要領を踏まえ，中学部における教育又は中学校教育までの学習の成果が高等部における教育に円滑に接続され，高等部における教育段階の終わりまでに育成することを目指す資質・能力を，生徒が確実に身に付けることができるよう工夫すること。

(2) 視覚障害者，聴覚障害者，肢体不自由者又は病弱者である生徒に対する教育を行う特別支援学校においては，生徒や学校の実態等に応じ，必要がある場合には，例えば次のような工夫を行い，義務教育段階での学習内容の確実な定着を図るようにすること。

ア　各教科・科目の指導に当たり，義務教育段階での学習内容の確実な定着を図るための学習機会を設けること。

イ　義務教育段階での学習内容の確実な定着を図りながら，必履修教科・科目の内容を十分に習得させることができるよう，その単位数を標準単位数の標準の限度を超えて増加して配当すること。

ウ　義務教育段階での学習内容の確実な定着を図ることを目標とした学校設定科目等を履修させた後に，必履修教科・科目を履修させるようにすること。

(3) 大学や専門学校，教育訓練機関等における教育や社会的・職業的自立，生涯にわたる学習や生活のために，高等部卒業以降の進路先との円滑な接続が図られるよう，関連する教育機関や企業，福祉施設等との連携により，卒業後の進路に求められる資質・能力を着実に育成することができるよう工夫すること。

第3款　教育課程の実施と学習評価

1　主体的・対話的で深い学びの実現に向けた授業改善

各教科・科目等又は各教科等の指導に当たっては，次の事項に配慮するものとする。

(1) 第1款の3の(1)から(3)までに示すことが偏りなく実現されるよう，単元や題材など内容や時間のまとまりを見通しながら，生徒の主体的・対話的で深い学びの実現に向けた授業改善を行うこと。

特に，各教科・科目等又は各教科等において身に付けた知識及び技能を活用したり，思考力，判断力，表現力等や学びに向かう力，人間性等を発揮させたりして，学習の対象となる物事を捉え思考することにより，各教科・科目等又は各教科等の特質に応じた物事を捉える視点や考え方（以下「見方・考え方」という。）が鍛えられていくことに留意し，生徒が各教科・科目等又は各教科等の特質に応じた見方・考え方を働かせながら，知識を相互に関連付けてより深く理解したり，情報を精査して考えを形成したり，問題を見いだして解決策を考えたり，思いや考えを基に創造したりすることに向かう過程を重視した学習の充実を図ること。

(2) 第2款の2の(1)に示す言語能力の育成を図るため，各学校において必要な言語環境を整えるとともに，国語科を要としつつ各教科・科目等又は各教科等の特質に応じて，生徒の言語活動を充実すること。あわせて，(6)に示すとおり読書活動を充実すること。

(3) 第2款の2の(1)に示す情報活用能力の育成を図るため，各学校において，コンピュータや情報通信ネットワークなどの情報手段を活用するために必要な環境を整え，これらを適切に活用した学習活動の充実を図ること。また，各種の統計資料や新聞，視聴覚教材や教育機器などの教材・教具の適切な活用を図ること。

(4) 生徒が学習の見通しを立てたり学習したことを振り返ったりする活動を，計画的に取り入れるよう工夫すること。

(5) 生徒が生命の有限性や自然の大切さ，主体的に挑戦してみることや多様な他者と協働することの重要性などを実感しながら理解することができるよう，各教科・科目等又は各教科等の特質に応じた体験活動を重視し，家庭や地域社会と連携しつつ体系的・継続的に実施できるよう工夫すること。

(6) 学校図書館を計画的に利用しその機能の活用を図り，生徒の主体的・対話的で深い学びの実現に向けた授業改善に生かすとともに，生徒の自主的，自発的な学習活動や読書活動を充実すること。また，地域の図書館や博物館，美術館，劇場，音楽堂等の施設の活用を積極的に図り，資料を活用した情報の収集や鑑賞等の学習活動を充実すること。

2　障害のため通学して教育を受けることが困難な生徒に対して，教師を派遣して教育を行う場合については，障害の状態や学習環境等に応じて，指導方法や指導体制を工夫し，学習活動が効果的に行われるようにすること。

3　学習評価の充実

学習評価の実施に当たっては，次の事項に配慮するものとする。

(1) 生徒のよい点や可能性，進歩の状況などを積極的に評価し，学習したことの意義や価値を実感できるようにすること。また，各教科・科目等又は各教科等の目標の実現に向けた学習状況を把握する観点から，単元や題材など内容や時間のまとまりを見通しながら評価の場面や方法を工夫して，学習の過程や成果を評価し，指導の改善や学習意欲の向上を図り，資質・能力の育成に生かすようにすること。

(2) 各教科・科目等又は各教科等の指導に当たっては，個別の指導計画に基づいて行われた学習状況や結果を適切に評価し，指導目標や指導内容，指導方法の改善に努め，より効果的な指導ができるようにすること。

(3) 創意工夫の中で学習評価の妥当性や信頼性が高められるよう，組織的かつ計画的な取組を推進するとともに，学年や学部段階を越えて生徒の学習の成果が円滑に接続されるように工夫すること。

第4款　単位の修得及び卒業の認定

1　視覚障害者，聴覚障害者，肢体不自由者又は病弱者である生徒に対する教育を行う特別支援学校

(1) 各教科・科目及び総合的な探究の時間の単位の修得の認定

ア　学校においては，生徒が学校の定める指導計画に従って各教科・科目を履修し，その成果が各教科及び科目の目標からみて満足できると認められる場合には，その各教科・科目について履修した単位を修得したことを認定しなければならない。

イ　学校においては，生徒が学校の定める指導計画に従って総合的な探究の時間を履修し，その成果が第4章において準ずるものとしている高等学校学習指導要領第4章第2の1に基づき定められる目標からみて満足できると認められる場合には，総合的な探究の時間について履修した単位を修得したことを認定しなければならない。

ウ　学校においては，生徒が1科目又は総合的な探究の時間を2以上の年次にわたって履修したときは，各年次ごとにその各教科・科目又は総合的な探究の時間について履修した単位を修得したことを認定することを原則とする。また，単位の修得の認定を学期の区分ごとに行うことができる。

(2) 卒業までに修得させる単位数

学校においては，卒業までに修得させる単位数を定め，校長は，当該単位数を修得した者で，特別活動及び自立活動の成果がそれらの目標からみて満足できると認められるものについて，高等部の全課程の修了を認定するものとする。この場合，卒業までに修得させる単位数は，74単位（自立活動の授業については，授業時数を単位数に換算して，この単位数に含めることができる。）以上とする。なお，普通科においては，卒業までに修得させる単位数に含めることができる学校設定科目及び学校設定教科に関する科目に係る修得単位数は，合わせて20単位を超えることができない。

(3) 各学年の課程の修了の認定

学校においては，各学年の課程の修了の認定については，単位制が併用されていることを踏まえ，弾力的に行うよう配慮するものとする。

2　知的障害者である生徒に対する教育を行う特別支援学校

学校においては，卒業までに履修させる各教科等のそれぞれの授業時数を定めるものとする。

校長は，各教科等を履修した者で，その成果がそれらの目標からみて満足できると認められるものについて，高等部の全課程の修了を認定するものとする。

第５款　生徒の調和的な発達の支援

1　生徒の調和的な発達を支える指導の充実

教育課程の編成及び実施に当たっては，次の事項に配慮するものとする。

(1) 学習や生活の基盤として，教師と生徒との信頼関係及び生徒相互のよりよい人間関係を育てるため，日頃からホームルーム経営の充実を図ること。また，主に集団の場面で必要な指導や援助を行うガイダンスと，個々の生徒の多様な実態を踏まえ，一人一人が抱える課題に個別に対応した指導を行うカウンセリングの双方により，生徒の発達を支援すること。

(2) 生徒が，自己の存在感を実感しながら，よりよい人間関係を形成し，有意義で充実した学校生活を送る中で，現在及び将来における自己実現を図っていくことができるよう，生徒理解を深め，学習指導と関連付けながら，生徒指導の充実を図ること。

(3) 生徒が，学ぶことと自己の将来とのつながりを見通しながら，社会的・職業的自立に向けて必要な基盤となる資質・能力を身に付けていくことができるよう，特別活動を要としつつ各教科・科目等又は各教科等の特質に応じて，キャリア教育の充実を図ること。その中で，生徒が自己の在り方生き方を考え主体的に進路を選択することができるよう，学校の教育活動全体を通じ，組織的かつ計画的な進路指導を行うこと。その際，家庭及び地域や福祉，労働等の業務を行う関係機関との連携を十分に図ること。

(4) 学校の教育活動全体を通じて，個々の生徒の特性等の的確な把握に努め，その伸長を図ること。また，生徒が適切な各教科・科目や類型を選択し学校やホームルームでの生活によりよく適応するとともに，現在及び将来の生き方を考え行動する態度や能力を育成することができるようにすること。

(5) 生徒が，学校教育を通じて身に付けた知識及び技能を活用し，もてる能力を最大限伸ばすことができるよう，生涯学習への意欲を高めるとともに，社会教育その他様々な学習機会に関する情報の提供に努めること。また，生涯を通じてスポーツや文化芸術活動に親しみ，豊かな生活を営むことができるよう，地域のスポーツ団体，文化芸術団体及び障害者福祉団体等と連携し，多様なスポーツや文化芸術活動を体験することができるよう配慮すること。

(6) 学習の遅れがちな生徒などについては，各教科・科目等の選択，その内容の取扱いなどについて必要な配慮を行い，生徒の実態に応じ，例えば義務教育段階の学習内容の確実な定着を図るための指導を適宜取り入れるなど，指導内容や指導方法を工夫すること。

(7) 家庭及び地域並びに医療，福祉，保健，労働等の業務を行う関係機関との連携を図り，長期的な視点で生徒への教育的支援を行うために，個別の教育支援計画を作成すること。

(8) 複数の種類の障害を併せ有する生徒（以下「重複障害者」という。）については，専門的な知識，技能を有する教師や特別支援学校間の協力の下に指導を行ったり，必要に応じて専門の医師やその他の専門家の指導・助言を求めたりするなどして，学習効果を一層高めるようにすること。

(9) 学校医等との連絡を密にし，生徒の障害の状態等に応じた保健及び安全に十分留意すること。

(10) 実験・実習に当たっては，特に安全と保健に留意すること。

2　海外から帰国した生徒などの学校生活への適応や，日本語の習得に困難のある生徒に対する日本語指導

(1) 海外から帰国した生徒などについては，学校生活への適応を図るとともに，外国における生活経験を生かすなどの適切な指導を行うものとする。

(2) 日本語の習得に困難のある生徒については，個々の生徒の実態に応じた指導内容や指導方法の工夫を組織的かつ計画的に行うものとする。

第6款　学校運営上の留意事項

1　教育課程の改善と学校評価等，教育課程外の活動との連携等

(1) 各学校においては，校長の方針の下に，校務分掌に基づき教職員が適切に役割を分担しつつ，相互に連携しながら，各学校の特色を生かしたカリキュラム・マネジメントを行うよう努めるものとする。また，各学校が行う学校評価については，教育課程の編成，実施，改善が教育活動や学校運営の中核となることを踏まえ，カリキュラム・マネジメントと関連付けながら実施するよう留意するものとする。

(2) 教育課程の編成及び実施に当たっては，学校保健計画，学校安全計画，食に関する指導の全体計画，いじめの防止等のための対策に関する基本的な方針など，各分野における学校の全体計画等と関連付けながら，効果的な指導が行われるように留意するものとする。

(3) 教育課程外の学校教育活動と教育課程との関連が図られるように留意するものとする。特に，生徒の自主的，自発的な参加により行われる部活動については，スポーツや文化，科学等に親しませ，学習意欲の向上や責任感，連帯感の涵養等，学校教育が目指す資質・能力の育成に資するものであり，学校教育の一環として，教育課程との関連が図られるよう留意すること。その際，学校や地域の実態に応じ，地域の人々の協力，社会教育施設や社会教育関係団体等の各種団体との連携などの運営上の工夫を行い，持続可能な運営体制が整えられるようにするものとする。

2　家庭や地域社会との連携及び協働と学校間の連携

教育課程の編成及び実施に当たっては，次の事項に配慮するものとする。

(1) 学校がその目的を達成するため，学校や地域の実態等に応じ，教育活動の実施に必要な人的又は物的な体制を家庭や地域の人々の協力を得ながら整えるなど，家庭や地域社会との連携及び協働を深めること。また，高齢者や異年齢の子供など，地域における世代を越えた交流の機会を設けること。

(2) 他の特別支援学校や，幼稚園，認定こども園，保育所，小学校，中学校，高等学校及び大学などとの間の連携や交流を図るとともに，障害のない幼児児童生徒との交流及び共同学習の機会を設け，共に尊重し合いながら協働して生活していく態度を育むようにすること。

特に，高等部の生徒の経験を広げて積極的な態度を養い，社会性や豊かな人間性を育むために，学校の教育活動全体を通じて，高等学校の生徒などと交流及び共同学習を計画的，組織的に行うとともに，地域の人々などと活動を共にする機会を積極的に設けること。

3　高等学校等の要請により，障害のある生徒又は当該生徒の教育を担当する教師等に対して必要な助言又は援助を行ったり，地域の実態や家庭の要請等により保護者等に対して教育相談を行ったりするなど，各学校の教師の専門性や施設・設備を生かした地域における特別支援教育のセンターとしての役割を果たすよう努めること。その際，学校として組織的に取り組むことができるよう校内体制を整備するとともに，他の特別支援学校や地域の高等学校等との連携を図ること。

第7款　道徳教育に関する配慮事項

道徳教育を進めるに当たっては，道徳教育の特質を踏まえ，第1節及び第1款から第6款までに示す事項に加え，次の事項に配慮するものとする。

1　各学校においては，第1款の2の(2)に示す道徳教育の目標を踏まえ，道徳教育の全体計画を作成し，校長の方針の下に，道徳教育の推進を主に担当する教師（「道徳教育推進教師」という。）を中心に，全教師が協力して道徳教育を展開すること。なお，道徳教育の全体計画の作成に当たっては，生徒や学校，地域の実態に応じ，指導の方針や重点を明らかにして，各教科・科目等との関係を明らかにすること。その際，視覚障害者，聴覚障害者，肢体不自由者又は病弱者である生徒に対

する教育を行う特別支援学校においては，第2章第1節第1款において準ずるものとしている高等学校学習指導要領第2章第3節の公民科の「公共」及び「倫理」並びに第5章の特別活動が，人間としての在り方生き方に関する中核的な指導の場面であることに配慮すること。

また，知的障害者である生徒に対する教育を行う特別支援学校においては，学校の道徳教育の重点目標を設定するとともに，道徳科の指導方針，第3章特別の教科道徳（知的障害者である生徒に対する教育を行う特別支援学校）に示す内容との関連を踏まえた各教科，総合的な探究の時間，特別活動及び自立活動における指導の内容及び時期並びに家庭や地域社会との連携の方法を示すこと。

2　道徳教育を進めるに当たっては，中学部又は中学校までの特別の教科である道徳の学習等を通じて深めた，主として自分自身，人との関わり，集団や社会との関わり，生命や自然，崇高なものとの関わりに関する道徳的諸価値についての理解を基にしながら，様々な体験や思索の機会等を通して，人間としての在り方生き方についての考えを深めるよう留意すること。また，自立心や自律性を高め，規律ある生活をすること，生命を尊重する心を育てること，社会連帯の自覚を高め，主体的に社会の形成に参画する意欲と態度を養うこと，義務を果たし責任を重んじる態度及び人権を尊重し差別のないよりよい社会を実現しようとする態度を養うこと，伝統と文化を尊重し，それらを育んできた我が国と郷土を愛するとともに，他国を尊重すること，国際社会に生きる日本人としての自覚を身に付けることに関する指導が適切に行われるよう配慮すること。

3　学校やホームルーム内の人間関係や環境を整えるとともに，就業体験活動やボランティア活動，自然体験活動，地域の行事への参加などの豊かな体験を充実すること。また，道徳教育の指導が，生徒の日常生活に生かされるようにすること。その際，いじめの防止や安全の確保等にも資することとなるように留意すること。

4　学校の道徳教育の全体計画や道徳教育に関する諸活動などの情報を積極的に公表したり，道徳教育の充実のために家庭や地域の人々の積極的な参加や協力を得たりするなど，家庭や地域社会との共通理解を深め，相互の連携を図ること。

第8款　重複障害者等に関する教育課程の取扱い

1　生徒の障害の状態により特に必要がある場合には，次に示すところによるものとする。

(1) 各教科・科目（知的障害者である生徒に対する教育を行う特別支援学校においては各教科。）の目標及び内容の一部を取り扱わないことができること。

(2) 高等部の各教科・科目（知的障害者である生徒に対する教育を行う特別支援学校においては各教科。）の目標及び内容の一部を，当該各教科・科目に相当する中学部又は小学部の各教科の目標及び内容に関する事項の一部によって，替えることができること。

(3) 視覚障害者，聴覚障害者，肢体不自由者又は病弱者である生徒に対する教育を行う特別支援学校の外国語科に属する科目及び知的障害者である生徒に対する教育を行う特別支援学校の外国語科については，小学部・中学部学習指導要領に示す外国語活動の目標及び内容の一部を取り入れることができること。

2　知的障害者である生徒に対する教育を行う特別支援学校の高等部に就学する生徒のうち，高等部の2段階に示す各教科の内容を習得し目標を達成している者については，高等学校学習指導要領第2章に示す各教科・科目，中学校学習指導要領第2章に示す各教科又は小学校学習指導要領第2章に示す各教科及び第4章に示す外国語活動の目標及び内容の一部を取り入れることができるものとする。また，主として専門学科において開設される各教科の内容を習得し目標を達成している者については，高等学校学習指導要領第3章に示す各教科・科目の目標及び内容の一部を取り入れることができるものとする。

3　視覚障害者，聴覚障害者，肢体不自由者又は病弱者である生徒に対する教育を行う特別支援学校に就学する生徒のうち，知的障害を併せ有する者については，次に示すところによるものとする。

(1) 各教科・科目の目標及び内容の一部又は各教科・科目を，当該各教科・科目に相当する第2章第2節第1款及び第2款に示す知的障害者である生徒に対する教育を行う特別支援学校の各教科の目標及び内容の一部又は各教科によって，替えることができること。この場合，各教科・科目に替えて履修した第2章第2節第1款及び第2款に示す各教科については，1単位時間を50分とし，35単位時間の授業を1単位として計算することを標準とするものとすること。

(2) 生徒の障害の状態により特に必要がある場合には，第2款の3の(2)に示す知的障害者である生徒に対する教育を行う特別支援学校における各教科等の履修等によることができること。

(3) 校長は，(2)により，第2款の3の(2)に示す知的障害者である生徒に対する教育を行う特別支援学校における各教科等を履修した者で，その成果がそれらの目標からみて満足できると認められるものについて，高等部の全課程の修了を認定するものとすること。

4　重複障害者のうち，障害の状態により特に必要がある場合には，次に示すところによるものとする。

(1) 各教科・科目若しくは特別活動（知的障害者である生徒に対する教育を行う特別支援学校においては，各教科，道徳科若しくは特別活動。）の目標及び内容の一部又は各教科・科目若しくは総合的な探究の時間（知的障害者である生徒に対する教育を行う特別支援学校においては，各教科若しくは総合的な探究の時間。）に替えて，自立活動を主として指導を行うことができること。この場合，実情に応じた授業時数を適切に定めるものとすること。

(2) 校長は，各教科・科目若しくは特別活動（知的障害者である生徒に対する教育を行う特別支援学校においては，各教科，道徳科若しくは特別活動。）の目標及び内容の一部又は各教科・科目若しくは総合的な探究の時間（知的障害者である生徒に対する教育を行う特別支援学校においては，各教科若しくは総合的な探究の時間。）に替えて自立活動を主として履修した者で，その成果がそれらの目標からみて満足できると認められるものについて，高等部の全課程の修了を認定するものとすること。

5　障害のため通学して教育を受けることが困難な生徒に対して，教師を派遣して教育を行う場合については，次に示すところによるものとする。

(1) 1，2，3の(1)若しくは(2)又は4の(1)に示すところによることができること。

(2) 特に必要がある場合には，実情に応じた授業時数を適切に定めること。

(3) 校長は，生徒の学習の成果に基づき，高等部の全課程の修了を認定することができること。

6　療養中の生徒及び障害のため通学して教育を受けることが困難な生徒について，各教科・科目の一部を通信により教育を行う場合の1単位当たりの添削指導及び面接指導の回数等（知的障害者である生徒に対する教育を行う特別支援学校においては，通信により教育を行うこととなった各教科の一部の授業時数に相当する添削指導及び面接指導の回数等。）については，実情に応じて適切に定めるものとする。

第9款　専攻科

1　視覚障害者又は聴覚障害者である生徒に対する教育を行う特別支援学校の専攻科における教科及び科目のうち標準的なものは，次の表に掲げるとおりである。視覚障害者又は聴覚障害者である生徒に対する教育を行う特別支援学校においては，必要がある場合には同表に掲げる教科について，これらに属する科目以外の科目を設けることができる。